人類学的認識論のために

JN149810

人類学的認識論のために

川田順造
Junzo Kawada

岩波書店

人類学的認識論のために

目次

序　人類学的認識論のために
——「私」と人類のあいだ——

マイナーなものへの執着、そしてメタ・サイエンス

人類学とは何か。日本の大学で文化人類学、自然人類学も含めた最広義の人類学を学び、その後五十年近く、日本やフランスやアフリカで、人類学と呼ばれる領域の学問一筋に生きてきたが、人類学とは何か、というより何であるべきかが、まだ私にはわからない。その時々の関心に従って、個別の研究に没頭して年を経たあとで、人類学とは何であるのか、経歴からいっても人類学者以外の者ではあり得ない自分に、改めて問いかけたい気持ちがいまの私には強くある。

かつて私は、専門化のより進んだ他の学問分野との関係で、人類学はメタ・サイエンスというべき性格をもっているが、それでいて人類学の特徴はマイナーなものへの執着にあり、したがって学問としての位置づけにおいてもマイナー・サイエンスであらざるを得ず、人類学者はそのことに歓びをもつべきだと述べた(1)。

いうまでもなく、いま私たちがマイナーとかメジャーと呼んでいる性格づけは、「近代化」された社会とその思考様式、後にも検討する、目的指向の価値観とそれに合った定量的思考がもたらした力関係の産物だ。メジャー、マイナーという評価は、欧米主導の近代化以来、情報、経済、安全保障などの面で、現代のグローバル化へ向かって進んできた世界での、中心と周縁というとらえ方とも結び合わされているだろう。

私にとって、人類学のこころざしの一つは、近代とされているものの総体を、根底から、つまり語義通りラディカルに、相対化することにある。相対化するとは、ヨーロッパに始まって「近代」を生みだしたもの、それが発展してグローバル化しつつあるシステムや価値観の総体を支えているもの自体が、一つのローカルな生成物であることを、人類学という視野で明らかにすることだ。「グローバル」に対して「ローカル」、「メジャー」に対して「マイナー」であるのは力関係によるものであって、「グローバル」の価値が普遍的であることを意味しない。だが、なぜ「近代」はヨーロッパに形成され、他の地域ではなかったのか。元来ローカルなものとして形成された「ヨーロッパ近代」が、なぜ他のローカルなものに対して強力になり、「グローバル化」へ進んだのかが、同時に問われなければならない。[2]

そのような前提に立って、しばらくは、現在私たちが生きている社会で通用している意味で、マイナーということばを用いることにする。

マイナーなものとは、何か。それは、外見や量の上でも取るに足りないものであり、人間社会全体の運用にとって、重要度、緊急度ともに低いと見られるもののことだ。マイナーなものに心を惹かれ、こだわり、探求する、好事家の心根は、研究方法においても定量分析を拒み、定性分析を志向する。

人類学の先駆者とされるブロニスラフ・マリノフスキーが何年も住み込み調査をしたメラネシアのトロブリアンド諸島は、世界の大多数の人々にとって関心外で、世界の政治・経済においても何の重要性ももたない。だがその土地に生活する一握りの人たちについて、マリノフスキーが行なった密度の高い定性分析が、交換、呪術、性生活など、人類の営みの深層についての認識に強い影響を及ぼしたことはよく知られている。

人間社会にとってマイナーな、つまり量の面で少しも重要でないものを研究対象に選ぶ人類学者は、定量分析には初めから背を向けているといっていい。

化学において初次的な意味をもつ定性分析は、人間の社会を対象とする科学の、とくに実践にかかわる領域においては、一般に定量分析におけるほどの重要性をもちえない。百分率など、全体に占める割合によってある事象の重要度を測り、必要なら多数決で社会にとっての意味を判断するのは、社会科学の研究結果にもとづく社会の意思決定の基本原則だ。欧米をはじめとする、近代社会の発展、経済開発とされるものは、このような定量思考にもとづいて達成されたのであり、その達成には、社会科学の定量分析が貢献してきた。世の役に立つ定量分析の手法に、あえて逆らって定性分析を志向する心根は、社会の必要に沿った実践を重んじる立場からは、世をすねた、あるいは有産・有閑の意識が生む不善とみなされても仕方のない面があるだろう。

私自身、熱帯アフリカの、国連などの統計にもとづく評価では常に後発後進国扱いされる小国の、電気も水道もないサバンナのただなかで、文字を用いず、太鼓の音で王の代々の先祖への讃辞を叩き、それをおそらく何百年も伝えて来た人たち、現代世界でまぎれもなくマイナーな人々の生活と意識に心を惹かれ、こだわり、社会の必要に沿った実践を重んじる定量思考からは無意味と断定されるに違いない探求に、専心して来た。

そこで気付かせられたのは、定性思考、反・定量思考は、人類学者自身の性癖であるだけでなく、人類学者の執着の対象となる人たちにも共有されているということだ。だからこそ、人類学者とその研究対象の人たちは波長が合うのであろうし、だからこうした社会はいつまでたっても「低開発」[3]なのだと、メジャーの先進「主要国」からは咎められるかも知れないのだ。

私が長年つきあってきた西アフリカ内陸のサバンナの社会で、「先進国」からの来訪者が、初めて訪れる村の長に、この村の人口は何人かと訊ねたとしても、たいてい答えは得られないだろう。村の人口でなく、大家族の家長に家族の人数を聞いても同じだ。だが、その村には誰と誰の家がある、その家族には誰と誰が暮らしているという、個々の人間を挙げることはできるし、それがどんな人か、年取った小男か若い美女か、酒飲みか働き者か、ひょうきんか怒りっぽいかなど、人間の頭数という「量」でなく、一人一人の「質」ならば、必ず詳しく知っている。

考えてみると、各人それぞれに個性のある老若男女を、ひとしなみに何人と「量」で数える、ある意味での不合理は、アフリカの場合、フランスやイギリスなど、いち早く「近代化」を遂げて世界のメジャーとなった国々が、大部分は十九世紀末に軍隊によって侵略し、二十世紀初めにかけて植民地行政を徹底させ、人頭税の徴収や強制労働、兵役への人員徴集のために、家ごと村ごとに住民の登録台帳を作り、課税対象や徴集可能な人数を明らかにしようとしたことに始まっている。そんな必要でもなければ、なぜ、顔かたちも性格も一人一人違う人間を、いくつかのカテゴリーに分けて「量」で数えなければならないというのか。

近代ないしは近代化を支えてきた、このような定量的思考と不可分に結び合わされた価値意識として、私は「目的指向」を、「過程尊重」の価値意識と対比させて挙げたい。「目的指向」の価値意識とは、行為の目的をまず設定し、その目的を達成するための最善の手段を工夫するものである。これに私が対比させてみたい価値意識である「過程尊重」は、行為が、設定されたある目的を達成するための単なる手段ではなく、行為自体が、人間が生きる一つの「過程」として価値をもっており、それ故尊重されなければならないと考える価値意識である。

過程尊重は、関連する人々が価値観を共有し、戦《いくさ》においても、例えば源平合戦のように敵味方が同じ価値観や美意識をもち、結果よりむしろあっぱれな態度を重んじるという前提があって成り立つものである。茶道は、過程尊重の精髄といえるだろう。目的指向は、合理主義、能率主義、実利主義、契約にもとづく人間関係と結びつくし、軍隊や会社組織においても、ある目的を設定して編成される task force（特殊任務集団）や、能力給の考え方は、過程尊重の年功序列に対置させられるだろう。「目的指向」と「過程尊重」という価値指向性の対概念を、私は、結果の説明原理としてではなく、「発見に資する」(heuristic) 分析概念として想定したいのである。

メタ・サイエンスとは何か。いうまでもなく、「メタ」は、後につづく、超える、包含するなどの意味をもつ、ギリシャ語に由来する接頭辞だ。欧米でも日本でも、歴史が古くはない人類学の第一世代、ときに第二世代の学者も、他の研究領域の専門家として自己形成を遂げ、その後に人類学という文字通りのメタ・サイエンスを、それぞれ個性豊かに創り出した。前述のマリノフスキーは物理学と数学で博士号をとったのだし、アメリカ人類学の父といわれるフランツ・ボアズは物理学と地理学、クロード・レヴィ＝ストロースは法学と哲学、石田英一郎は経済学と民族学の「後に」、人類学の視野を拓いている。

細分化され専門化の進んだ現代の学問状況で、人類の来た道、行く末を広い視野で考察する研究領域が必要であるとして、それならどのような視角と方法によって、人類学はその要求に応えられるだろうか。私は、人類学者個人としての「私」が、その慣れ親しんだ文化から著しく距たった文化のなかでの、長期の住み込み調査、感性がノック・ダウンされ、価値観も分解されてしまうような生活を通じて観察し体得する、ことば、ふるまい、感覚、等々からなる体験知と、人類についての極大のパラダイム知とが結び合わされるところに、人類学的認識の独自性があるのではないかと思う。

私自身の体験に即していえば、さきに述べたような、熱帯アフリカのマイナーな無文字社会で得た体験知の定性分析の結果を、人類の文字をめぐる極大のパラダイム知と結び合わせることによって、現代日本はじめ世界のメジャーを自認する社会では、その存在が当たり前と思われ、低開発国での識字率を高めることが国際社会の責務だと思われている、文字という伝達手段を、醒めた目で見直し、文字の存在の意味を声や器音との関係で、根源から、つまり語本来の意味で最もラディカルに問い直すことや、さらには歴史意識というもののあり方を再考することが、可能になったのだといえる。[4]

体験知とパラダイム知

人類についての極大知、つまり自然史のなかのホモ・サピエンスについての認識や、日々書き改められる世界民族誌の知識は、調査地での直接の見聞や体験とは異なり、研究者一人で得ることはできない。それは多数の同僚人類学者による研究成果の集積であるが、その最新の到達点を常に視野に入れておく努力を、個々の人類学者は怠ってはならない。私が最大といわず、極大という数学における微分の用語を借りるのは、人類についての知も、新しい資料の発見や理論の展開によって、知識全体の枠組みであるパラダイムが更新され得る「パラダイム知」として、ある時期と範囲で成り立つものであることを、人類学者自身が自覚する上で意味があると思うからだ。

人類についての極大知は、その視角によって、通時性の側面に重点を置くもの(化石人類学、進化人類学など)と、共時性の側面に重点を置くもの(霊長類学、生態人類学など)に大別できるだろうが[5]、いずれにせよ、以下に述べる体験知と対比するとき、対象世界を全体としてとらえ直す視点から体系化され、反証可能性によってその存立が保証されている閉鎖系の知、つまりパラダイム知とみなすことができる。

一般に閉鎖系の知の理解は、「わける」ことによって「わかる」、つまり複雑な全体を了解可能な最小の構成要素に分けた上で、その再構成を通じて全体の理解に達しようとする点で、体験知におけるように、実存としての「私」を基にして「はかる」ことにより、混沌のなかに了解可能な場を拡大してゆく世界認知の過程とは、逆の指向性をもった道をたどるのである。

ここで、「わける」ことと「はかる」ことについて、ことばを補っておきたい[6]。それ以上分けられないものを意味する「アトム」という語も生んだ古代ギリシャの哲学以来、現代科学にいたるまで受け継がれている原子論、アトミズムの考え方は一つの典型だが、対象を有限の構成要素に分け、それらの要素から合成されたものとして対象を理解するという「わかり方」は、有限数の元素の周期律表にも見られるように、対象を閉鎖系として想定することを前提としている。言語の領域においても、フェニキア文字系のアルファベットのように、有限個の表音記号の組み合わせで、ある言語のすべての語が表記できるとする閉鎖系思考と、漢字のように全体が閉鎖系をなしていない文字体系の開放系思考とは対照をなしている。

言語学においても、ローマン・ヤコブソン等が、各言語の言語音の構成単位である音素を、さらに少数の、そして人類の諸言語に共通の、それ以上分けられない最終単位としての弁別的特徴(distinctive features)から成るものとして把握しようと試みたことは、(7) 西洋に根強い閉鎖系思考＝志向とアトミズム(それは同時に普遍指向にも結びつくが)の如実な表われと見ることができるだろう。この考え方は、言語音が聞き分けられる究極の特徴を、現代の情報科学とも連続する、二項対立の組み合わせとして捉えようとするのだが、元素の周期律表が、新しい元素の発見によって書きかえられてきたように、一九五一年の初版の時点で人類の諸言語全体から見ればごく一部の言語の分析にもとづいて考えられたこの構成単位は(ヤコブソンの生前すでに改訂されていたが)、素材として分析対象とする言語の範囲が広がるにつれて変化し、数も増してゆくに違いない。その意味では、閉鎖系はあくまでそれが想定された時点で閉鎖系として成り立つパラダイムに過ぎず、ニュートン力学やユークリッド幾何学にも例をみるように、ある閉鎖系自体が、以下に述べる「はかる」行為に似た、未知の混沌のなかで模索しながら変転を繰り返してゆくと見るべきなのかも知れない。

「はかる」という語は、「はかどる」「はかがいく」などというときの「はか」が動詞化されたもので、「はか」とは、元来、稲や萱を植えたり刈ったりするときの作業量の単位だ。同時に、「はかる」には「くわだてる」「やってみる」の意味があり、未知の対象に既知の尺度を当てはめてみて、対象に新しい意味を発見してゆく行為でもあるのだ。

「はかる」行為の、人間の認識にとっての重要性に目を開かれたのは、私がつきあった西アフリカのモシ語(彼らのことばで「モーレ」*mòòre*)で「マケ」*make* という動詞を知ったお陰だ。マケには、「はかる」と同時に「なぞらえる」「似る」「たとえる」「ふりをする」「みなす」の意味もある。それは、既知のものを未知のものに比喩としてあてはめ、試みになぞらえてみて、対象にそれ以前とは異なる意味を発見することだ。

脱穀して地面にひろげた筵《むしろ》の上に山積みになっている、主作物のトウジンビエを、大きな半球形のヒョウタンの器「ワムデ」で「はかる」ことによって、一家をいつまで養えるか、売ればいくらになるかなどという、それまで目の前で「たくさん」穫れたとしてだけ認知されていた穀物の山に、新しい意味が付与される。またこの地方では、農閑期に、器用な人が現金収入の足しに、簡単な織機で細長い帯状に綿布を織るが、肘から指先までの長さ「カンティーガ」でいくらあるかを、自分の腕を布に当てて「はかる」ことで、織り上げた布がいくらの収入になるかという、経済価値を発見することができる。

やまとことばで、握った手の指四本の幅に当たる長さの単位である「つか」、左右に伸ばした両腕の指先から指先までの長さ「ひろ」、中国起源で日本にも取り入れられたり、文字を当てたりした単位「寸」「尺」「尋」など、字形も手や指の象形(尺)や会意(寸、尋)で表わされているように、人体の比喩によって「はかる」単位は、人類の社会に広く用いられてきた。

フランスでもメートル法の強制施行以前、「アンパン」(empan 手の親指と小指を拡げた長さ)、「クーデ」(coudée 約五〇センチメートル、肘から中指の先までの長さ)、「ブラス」(brasse 約一・六メートル、両腕を伸ばした長さ)、「プース」(pouce 約二・七センチメートル、手の親指の幅)、「ピエ」(pied 約三二・四センチメートル、足の意味)、「トワーズ」(toise = 6 pieds 約一・九五メートル)等、人体にもとづく計量の単位にはさまざまのものがあり、広く用いられていた。他のヨーロッパ諸国にも、これらに対応する計量単位があったが、例えば「ブラス」「ひろ(尋)」に対応するイギリスの「ファザム」(fathom)は、ヤード・ポンド法で六フィート、一・八三メートルになるなど、国によって違いがあるだけでなく、フランスのなかでも、地方によってこれらの単位に含まれる実際の数値が一定でなかったことは、日本でさまざまな「尺」が用いられていたのと同様である。

「はかる」行為は、いま挙げた例からも明らかなように、すでに「わかって」いるもの、とくに人体を尺度にして、それを対象にあてはめることを「こころみ」、それによって対象を「わかる」ものにする、あるいは対象に新しい意味を発見してゆく人間の「くわだて」であるといえる。それはあくまで人体など既知のものの広義のメタファー、比喩的な重ね合わせによって可能になるのであり、その意味で「はかる」行為は、詩においてメタファーが果たす役割、思いがけないイメージを担った語を敢えて重ね合わせることによる新しい意味の提示と、認識上共通する機能をもっている。そのことは、対象が主体にとってもち得る意味の多層性を「わからせて」もくれる。

そのような「はかる」行為の対極にあるのが、「わけること」によって「わかろう」とする知の指向性だ。人体などの比喩にもとづく「はかり」方は、いま挙げた例からも明らかなように、統一されたものではありえない。強い普遍指向の思想に支えられた大革命後のフランスでメートル法が考案され、国内諸地方の激しい反対を押し切って施行され、その後現在まで、アメリカ合衆国を除いてほぼ全世界に広まったが、メートル法とは、多様であり得る人体を基準とせず、全人類に共通の地球の周の長さから割り出したものだ。赤道から北極までの大円距離の一千万分の一を一メートルとするというのは、まさに世界を「わける」ことによって得られた構成単位の組み合わせによって、世界を「わかろう」とする行き方であり、個々の存在である人体の手足から出発して「はかる」ことで世界を「わかろう」とする行き方とは逆のものだ。

長期の現地調査によって、人類学者個人の異文化のなかでの「おこない」や「ふるまい」などの身体知を、実存としての「私」を基にして「はかる」ことで得られる体験知と、「わける」ことによって世界を了解可能なものにしてゆく、人類についての極大のパラダイム知との結合に、人類学の知のあり方の特徴を、私は求めたいのだ。

他者としての「私」

異郷の住み込み調査における人類学者にとっての「私」は、認識《コギト》の主体としての存否が問われるような、存在論風の「私」ではあり得ない。「私」とは著しく異なる他者たちと、意図して関係を結ぶことを通して、他者たちと同等の明証性をもって実存する、他者の一人としての「私」であり、「私」の主観が、他者たちの複数の主観との交渉のなかで「私」の主観としての意味を獲得するような、生身で動いている「私」なのである。

「私」が他者たちとの交渉によって知りたいと思うことの、量においても質においても、「私」が選択した他者たちは格段の優位にある。そしてまさにそのためにこそ、「私」は敢えて、これらの他者たちのなかに身を置いているのであり、これらの他者たちの言説や行動を認知したり解釈したりすることのうえに、調査における「私」の主観も成り立っているのだ。

かつて私は、一致しない複数の主観が、相互交渉によって、唯一の客観にではなく、より高次の相互主観に達することができるのではないかと考えたことがあった。だが、より高次の相互主観に達したと認定するのは誰の主観によって可能なのか、それが「私」の主観だとすれば、複数の主観の一つでしかなく、しかも他者たちの主観に依存するところの大きい「私」の主観に、そのような認定をする資格があるのかなどの理由で、それが成り立たないことは、原理としても実例にもとづく検討でも、明らかだと考えるようになった。(8)

だがここで、主観を成り立たせる基盤として、注1に引いた八年前の口頭発表のときも問題にした、「生きられたもの」(le vécu)と「考えられたもの」(le conçu)の区別と関係について考えてみたい。この生硬で、しかも意を尽くしていない日本語の用語にフランス語を補ったのは、私がはじめフランス語でこの二つについて考え、それを日本語に移したからだ。「生きる」(vivre)と「心に抱く」(concevoir)という動詞それぞれの過去分詞に、定冠詞をつけて名詞化した用語を考えたのは、アフリカの文字を用いない社会での口頭伝承による過去の表象をめぐって四苦八苦しているとき、やはり形容詞を名詞化した「想像されたもの」(l'imaginaire)という、これも日本語では意味が歪められてしまう用語を媒介として、ポール・リクールの歴史＝フィクション連続論における「実際にあった過去の痕跡」(les traces du réel passé)と「メタファー」(les métaphores)の交錯を検討しようとしていたためだ。[9] 過剰なまでのメタファーに覆われた口承のモシ王国の王統譜のなかに「実際にあった過去の痕跡」を探ることとは、メタファーを媒介としてしか可能にならないという、リクールの議論の前提からは背理とされるような過程についての私の考察を述べたのだが、その後に得られた知見も加えて、主観の多元性と分有(le partage)の可能性との関連でふたたびこの問題を取りあげ、本書全体を通じて、さまざまな角度から「生きられたもの」と「考えられたもの」の区別と関係を考えたいと思う。

「生きられたもの」の探索は、対象社会の人々によって生きられた過去についての口頭伝承や記憶の言語による表明といった、物質化されない言語資料と同時に、王の墓印や塁壁の跡などの、物質化された痕跡を通しても行なわれるところが大きい。さらに、私が実際に現場を歩いて行なった探索のうちでも、例えば、同一の父系継承名をもつ集団が、ある地理上の空間を隔てた複数の集落に居住していることから推定し得る移住歴の痕跡や、集団の移動に要した歳月と、移動経路の地形の特徴(断崖、川、植生の密なサバンナ等)とから割り出し得る、過去のある時間幅のなかでの移動の蓋然性といった、地理上の知見にかかわるものも、「生きられたもの」の痕跡のうちに含まれる。

この点で、「地域」を文化の等質な拡がりを示す単位としてではなく、そこに生きる基本的に異質な人々の「生きられたもの」や「考えられたもの」が交わる場としてとらえ、そこで共通に生きられた出来事の記憶の、あるいは物質化された痕跡が喚起する、考えられた次元のものの、同質性や異質性を検討することは、複数の主観に共通して体験された出来事についての記憶の分有の可能性を探るうえで大切な作業である。この問題について、私は、西アフリカ内陸サバンナの約百キロメートル四方の限られた地域のなかで、約五百年前に共通の祖先から分かれたと思われる三つの王朝の、現在の当事者同士が、共通の記憶をどのように分有し、あるいはしていないか、それをよそ者の人類学者である私が、側面からどのように「理解」し得るのかを、その一王朝の王の即位後三十三年目に行なう祖先の地への回帰儀礼を通して探ったことがある。[10] そこではむしろ、「当事者」にとっての歴史と、「当事者」よりは多くの参照点をもつが資料の基礎は同質である「よそ者」が「考える」(concevoir)歴史のあいだの軋みが、つまり過去を想起することの倫理的な意味が問われるのだ。

集合的記憶の分有は可能か

集合的記憶は分有できるかという問いが必然的に提起する、想起の倫理性の問題は、単一の物質化された痕跡(記念碑など)が、両極的な性質の記憶を喚起し得る場合、あるいは共通の出来事が、対極的な立場で経験された記憶である場合に、さらに尖鋭な形で提起される。前者の例に広島の被爆者慰霊碑(正式名称は広島平和都市記念碑)や、西アフリカ・ベナン共和国の世界遺産ダホメー王宮址が、後者の例に、広島・長崎の被爆者と、原爆を投下したアメリカ空軍軍人と被爆者「共通の」、だが対極的な立場で経験された「記憶」の例が挙げられるだろう。

広島の被爆者慰霊碑には、「安らかに眠って下さい　過ちは繰返しませぬから」と刻まれている。だが、主語の省かれたこの日本語の表現で、「繰返しませぬから」と誓っている主体は誰で、「過ち」とは、何が過ちだったのかは曖昧なままだ。東京裁判で、ただ一人全被告の無罪を主張したインドのパル判事が、この慰霊碑を訪れたとき、省かれた主語の「われわれ」は、日本人ではなく、原爆を投下した人たちであるべきだと述べ、広島の人々と話し合う機会があった。そして「「碑文の主語は、この碑の前に立つすべてのWeである。核保有国の指導者もこの前に立って過ちを繰り返さぬことを誓うべきだし、われわれは過ちを繰り返させないための努力を誓うべきである」ということで意見が一致した」[11]と、これもまた主語を欠いた表現で、広島市民側の見解が述べられている。ここで明らかなのは、「過ち」とは原爆投下であって、そこに至った太平洋戦争ではないこと、したがってこの碑の前に立つ日本人は、「過ちを繰り返さない」ことを誓うのではなく、「過ちを繰り返させない」ための努力を誓うのだということである。

かつて私は、広島の世界遺産をめぐるユネスコ協会の集まりで、原爆ドームは、原爆の惨禍を思い起こす場であるだけでなく、原爆投下に至った、アジアへの日本の侵略の過去を省みる場でもあり、人類の「負の遺産」として二重の意味をもっているのではないかと述べて、被爆世代や被爆二世の広島市民から、反発を受けたことがある。反発した広島市民から見れば、私は結局、被爆という極めて重大な事実への十分な共感を分有していない「よそ者」だったために、碑文の「過ち」の意味も拡大解釈したことになるのであろう。

だがその翌年、私が専門家として修復に参加している世界遺産、西アフリカのダホメー王国最後の王ベハンジンの王宮をめぐって、王族も含む地元住民代表の人たちと話し合ったときには、このフランスの植民地化に抵抗して戦った王の悲劇に、二重の意味を読み取った展示を復元された王宮内にすべきだという私の主張に、広島の世界遺産の二重の意味についての、いま述べた私見を付け加えたことによって、ダホメー王宮の地元民の人たちから、予期しなかった共感を得た⑫。

ダホメー王国は、十八世紀を中心とする、英仏はじめヨーロッパ諸国と手を結んでの奴隷貿易の利益によって強大になったが、産業革命後の英仏には、奴隷貿易は不要となる。代わって、産業の原料供給地で同時に製品の市場としての、住民付きの土地を植民地として獲得することに、十九世紀後半ヨーロッパのナショナリズムが投影されたアフリカで、英仏はしのぎを削る。ダホメーの王からみれば、かつて奴隷貿易で巨利をもたらしてくれたパートナーが、今度は王国の土地を奪う侵略者として攻め込んできたのだ。侵入して来たフランス軍に、即位まもなかった六十二歳のベハンジン王は四年間抵抗を続けるが、一万人余りの死者を出して降伏、王は捕らえられ、何カ所か移った後の流刑先アルジェリアで、七十九歳の生涯を終える。

現代のベナン共和国の人々にとっては、ベハンジン王は、植民地化に抵抗して死んだ国民的英雄だ。だがフランスが政策転換する前には、ダホメー王国軍は、フランスが奴隷と引き替えに渡した火器を使って、近隣の弱小部族を襲って捕らえた捕虜を、大量に奴隷としてフランスに売っていたのだ。だから一九六〇年、植民地時代のフランス語式発音の名称「ダオメー」共和国として独立した新興国の国民のなかには、奴隷貿易によって繁栄したダホメー王国軍の犠牲者の子孫が大勢いた。一九七五年マルクス・レーニン主義を信奉する軍人のクーデター後に、国名を、現ナイジェリアにかつて栄えたベニン王国の名をとって、ベニン(公用語のフランス語式発音ではベナン)人民共和国と変えたのも、ダホメー(ダオメー)という国名に反発する国民が多かったことが理由の一つだ。

ベハンジン王の悲劇を、ダホメー王国がアフリカ・ヨーロッパ・アメリカ三大陸間関係の歴史のなかで抱えていた矛盾の縮図として、復元された王宮内に展示するという私の意見が、広島での私の経験を話したために王族をはじめ地元民に受け入れてもらえた一方で、国家レベルでは二〇〇六年のベハンジン王の英雄的な死の百周年記念行事が、大統領以下が名を連ねてすでに大がかりに企画されていて、私の名もその組織の片隅に記されている……。

共通の出来事が、対極的な立場で経験された記憶としてある、広島・長崎の被爆者と、原爆を投下したアメリカ空軍軍人の記憶の意味づけについてはどうか。原爆投下に至るまでの米軍の最高機密資料も含む資料集、原爆投下のために編成された第五〇九混成群団の団長で、広島に原爆を投下したB29「エノラ・ゲイ」の機長だったポール・ティベッツの、空軍戦史部による長い公式聞き取り記録⑬、広島爆撃には計測機長として参加し、長崎に爆弾を投下したチャールズ・スウィーニーの手記および上院公聴会での証言⑭などを見ても、この二人の原爆投下肯定の揺るぎなさから、日本人被爆者との記憶の分有は、不可能だと思われる。高橋昭博(十四歳で被爆、もと広島原爆資料館館長)とポール・ティベッツの対話と文通も、十分交わらないまま、結局断絶に終わっている⑮。

その一方で、同じ広島・長崎市民でも、直接には記憶をはじめから共にしていない、被爆者と二世、三世という異世代間の記憶の分有も、伝承の難しさと異世代間の生活感覚の違いなどで困難が大きいようだ。原爆体験を風化させまいとして、体験を文章や絵に記録したり、そのための訓練を受けた「語り部」に学校や集会で体験を語らせる、あるいは語りをビデオで参照できるようにすることは、原爆の被爆者についてだけでなく、一九四五年三月十日未明の、一晩で十万人近い老人、女性、子どもを主とする焼死者を出した東京大空襲の生き残り罹災者、その他の戦争体験者についても行なわれている。だが、ナチスによるユダヤ人虐殺でも指摘されているように、苦しんで死んでいった大勢の人たちの声は、永久に失われたのだ。生き残った人たちの体験についても、ほんとうに苦しかったことは、語れない、少なくとも語りたがらないということも、私たちは知っている。体験者自身が対象化し言語化したときの、体験の原初状態からの変質をどう考えるべきか、そもそも想起される以前の体験の純粋原初状態というものはあるのか、体験は想起されることによってしか記憶の中で意味をもたないのではないか等の問いも生ずる。

私自身が直接の罹災者ではなかったが、多くの親類知人が生命を失い、その時の空襲の模様は十歳だった私自身も記憶している三月十日の罹災体験を、私の生まれ故郷で被害のひどかった深川の多くの人たちから、私は聞き書きしている。その、いかにもあっけらかんと語られたいくつかのものについて、私は強い感銘を受けたが、体験を「分有」できたといえるのかどうか、確信がもてない。その夜焼死した三歳年上で十三歳だった従姉への、異性に対する生《なま》な幼い想いを、私の側から一方的に死者と「分有」した、私個人の幼時体験として書いたことがあり⒃、それを読んだ何人もの、戦後生まれで空襲など知らない世代の人たちから(なかなか手紙に書けなかったという人もあった)、私の想いに深く共感したという手紙をもらった。私は、この種の悲惨な体験は、極めて秘《ひそ》やかな私事《わたくしごと》としてしか、想起され、表現され得ないのではないかと思うが、何人かの読者のこの共感は、私との体験の「分有」といえるのではないかと、そのとき手紙を読んで感じた。逆説めくが、戦争体験を次の世代に伝えようとして語られる言説よりも、自分自身が体験と向かい合う営為の方が、結果として他者の心にしみるのかも知れない。

広島市立大学国際学部に在職中、私のゼミに出席していた被爆二世、三世の学生の何人もが、広島市の中学・高校の「平和教育」の授業で、「語り部」の体験談を聴いたあとなどに原爆についての作文を書かされるのが、期待された反応の圧力を感じて苦痛だったと話してくれた。私はそれを健全だと思い、そこに希望の芽を見る。こういう世代の日米に、他の文化の若い世代の話者をまじえた、二者間の対話(dialogue)でない三者間討論(trialogue)のなかから[17]、原爆の「記憶」をめぐっても、直接体験とは別の次元での、直接体験者同士では不可能だった、新しい分有の可能性が生まれることを期待できるのではないかと思う[18]。

同類の境のつけ方、非同類への関心のあり方としてのエギゾティスム

集合的記憶の分有可能性をめぐって、多くのことばを費やしたのは、とくに戦争の記憶についてのこの問題がまさに、「私」と人類とのあいだに「ナショナル」という感情的な契機をはらむ、こわばった要素を持ち込みやすく、それが記憶の分有を困難にするからだ。だが、第二次世界大戦後、国家を単位とする宣戦布告をともなう国際法上の戦争は一つもなく、それでいて敵味方の境のはっきりしない戦闘は、たえず世界各地で行なわれているという状況が六十年つづき、「ナショナル」なものは著しく変質した。「ナショナル」な単位が人々を興奮させるサッカーのワールド・カップでも、ナショナルの内実が、選手の顔ぶれを見てもいかにインターナショナルであるかは了解済みで、その上で観衆は「ナショナル」な感情を楽しむのである。

人間が、同類と非同類、ないし異類との区別をどのように設定するかは、生物としての個体と種の存続のための、食と性の二つの営み、とくにその禁忌に集約されて表われている。食については、食人のさまざまな形態、第一章に論じたような肉食が提起する問題があり、性については、近親相姦(近い同類との性交)と獣姦(遠い異類との性交)が、ともにタブーとされる。いずれも現実には行なわれており、だからこそ禁忌の対象になるのだ。

近親相姦の禁忌(インセスト・タブー)の、交換論による社会的説明で知られるクロード・レヴィ＝ストロースは、二〇〇一年四月京都で行なわれた集団生物学、霊長類学、文化人類学、文学などの学際シンポジウム「近親性交とそのタブー」についてのコメントで、やや逆説的に次のように述べている。「人類に普遍的なのはインセストのタブーで

はなく、インセストだ。それには二つの種類がある。弱者のインセストと強者のインセストだ。弱者のインセストは、庶民の日常的な場で明確な意図なしに、ふとした成りゆきで起こるもの、あるいはごく近い肉親間のインセストでないまでも、同じ村内で気心が知れているとか財産の分散を防ぐためなどで起こる。強者のインセストは、古代から王族などがその聖性や特権を保持するために、あるいは政略的に、意図して行なわれるものだ。ヒトの婚姻は、基本的にはすべてインセストであり、ただその度合いを、社会によって異なるやり方で規範化しているに過ぎない」[19]。

ヒトの婚姻すべてを基本的にはインセストとみて、性交に関しての同類の範囲を最大に想定する一方で、レヴィ＝ストロースは「食」についても、肉食を拡大されたカニバリズム(食人習俗)とみなした上で、牛のBSEも、人間が牛に共食いを強いた報いとみなしている[20]。このように食と性二つの領域で同類の範囲を拡大してゆけば、そこには「種間倫理」(interspecific ethics)の問題が提起される[21]。ホモ・サピエンスという単一種が、あまり地球上にはびこりすぎたために、他の種との共存の倫理、人間の利益やアメニティのために自然を大切にするというのとは根本的に違う、生きものの掟としての倫理が、求められている。これもまた、メタ・サイエンスとしての人類学の課題である。

その一方で、人間は自己中心的で、極めて感情的な動物であり、先に取り上げた集合的記憶の分有も、東京大空襲の体験をめぐって述べたように、私的、情動的な結びつきを通してしか、本当に深いものはあり得ないのではないかと私は思う。広島の被爆者についても、私自身、井上ひさしの芝居『紙屋町さくらホテル』を観て登場人物に愛着を覚えたあと、その一人一人の、丸山定夫、園井恵子、高山象三……の被爆死の模様を知り、それまでの被爆者一般に対してとは異なる、強い痛ましさを抱くようになった。これに対し、「私」を超える道義的な装置として働くおそれのある「おくにのため」「ナショナルなもの」は、原爆を投下したアメリカ軍人の言説に表われているように、忌まわしいものだ。

「私」の拡大された同類から、とりわけ情動的に区別された非同類への、外側からの関心のあり方の一様態として、エギゾティスムを位置づけられるだろう。エギゾティックという形容詞は、フランソワ・ラブレーが『第四之書パンタグリュエル』(一五五二年)で、「遠いくにから来た見慣れぬ商品」を指して、ギリシャ語 *exōtikos* から造語したのが始まりとされているが、この語が広く用いられるようになるのは、フランスでも外《と》つ国の「野蛮人」(欧米を人類文化の頂点とみる文化の進歩史観にもとづく、「未開」という形容詞が「野蛮」に取って代わるのは、十九世紀後半からだ)との接触が盛んになる十八世紀以後であり、さらに「エギゾティスム」として、エギゾティックなものを審美的な意図で「賞味する」態度が一般化するのは、欧米の世界制覇が実質的に最終段階に入る十九世紀の終わり近くになってからだ。

「エギゾティスム」にもとづく非同類の賞味の仕方の特徴は、第八章でとりあげたピエール・ロティの著述に顕著なように、対象の内側に入り込むことなく、外側から視覚、聴覚、嗅覚、触覚などの感性を働かせて、あくまで非同類として観察し、賞味することである。中部ベトナム、ムノンガル族の村落への長期の住み込みを通して、極めて良質の民族誌を書き上げた、「ユーラシア人」人類学者ジョルジュ・コンドミナスは、その民族誌に『エギゾティックなものは、日常的なものだ』という含蓄のある表題をつけた[22]。外側から眺める限り、エギゾティックな、不透明な神秘にみちていたものが、内側に入ってその人たちと暮らし、ことばを覚え、喜怒哀楽を共にするようになると、それがこの人たちの日常だったことが理解できてくるという、頭では理解できても、どの人類学者も真に体験できるわけではない単純で奥深い真理を、コンドミナスは丹念な他者理解の過程を綴りながら、さりげなく描き出している。

よそ者観察者の視点と、観察の対象である生活者の視点の二重性から生じる問題は、人類学的認識にとって根源的なものであり、それは記述のあり方にもかかわってくる。第九章にとりあげたオペラ『蝶々夫人』は、十九世紀の西洋人が拵えたエギゾティック・ニッポンの物語を、日本人も内側から捉え直し、演じ直しているという、異文化の記述と表現の問題にとって特異な興味深い例だ。物語そのものの理不尽さにもかかわらず、オペラとして西欧世界で広く称賛され、日本人もさまざまな解釈を加えて演じ続けてきたのは、ひとえにプッチーニの音楽の、文化を越境する力のためであろう。言語による表現としての物語と、初めはつまみぐい的日本趣味に発してはいても、単なるエギゾティスムではない表現になりえている音楽による伝達という二つのレベルで、異文化相互の理解と表現の問題を、このオペラは私たちに提起している。

理解と記述における外と内という点では、第十章の柳田国男も、日本人で、民俗学者を標榜する者でありながら、まったく外側からの、柳田のいう「旅人の、目の観察」を、それも不十分にしかしていないのは、驚くべきだ。柳田の初期の作品『後狩詞記』(三十五歳)、『遠野物語』(三十六歳)、『山島民譚集』(四十歳)などにはとくに、田山花袋ら自然主義文学への反発もあって、「実際にある珍しいことを調べて書き、世間を驚かせてやろう」という、本人も「若気の至りで」と照れてみせる客気が張り[23]、日本の内なるエギゾティックなものの探求への情熱(『山島民譚集』に著しい、ペダンチックな知的探求の愉しみへの惑溺!)を読み取ることができるだろう。

日本を対象とする「柳田エギゾティスム」の、それなりに感動的な「作品」は、第十章でとりあげた「清光館哀史」以外にも、まだ多いはずだ。

歴史と民俗、一回性と反復性

第六章「肖像と固有名詞」で、私は図像と言語による歴史表象における、「個」と「類」の問題をとりあげた。正真の「個」も、それが「類」として一般化されうる「しるし」、標章(attribute)を帯びていなければ、一切の意味を奪われた指示機能しかもたないことになる。同種のことは、歴史における一回性と民俗における反復性についてもいえる。この問題は、より広く、歴史と民俗の関係という問題設定でも、人類学的認識論の射程に入ってくる。

Habitus としての民俗が帯びている集合性、反復性は、「歴史」の主たる関心事である個別性、一回性とは、対立し

ながらも補完し合う性質をもっている。歴史における個別的、一回的な事象の意味が、民俗の帯びている集合性、反復性によってしか把握できないというだけではない。民俗が生むイマジネーションが、さもなければ個別的、一回的な事象の羅列に過ぎない資料体《コーパス》に、「筋立て」(ヘイドン・ホワイトの emplotment ポール・リクールの intrigue)[24]と、構成要素相互の関係に意味づけを与え、*historia* としての歴史を可能にするのである。だが一方で、民俗の生むイマジネーションは、「生きられたもの」の資料体《コーパス》をもとに、フィクションとしての *historia* を増殖させもする。いわば民俗は、無限定な拡がりをもつ「生きられたもの」の資料体《コーパス》を切りとって、筋立てと意味づけを与えるという意味では、歴史家の役割を果たすのだが、資料体《コーパス》からフィクションを紡ぎだすという意味では、詩人＝戯曲作家でもあるのだ。

日本には、歴史と民俗の相互関係を見る上での興味深い事例が多い。「肖像と固有名詞」でとりあげた、平安後期の武士で源頼光の四天王の一人坂田公時と足柄山の金太郎をはじめとして、平安中期の陰陽家安倍晴明と葛の葉子別れの狐女房譚、平安後期の京都北白川の吉田少将惟房の子梅若と隅田川梅若塚伝説等、一回性をもった歴史と、集合的に反復される行事や民俗信仰、関連する遺跡、民間のさまざまな語りもの、うたいもの、民間説話のなかでの存在という、いわば民俗的イマジネーションの、どちらがどちらを生んだのか、歴史の側面では「生きられたもの」の痕跡は十分にたどりうるのかなど、興味ある問題を提起する。

人買いに拐《かどわ》かされ、隅田川のほとりで死んだとされる梅若を探して狂乱状態になった母が、隅田川にたどりついたとき、梅若の死の一周忌の供養を土地の人々が行なっていたという観世元雅作の謡曲『隅田川』がおそらくもとになって、江戸時代に「隅田川もの」と総称される音曲や芝居は、大増殖をとげた。現地の向島にある天台宗梅柳山木母寺に伝えられている延宝七年(一六七九)という奥書の絵巻物『梅若権現御縁起』では、梅若の母も池に入水し、亀が死体を乗せて陸に上がり塚を築いて葬ったとされており、妙亀塚として隅田川西岸に現在も史跡としてある。

隅田川を隔てた母子の塚——だが、非業の死を遂げた稚児を祀るなどの言い伝えが付着してあちこちにある供養塚の、たまたま隅田川をはさんだ二つが、民俗としての梅若ゴトを媒体として、班女梅若母子の悲話を生みだしたとみることもできるだろう。[25] 旧暦三月十五日は、コトの日、梅若ゴト、梅若忌などと呼ばれ、東北、関東、近畿、中国の各地にさまざまな行事が行なわれていた。江戸周辺の農村では、三月十五日を梅若忌として、水辺に出かけて浄めをする慣行があり、この日に「梅若の涙雨」が降るといわれている。こうした習俗や塚にまつわる口碑が京都に伝えられ、元雅の『隅田川』を生んだ可能性は大きい。謡曲『隅田川』では、人さらいが水辺の母子の悲劇につながって行くのだが、説経節の『山椒太夫』や観阿弥作の謡曲『自然居士』などにも描かれている、人さらい、人買いも、日本の「民俗」のある側面を表わしているだろう。『梅若権現御縁起』では、人買いの名は信夫藤太《しのぶとうた》となっているが、文化十一年の四世鶴屋南北作『隅田川花御所染』では猿島惣太、安政元年の河竹黙阿弥作『都鳥廓白浪《みやこどりながれのしらなみ》』では、忍ぶの惣太が、もと吉田少将の家臣という設定で、隅田川まで旅してきた梅若を殺して川に投げ込む。梅若の母は、吉田の少将が馴染んだ美濃の国の遊女花子《はなご》で、前漢武帝の寵妃の名に因んで班女《はんじょ》と呼ばれていた。吉田の少将に捨てられたと思い、笹の枝をもって狂ったように少将を慕うさまが、世阿弥の『班女』には描かれている。観阿弥、世阿弥、元雅三代の作能が、『隅田川』に結晶したといえようか。

梅若伝説を水辺の母子信仰の表われとして見れば、その基層は隅田川流域を離れて日本以外の土地にまで拡がってゆく。貴種流離譚の要素もあるだろう。いずれにせよ、一連の「隅田川もの」が庶民に広く親しまれた背景には、こうした民俗の基層があったことは確かであろう。長唄『八重霞賤機帯』(文化十一年)となると、春爛漫、花吹雪の隅田川で、わが子の行方を知りたい一心の狂女が、川面に散る桜の花びらを網で掬ったら教えると船頭に戯れに言われ、必死に花を掬う、その情景を描くためにだけ作られたような華やいだ唄いものだ。隅田川のほとり桜の名所向島の、第三章「「地域」とは何か」でも触れた「ゲニウス・ロキ」(地霊)が、稚児塚を依代《よりしろ》に、梅若伝説を立ちのぼらせたのではなかったかと、『賤機帯』を子守唄のように、夢うつつに聞いて隅田川のほとりで育った私などは、つい思ってしまう。

これとは逆に、歴史上の事件が民俗的イマジネーションを掻きたてた例としては、「忠臣蔵」が挙げられる。もとになった三百年前の出来事が、架空の人物も付け足して、芝居、歌舞音曲、語りもの等々に展開した。とくに、竹田出雲らの浄瑠璃『仮名手本忠臣蔵』は、歌舞伎の独参湯《どくじんとう》ともいわれ、広汎な人気を博してきた。明治以後は、小説、映画、さまざまな演劇、テレビなどでも、繰り返しとりあげられている。忠臣蔵の人気の理由についても、多くの研究があるが、民俗のなかに広がりをもつものとして、研究されるに値しよう。さらに、人類学的視野で、復讐、仇討ちの一変形として、多文化間の比較研究のテーマにもなりうるだろう。[26] 私は、主君への「心中立て」、時間的にもずれた一種の殉死というとらえ方で、関連する民俗を探ってゆくことに、関心をもっている。[27]

注

（1）口頭発表「民族学・民俗学・人類学——日本人類学の過去と未来」、日本民族学会関東地区研究懇談会、一九九六年一月二十日、東京都立大学。拙稿「メタサイエンス、そしてマイナーサイエンス」船曳建夫編『文化人類学のすすめ』一九九八年、筑摩書房、三九—六三頁。

（2）この主張は、近年いくつかの国際的な場で行なってきた。例えば、Junzo Kawada "Comment peut-on revaloriser les valeurs locales face à la mondialisation ?", Forum International de l'Académie Universelle des Cultures : *Quelle Mondialisation ?* le 13 et le 14 novembre 2001, Paris, Grande Halle de la Villette, *in*: Françoise Barret-Ducrocq (éd.) : *Quelle Mondialisation ?*, 2002, Bernard Grasset, Paris : pp. 215-221. J. Kawada "Revaloriser les identités culturelles régionales et susciter la coopération inter-régionale à l'échelle globale", Colloque International d'Avignon *Dynamiques culturelles et globalisation*, le 4 et le 5, octobre, 2003.

（3）「低開発」(英語 underdeveloped　仏語 sous-développé) という形容語は、一九四九年、トルーマンがアメリカ大統領就任演説で、社会主義陣営封じ込めの世界戦略の一環として、「低開発国への援助」を表明して以来、はじめはごく当たり前に用いられていたが、差別、蔑視のニュアンスを含んでいるというので、その後「開発途上」(英語 developing　仏語 en voie de développement)という語に置き換えられることが多くなった。私は、この胡散臭いことばのすりかえに反対だ。もし低開発という性格づけに差別・蔑視の響きがあるとすれば、ある社会が高開発になったこととのかかわりで、他のある社会には「低開発」状態が生まれた、歴史上の事実そのものが差別・蔑視の具現だからであり、そうした事実はそのままにして、ことばで取り繕おうとするのはまやかしでしかない。「低開発」は関係概念であって、カペー王朝時代のフランスが、鎌倉時代の日本が、十四世紀のマリ帝国が、「低開発」かと問うことは意味をなさない。地球上の諸地域が力関係で広汎に結ばれる時代になって、ある社会が高開発になることによって、他のある社会は低開発になったのである(詳しくは、川田「いま、なぜ「開発と文化」なのか」川田他編『岩波講座　開発と文化』第一巻、一九九七年、一―五七頁などを参照)。さらに、ある社会を「開発途上」と規定することは、「低開発」とする以上に過酷に、「高開発」社会の側からの一元化された価値規準によって、そのように規定された社会を差別することに他ならない。「途上」にあるのではなくすでに「開発」されたと思いあがっている「先進国」の傲慢な自己認識こそが問題だ。こうした理由から、私は「低開発」と呼ぶ方が、そのような差別的状況をもたらした経緯を自覚するうえからも適切であると思い、敢えてこのことばを使いつづけている。

(4)　拙稿 "Epic and Chronicle: Voice and Writing in Historical Representations", *in* Sølvi Sogner (ed.) *Making Sense of Global History: The 19th International Congress of the Historical Sciences Oslo 2000Commorative Volume*, 2001, Oslo, Universitetsforlaget: pp. 254-264. 拙稿 "Réflexions sur les rapports dynamiques entre les cultures sonores d'une part, et la cognition historique et sa représentation d'autre part: cas des sociétés de l'intérieur de l'Afrique occidentale", *in* J. Kawada et K. Tsukada (éds.) *Cultures sonores d'Afrique III*, 2004, Hiroshima City University: pp. 5-26.

(5)　このような領域での最近の学際研究のめざましい成果としては、例えば、Takeru Akazawa & Emöke J. E. Szathmáry (eds.) *Prehistoric Mongoloid Dispersals*, 1996, Oxford-New York-Tokyo, Oxford University Press、西田正規・北村光二・山極寿一編『人間性の起源と進化』二〇〇三年、昭和堂が挙げられる。

(6)　坂本賢三『「分ける」こと「わかる」こと』一九八二年、講談社現代新書、坂本賢三氏との対談「「分ける」ことは「わかる」ことか」『太陽』、本書第四章「「しるす」ことの諸形式」などを参照。

(7)　Roman Jakobson, C. G. M. Fant and Morris Halle *Preliminaries to Speech Analysis: The Distinctive Features and their Correlates*, 1963

[1951, 1952, 1961], Cambridge, Massachusetts, The M. I. T. Press.

(8) 『サバンナ・ミステリー　真実を知るのは王か人類学者か』一九九九年、NTT出版、一三六－一四〇、一五五－一七八頁、最終章Ⅶ「王国の歴史を知るのは王か人類学者か」。

(9) 拙稿 "Histoire orale et imaginaire du passé : le cas d'un discours 'historique' africain", *in Annales : Économies-Sociétés-Civilisations*, Paris, 48e Année, no. 4, 1993 : pp. 1087-1105.

(10) 『サバンナ・ミステリー　真実を知るのは王か人類学者か』一九九九年、NTT出版。

(11) 原爆遺跡保存運動懇談会編『ガイドブック　ヒロシマ　被爆の跡を歩く』一九九六年、新日本出版社、四四頁。

(12) 川田順造「負の遺産の跡にたたずむ　ダホメー王宮にて」『アフリカの声――〈歴史〉への問い直し』二〇〇四年、青土社、一八九－一九八頁。

(13) 米軍資料(奥住喜重・工藤洋三訳)『原爆投下の経緯　ウェンドーヴァーから広島・長崎まで』一九九六年、東方出版。

(14) チャールズ・スウィーニー(黒田剛訳)『私はヒロシマ、ナガサキに原爆を投下した』二〇〇〇年、原書房。

(15) 高橋昭博『ヒロシマ　いのちの伝言』一九九五年、平凡社、二二五－二三〇頁。

(16) 川田順造「風の記憶」Ⅰ『風の旅人』第四号、二〇〇三年、ユーラシア旅行社、六－八頁。

(17) 三文化間の "trialogue" の考え方については、*International Conference on the Dialogue of Civilizations*, 31 July to 3 August 2001, Tokyo and Kyoto, United Nations University and UNESCO の Closing Session での私の総括講演 "Beyond Cultural Relativism and Globalism : A proposal to Deepen Cultural Awareness through 〈Trialogues〉"(部分的には *Dialogue among Civilizations : The Political Aspects of the Dialogue of Civilizations*, 2003, Paris, UNESCO に採録、会議全体の記録は国連大学から近刊)に詳しく述べた。

(18) このことについては、「分有」をテーマとする国際フォーラムの論集にも、同じ趣旨の論文を寄稿した。J. Kawada "Qui est《*nous*》? Le partage d'une mémoire collective est-il possible ?" *in* Françoise Barret-Ducroq (éd.) *Le Partage*, 2004, Paris, Grasset.

(19) 川田順造編著『近親性交とそのタブー』二〇〇一年、藤原書店、二六－二七頁。

(20) クロード・レヴィ＝ストロース(川田順造訳)「狂牛病の教訓」『中央公論』二〇〇一年四月号、九六－一〇三頁。

(21) Junzo Kawada "Un structuraliste à la recherche d'une éthique interspécifique ?", *L' Homme*, no. 154, 2000 : pp. 755-758.

(22) Georeges Condominas *L'exotique est quotidien*, 1965, Paris, Plon.

(23) 一九五九年から一九六一年にかけて、最晩年の柳田国男先生に、学生時代の私は、成城の御自宅で何度か一対一でお話しする機会に恵まれたが、私がかなり執拗にお訊ねしたのは、田山花袋などの自然主義文学への反発と、初期作品に凝集しているあの「リビドー」とでも呼びたい、日本の内なる秘境＝異文化発掘への衝動とのかかわりだった。私の想像は、本文に引いた先生自らの言葉でほぼ肯定され、『山島民譚集』のあのユーモラスな衒学ぶりが私は大好きだと申し上げたのに対し、柳田先生は「若気の至りで」と照れてみせながらも、適切な感想への満足を隠さなかった。

(24) Hayden White *Metahistory : The Historical Imagination in Nineteenth-Century Europe*, 1973, Baltimore and London, The John Hopkins University Press : pp. 7-11 ; Paul Ricœur *Temps et récit*, tome 1, Paris, Seuil : pp. 287 *sq.*

(25) 真泉光隆『梅若塚物語』一九九五年、梅柳山木母寺。

(26) 仇討ちの通文化的研究としては、すでに Raymond Verdier (éd.) *La Vengeance*, tome 1-4, 1981-85, Paris, Cujas ; R. Verdier (éd.) *Vengeance face à face*, Autrement 2004, Paris などがある。

(27) Junzo Kawada "Aesthetic and Moral Aspects of Suicide among the Japanese", International Conference at the University of Erfurt, *Suicide as Cultural Practice : Initiating an Historical Comparison*, November 21st-23rd, 2002 (forthcoming).

I

第一章　ヒト中心主義を問い直す

さまざまなレベルでの「開発」と、それと不可分の形での環境保護をめぐってなされてきた論議や実践は、より広い視野と、同時により現実に即した思考によって、大きく見直されるべき時にきているのではないだろうか。

より広い視野とは、自然史の一過程としての人類史の自覚と、それに基づく種間倫理への展望を含む視野であり、より現実に即した思考とは、いまだに世界の「開発」をめぐっては、「開発途上国」という呼称にも示されている、一元化された、時代遅れの単線的発展段階論の見方を棄て、地球上の諸社会にいま起きている問題の、まぎれもない「同時代性」を改めて認識することである。[1]

「いま、なぜ〝開発と文化〟なのか」、「開発と伝統的技術」とともに、私も編集に加わった『岩波講座 開発と文化』全七巻に収めた論考の一部として書いた、「人間中心主義のゆくえ」(同講座第三巻『反開発の思想』所収、一九九七年)に、その後の私なりの模索の結果を加えてこの論集に入れることにしたのも、その二点の重要性を、いまの時点で、私自身に向っても確認したかったからである。

かつて、レヴィ＝ストロースのエッセー「狂牛病の教訓――人類が抱える肉食という病理」の和訳を、『中央公論』(二〇〇一年四月号)に掲載したとき、当時まだ日本では狂牛病が現実の問題としては重要でなかったにもかかわらず、意外なほどの反響を呼んだことがある。レヴィ＝ストロースの「世界は人間なしに始まったし、人間なしに終るだろう」(『悲しき熱帯』最終章)という言葉に集約される、人間の奢りをしずかに戒める冷徹な謙虚さに支えられた世界観のなかに、人類の肉食《カニバリズム》の業《ごう》の一帰結として、牛の骨粉を牛に食べさせるという牛に共食い《カニバリズム》を強いたことの報いをみる、壮大な人類史の視野からする考察が、私たち現代日本人の思考の深層にも、共鳴をひきおこす力をもっていたからであろう。

レヴィ＝ストロースがこのエッセーのなかで、肉食を食人《カニバリズム》習俗の弱められた形とみているのは、きわめてまっとうである。「人は肉食をやめられるか」というシンポジウム（ヒトと動物の関係学会、第八回学術大会、二〇〇二年三月二十三日、於東京大学農学部、同学会誌二〇〇三年七月号所収）での基調報告で私も述べたように、[2] 人類のうちにも食人《カニバリズム》習俗をもっていた社会は現実に存在したし、神話に語られていたり、儀礼のうちにその痕跡を認められる例（キリスト教のミサで、キリストの血と肉を象徴する赤葡萄酒とパンの小片を、信者が嚥下するように）は多い。結局、食人《カニバリズム》習俗が投げかける問題は、どこまでを同類と考えてその肉を食べないか、あるいは逆に、あえて食べることに信仰上の特別の意義を見出すかで、食人とか、肉食とか、肉は食べないが乳や卵ならいいとか、さまざまな段階が生れる。

そしてこの「食べる」という行為に深く結びついたものとして性の交わりがあることは、レヴィ＝ストロースも前記のエッセーで指摘している通りだ。親子、兄妹などの近親者と性的関係をもつことがタブーとされている社会は多いが、実際にそれが行なわれるから禁止されるのだ。逆に、著しく遠いもの、たとえば種としては別の生物との性行為は、獣姦などとも呼ばれて忌《い》まわしいものとされているが、これも現実に行なわれているから問題になるのだといえる。『旧約聖書』の「レビ記」にも、獣姦はきわめて忌まわしい行為として記されているが、日本の『延喜式』にも祓い潔め対象として獣を犯す罪が挙げられているから、日本でも昔から獣とのセックスが行なわれていたことがわかる。

つまり、類としてあまり近いものと交わったり、その肉を食べたりするのは、できるが忌まわしい。ただ、食べることに関しては、類として著しく隔たっているものの方が、可哀想だと思う相手に対する感情移入や罪悪感は少ないが、セックスの場合は、あまり隔たった種の生物とのあいだでは、関係をもつこと自体不快感を起させる(実際にも行ないたいと思わない)か、不可能になる。(3)

同類と非同類のあいだ

このような同類と同類でないものとの境目のつけ方は、人類全体に共通ではなく、社会によって異なり、時代によっても異なる。食べることと性の交わりとは、生物としての人間の根源的要求である個体維持と種の維持に不可欠の営みであるが、食と性は直接には関わらない。だがその欲求の社会的文化的に変形された表現は、奴隷制や植民地支配や、ひいては資本主義、社会的差別などの形で、同類と同類でないものとの多様な境目のつけ方となって、人類のあいだで行なわれてきた。

人間による同類差別化の極致である奴隷制は、古代から多くの社会に行なわれてきたが、「黒い肌」の差別標徴《スティグマ》によって、数千万人という規模で、アフリカに生きる同類の虐待と商品化を行なったのは、英、仏を中心とする「白い肌」の人間たちだ。現地人の首長に、火器や弾薬や火酒、ガラス玉などを与えて、アフリカ住民のなかに、同類と、捕えて白人に売り渡す同類でない者を区別させ、アメリカ大陸に運んで農、鉱業など大量の労働力を必要とする自然資源の「開発」に、家畜なみに酷使した数世紀にわたる黒人奴隷交易と奴隷制。無数に遺っている図像やアフリカ海岸の交易砦の遺構、遺品が生々しく当時の状況を物語っている。捕えられた黒人男女の目、歯、性器などを入念に検査したあと、合格した者の膚には煙を立てて商標の焼印を押し、ことさら手荒く鞭打って、もはや同類の人間ではなく白人の「商品」になったことを思い知らせて暗い貯蔵庫に押しこみ、抵抗の最後の気力も失わせて船積みを待たせる。

黒い肌の差別標徴《スティグマ》が、いかに根深いものであるかは、シェイクスピアの『タイタス・アンドロニカス』や『オセロー』で世界に広く知られているが、褐色の肌、黄色い肌など、変えることのできない生得の皮膚の色による同類と同類でない者の白い肌の人間による差別は、黒人以外にも広く行なわれてきた。

アメリカ大陸を武力侵略し、先住民を殺戮した英、仏人やスペイン、ポルトガル人たち。先住民が反抗的でしかも容易に逃亡するために、アフリカから体力も優る黒人を大量に連れてきたのだが、とくにブラジルにおけるポルトガル人植民者たちの、先住民インディオに対する狂暴な殺戮ぶりは、写真も含む多くの資料から明白だ。白人の荒くれ男たちが、捕えたインディオの娘を全裸にして木に逆さ吊りにし、山刀でなぶり殺しにする情景を写真に撮らせて記念にするなどの蛮行が、白人には許される当然のこととされていたのだ。

トルコやアフリカ、オセアニア、日本などフランス海軍士官として訪れた先の女性と仮りそめの「結婚」をし、その体験をエキゾティスムで彩って流行作家となったプロテスタントのピエール・ロティ。ベトナムの植民地化支援で東アジアに来たとき、長崎で「変化をつけるために黄色い女が欲しい」と奴隷市場をあさるように周旋人をせき立て、男に接するのははじめての十八歳の生娘と一カ月間の「結婚」生活を楽しんだあと、「陰鬱で、蟬のようにうるさい」この日本娘と別れ、日本人一般についても、「遺伝的な愚劣と鼻もちのならない猿真似に汚されている」「小さな国民」として、「軽い侮蔑の微笑」を投げて日本を去るのである。

このように、生れた土地や皮膚の色、民族的帰属など、人間が自分の意思で選びとったり変更したりできない差別標徴《スティグマ》によって同類と異類を分け、同類でないというだけの理由で異類を虐げ、生命を奪い、奴隷化し、搾取し、尊重の感情なしに肉欲を満足させる対象とする行為は、日本語の語義通り「食いものにする」、さまざまな度合いの食人習俗《カニバリズム》とみなすべきだろう。

グローバル化する情報が支配する現在の市場経済の下で、古典的資本主義と植民地主義の時代よりも同類と異類の区別は直接認知できる「顔」としては見えにくくなった。けれども自由主義経済における弱肉強食という食人習俗《カニバリズム》の原理が、以前よりさらに峻烈さを増して世界を支配している。

第二次大戦後、一国家が他の国家に宣戦布告をして行なわれる国際法上の戦争は、一度も起っていない。だが、アメリカをはじめとする一部の国家が、軍隊と最新兵器を大規模に動員して、ベトナム、アフガニスタン、イラクなど世界各地で行なってきたテロ行為と、それに対抗するより小規模な、自爆テロを含む反抗《レジスタンス》テロの応酬、そして「民族紛争」などに名をかりた内戦は、あとをたたない。十九世紀にヨーロッパで成立した国民国家(nation-state)という政治社会の形態は、第二次大戦による植民地帝国の崩壊と、旧植民地の国民国家の形態をとった独立とによって、人類史上はじめて世界を覆いつくした。そしてほかならぬ覆いつくしたという事実によって、国民国家の枠組みは大幅に形骸化し、国家は同類と異類を分ける規準としての意味を失いつつある。国家対国家の戦争行為がなくなり、テロ行為の蔓延によって敵味方の区別が不明確になってきたことと、経済行為のグローバル化した情報活動への依存とは、相互に関連しあって進行してきたといえる。

ヒト、ホモ・サピエンスという一生物種のなかでの、同類と異類の境のつけ方が二十世紀までとは異なってきたことと併行して、ヒトとヒト以外の生物種とのあいだの区別のつけ方にも変化が起こりつつある。遺伝子科学の発達によって、ヒトという単一種内での、かつての「人種」の観念、つまり皮膚の色などの身体特徴による同類と異類の区別の根拠が否定される一方で、ヒトと他の霊長類、とくにボノボ・チンパンジーとの著しい近親性が明らかになってきた。そして、他の生物種との関係でのヒトのエゴイズムが、地球環境の諸問題もあって見直しを迫られ、人口問題をはじめとして行き詰った確信犯的ヒト中心主義——後に述べるように私が「創世記パラダイム」と呼んでいるもの——に代る種間倫理の探求が、依然世界の重要課題である「開発」との関連で、いままさに必要とされつつある。

ヒト＝自然関係の四つのモデル

以上のような考察を経た上で、ヒトをヒト以外の存在との関係でどのようにとらえるのかについて、あえてきわめて巨視的な立場から、思想史上の厳密な位置づけとしてではなく、現代の開発問題にかかわる形での作業仮説的モデル化を試みよう。

議論の前提として、人間をとりまく人間以外の存在を、現代の私たちが、日常用いている意味での「自然」と呼ぶことにする。このように、人間と対置させて自然をとらえること自体、西洋とくに近代の思想に彩られているといえるかもしれない。しかし、現在人類が当面している開発の問題自身が、このような自然観に由来するところが大きく、開発について語る言葉にもそのような自然観を参照せざるをえない部分が多い。それゆえ、とりあえず現在の常識《コモンセンス》から出発することにする。

開発の否定には、開発の肯定と同じく、さまざまな立場と度合がありうる。いうまでもなくそれは、「開発」というものをどのレベルで問題にするかにもかかわっている。

最も根源的《ラディカル》な組みあわせは、開発を人間によって自然に加えられる一切の改変としてとらえ、同時にヒトを自然の一部として、自然史のなかに位置づけることであろう。人間存在も他の諸存在と基本的に同等の資格で、他の存在と相互依存した連続の関係にあるとみるのである。万物の「相互依存のなかの生起」を説いた八宗の祖とされる古代インドの龍樹（ナーガールジュナ）の思想に一典型をみるような、仏教の世界観から、そのような立場のモデルをひきだすことができるだろう。そのようなモデル――理念型であるよりは、操作モデル――を、ここでは参照の便宜のために「自然史的非ヒト中心主義」（第一モデル）と呼んでおこう。

ヒトも生物の一部として自然史過程のなかにあるものとみなすにしても、人間のよりよい生存を、他の生物をはじめとする自然の利用、ある意味でのそれらの犠牲において推進することを正当化する立場がありうる。これを前者との対比で「自然史的ヒト中心主義」(第二モデル)と呼ぶとすれば、このような立場は、人間の現世的欲望の拡大実現の肯定の基底をなすものであり、一方では資本主義の発達を支え、他方では史的唯物論として思想化され、マルクス主義と結びついたといえるだろう。そして今日では、さきの「自然史的非ヒト中心主義」や以下にとりあげる「一神教的ヒト中心主義」等の信奉者を別にすれば、先進、低開発を問わず、常識的ヒト中心主義者、現世肯定論者とでもいうべき多くの人々に、共有されるようになった立場といえるだろう。

これらのモデルに、それぞれ異なる軸上で対置されるモデルとして、ユダヤ＝キリスト教的世界観に認められる、「一神教的ヒト中心主義」(第三モデル)を挙げることができるだろう。これは『旧約聖書』、とくに『創世記』に明確に示されている思想であり、私がこれまでしばしば「創世記パラダイム」と呼んできた物の見方だ。この見方にしたがえば、唯一神である創造主は、その姿に似せて人間をつくり、人間に役立たせるために他の生物をつくった。

これは、人間を他の生物を含む自然との関係で、特別の資格を神から与えられた被造物とみなすことだ。そこから、自然は神が人間に示した偉大な書物であるとする思想も生れ、この書物を解読し、それによって人間が自然を支配し、人間に役立てる努力が営々と続けられる。爾来二〇〇〇年、この一神教的ヒト中心主義に発した世界観は、さまざまな曲折を経ながらも、近代西洋の科学・技術や、それに裏打ちされたヒューマニズムへと展開する世界認識と実践の主要な源泉となったといえるのではないだろうか。デカルトからニュートンにいたる、機械論的自然観に基づく二元論も、前述の「自然史的ヒト中心主義」も、この一神教的ヒト中心主義から生れた〝鬼子〟とみることができる。

これらの、当事者によって多少とも思想化された世界観に基づいて私が作ったモデルに対して、当事者によっても体系的に自覚されておらず、思想化もされていない、むしろ単一の原理にまとめることが不可能であるような、しかし現代の開発の問題を考える上で無視できない、ヒトと自然をめぐるモデルとして、「汎生的世界像」(第四モデル)とでも呼ぶべきものを私は立ててみたい。これは、それ自体の特質が明確なモデルというより、さきに挙げた三つのモデル以外のものといった、ネガティヴな規定によってまとめられるもので、かなり多様な変異形を内に含んでいる。通俗的にはしばしば漠然と「アニミズム」などと呼ばれる、それ自体としては何も規定しないような曖昧な言葉で指示されるものも、この内に含めてよい。

私はこのモデルの基本的性格を、「人間の非人間世界への比喩的投影による拡大認知」として特徴づけたい。つまり人間以外の生物や無生物にも、人間を比喩的に拡大してあてはめ、つまり擬人化し、いけにえを捧げたり、祈願したり、交渉したりする。人間が比喩の基である点で認識の面でも、同時に人間の利益を優先している点で実践の上でも、ヒト中心的ではあるが、しかし自然は解読し、支配すべき対象ではなく、自然に対する畏怖がある。かといって、ヒトも他の生物と同格で自然の一部であるとする明確な自覚はない。このモデルは現代国際機関などの規準で、「低開発」ないし「開発途上」とされている社会にひろくあてはめられうるが、しかし「先進」とされる社会、あるいは前述の三つのモデルが第一にあてはまる社会にも、基層ないし民俗的領域で、しばしば潜在的に、認められるものである。

開発とのかかわりで

ヒトと自然の関係についての、四つの基本モデルを、簡略化された説明で不十分ながら、提示してみた。現実には、開発のさまざまな局面で、これらのモデルの変異形や派生形があてはめられ、開発を推進したり、阻止したりするよりどころとされている。

現代の開発というものは、さきに挙げた第三モデルの一神教的ヒト中心主義が基本になり、しかし第二モデルの自然史的ヒト中心主義が直接の適用原理として働いて、推進されているといってよい。歴史上の事実としても、第三モデルそして第二モデルが技術と経済の「先進化」に成功したからこそ、現代の開発の主体となったのだ。現代の「開発」は、人間の現世的欲望の無制約な拡大の容認と、その実現のための競争という市場経済の原則の一般的適用と、しかしそこへの参加の条件をすべての社会に平等に与えるという、ヒューマニズムに基づく援助・協力から成っている。しかし「開発」という行為に含まれる、援助・協力が、ある社会への異なる社会からの第二、第三モデルを適用した介入である以上、そして開発される社会が、第二、第三モデルの適用されにくい、汎生的世界像の第四モデルの力がつよい社会(だからこそ、その社会は他からの介入による開発が必要とされているのだ)であるために、そこにはしばしば不整合や軋轢が生れる。

その不整合をなくし、開発の「サスティナビリティ」(持続可能性)を確保するための方策として、住民参加や被開発社会へのエンパワーメント(権能の譲渡)が論じられる。だが持続可能性ということが、人口増加にも見合った「成長の持続」を意味するとすれば、利用可能な資源もそれに応じて成長することを前提としなければ不可能だ。また、グローバル化した経済のなかで、持続可能な開発が実現される範囲は、どのように定めることができるのか。このような疑問を投げかけることによって、私は現に世界各地で行なわれている自立的開発への努力に水をさそうとしているのではない。現実には、人口の自然増加が問題になりうるほどの長期の持続可能性は、政治・経済状況の世界的な不安定のために、誰も予測することができないだろう。だから現在開発戦略の合言葉のようになっている「持続可能な開発」というスローガンは、希望の表明としての意味はあっても、その開発思想を支えている、第二、第三モデルの人間の欲望の果てしない増大の肯定を前提とする以上、原理的にも、そして現実の問題としても、矛盾を含んでいる。

そこで、人間の欲望の方を抑制しようという思想が生れる。シュンペーターやケインズの弟子であるとともに、東洋思想やガンディー主義の影響も受けたドイツ生れのイギリス人経済学者エルンスト・F・シューマッハーが提唱した「スモール・イズ・ビューティフル」の、そして中間技術の考え方は、その一典型といえるだろう。

シューマッハーは、資本主義経済が、最小限の消費で最大限の幸福を得ることの大切さを忘れさせ、消費の増大をもって富をはかる規準としたことの本末顚倒を批判する。そして労働というものが、資本家側にとっても労働者側にとっても、できればなくすか極小化したい必要悪となったこと、人間中心でなくモノ中心の経済が横行している現実に対して、簡素な生活で満足を得る人生観と、中間技術を通して手仕事の労働が人間にとって本来もっていた意味を復活させることの必要を説く。

シューマッハーが、近代経済学を知悉していただけでなく、戦後の欧州経済復興や第三世界の開発問題でも実践的に活動した人であることは、彼の主張に大きな力を与えたし、彼の著作が広く読されるようになったのと時を同じくしてオイル・ショックが世界をゆさぶり、資源危機が現実のものとして、人間の欲望拡大への楽観にブレーキをかけはじめたことも、彼の説がひろく影響を与えた理由だったであろう。だが、人間中心の経済や中間技術の主張が、シューマッハーの死後三十年近くたった現在の開発にとっても依然根源的な重要性を失わず、実践上の支持者もいるにせよ、ソ連崩壊後、市場経済による地球化がさらに勢いを増して進むなかで、いったいどれだけの力をもちえたのかは疑問だ。

さきに挙げた四つのモデルに照らしてみるならば、シューマッハーの主張は、第二、第三のモデルに、第一の自然史的非ヒト中心主義を、かなり折衷して弱めた形で持ちこもうとしたものとみることができるだろう。欲望の制限においても、第一モデルの立場を極限までおしすすめるとすれば、結局自然のなかに、人間が文化の力によってひときわ強力で他の生物の犠牲を必要とする形で存在すること自体すら、否定することになりかねない。

この問題をめぐる議論で示唆に富んでいるのが、宮沢賢治の未定稿の童話作品『ビヂテリアン大祭』だ。人間以外の生きものを、人間の生存のために犠牲にすることを否定する「ビヂテリアン(菜食信者)」の世界大会がカナダで開かれ、そこにシカゴの畜産組合の代表なども乗りこんできて、人間が他の生きものを食べることの是非をめぐって、白熱の討論が展開する。菜食信者の主張の矛盾をつく非菜食主義者の論旨は、二つの点に集約されうるだろう。一つは、野菜を栽培する行為自体が、土地の耕起、害虫の駆除、魚粕など動物性肥料の使用等々によって、すでにヒト以外の生命の犠牲の上に成り立たざるをえないのではないかという点であり、他は、生きものとしての動物と植物のあいだに、明確な区別を立てられるかという点である。動物と植物は、分類上もバクテリアなどを通じて生物としての連続体をなしているが、食用として殺さないまでも、人間の生命を奪う力をもつ病気や化膿の原因となる菌類の生命までも尊重するとすれば、結局人類は消えてゆくほかはなく、それもまた、生きものの一つの種をあえて大量に殺すことだといえるだろう。

賢治のこの議論への結着のつけ方は、他の生命の犠牲によってしか生きるすべのない人間のかなしい業《ごう》を自覚し、だが一切の流転のなかで、みな長いあいだの親子兄弟である生きものたちとともに、この苦の状態を離れようと努めつつ生きるという、仏教思想の影響のつよい賢治的倫理への到達といえるだろうか。それは殺生《せっしょう》をなりわいとする者が、たとえば鰹節製造業者の組合が鰹塚を建てるといった日本的な供養の思想、明快を第一とする論理からすれば偽善的と判断されるかもしれない、生きること自体が含む矛盾を受け入れ、自覚することで超えようとする倫理観とも通底するといえるであろうか。それは、人間の生命維持のために他の生命を奪うのが当然とする第三モデル――創世主たる神に託したヒト中心主義の正当化――や、ヒトも生物の一種として、自分により親近性をもつものにより強い共感と憐れみを抱き、それを大切にするのは生物としての法則に従うこととする、第二モデルの自然史的ヒト中心主義の、いわば〝確信犯〟的な殺生とは、結果として同じにみえる面があっても、やはり違うというべきなのだろう。

人間以外の動植物を含む環境は、現代の私たちの日常生活では、人間にとってのアメニティ(快適さ)を作る道具立てとして、「美しい自然を守ろう」などという形で、矮小化された「自然」と等置されさえしている。だが、人間の生存そのものを脅かしかねないところまで進んできた環境破壊や、多くの面で桎梏となりつつある国民国家の枠内での、しばしば開発に伴う不平等、差別から、「民族」という情動性の大きい旗印のもとになされる紛争にいたるまで、ヒト中心主義(anthropocentrism)、自民族中心主義(ethnocentrism)、自己中心主義(egocentrism)へと連続する、異なるレベルでの中心主義、つまり自他の差別の設け方は、生物的には根拠がないことが明らかにされても社会的差別としては存在しつづける人種差別や、生物としては意味のある差異が文化的社会的に歪曲拡大されるジェンダーの差別まで、現代の私たちに思考の根源的な再検討をせまっている。地球中心主義(geocentrism)=天動説はとうに否定されたが、その否定の一般化にいたるまで、オーレム、コペルニクス、ガリレイ、ケプラー、ティコ=ブラエ等からフーコーにいたるまで、どれだけの時間と執念深い努力と犠牲が注がれたことか(川田「序ヨーロッパ、近代、基層文化」、川田編著『ヨーロッパの基層文化』岩波書店、一九九五年、八―九頁参照)。

生産経済、そして進歩

人間が、他の動植物を支配・管理し、それを利用するのが当然とする立場は、野生状態の動植物を、人間がある場合には戦って奪いとりながら生きる、採集狩猟・漁撈の掠奪経済から、動植物を人間の手で再生産する農耕牧畜の生産経済へと移行することで、決定的に強化されたように思われる。そして第三モデルの『創世記』を生んだ社会は、まさにこの掠奪経済から生産経済への移行が、麦や豆の栽培と羊、山羊など小家畜の飼育によって、人類にとって最も古く達成された西南アジアで形成された社会だ。この早い段階での生産経済への移行は、動植物の人間による支配・管理の思想の発達と無関係ではあるまい。古代エジプトの地母神イシスと、殺されては再生する穀精男神オシリスに典型をみる、東地中海世界の穀母と穀精は、マリアと殺されて復活するイエスに、一粒の麦の譬《たとえ》に受けつがれている。牧羊の比喩がいかに聖書の思想の展開を支えているかも、谷泰の研究が明らかにしたところだ。

必ずしも人間にとってのアメニティの道具立てとしての「環境」であるとは限らない〝荒ぶる自然〟にしばしば虐

げられ、それでも全体としてそれに依存しながら、それから掠奪して生命を維持してきた採集狩猟・漁撈の掠奪経済は、人類がその歴史の圧倒的大部分を生きてきた経済形態でもある。約一万年前西南アジアに初期農耕・牧畜村落が形成されて以来、その派生形として、あるいは独立に、さまざまなタイプの農耕・牧畜の生産経済の社会が世界各地に生れ、それらは次第に富を蓄積して階層分化した集権的な政治組織をつくって強大となり、小規模な遊動する集団で富の蓄積もない採集狩猟の掠奪経済民を圧迫したり、土地をとりあげて辺境へ追いやったりしてゆく。ときに農産物と狩や漁の獲物との交換などに基づく共生関係もあったにせよ、全体としての力関係の帰趨は明らかで、近代国家の形成以後は、生産経済の次の段階である工業化によっていっそう強力となった生産経済民の領域支配の下で、掠奪経済民はマイノリティ化させられてゆく。現代の、いろいろな意味でゆがみ、肥大しすぎた「開発」が私たちにつきつけている問題のそもそもの発端も、食糧生産革命とも新石器革命とも呼ばれているこの生産経済の誕生にあり、以来私たち生産経済民の末裔は、多かれ少なかれ、ことここにいたる人類の歴史の、共犯者であったといえる。

生産経済民によってマイノリティ化させられた掠奪経済民は、マジョリティに同化するか、マジョリティが与えた保護区で、同化をすすめて「国民」となるまでの束の間のモラトリアム(猶予期間)を、ときに観光の対象ともなりながら生きている。だが現実には、完全な採集狩猟民はもはや地球上には存在しないといってよいだろう。

農耕・牧畜が、植物と動物の人間による管理と意のままの利用の上に成り立っている以上、人間が自然を支配してでもいるような、限られた範囲での錯覚と思いあがりを生むことも確かだ。その果てには、化学肥料と農薬の多用と機械化によって、程度の差はあれ大規模化し、流通も含む経済過程全体の内に農牧を位置づける「企業マインド」をもった農牧業しか生きのこれないような現状にいたるのであろう。しかし現在世界を支配しているようにみえるアメリカの農業も、化学肥料依存から長期的には土地が荒廃し、やがて終末を迎えるという観測もある。

自然支配の錯覚におちいって自然破壊をすすめている生産経済民とは異なり、掠奪経済民はその経済形態の本質からも、自然との共生の知恵によって生存を保ってきたとする見方がある。たしかに、基本的にはそうであろうし、市川光雄などの長期の参与調査によって明らかにされている、中部アフリカの森林地帯で採集狩猟を主に生活しているムブティ等、従来西洋人によって「ピグミー」と総称されてきた諸集団の環境の認知と共生的利用の洗練には驚くべきものがある。彼らの生活圏である熱帯多雨林の破壊は、外部の農耕民や工業化された生産経済民によるものだ。

だが同時に、採集狩猟民がすべて理想的なエコロジストであるとみなす錯誤も、研究者によって指摘されている。彼らの生活環境が、生産経済民の増大、進出や、開発の進行にともなって縮小されたり、移動させられたり、変質させられていることも、そしてそれが必ずしも最近に限らないことも考えるべきだろう。また、南部アフリカの砂漠地帯のかつての採集狩猟民である、サンなど「ブッシュマン」と西洋人によって総称されてきた人たちも、白人からライフル銃や馬をとり入れて狩猟を能率化し、その結果濫獲によって野生動物の生態系を変化させるなど、「もっと多く、もっと早く、もっと楽に(骨を折らずに)」という欲望三原則が、生産経済民だけに特有のものではないことを示している(『岩波講座　開発と文化』第一巻、拙稿「いま、なぜ「開発と文化」なのか」参照)。

メソポタミアの農耕・牧畜の誕生を「食糧生産革命」と呼んで、人間の自然支配の前進を祝福した、ゴードン・チャイルドやロバート・ブレイドウッドら英米の考古学者たちの、一九四〇年代末から一九五〇年代の著作には、豊かな生活へ向けての「進歩」に対する希望と楽観がみなぎっている。それはまた、人類史上最も豊かな社会を実現したアメリカのトルーマン大統領が、低開発国への開発援助をたからかに宣言し、アメリカの文化人類学者レズリー・ホワイトが、その新しい進化主義の規準を、社会の一人当り消費エネルギーの増大に求めようとした時代でもある。

だがそれから十年あまり、アメリカの〝正義〟と富と軍事力が、裸足のベトナム人民を屈服させられず、毛沢東思想と若者の異議申し立てが先進工業社会をゆさぶり、ストックホルムでの人間環境会議(一九七二年)の開催や、ローマ・クラブの『成長の限界』(一九七二年)、『危機に立つ人間社会』(一九七四年)などのレポートが、限りない進歩への警鐘を鳴らし、前述のシューマッハーの『スモール・イズ・ビューティフル』(一九七三年)が石油危機と重なって予言の書として世に迎えられた時代に、アメリカの文化人類学者マーシャル・サーリンズは『石器時代の経済学』(一九七二年)を発表して、採集狩猟民や焼畑農耕民たちの「豊かさ」を、詳細な民族誌のデータによって明らかにしてみせた。

それはまさに、一人当りの富、エネルギーの消費量で「豊かさ」を計ろうとする進歩観を逆転させる発想であり、あくせく働かなくても、当人なりの満足の得られる生活を「豊か」とみる価値観の提示である。農耕生産においても、一般に熱帯の焼畑農法は、温帯の集約的農法より土地生産性は劣るとしても、労働生産性においては大きいことが明らかにされている。このことは、特別の精密な調査をまたなくとも、熱帯の焼畑農耕民とまる一年生活を共にした者なら納得できるだろう。私もかつて、大陸中国と台湾が国連総会での票を争って、大票田のアフリカで援助合戦を展開していた頃、コートジボワールの水田稲作のパイロット・ファームで、台湾の農業技術者が単位面積当りの収穫量の大きさ、つまり土地生産性の高さを誇示したところ、アフリカの農民は「あれだけ手をかければ、よくできるのは当り前だ」といって、少しも感心しなかったのを憶えている。

だがいうまでもなく、採集狩猟経済や、休耕、輪作と結びあわされた移動性の大きい焼畑農耕が「豊かさ」を保証できるためには、人口に対して利用できる土地が十分に広いという前提条件が必要だ。採集狩猟民が農耕民や国家レベルの開発によって土地を奪われた焼畑農耕民が、全体として増えつづける人口の、都市とその周辺への集中のために、十分な休閑期間をとった輪作ができなくなった状況でなお、無施肥焼畑だけは従来のままつづけるという不条理を犯しているのが大部分である、熱帯地域の現状を改変する手段がなければ、かつての民族誌がまだしも描き得たような「豊かさ」すら現在では求められないだろう。私が多年つきあってきた西アフリカの農耕社会でも、このような基本的条件の変化に伴う不条理が、わずかの天候異変でも収穫量の激減と飢饉をひきおこしている。同時に、若者の農村離脱と都市への集中によって、食糧生産人口は減り、消費するだけの人口が増え、都市の炊事用たきぎの需要増大で、樹木の濫伐がひろがって土地の乾燥化や土壌流失をいっそうはなはだしくしていること等々、複合されたアンバランスが相乗的に作用して、食糧不足や環境破壊を深刻化させている。

サーリンズの示してみせた、投入労働量とのかねあいでの相対的な「豊かさ」の評価が、つまりは労働を必要悪とみる省力志向に立っていることも指摘されなければならない。これは、労働そのものを人間らしい営みの根源とみる、ガンディー主義やその影響も受けたシューマッハーの立場とは、根本的に異なる点だ。この点は、私がすでに提示した技術文化の三つのモデル(『岩波講座　開発と文化』第一巻、拙稿「いま、なぜ「開発と文化」なのか」とくに三六―四四頁)とも対応させて考えるべきであろう。「はたらき」という観念が、「あっぱれなはたらき」という表現にもみられる、人間にとってプラスに評価される能動性をひろく意味している日本の技術文化と、第三モデルのフランスの技術文化で、労働を表わす“travail”という語が、古代ローマの拷問具の三本杭“*tripalium*”に由来する、富や余暇を得るために耐えしのぶべき苦痛の含意をもっていることの差異にも通じるものが、そこにはあるかもしれない。

また、相対的な省力によって得られる満足度を規準にした場合、すでに度々指摘してきたように、採集狩猟民ももっている、能率性、生産性、省力性を増大させる機械の導入を進歩とする価値観――前述の第一巻の拙稿(一一頁)でも例にひいた、カナダのイヌイット(「エスキモー」)が、スノーモービルやライフル銃で能率よく毛皮用の狼を撃つようになったことなど――も、肯定的に評価することになるだろう。私はそれを頭から否定するのではないが、サーリンズの立論も、結局機械が入って人間エネルギーの省力化がすすめば(それは化石燃料エネルギーなどの一人当り消費量を増すことだ)、さらに投入労力との関係での満足度は増すとみなすはずになる点で、近代技術文明と資本主義を支えた、前述の第二、第三モデルの価値観を継承するもので、彼の批判するホワイトの議論と、根本は変らないというべきであろう。

素朴ヒト中心主義

サーリンズが例にひいている採集狩猟民や焼畑農耕民の社会の大部分は、彼の本の記述からだけでは十分に確かめられないにせよ、先に私が挙げた第四のモデルが比較的よくあてはまる社会であろう。そのような社会では、第三モデルのような、一神教の聖典に基づいて確信されたヒト中心主義でない、素朴な人間中心主義が動植物を含む人間以外の生物に対してである。私が主に接してきた西アフリカの諸社会でも、動物に対する人間のかかわり方は、きわめてドライで、かつての日本人やその文化の表象(文学、絵画、歌曲など)にみられるような、情緒的なところが少しもない。ただ同じ熱帯アフリカでも、東アフリカの牛牧民社会における、人間とその「アルター・エゴ」としての個体の牛との関係のような、深い感情の絆で結ばれた人間と動物との関係も存在する。

私が言いたいのは、自然史的非ヒト中心主義(第一モデル)として挙げたような、自然の一部としての人間観は、自然科学的生物観に支えられた、唯物主義的な第二モデルと同様の、だが逆の志向性をもつものとして、高度に洗練されたものだということだ。たとえば日本のように、それがモデルとして抽出されうる大乗仏教が古くから浸透し、名目上にせよ信徒も多い社会でも、庶民レベルでは第四モデルのあてはまる領域がかなり広いのではないだろうか。それは日本が、まさにアニミズム的汎生観と、御利益《りやく》の祈願や呪術的思考・行動が、深層では蔓延している社会だからでもあるだろう。

そのように、ソフィストケートされた世界観に基づいて人間も自然の一部とみるのは、たとえば一時フランスでエコロジストとして政治活動も行なった現代思想家セルジュ・モスコヴィッシのように、野生状態と自由を結びつけて、J・J・ルソー以上にラディカルに自然への回帰を説くような意味での自然との合一とは、思考のベクトルが逆のものだ。モスコヴィッシにとっての「自然」において、やはり中心は人間の側にある。

だが、いまここで問題になる「開発」とのかかわりで根源的な重要性をもつ、人間と自然との関係の考え方における、第一モデルと、西洋的思考に根づよいようにみえるヒト中心主義とのあいだの容易に解消しがたいと思われる差異は、何に由来するのだろうか。私はかつて、西アフリカ内陸の茫茫たるサバンナのただなかの、電気も水道もない集落での生活で、自然の猛威やあっけなく人の命を奪ってしまう病気に打ちひしがれた住民の、意気地のなさ——と、当時の私には感じられた——にさんざん歯がゆい思いをし、苛立ちもしたあと、この人たちと開発のための技術協力を通して一緒に働くという行為を、自分に課してみようと思った。そのとき、私は「自然」との関係で次のようなことばを書きつけた。「理想の楽園としての人間の〝自然状態〟は、実際にはおそらく過去にも存在しなかったし、現在も地上に存在しないだろう。いうまでもなく、私がいま見ているこのアフリカの一隅の人々の生活は、ヨーロッパの植民地支配に踏みにじられしぼりとられたあとの、それなりに〝自然状態〟からはきわめて遠いものである。しかし、アフリカの自然・歴史・社会についていま私がもっているわずかな知識と体験から考えられるかぎりでは、過去をいくらさかのぼっても、アフリカに理想郷があったとは思えないし、私の学んだかぎりでの、現代の人類学の知見も、原始状態を理想化することのむなしさを教えているようだ。私は、人類の歴史は、自然の一部でありながら自然を対象化する意志をもつようになった生物の一つの種が、悲惨な試行錯誤をかさねながら、個人の一生においても、社会全体としても、叡知《えいち》をつくして、つまり最も〝人工的〟に、みずからの意志で自然の理法にあらためて帰一する、その模索と努力の過程ではないかと思うことがある。人間の理想としての〝自然状態〟は、無気力に自然に従属した状態ではなく、また、すでにある手本をさがしてみつかるものでもなく、意志によって人間がつくりだすべきものなのであろう」(『曠野から』(一九七一年)中公文庫版、三〇—三一頁)。

だが、「自然の理法」に合一するために、自然の理法を知らなければならないとすれば、それはどのようにして可能なのか。それも結局は人間の側からの思いこみの投影にすぎないのではないのか。

私はこれを書いた二十年後（一九九三年）に、フランスの人類学者クロード・レヴィ＝ストロースと公刊を前提とした対談（私の多忙と怠慢から、まだ録音のままで文字化されていない）をする機会があったとき、この話をもちだしてみた。私はかつて翻訳したことがあるレヴィ＝ストロースの『悲しき熱帯』の最終章に書かれている、この論考の冒頭にも引用した「世界は人間なしに始まったし、人間なしに終るだろう」ということばが好きだ。そこにはこの透徹した無神論者の、人類が直面する開発をめぐるジレンマも包みこんで、人類の思いあがりをしずかに戒めるような、壮大なペシミズムがこめられているといえばいいだろうか。そしてこれは、レヴィ＝ストロースが標榜する自然史的一元論に基づく人間観の表明でもある。

レヴィ＝ストロースは、私が『曠野から』に書いた右の部分を私のフランス語訳で注意ぶかく聞いたあとで、「自然の理法に帰一するということは、特別に修行を積んだすぐれた仏教僧には、あるいは可能なのかもしれない。しかし私には、平均的な人にできる方法、つまり対象に向って自分の認識を少しずつ拡大して試行錯誤をつづけることしかできない。それは瞑想などによって、一挙に彼岸に達するのではなく、あくまで此岸にとどまって、能力の範囲で模索することだ」と言った。

私もたしかに認識論的手続きとしては、それが論理的に妥当だと思った。そして自然史的一元論を成り立たせている認識の根本にもある、人間中心主義のつよさと、だがそれが人間を中心とする倨傲ではなく、能力が限られていることの自覚に由来する謙虚さであることを教えられた。だが、すべてを疑って、疑う主体としてのコギトにまで引き籠ったデカルトにとっての、疑う主体の存在の明証性と同じ明証性によって、「私は一つの〝他者〟である」という命題が成り立つような、ルソーにとっての〝他者〟の存在の明証性と同じ明証性によって基本的に第四モデルに属する私にとって、「ヒトは生物種としての一つの〝他者〟である」という命題の明証性が模索の前提としてあることも、私はあらためて確認しておきたいという思いに駆られる。(4)

人間の欲望の根の深い矛盾

本稿の目的である「開発」にとって、迂遠にみえることにことばを費やしすぎたかもしれない。だが、自然と人間をめぐって、認識論の根本にまでさかのぼる検討をすることが、さまざまなものが限界ないし爆発寸前のところまでさしかかっている人類の今後を考える上で、大切なことであると私には思える。

だが、どのように考え直したにせよ、私たちは多くの面で、もうあと戻りができない地点にいることはたしかだ。交通や通信の便利さ。私が少年時代にはまだ現実だった、骨折って薪割りをして、苦心して焚かなければ風呂に入れず、燃料の制約から、家族が短時間につづけて入浴する必要があったのに、いまは指先でボタンに触れるだけで、浴槽の湯をあたためたり保温状態にしたりできる。こうしたすべてが欠如し、泥水を濾して飲料水にしなければならない熱帯アフリカの奥地での生活。夕方までほかの女性たちと大声でお喋りしながら食事の仕度をしていた、二十歳になるかならないかの人妻が、雨季のはじめの猛暑の頃に多い急性の髄膜炎で夜半にはもう、六キロ離れた劣悪な設備の診療所に私の車で運ぶ途中でむくろになってしまい、乳呑子と若い夫があとにのこされる……。こうした生活のなかで、この人たちが、自動車や、電気や、最新の薬などを欲しいと思うのは当然だ。それらがすべて備わっている国、飛行機などの交通機関で二、三日で往来できるところから、私のような人間が泥小屋に、直接この人たちの役に立たない人類学の調査のために来るのだから。

シューマッハーが主張したような中間技術や、私が技術協力でアフリカの人と一緒に検討した、伝統に基づく内発的開発などは、アフリカの人たちには一般に評判がよくない。それらは、植民地や南側の人たちをさんざん搾取して豊かな先進工業国になった国が、自分たちの作りだした害悪を軽減するために考えた理屈を、貧しい途上国に、低開発をそのままとどめる形で押しつけようとするものだともいえるのだから。

数年前私が訪れたモロッコ南部の農村では、内陸サバンナの社会とは比較にならない温和で豊かな広々とした土地で、小麦の農耕やオレンジなど果樹の栽培、乳牛や羊の牧畜をして人々は暮している。野生の蜂蜜もあり、海からは新鮮な魚も来る。調査のため訪ねたどの農家でも、大きい円盤形の焼きたてのパンに、バターや蜂蜜をたっぷり添えて出してくれ、食事となると米に羊の肉を炊きこんだものが文字通り山盛りになって出てくる。排気ガスの大気汚染もなく、何といいところかと私などは溜息が出るが、それはたまにここへ来る外来者のいうことで、この土地で育った若者の多くは、都会の刺戟を求めて、空気が汚れ犯罪の渦巻くカサブランカへ、仕事のあてもなくとにかく村を出てしまうのだという。たしかに、アフリカ内陸の村や、フランスの田舎の村と同様、若い人の姿が少なく、村はのどかでひっそりしている。

人間が生物として自然の一部であるとしても、人間のもつ遺伝子には、当の人間も理解に苦しむような、矛盾した欲望がつめこまれているのかもしれない。あるいは、現代以後の社会で生れ育つ未来の世代は、開発をめぐっても、現在の私たちとは著しく異なる価値観をもつのかもしれない。そうだとしても、現在の私たちがもちうる最も広い視野での反省の結果と、それについての私たちなりの考え――少なくとも、短期的な利害に基づく対応策の練り直しではなく、進歩や、人間と自然の関係をめぐる意識の、根本的な再検討をしなければならないところにいま私たちは来ているということ――は、表明しておく義務があるだろう。

注

（1）　川田順造「開発再考」、二〇〇三年四月十二日、国際開発学会「開発と文化」分科会での報告。小泉康編著『開発の直面する課題』（近刊予定）に収録。

（2）　川田順造「人は肉食をやめられるか――文化人類学の立場から」『ヒトと動物の関係学会誌』二〇〇二年七月号（第七巻、第一号)、一七—二二頁。

(3) この問題についての、集団生物学者、霊長類学者、文化人類学者、文学者による最新の知見に基づく討議が、川田順造編著『近親性交とそのタブー』藤原書店、二〇〇一年として刊行されている。

(4) このような私の認識論上の基本的な立場については、レヴィ＝ストロースの日本についての考察を批判的に検討した小論「〝子どもらしい夢の緑の楽園〟に向きあって」"Face au, ⟨Paradis vert des rêves enfantins⟩", *in* Michel Izard, (éd.) *Lévi-Strauss*, Éditions de l'Herne, Paris, 2004 にも述べた。

参照文献

市川光雄、一九九四「森の民の生きる道」掛谷誠編著『環境の社会化』(「講座 地球に生きる 2」)雄山閣出版、九二—一一三頁。

サーリンズ、マーシャル、一九八四〔一九七二〕山内昶訳『石器時代の経済学』法政大学出版局。

シューマッハー、E・F、一九八六〔一九七三〕小島慶三・酒井懋訳『スモール・イズ・ビューティフル——人間中心の経済学』講談社学術文庫。

谷 泰、一九九五「自然管理者としての人間の位置——人はなぜ神に似ているのか」川田順造編著『ヨーロッパの基層文化』岩波書店、七九—九四頁。

モスコヴィッシ、セルジュ、一九八三〔一九七四〕古田幸男訳『飼いならされた人間と野性的人間』法政大学出版局。

第二章　民族と政治社会
——西アフリカの事例を中心に——

一　課題と方法

この小論では政治的統合と民族の関係を、植民地化以前の西アフリカの事例によって検討する。

従来、文化人類学における政治組織の研究では、国家をもつ社会と国家をもたない社会の二分など、「国家」の観念へのこだわりが著しかった反面、国家そのものの概念規定はきわめて曖昧だった。また文化人類学で対象とされる国家は「近代」国家とははじめから不連続の、「未開」(primitive)、「伝統的」(traditional)、「初期」(early)などと規定される国家だった。せいぜい政治的行為の象徴性や演劇性が、「伝統的」国家から「近代」国家を逆照射する形で、少数の論者によってとりあげられたにすぎない。その一方で、しばしば企てられてきた巨視的な比較類型論は、国家に普遍的な発展段階があるかのような錯覚を与えかねない。しかし構造・機能に基づく類型化においても、地域的、歴史的特殊性を軽視できないことは改めて例をあげて指摘するまでもないであろう。

国家の概念に関していえば、政治学、歴史学の領域でこれまでヨーロッパ国家について精練されてきたモデル——とくに、福田歓一によって提出され、この共同研究[1]で一貫して論じられてきたpc、R、N、Sのモデルおよび今後アフリカ、アジア、中・南アメリカの事例もふまえて問題にすべき帝国(E)など[2]——を、植民地化以前のアフリカの事例の考察にも参照枠として適用してみることによって、モデルとしての有効性をより広く検討するとともに、ヨーロッパの政治社会と民族のあり方を、非ヨーロッパ世界も含めた視野で問い直すことが可能になるであろう。

このような反省に立って、小論では「国家」を政治統合の規準として絶対化せず、文化のサブシステムの一つのあり方として民族との関係で問題にすること、西アフリカとヨーロッパの地域的、歴史的特殊性をふまえながらも、抽出可能なモデルとしての特徴をあえて対比させてみること、に努めたい。

二　政治社会と民族

検討の対象として、十九世紀末のヨーロッパ「国民国家」による植民地化以前の西アフリカの政治社会で十分な資料を得られるもののうち、政治社会と民族の関係でいくつかの典型とみなすことのできる五つの事例をとりあげる。

(1)集権的政治組織が民族的集団を形成した例として、モシ諸王国(現ブルキナファソ)、(2)集権的政治組織はあるが、民族的共通性の及ぶ範囲はその政治的統合よりはるかに広い例としてベニン王国とハウサ諸国(ともに現ナイジェリア)、(3)集権的政治組織はないが、民族集団としてはきわめて規模が大きいイボ族(現ナイジェリア)、(4)多数の民族的集団が、しばしば共生的関係を結んでかなりの自立性を保ちながら、強力な支配者の庇護の下にあったと考えられるマリ帝国(現マリを中心とする地域)およびその重要な構成集団だったワンガラ、である(図参照)。

1　国家の中の民族

十五世紀後半と推定されるモシ王国の成立以前には、モシという民族は実体としても、名称の上でも存在しなかった。現在のガーナ北部の伝説的な先祖の地ガンバーガから北上した戦士集団が、先住民の女性とのあいだに通婚をく

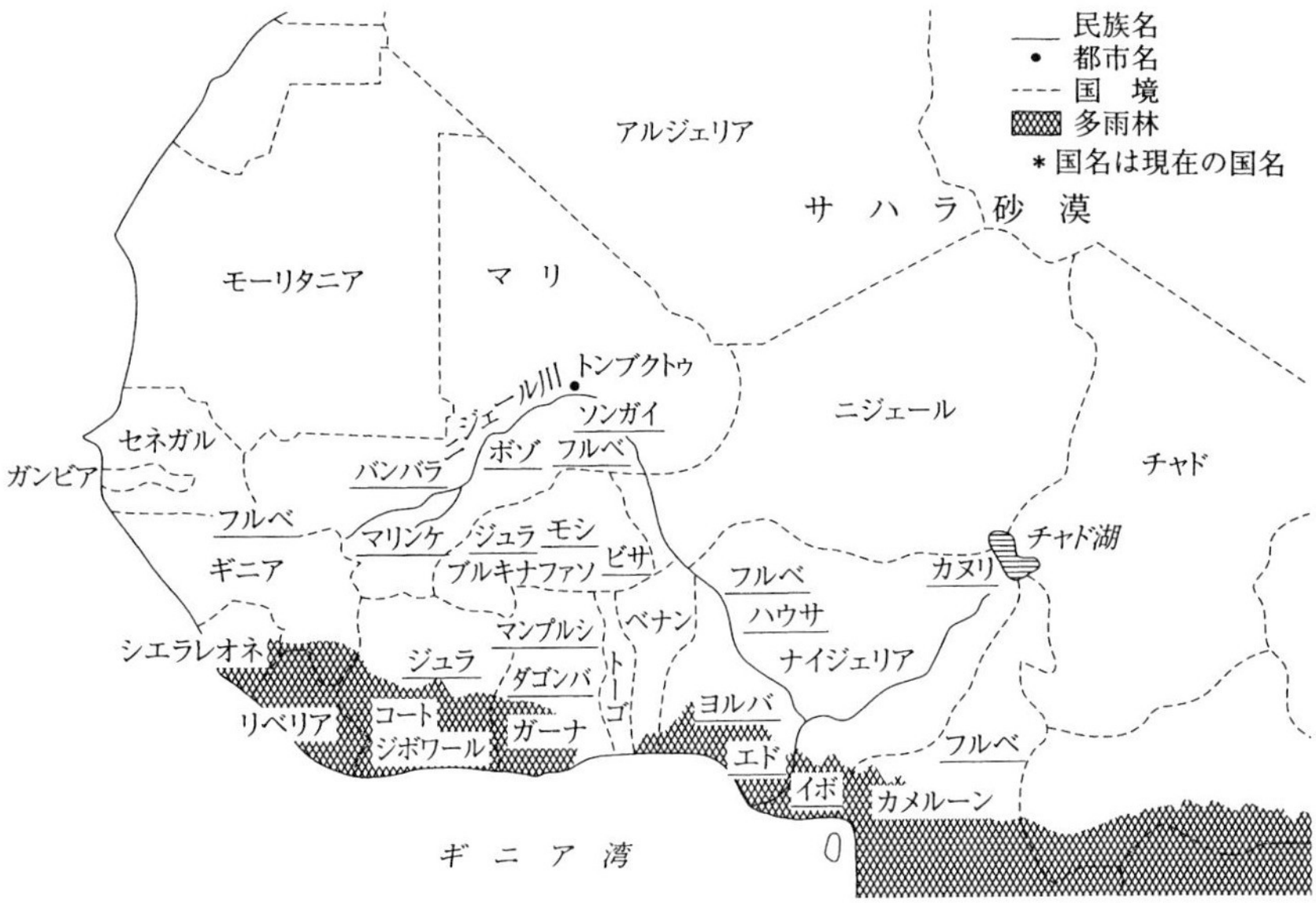

りかえして次第にモシ族を形成していった。起源伝説は、政治的に組織されていなかった先住農耕民ニョニョンシが、新来の戦士の長に保護を求めたとしているが、支配者集団「ナコムシ」の長である政治・軍事的首長と、被支配者集団「ニョニョンシ」の長老で大地祭祀を司る「土地の主」との、俗・聖両域での相互補完的な関係ともこの伝承は整合する。新来集団と先住民の通婚が続いた結果、血としてはまったく融合したが、父系出自に基づいてナコムシ、ニョニョンシという自己同定は保たれている。

このほか、北方のマンデ起源といわれるヤルシが各地に散在する。彼らは宗教(イスラーム)、職業(商業、木綿の機織)、禁忌(イヌを食用にしない)などの点をアイデンティティのよりどころとするが、モシ語を第一の言語とし、モシ族との通婚もさかんで、彼ら自身、広い意味ではモシ族として自己同定している。しかし右の三点についてもヤルシと共通するナコムシやニョニョンシもあり、農民化したヤルシもいるので、結局ヤルシのアイデンティティも最終的には、事実上あるいは観念上の父系の出自によることになる。

共通の祖先から分れたといわれる支配者が、約八万平方キロのサバンナに割拠して、方言差や慣行差をもつ大小十近くの王国群(時代による消長があるので数は一定しない)を形作っていたモシ族(その人口は一九五〇年代に約百五十万と推定される)にとって、出身の地方(王国)、父系血縁集団である氏族や職業集団(鍛冶師、楽師など)への帰属も、状況によって二次的な自己同定の規準となる。他に、マンデ系のビサ族が先住民だった南部モシ社会で、モシの王の支配またはモシとの接触によって、言語、習俗の上でモシ化し、モシの氏族名を名乗るようになった者も多い。

結局、この王国の枠組みは、文化のどのレベルまで「モシ族」という新しい民族を作ったといえるだろうか。政治組織の上では、王国ごとの差異はかなり大きい。しかし、独立の補佐機関(宮廷)をもち、これによって王位継承有資格者の中から選定される最高首長である王(ディマ)、王によって任命される王族または非王族の地方首長(コンベレ)、それに従属する村の首長(テン・ナーバ)と階位状に構成された支配構造と、それを支える、太陽＝至高神(ウェンデ)と重ねあわされた王権(ナーム)の観念をもつ点では共通する。

言語も、方言差を含みながらも相互に伝達可能なモシ語(モーレ)があり、これはそれぞれの元来の言語を母語としてモシ王国の構成員となっているフルベ(牛牧民)、ハウサ(商人)等の外来民族によっても、モシ王国内での共通語として用いられている。王国周縁部の他民族のうちには、モシ語を習得し、「民族」としてのアイデンティティは非モシのままで、だが元来の母語は話さなくなった者も多い。しかしモシ語の話者が周縁民族との接触の結果、モシ語を捨ててモシ語以外の言語を第一言語とする話者になることはない。

従って、モシ王国という集権化された政治組織がモシ族という民族を形成し、その文化の均質化をすすめたのは、まず言語、支配の基本構造、それを支える王権観念などであったといえる。また住居の形態、飲食物、至高神や荒野の精霊に対する信仰なども、諸王国内のモシ族が地域差をこえて共有しているといえるが、しかしこれはモシ族に限らず、この地方の社会にひろく見出されるものである。

逆に、表層において同質でも、民族内の亜集団による差異が現われるものの一つに、葬礼の慣行がある。先に挙げたモシ族内の亜集団でも、ニョニョンシの葬式に出て踊る動物をかたどった仮面は、ナコムシやヤルシやモシ化したビサにはなく、ナコムシの葬儀で死者に扮する女「クリタ」はニョニョンシやヤルシにはなく、ビサ族が、たとえ言語上はモシ語を話している集団でも行なう死体訊問の慣行は他の亜集団になく、ヤルシはイスラーム式の葬式をするが、他の亜集団はたとえ表面的にイスラーム化しているものでも、葬式は父祖伝来の慣行に従うのが一般である。死者が生者とともに形作っている人間の世界で、生者が死者を祖先の領域に送りこむ、人間のアイデンティティの深層にかかわる葬儀において、表面は同質にみえる民族の中にも、差異が現われるのかもしれない。

2　民族の中の国家

集権的政治社会が民族を形成したモシ王国とは逆に、広域を占める民族的集団が存在し、その一部が集権的な政治組織に統合された例として、ベニンとハウサが挙げられる。

ベニン王国は、おそらく十四世紀はじめに、西に隣接するヨルバ族の聖都イレ・イフェから王の血を迎え入れて創始され、長男継承によって世襲される神聖王に権力が集中する政治機構のもとに、十六世紀からポルトガル、オランダ、イギリス等との交易によって栄え、一八九七年にイギリス軍に滅ぼされた。ベニン王朝に先行してオジソと呼ばれる王朝があったといわれ、それが乱れたために重臣がイレ・イフェから王を迎えた(その王は原住民であるエド族の娘に男子を生ませて去った)とされる。ベニン王国の主要な構成員であったエド族は、クワ語群に属する共通の言語と共通の基層文化をもって、ベニン王国よりはるかに広い範囲の民族として存在していた。イギリスによる征服以前の人口規模は推測するほかはないが、一九五〇年代の資料では、約百万人のエド族のうち、旧ベニン王国の構成員に対応すると推定される人口は三十万程度にすぎない。王宮や王の補佐機関、工芸集団、市などを市壁で囲った、東西〇・九キロ、南北一・二キロの王都を核とするベニン王国は、王に貢納する、それぞれ独立性の高い地方首長も含めた「帝国」としての勢力圏は、一部はヨルバ、イボなどの他民族にも及ぶかなり広いものだったにせよ、エド族という民族がベニン王国によって形成されたのではなく、その一部分がベニン王国に統合されていたにすぎない。

一方ハウサ族は、西アフリカではかなり孤立したアフロ・アジア語族のチャド語群に属するハウサ語を話す民族である。ナイジェリア北部を中心に広域に定住したものもあり、長距離交易にたずさわって移動性の大きい生活を営んできたものもある。ハウサの民族としての特徴は、ハウサ語がその話者の数が多く使用地域が広大であるにもかかわらず、方言差の小さい言語であること、歴史的にさまざまな民族を吸収しながら「ハウサ化」してきたこと、その言語を中心とする影響範囲を現在まで拡大しつづけてきたことなどである。黒人アフリカの言語としてはアラビア語との親縁性が大きく、アラビア語からの借用語も全語彙の四分の一を占め、アラビア文字によるハウサ語の文字化が早くから行なわれてきたことも、方言差の小さい言語統一、民族としての共通性の維持に役立ってきたと考えられる。ハウサ族の数は、ホームランドであるナイジェリア北部で一九五〇年代に五、六百万と推定されるが、周辺のハウサ化された社会、他民族の中に商人あるいはサービス業者(屠畜業、理髪業など)としてハウサのコロニーを形成している人口も含めると、二千万を越すと推定される。

歴史的にみると、十世紀頃にチャド湖周辺部にすでにイスラーム化した強大なボルヌー帝国を形成していたカヌリ族が、西に隣接するハウサ社会の支配者となって、初期のハウサ諸国家を形成したと考えられる。政治組織、官職名などにカヌリの影響は認められるものの、カヌリ族の支配者は言語的には完全にハウサ化されている。その後、マリ帝国で塩と金の交易の中心的な担い手だった商業民ワンガラ(後出第4項参照)が一部東へ移動してハウサ化し、ハウサ商業の長距離交易の基礎を作ったといわれる。十九世紀のフルベ族の聖戦《ジハード》によってハウサ諸国家の大半は征服され、ソコトのカリフの下に、フルベのエミールによる支配体制が築かれたが、それ以前の政治、社会組織や基層文化は存続し、フルベの支配者も大部分ハウサ化した。

言語を中心とするこのような強い同質性と同化力をもった反面、生活形態においては多様性が著しい。市壁に囲まれた都市(ビルニー)に住む政治的支配者やイスラーム聖職者、商人、専門化した職業集団を形成している工人など大部分イスラーム化された都市民がある一方で、市壁外の村落に住む、イスラーム化されていない農耕民、他民族社会にコロニーを作って居住するイスラーム化された商工民、聖職者などがある。しかし精霊「ボリ」の信仰とその憑依儀礼は、イスラーム化された都市民の間でも、非イスラームの村落農耕民の間でもひろく行なわれており、法的な面でも、イスラームの影響は深くは及んでいない。王侯貴族と平民の階層分化、多様な職業集団をはじめ社会における分業の発達、都市と村落の結合などもハウサ社会に共通の特徴である。

このような広域にわたる民族的基層の上に、その一部を覆うサブシステムとしての国家が、歴史的にみて大別して前記のように二度にわたって形成されたわけである。これを見ると、二度とも外来の少数者による支配であり、中央集権化された単一の国家ではなく、城砦都市を中心とする多数の「小国家群」であり、それを一度目はボルヌー帝国、二度目はイスラーム神権帝国という上位権力が、ゆるやかに覆っていたという点で共通している。

3　国家なき民族

集権的政治組織をまったく欠いていながらかなりの人口規模と、文化的同質性と、共通の祖先に由来するという「われわれ」意識をもつ民族としてイボ族があげられる。言語はベニン王国の主な構成民であるエド族の言語と同じクワ諸語の一つで、大きく二つの方言群に分れる。イボ族の一部は、ベニン王国の支配下にも入っていた。イボ族の総人口は、一九二一年に約四百万と推定されているが、人口各二万以下の、二百以上の自立性の大きいグループから成っている。各グループは、さらに各々人口四、五千の村落群に分れる。村落群は、熱帯雨林の中にきりひらかれた三―八平方キロの土地に散在している。各村落には、市場と神殿と集会場を兼ねた広場から放射状に道がのびており、道に沿って、父系血縁集団ごとにまとまった住居がある。父系血縁集団が祖先祭祀や村内の紛争の調停に当るのに対し、地域的には分散した母系血縁集団は、冠婚葬祭や土地の用益権にかかわる。村の秩序維持に主要な働きをしている組織は、年齢集団と、いくつかの階位に分れた結社だ。十五歳から十八歳の男子から成る若者組は、道路の清掃、森の開墾、村や市場の警備、相互扶助などに当る。娘組をもつ地方もある。金品を差出し、宴を張って大盤振舞いをした者が称号を得る結社は、その最高の階位の者が議長となって、村の成人男子すべてが参加する集会を司る。結社における地位は、上位の権力者から与えられるものでも、世襲でもない。

司法においては、村落群ごとに共同で広場に祀られている大地の神「アラ」に捧げものをして問う神託や神明裁判が重要な役割を果す。アラのほか祖霊やさまざまな精霊も含む超自然の力への信仰が、社会の秩序を維持する基盤になっており、これらの力を表わす仮面の結社が、秘儀によって制裁を行なう地方もある。イボの社会組織はこのように血縁集団においても、結社においても、多様なものが共存してチェックアンドバランスの関係で機能しており、同時に、地位が世襲によって特定の血縁者に集中することもない。

平生は自立して生活を営んでいる村落群のあいだに紛争、武力衝突も起るが、戦いのやり方、和平回復の手続き、賠償などについて合意がある。しかし共通の外敵に対しては、村落群が結束して戦う。英植民地だった一九〇〇年代に、弁務官殺害で何度か懲罰軍が派遣されたときも、イギリス軍は、村落群連合の頑強な武力抵抗に会っている。一九六七年から二年半にわたったビアフラ独立戦争でも、この集権的組織をもたない民族が、状況によっていかに強い結束と独立精神を発揮するかが示されたといえよう。

4 帝国の中の民族、国家をこえた民族

複数の民族が単一の権力の支配下にあったマリ帝国の重要な構成民族でありながら、マリ帝国をはじめ「国家」の枠をこえた民族として、あるアイデンティティを保ちつづけた民族的集団ワンガラについてみてみたい。

マリ帝国は、ニジェール川上流地方を本拠として、十四世紀を頂点に、サハラを越えて北アフリカと、一方では南のサバンナ地帯を結ぶ交易路と交易拠点の支配によって栄えた。ニジェール川大湾曲部の西の地域に、やはり南北長距離交易を経済上の基盤として八世紀頃から形成されたガーナ帝国が十一世紀末に衰退したあと、ソソ族の支配に抗して、マリンケ族の有力な氏族が連合して戦い、軛《くびき》を脱した。その戦いの指導的立場にあったマリンケの一氏族がやがてマリの王朝を形成する。

民族という観点からみると、ガーナ帝国の支配者および商業集団の主体はともにソニンケ族であり、彼らはマリ帝国の中心となったマリンケ族とは言語的に近いマンデ諸語の北部語群に属する。ガーナ帝国が崩壊した後、束の間支配を打ち樹てたソソ族もマンデ系だが、ソニンケやマリンケとは異なる、森林地帯を中心とする南西語群に属する。一方、マリ帝国で金の交易を掌握していた商業集団ワンガラも、ガーナ帝国時代のソニンケの商業集団が実質的に移行して形成されたと思われる。マリンケ族のうち交易に従事していた集団もアラブやポルトガルの同時代記録にワンガラ、ウンガロスなどという名で指示されている。ソニンケ起源でマリ帝国時代に南下して、マリンケ族あるいは言語的にマリンケと近いバンバラ族に同化し、マルカという集団名で呼ばれる者の一部は、のちに東南のモシ王国に移動してモシ語を話すヤルシという商業集団になったと思われる(前述第1項参照)。

また、バンバラ化して、バンバラ語で「商人」を意味する「ジュラ」という語で呼ばれていた集団は、南下してコートジボワール等にコロニーをつくり、バンバラ語の一方言(ジュラ語と呼ばれる)を共通語として保持する集団になった。この場合「ジュラ」は単なる職業名という以上の民族名の色彩を帯びている。マリ帝国時代のワンガラの一部は、おそらく十四世紀に東のハウサ諸国に移動してハウサ化し、商業集団としてその後のハウサの長距離交易に重要な役割を果した。その一部はモシ＝マンプルシ＝ダゴンバ諸王国にも浸透し、さらに南のアシャンティ王国との交易にも活躍した。

ソニンケ、ワンガラ、マルカ、ジュラ等々の諸集団の相互移行関係やアイデンティティの変換、集団名の適用などは、きわめて錯綜している上に、古い時代については不明の点も多いが、大筋をつかむためにあえて単純化すれば右のようになる。つまり、ガーナ、マリの両帝国とも、ソニンケ、マリンケを中心とする北部マンデの諸民族が、一部は強力な軍事支配者となって広域の交易を保護し、他の一部は商業集団として帝国の経済的基盤を支えていたということができる。後者はさらに、マリ帝国の枠を越えて拡散し、商業活動を営んだ。というよりむしろ、彼らの広汎な商業活動の網の目を、ある時期、ある地域で軍事・政治的に覆っていたものが、「帝国」と呼ばれていたものだったとみるべきかもしれない。

地域、時代によってこのように変転したワンガラ(ジュラ、ヤルシ等)の民族としての特徴には次のようなものが挙げられるだろう。まず、移住先にコロニーをつくり、親族関係に基礎を置いた広汎な連絡網をもつ長距離交易集団であること、同時に、分解して持ち運び可能な織機を使っての木綿の機織を行なう者が多いこと、イスラーム教徒であり、コーランの聖句を書いたお守りを作って売ったり、王、首長に祝福を与えたりする、呪師機能をもつマラブー(一種の導師)を含むこと等である。言語については、ジュラが元来の彼らの言語を保持し、むしろ移動先の社会で共通語としてひろめた以外は、ハウサ語、モシ語、マリの王に貢納したといわれるガンビアのマリンケ系諸王国ではマリンケ語と、逆に移動先の社会の言語を用いている。ジュラが南下拡散したコートジボワールには、大規模な集権的政治統合がなかったために、ジュラの言語的文化的な影響が容易に周囲に及んだと思われる。これに対し、王政社会に入った場合には、移動先の言語や習俗に同化しただけでなく、王宮付きのマラブーになるなど積極的に支配者に接近し庇護を受けている。

ワンガラ系の集団を、それぞれを受けいれた社会の中で、これら外面に現われた特徴だけで十分に規定することはむずかしい。それらのうちには、前述のヤルシの例でも明らかなように、彼らを受けいれた集団と共通するものもあるからだ。ただ、事実上あるいは観念上の父系出自による共属意識はつよく、交易網に沿って配置された親族間の連帯に基づいて、彼らの商業活動も営まれてきた。

民族集団としてのワンガラは、ガーナと同様マリでも「帝国」という政治統合と不可分の集団として、帝国を経済的に支えていた存在ではあったが、帝国によって形成された民族ではなく、また政治組織としての帝国の滅亡と運命を共にもしなかった。

ガンビアのマリンケ諸王国に浸透したジャカンケ、モシ諸王国のヤルシ、ハウサ諸王国のワンガラ等は、移住先の政治組織に適合しながらも、いくつかの特徴や父系出自によって彼らのアイデンティティを保ちつづけた。モシ諸王国においても、各王のもとでヤルシ集団の長が「ヤル・ナーバ」という称号を帯びているほど、少なくとも出自に基づく集団としては社会全体の中で弁別的に認知されているわけである。ジュラのつくった重要な交易都市、コング、ベオ(現コートジボワール)などは、それ自体がジュラの商人によって築かれ、その手兵や、影響下の近隣の小民族によって安全を守られている政治社会としての自立性を、十分に具えていた。

三　政治社会の諸性格

民族との関係を概観してきた西アフリカのこれらの政治社会の性格を、ヨーロッパの政治社会で精練されたモデルを参照しながら、土地制度、君主の性格、官僚制、経済的基盤、軍事組織などについて検討したい。

五つの事例すべてについて、領域の観念は稀薄であり、人的結合が政治的統合の基本になっている。ハウサを除けば封土に類する土地制度も存在しないが、これは農耕における土地利用の技術によるところが大きいと思われる。五例のうち、ハウサ以外の社会では、他の大部分の黒人アフリカと同様、無施肥の焼畑農耕が行なわれていて、農耕自体の定着性も低い。私的にも共同体的にも土地所有制が存在せず、かつて人口に対して十分に広かった土地自体は、生産手段としていわば定数であり、農耕によって土地に価値を与える人力をどれだけ動員できるかが、農業生産の多寡を決める要因となる。耕地だけでなく集落自体の移動性も大きいので、ヨーロッパの封建制におけるように、土地の授受を通じての恩顧忠誠関係は成り立たない。これを裏書きするように、定着性の高い施肥(厩肥、緑肥)灌漑農耕を行なっていたハウサでは、役職に付随して世襲される封土が存在し、官僚制が独立性をもった強力な機関として発達した。

王権の性格を官僚制との関係でみるとき、対照的なのはベニンとハウサである。ベニンでは王「オバ」は至高神オアノブアの子孫として絶対的権威をもち、王権は長男継承によって一元化され、王個人とその直系男子に集中している。オバは王個人の能力によってではなく、王権自体の聖性によって君臨している。これに対しハウサでは王「サルキ」に従属する度合いの少ない高級官僚「ルクニ」の組織によって、複数の王統から、軍事指揮者、治世者としての手腕のすぐれた者が、王位継承者に選出任命された。ルクニはサルキを罷免する権限さえもっていた。ベニンでは先行王朝以来の七人の重臣のうち六人が世襲であるのを除けば、王の側近として一定の役割と強い発言力をもつ二十九人の宮廷諸役、十九人の町方諸役があるが、後者の一つの役職が世襲であるほかはすべて、個人の能力、経済力に基づいて王が任命する非世襲の地位である。したがって、王の補佐機関構成者の移動が大きいだけでなく、これらの役職の任免権をもっていることによって、王は補佐機関に対して明らかな優越を保持している。

モシ王国でも、第二節(1)に述べたような王権イデオロギーの裏付けはあるものの、王は何よりも武力による支配者であり、複数の王位継承有資格者の中から重臣によって選ばれ、先住民の「土地の主」あるいはこれに代る長老によって儀礼的に認証される。ただし、ハウサのように複数の王族の系統が安定して存在し、王位がその間を循環することはなく、またキングメーカーである重臣「ナイルダンバ」(王の家の者)は、北部と中部の王国で晩期にいくつかの重臣の地位が世襲化された場合でさえも、王の家産官僚の性格がつよかった。それゆえ王位は実力で争われる傾向があり、敗者は王に従属する地方首長となるか、他の土地に新しい王朝をつくるかすることが多い。ヤルシ、ハウサ等の商業集団による長距離交易の確立にともなって、十八世紀中頃以降王都が一定するまでは、王の居地もほとんど一代せいぜい数代ごとに移っている。分裂した王朝間の対立抗争による、王朝の興亡もはげしく、王国そのものの枠組みも変動が大きかった。

マリの最初期の王には狩人＝戦士の性格が著しい。狩人は武器による殺傷力においてぬきんでているだけでなく、人間の領域を離れた原野という野獣や精霊の領域である異界と交わり、異界から呪物や薬をもちかえる者でもある。マリンケ社会の狩人結社はマリ帝国の伝説化された始祖スンジャータのカリスマに裏付けられ、その子孫であるケイタ氏族の中で王位が受け継がれることを原則とした。しかし北アフリカとの交易を支配する帝国に発展するとともに、メッカに巡礼する王が相次ぎ、イスラーム＝アラブ文化の威信を王権の後楯とする傾向がつよまる。マリ帝国の王位継承方式や官僚機構については不明の点が多いが、同時代のアラブ資料や伝承等から知りうる十七人の王のうち、二人は王族によって、他の二人は非王族によって、それぞれ在位中に王位を奪われている。他にも在位期間の短い王が多く、継承関係も不規則で、家産官僚的側近の力が強かったこと、王位が全体として不安定であったことを窺わせる。

権力の経済的基盤についてみると、ベニンとハウサでは、近隣社会の武力による掠奪や、臣下の支配者への労役奉仕のほか、地方行政組織を通じての農産物の貢納体系が確立されていた。ベニンでは、王族から地方へ任命された首長(オノジェ)が、年長原理に基づく住民の長老(オディオンウェレ)との間に相補的な行政機構をつくり、王(オバ)への定期的な、あるいは特別の祭儀にあたっての貢納や、王への労役奉仕をとりしきっていた。ベニンのこのような王族による直接の貢納管理に対して、ハウサでは世襲の高級官僚「ルクニ」が、その下位官僚を通して封土から貢納させる序列化された機構がつくられていた。穀物の束数による十分の一税、タカラガイによる人頭税の制度もあった。手工業が発達し、工芸品や農畜産物の取引が盛んだったハウサでは、商取引に対する徴税も、市《いち》の首長を通して行なわれていた。ベニンでは、商取引への課税のほか、王による対ヨーロッパ交易の独占に近い支配があり、王室の経済力を強大なものにするのに貢献していた。ベニンからの最も重要な輸出品目であった奴隷、象牙、アブラヤシ核、コショウなどの輸出は王が独占していたし、他の商品についても、王から派遣される官僚がヨーロッパ船を査察し、王の許可なしには交易は認められなかった。

モシでは農産物の貢納は義務的でなく任意であり、下位首長を通じての最高首長(王)のための農業労働力の提供が、農業における富の集中の主要因となっていた。同時に、前述のヤルシなどの商業集団による長距離交易への王の直接の関与——とくに近隣社会から掠奪した捕虜を奴隷として売り、外来の鉄砲、ウマなどの軍事・威示手段や華美な衣裳などの威信財を入手すること——が、王の軍事力や威信を増すことに貢献していた。マリ帝国においても、農産物の貢納体系は組織化されていなかったようである。しかし、勢力下の土地に産する金の輸出に対する課税が王の富の重要な源となっていた。

集権的政治組織をもたなかったイボ族も含めて、これらすべての社会でタカラガイが交換の媒体として用いられていた。しかし税などが一部タカラガイで納められていたハウサのような社会でも、タカラガイは「通貨」として権力によって管理されてはいなかった。

軍事組織についてみると、モシでは有事の際軍事担当の側近を中核として、地方首長が配下の農民を、各自の弓矢、棍棒などで武装させて動員したが常備軍はなかった。おそらく十八世紀以後、南のアシャンティ王国経由でもたらされたヨーロッパの燧石銃を装備した王の親衛隊がつくられた。マリ帝国でも、王の重臣のうちに有事の指揮官がいて王に厚遇されていたが、常備軍といえるものはなかったようである。モシや後述するハウサと同様、騎馬戦士が重要で、マリ帝国の時代には鉄砲は知られていなかった。

ハウサ、ベニンは、より整備された軍事組織をもっていた。ハウサ王国では貴族とその奴隷、従属者などが騎馬戦士団を構成し、平民が弓手、歩兵となった。武器は槍、剣、投げ斧、毒矢、火矢、十七世紀以降は北アフリカからもたらされるマスケット銃などが用いられた。北アフリカに進出したオスマン帝国との交渉のあったボルヌーと同様、鎖帷子、刺子の戦闘服も備えていた。王は武器の貯蔵庫をもち、王自身の戦士や廷臣、従者を武装させた。また年齢階梯の一つに属する青年が、戦士を供給するのに役立った。

ベニンには、王宮付きの結社の一つとして戦士の結社があり、また村落社会では男性が三つの年齢階梯に組織されており、第二の階梯にあたる壮丁が警察の役割を果し、有事の際は戦士にもなった。長刀、槍、毒矢など在来の武器は戦士自身も常備していたが、首長や国からも支給された。十六世紀以後ヨーロッパとの交易が盛んになるに伴いヨーロッパ製の火器が、とくに重要品目の交易を独占していた王のもとに集中して流入した。王の軍事首長エゾモはヨーロッパ製の大砲を何門も保管していた。

一方、ベニン王国のエド族と基層文化において多くの共通点をもつイボ族でも、武力紛争があれば年齢組の壮丁の者が主に戦ったが、戦士の組織も定まった指揮官もなく、経験のある者が時に応じて号令する程度だった。村落群内の戦いには火器は用いない掟があり、森の下草を切り払う山刀と木の棒などが主な武器だったが、村落群外集団との戦いにはヨーロッパ渡来の各種の銃が用いられた。

ワンガラ系の商業集団については、王国などの集権的政治統合のある社会に入ったものは支配者の庇護を受けたが、ジュラの場合は長距離交易のキャラバンがある程度の自衛手段をもっていた。また彼らが定着して作ったコロニーでは、木綿の織物師、コーラン学校の教師、守札をつくるマラブー、遠来の品を扱う商人など、ジュラの文化的特権、優越に基づく住民の信頼、畏敬が、彼らの安全を保障するのに役立った。前述の人口一万五千のジュラの交易都市コングでさえ、十九世紀末のフランスの探検家の記録によると、この町のジュラの長の手兵はせいぜい五十人程度で、彼の影響下にある近隣の住民が、潜在的な防衛力になっていた。

政治的統合との関係でみると、絶対化された君主制をもつベニン王国で、ほぼ常備軍に近いものがあり、暴力装置の権力への集中も著しかったといえる。これは、在来の武器に比べて殺傷力も威嚇効果もはるかに大きい銃および大砲が国内では製造できず、その輸入が支配者に独占されていたという事情によるところも大きいと思われる。モシ、マリ、ハウサなどサバンナの広域の政治的統合にとって、馬が征服、威圧、行政の手段として重要であったのに対し、南の森林地帯では火器が権力の集中に決定的な役割を果したという説は、グディ（Goody, 1971）によって提出されている。馬も北アフリカからの輸入に多くを依存しており、これらの軍事手段の調達における商人と権力者との関係も軽視されてはならない側面であろう。

これらの社会の秩序や法を支えているものをみると、「首長なき」社会であるイボ族においては、それは神託や神明裁判や超越的力に対する共同の信仰であり、政治組織の形態としては対極にあるベニン王国においても、「神の化身」としての王への絶対の畏敬であって、どちらも最も原初的な意味において、「公」の性格をもつ力が秩序を支えているといえる。だが、ベニンの王の現実の力が、財力で手に入れることのできる非世襲的な重臣の地位の、王による配分操作の上に成り立っていることを思えば、王という生身の個人にこの力が具現されている限りにおいて、王権の公的性格がたてまえ上のものであることを認めないわけにはゆかない。

モシの王権も、世界の根源の力＝太陽である「ウェンデ」と重ねあわせに畏怖されている面もあるが、基本的には王を中心とする秩序を支えているのは軍事力による支配と庇護であり、裁きにおいても、王権の私的な性格が顕《あら》わだ。王は王族に対して犯された罪には厳罰を課するが、王族が直接関与しない紛争には、調停者としてのぞみ、「公の」

法に基づいて罪を罰するということはない。

マリ帝国の王の法的機能については、きわめて資料が乏しいが、マリが長距離交易、とくに北アフリカとの交易を支配する帝国になってからは、王に対しても影響をもったイスラームの法官《カーディー》の力が強かったようである。北アフリカからのイスラーム教徒の来住者も多かった国際的交易・宗教都市には、イスラームの法官による自治が確立されており、ニジェール川大湾曲部には、トンブクトゥ、ディアバ、クンディウロなど王権の及ばぬ「神の町」が存在した。

表層はイスラーム法で覆われていながらも、非イスラーム教徒を多く含んでいたハウサ社会では、イスラーム法官の役割は限られたものだった。非イスラームの慣習法も含む裁判は、ルクニをはじめとする官僚が司った。罰金、投獄、体罰などの刑罰も罪に応じて細かく規定されており、ここでは俗的な意味で法はかなりの程度公的性格を帯びていたといえる。

四　社会的結合の諸原理

論旨を明確にするために、敢えて簡潔に述べてきたが、以上の記述をふまえて、西アフリカのこれらの社会における、民族と政治社会のあり方について考察してみよう。

まず指摘できるのは、民族的集団は、政治的統合のあり方とはほぼ無関係に、形成されたり展開したりしているということだ。モシ王国のような例もあるが、他の四例では既存の民族的集団の中に「国家」が、サブシステムというよりむしろ局地的なサブカルチャーとして形成されている。イボの場合は、民族の生成や集団としての機能に、集権的政治統合は何のかかわりももっていない。それでいて、危機的な状況で「民族」としての団結を、この五例の中で最も強く示したのがイボ族だったというのも、逆説的真実だ。

政治組織が民族的集団をより広汎に統合してゆくという過程も、モシ王国以外には見られない。モシの場合も、相互にときに対立抗争しながらゆるやかな共存関係を保っていた「諸王国」——領域の曖昧さを考えれば「諸王朝の支配」というべきであろうが——を単一の王国に統合してゆくような趨勢は存在しなかった。これは広域の統合のためのコミュニケーション手段の欠如という技術的条件によるところも大きいであろう。十九世紀末のフランス軍の侵入時には、モシの中部、南部の諸王朝は、王朝間あるいは王朝内の紛争で崩壊の危機を孕んだ状態にあり、フランス軍が、保護領の協定を結ぶ相手を合法化し強化するために、王朝の建て直しに介入しさえしている。マリの場合も、ケイタ一族がマリンケ以外の民族も居住する広大な地域を支配したが、それは地方行政機構の未発達な、交易路と拠点の点と線の支配であり、言語をはじめマリンケ文化によって異民族を単一のマリ民族に統合したのではない。ただ、スンジャータ伝説をはじめ、マリ帝国の栄華をたたえる叙事詩が語り部集団によって広範囲に語り継がれ、象徴的なレベルで、聴く人々の共属意識を補強し、ある場合には作り出したとはいえるであろう。

これらの特徴の背景を、政治的統合の性格との関係で、ヨーロッパについてのモデルとも対比しながら考えてみると、(1)血縁原理と領域の観念、(2)普遍世界とのかかわり、(3)ヘゲモニー集団のあり方、などが問題になると思われる。

(1) 前説でも述べたように、五つの事例すべてについて、領域観念の稀薄さと、社会・政治関係のさまざまな面での血縁原理の優越が指摘できる。君主の"*primus inter pares*"としての性格、ある種のカリスマ性などからは、モシや初期マリの王には、ヨーロッパ封建社会の"overlord"に近似したものを認めることができるだろう。しかし、ハウサを除いて封土、領地の観念が欠如していたことは、アフリカの事例とヨーロッパの"*regnum*"との根本的なちがいである。イボ、モシは典型的な例だが、黒人アフリカに広く認められる大地祭祀、大地の神聖視は、土地を生産手段として数量化し、授受、売買の対象とすることの否定と表裏をなしていると思われる。土地の面積を測る単位が、これらの事例をはじめ、黒人アフリカ社会一般に存在しないことは、彼らの土地観念を端的に表わしている。君主の軍事行動も、掠奪や懲戒、反乱鎮圧が主で、他の領土の占領や併合を目的とするものではなかった。勢力圏外への遠征は、捕虜を第一とする戦利品の獲得と、征服された首長を従属・貢納関係に置くことで完了した。

血縁原理は、事例の五社会すべてにおいて重要であるが、イボ社会が二重出自であるのを除けば、他の四社会では社会関係全般において父系出自が優越している。ハウサ、ベニン、マリ、より低い度合いでモシで、商工の職業集団の分化がみられるが、マリではその多くは内婚的で職業は世襲であり、他の三社会でも世襲の傾向がつよく、血縁原理が機能原理に重なりあっている。また、集権的政治組織の地方行政において、フランスの絶対王政にみられたような世襲の保有官僚(officier)に比せられるものは、ハウサとベニン、モシのごく一部にしかなく、特定の任務と任期を与えられ俸給を受ける直轄官僚(commissaire)は皆無だった。モシ、ベニンの事例のように、王位を継承しなかった王族が、地方首長として地方行政を担うことは、アフリカの王制にひろく認められるが、ここでも血縁原理が、官僚機構の脆弱さを補強している。

ラテン語の"*natio*"(同じ生れ)に由来するヨーロッパ語の"nation"ドイツ語の"Stamm"(種族)をはじめ、モシ語の"*buudu*"(父系血縁集団、種など)その他のアフリカの多くの言語においても認められるように、同じ血を分けているという意識は、民族的集団を支える根源的な拠りどころの一つである。ただ、血縁原理は、小規模な人的結合国家の形成にはプラスに働きえても、より規模の大きい領域支配国家の形成にはむしろマイナスとなるだろう。フランスの絶対王政が、基層的な社会的結合関係の上部権力によるとりこみによって成立していたことを、二宮宏之が明らかにしているが、(3)フランスでは空間的・地縁的結合関係と、機能的・職能的結合関係が、ともに国家権力との関係での上向過程、下向過程双方において主要なものであったことがわかる。右にみたアフリカの事例との著しい相違は、アフリカの五社会すべてで重要であった血縁原理が、特別の役割を果していないことである。フランス社会におけるような双系出自は、一般に地縁的・機能的結合に容易に解消される。これに対し、とくに単系血縁原理は、地縁的、機能的関係をこえた強固なネットワークを形成しうると同時に、モシ王国の事例に典型的にみられるように、世代の交替によって分節化し、領域支配の通時的安定性とは逆方向に働きやすい。

(2) ハウサと中後期のマリの君主が王権の支えとしていたのは、イスラームという「普遍」世界の宗教文化であった。このうちマリの王は、豪奢なメッカ巡礼による〝自己聖別〟で威信を補強したが、ハウサの君主はボルヌー帝国の君主、十九世紀の聖戦後はソコトのカリフという、イスラームの上位権力の裏付けを得ていた。西アフリカにおけるイスラームという普遍世界の国家君主への関与と、ヨーロッパにおけるキリスト教会と王権との関係の対比は、国家形成論における今後の研究課題の一つとなりうるだろう。

他方、ヨーロッパ王制の特徴の一つは、王族が国をこえた国際社会を形作っていて、通婚と領地の相続によっても、国を併合拡張したことだ。王族とキリスト教会という共通の国際システムの中での、国境を接し、しばしば競合し相争った複数の集権的政治社会の存在は、「国民」国家の形成を促す背景になっていたと思われる。王族をはじめ、貴族、騎士階級が形作っていた〝international〟ないし〝cosmopolite〟な場の存在が、〝national〟なものの発達を刺激したというのは、ヨーロッパ世界の特色の一つではなかろうか。

(3) アフリカの事例をヨーロッパに対比してみたときの他の著しい差異は、後者の国民国家の形成に大きな役割を果した「ヘゲモニー集団」(二宮)の、前者における欠如である。これは、黒人アフリカ一般に、支配者はいても「エリートの文化」は存在しなかったという、今後検討されるべき事実の一つの帰結ではなかったかと思う。文化的に同質的な民族と国民が実体として存在しなくとも、二宮が指摘するようなブルジョア・エリートが、ヘゲモニー集団として言語、思想、学芸、産業等さまざまな領域において、「生活圏」としての国民国家の意識と内実を作るのに貢献したといえるであろう。

西アフリカの事例のうち、イスラームの強度の浸透と定着のあったハウサ、マリなどの都市文化において、イスラーム文化エリートが存在したとしても、彼らはむしろイスラーム普遍世界の側の人間であって、「国民」文化を創造するのには貢献するところが少なかったように思われる。フランス人が国民としての一体感を形成する上に、村落と村落、村落と都市を結ぶ市場町(bourg)が果した役割を重視する見方がある(Braudel, 1986)。アフリカの事例においては、商業活動を中心とするこのような地域間媒介者が、ワンガラに代表される、強度にイスラーム化された、個々の政治社会をこえた集団だった点でも、ヨーロッパとの差異を認めなければならない。

付記　「民族」を有境の実体とせず、危機的状況で集合的に自己主張を行なうときの「旗印」と見なすべきことを、その後私は「国際学部の中の文化人類学、Ⅲ「民族」をめぐって」『広島国際研究』第一巻、一九九五年、広島市立大学国際学部、一九―三八頁、「「民族」概念についてのメモ」『民族学研究』六三巻四号、四五一―四六一頁、などで述べてきた。本稿は、そのような見方にいたる模索の一つであり、「旗印」の拠り所となる共属意識のあり方を、政治社会との関わりで、「民族」という概念を正面に出して検討したものである

注

(1)　国立民族学博物館の共同研究「民族とは何か」(一九八四―八七年、代表者川田順造)。その成果は、川田順造・福井勝義編著『民族とは何か』一九八八年、岩波書店にまとめられている。

(2)　これらのモデルについては、福田歓一「擬制としての国民国家――民族問題の政治的文脈」前掲『民族とは何か』四九―六八頁を参照。

(3)　二宮宏之「ソシアビリテの歴史学と民族」前掲『民族とは何か』三七―四八頁。

参照文献

全般

AMSELLE, J.-L. et M'BOKOLO, E. (éds.), 1985. *Au cœur de l'ethnie : ethnies, tribalisme et État en Afrique*, Paris, Éditions La Découverte.

BAZIN, Jean et TERRAY, Emmanuel (éds.), 1982. *Guerres de lignages et guerres d'États en Afrique*, Paris, Archives Contemporaines.

BRAUDEL, Fernand, 1986. *L'identité de la France : espace et histoire*, Paris, Arthaud-Flammarion.

CLAESSEN, H. J. M. & SKALNÍK, P. (eds.), 1978. *The early state*, The Hague-Paris-New York, Mouton.

CLAESSEN, H. J. M. & SKALNÍK, P. (eds.), 1981. *The study of state*, The Hague-Paris-New York, Mouton.

GOODY, Jack, 1971. *Technology, tradition, and the state in Africa*, London, Oxford University Press.

二宮宏之、一九八六〔一九七九〕「フランス絶対王政の統治構造」『全体を見る眼と歴史家たち』木鐸社、一二一―一七一頁。

SOUTHALL, Aidan W., 1965. "A critique on the typology of states and political systems", *in* GLUCKMAN, M. & EGGAN, F. (eds.), *Political systems and the distribution of power*, London, Tavistock, pp. 113-140.

STRAYER, Joseph R., 1970. *On the medieval origins of the modern state*, Princeton, Princeton University Press.（ストレーヤー、鷲見誠一訳『近代国家の起源』岩波書店、一九七五年）

アフリカの事例

《モシ》

DUPERRAY, Anne-Marie, 1985. "Les Yarse du royaume de Ouagadougou : l'écrit et l'oral", *Cahiers d'Études Africaines*, 98, XXV-2, pp. 179-212.

KAWADA, Junzo, 1977. "Segmentation et hiérarchie : le cas des systèmes politiques des Mosi méridionaux (Haute-Volta)", *Journal of Asian and African Studies*, 14, Tokyo, ILCAA, pp. 144-168.

KAWADA, Junzo, 1979. *Genèse et évolution du système politique des Mosi méridionaux (Haute-Volta)*, Study of Languages and Cultures of Aaia and Africa Monograph Series, No. 12, Tokyo, ILCAA.

KAWADA, Junzo, 2002. *Ganèse et dynamique de la royauté : les Mosi méridionaux (Burkina Faso)*, Paris, L'Harmattan.

《ベニン》

BRADBURY, R. E., 1957. *The Benin Kingdom and the Edo-speaking peoples of South-Western Nigeria*, London, International African Institute.

BRADBURY, R. E., 1964. "A comparative ethnography of the Yoruba and the Benin", *in* MAUNY, R. *et. al.* (eds.), *The historian in tropical Africa*, London, etc., Oxford University Press, pp. 145-164.

BRADBURY, R. E., 1973. *Benin studies*, London, International African Institute.

DARK, Philip J. C., 1973. *An introduction to Benin art and technology*, London, Oxford University Press.

EGHAREVBA, Jacob, 1960. *A short history of Benin*, Ibadan, Ibadan University Press.

THOMAS, Northeste W., 1969[1910]. *Anthropological report on the Edo-speaking peoples of Nigeria*, 2 vols., New York, Negro Universities Press.

《ハウサ》

HILL, Polly, 1972. *Rural Hausa : a village and a setting*, London, Cambridge University Press.

HOGBEN, S. J. & KIRK-GREENE, A. H. M., 1966. *The Emirates of northern Nigeria*, London, Oxford University Press.

LAST, Murray, 1967. *The Sokoto Caliphate*, London, Longman.

SMITH, M. G., 1960. *Government in Zazzau 1800-1950*, London, Oxford University Press.

SMITH, M. G., 1967. "A Hausa Kingdom : Maradi under Dan Baskore, 1854-75", *in* FORDE, D. & KABERRY, P. M. (eds), *West African kingdoms in the Nineteenth Century*, London, Oxford University Press, pp. 93-122.

《イボ》

BASDEN, G. T., 1966[1938]. *Niger Ibos*, London and Edinburgh, Frank Cass.

FORDE, D. & JONES, G. I., 1950. *The Ibo and Ibibio-speaking peoples of south-eastern Nigeria*, London, International African Institute.

MEEK, C. K., 1937. *Law and authority in a Nigerian tribe : a study in indirect rule*, New York, Barnes & Noble.

OTTENGERG, Phoebe, 1965. "The Afikpo Ibo of eastern Nigeria", *in* GIBBS, L. Jr. (ed.), *Peoples of Africa*, New York, etc., Holt, Rinebart and Winston, pp. 3-39.

Thomas, Northeste W., 1969[1913-14]. *Anthropological report on the Ibo-speaking peoples of Nigeria*, 4 vols., New York, Negro Universities Press.

《マリ、ワンガラ》

Barth, Heinrich, 1857-59. *Travels and discoveries in north and central Afria*, 3 vols., London, Harper & Brothers.

Binger, Louis G., 1892. *Du Niger au Golfe de Guinée*, 2 vols., Paris, Hachette.

Cissé, Youssouf, 1964. "Notes sur les sociétés de chasseurs malinké", *Journal de la Société des Africanistes*, 34, pp. 175-226.

Cuoq, Joséph M., 1975. *Recueil des sources arabes concernant l'Afrique occidentale du VIIIe au XVIe siècle*, Paris, C. N. R. S.

Gallais, Jean, 1962. "Signification du groupe ethnique an Mali", *L'Homme*, 2(2), pp. 106-129.

Hodge, Carleton T.(ed.), 1971. *Papers on the Manding*, Bloomington, Indiana University Press.

(Griffeth, R., "The Dyula impact on the peoples of the west Volta region ", pp. 167-182; Lewis, B., " The Dioula in the Ivory Coast", pp. 273-307.)

Levtzion, Nehemia, 1973. *Ancient Ghana and Mali*, London, Methuen.

Lovejoy, Paul E., 1978. "The role of the Wangara in the economic transformation of the central Soudan in the fifteenth and sixteenth centuries", *Journal of African History*, 19(2), pp. 173-193.

Niane, Djibril Tamsir, 1968. *Soundjata, ou l'épopée mandingue*, Paris, Présence Africaine.

Wilks, Ivor, 1982. "Wangara, Akan and Portuguese in the Fifteenth and Sixteenth Centuries. 1. The matter of Bitu", *Journal of African History*, 23(3), pp. 333-349.

＊以上の主要文献のほか、イボ以外については筆者自身の現地調査の資料、イボについてはイボ出身で在日中の P. Ifeanyi-Chukwu Obasi 氏の個人的御教示を参考にした。

第三章 「地域」とは何か
——その動態研究への試論——

一 いま、なぜ「地域」か

問い直しの必要

「地域」の概念を、空間的にも時間的にも「人類」の視野で、根底から、つまりラディカルに問い直すことは、さまざまな面での地球化《グローバライゼーション》が問題になっている現在、二つの理由で必要だ。

第一に、地域の概念が広く多様な対象に安易に適用されるようになった結果、研究上の概念としての意味が曖昧になったこと。その背景には、国民国家という、領域を第一の属性とする点からもすぐれて「地域的」な性格をもった政治組織が、あたかも政治社会の最終形態でもあるかのように二十世紀後半の世界を覆ったあと、急速に形骸化したという経緯がある。

第二次大戦後の世界の最大の変化の一つは、欧米列強や遅れてそれに倣おうとした日本の植民地帝国が崩壊し、旧植民地の独立に伴って、地球上のほぼ全域が国民国家の枠で区切られたことである。政治的、人為的な地域社会として十九世紀ヨーロッパで生まれた国民国家(Nation-State, État-nation)が、これほどの数で広く人類の社会を覆うとは、第二次大戦前までは予想できなかったにちがいない。帝国の崩壊の結果、植民地という人為的に区切られた「地域」

が独立するのに際して、その地域住民を擬似的国民として、つまり「国民」(nation)は出発点ではなく到達点として、社会的防波堤としての国家を作ることが、当面必要とされたからだ。アジア・アフリカをはじめとする広大な地域の社会が、このような「国民国家」を作ったことが、その後これらの新興国間および新興国家内に頻発した紛争を通じて、十九世紀的国民国家が元来内包していた擬制性を、はからずも顕在化させたといえる。

十九世紀的な意味での欧米の国民国家には、イギリスに代表される、王冠への忠誠を核とした立憲君主制的まとまりに基礎を置くものと、フランスやアメリカ合衆国に例をみる、地域的政治社会を作る意思を共有する集団(nation)を建前上の前提とする共和制的なもの、フランスの普遍志向思想にさいなまれ、ナポレオン軍に神聖ローマ帝国崩壊のとどめを刺された、後発ドイツの、独自の精神的伝統をもち血を分けていると信じ合っている「民族」(Volk)が、統一された政治社会を形成することを悲願とするもの(フィンランドなど他の後発の独立国の場合も、これに類したものといえよう)を見ることができる。歴史の熱い潮流でもあったこの時代の欧米ナショナリズムが、その非欧米世界への拡大投影を伴って生み出した植民地帝国の、今度はその植民地の住民の独立への熱狂に支えられた「第二次ナショナリズム」の遠い淵源となったのだ。同時に、第二次ナショナリズムはその帰結として、第一次ナショナリズムの基盤ないし前提の虚偽をあばくことにもなったといえる。

だが、国民国家の建前が、現実には強者《マジョリティ》が弱者《マイノリティ》を取り込む口実にすぎなかったことが、政治・経済の領域での、あるいは言語や宗教上の差別に対する弱者《マイノリティ》からの異議申し立てで明らかにされたとしても、その異議申し立ての行き着く先が、国民(異議申し立ての旗印としての「民族」と等置された「国民」)国家の樹立にあるのでは、悪循環が入れ子構造になって細分化されて行くに過ぎない。他方、世界大的にみた場合の強者と弱者の二極分化の拡大と、強者の主導による政治、経済、コミュニケーションのいわゆるグローバル化が進むなかでの、超大国アメリカを除く個々の国民国家の無力化の現実がある。このような状況で、国家を超える方向での地域的統合ないし連帯が進む一方で、擬制化した国家内の住民が生きる、より確かな拠り所としての地域社会を充実させる動きが、活発化してきている。

このような現実をふまえた研究上の概念としても、人間が空中に浮遊して生きる存在でない以上、人間とその文化が生成・交流する「場」としての地域を時間的な変動も視野に入れて参照枠とすることが、重要になってくる。「民族」が自己主張の旗印としてしか実在せず、「国民国家」もまた、実在するが多分に擬制的なものであるとすれば、人間の社会や文化を歴史上の変動も含めて研究する上での単位としては、地域——以下に述べるように、同質の文化を担った地理的空間として単一化されえない多重構造をもった、交流と変動の場としての地域——が最も適切だ、というより、それしかないのではないだろうか。

「地域」を問い直す第二の理由は、グローバル化の趨勢のなかでのローカルなものの価値の重要性を認識する必要があるからだ。基本的前提として確認しておくべきは、グローバル(地球大的)と、ユニヴァーサル(普遍的)を混同すべきではないということだ。「グローバル」であることは、ある時代的状況での現実の力関係における強さを示すものではあっても、だからといって、それが人間にとっての価値の次元での普遍性を意味するものではないからである。力関係において現在グローバル化しているものの例としては、言語におけるアメリカ英語、通貨におけるアメリカ・ドルがあるが、それらが言語や通貨として人間にとっての普遍的な価値をもっているとはいえないことは、改めて指摘するまでもない。力関係におけるグローバル(地球大的)とローカル(地方的)の対立は、価値におけるユニヴァーサル(普遍的)とパティキュラー(特殊的)の対立とは、原理上別のものというべきだ。

その上で、力関係において現在ローカルなものにおとしめられている、弱者のもつパティキュラーなものの価値を、それがローカルであるという理由だけで低く評価したり、それが消滅するのを黙視したりすべきではない。人類が開発してきた多様な、だが現状ではローカルにされた文化を、「地域」との関係で正当に評価することは、グローバル化によって単一化されつつある人類の文化、とくに技術文化が現在直面している地球規模の、つまりグローバルな危機を克服する道を模索するための、緊急の要請でもある。その意味でも、固定されて形骸化されかねない「地域」ではない、文化が生成・交流・変動する「場」としての地域の概念を、パティキュラーな価値を再認識する参照枠として、問い直すことが必要だと思うのである。

二　自然と人間の相互交渉のなかで

生態と地域

人類は生物の一つの種としては例外的に、南北両極をのぞく地球上のあらゆる地域に比較的短期間に広がり、それぞれの多様な自然条件に適応して、大増殖をとげた。ヒトにいたる直接の進化のいくつかの段階が、すべてアフリカを舞台としていたとして、現在の地球上の人類につながる新人(ホモ・サピエンス)の祖先の一部の人たちが、住み慣れた熱帯アフリカを後にしてスエズ地峡を通り、西アジアでおそらく一息ついてから、世界の未知の各地へ移動をはじめた頃は、いったい何人だったのだろう。いまでは人類の総人口は、六十億を越えている。

人類が、その源郷とは著しく自然条件の異なる氷原や砂漠、山岳地帯から海洋の島々まで、多様な自然条件に適応できたのは、初期の段階では石器や木器などの道具に代表される、文化の力によることはいうまでもない。そこで起こったのは、単に「適応」と受動的に呼んだのでは済まされない、もっと積極的なはたらきかけとみるべきだろう。人間が住みつく前の地形とか雨量、動植物相といった、いわばナマの自然への、文化を介しての人間の積極的なはたらきかけから生まれたのが、人間を抱えこんだ自然である「生態」であり、その空間的ひろがり、人間が生きる「場」として、「地域」が育まれるのだといえるだろう。対象として認知される地域の範囲は、一義的に固定されたものではありえず、認知の目的や方法に応じて、重層的であることはいうまでもないが、地域を内側から一つの「場」

として成り立たせる、地域の生活者の意識においても、地域は同心円的な重層性をもっているといえる。だがどんな地域も、孤立しては成り立ちえない。必ず異なる地域間の交渉があり、異なる生態が産出する多様なものの相互交渉の、たえまない変動をはらんだ場として、地域というものが存立するというべきだろう。異なる地域との交渉を通じて、生業をはじめとするある地域の性格もつくられるのだから。地域が自然と文化いずれかによって一方的に規定されたり、あるいは同質の文化で塗り固められたものとしてあるのではなく、内外のさまざまな要因の相互交渉のうちに、ダイナミックな「場」として成り立っているという認識は、地域を参照枠として、歴史の視野で人類の文化をとらえる上で不可欠だ。

「生態」を、このようにナマの自然への人間のはたらきかけ、自然と文化の相互交渉が生み出したものとみるとしても、元来人間は、自然の一部として存在しはじめたのであり、人間が自然を作ったのではない。人間がかなりの程度自然を支配したと思い上がりがちな現代でさえ、人間は自らの死を避けることも、地震を予知することも、台風を消滅させることもできない。自然の一部でありながら、自然を対象化する意志をもつようになった人間が、お釈迦さまの掌に乗ってあばれる孫悟空のように、自然のなかでの、自然に対する「はたらき」として生み出したのが文化だといってよいであろう。

原人段階の百万年前の文化を示す前期旧石器時代にも、自然条件と石器の型式とのあいだに、基本的な対応関係があったことを示唆する仮説を、一九四〇年代にアメリカの先史学者H・L・モヴィウス・ジュニアが発表した(Movius, 1994)。彼の説はその後、彼自身や他の研究者によって修正を加えられながらも、大筋は現在まで広く支持されている。

それによると、ほぼインド西部で南北に引くことができる「モヴィウス・ライン」を境として、それより西の、アフリカ、西アジア、西ヨーロッパと、このラインより東のアジアとで、前期旧石器時代の石器の型式に、基本的な大きな違いが認められる。すなわち、このラインの西では、様式の定まった両面加工の概して大型の握斧(ハンドアックス)が石器の主体であるのに対して、東ではこれに比べて全体に小型で、一定の様式の認めにくい片刃または両刃の石器(チョッパー、およびチョッピング・トゥール)が支配的なのである。

モヴィウス自身は、議論を石器の型式に限定していて、百万年前の石器の機能を型式から類推することには禁欲的だった。一九九〇年代になって、日本の人類学者赤澤威は、西アジアをはじめとする彼自身の調査結果やその後の人類学的知見にもとづいて、ある型式の石器の一式を「道具箱」と呼び、人類の祖先が進出していった土地の自然条件とのかかわりで、「道具箱」の機能を解釈しようと試みている(赤澤、一九九五、二〇〇〇)。それによると、モヴィウス・ラインの東側の道具箱は、植物性の素材、とくに竹の加工に適している。この結果つくられ使われたはずの竹器・木器は遺存しないから、石器だけの道具箱は貧弱にならざるをえない。これに対し、モヴィウス・ラインの西側の握斧を中心とする道具箱は、この地域に豊富な大型草食獣(有蹄類)を解体し、肉を切り分けるのに向いている。

前期旧石器時代に、これらの石器文化をつくった人たちである原人(*Homo erectus*)と、その後のアフリカからの新しい移住者である新人(*Homo sapiens*)とのあいだに、連続、共存、断絶のどのような関係があったかは、不明のままだ。ただ、動植物相などの自然条件がほぼ同じであるとすれば、似たような自然条件のもとで、とくにモヴィウス・ラインの東西での対比においては、いまみたような人間の適応技術の特徴が受けつがれるか、あらためてつくりだされることは十分に考えられる。東西のこのような基本的特徴の対比は、新石器時代以後の東西文化の性格についても、示唆するところが大きいのではないだろうか。

「はたらき」としての文化

モヴィウスの仮説に依拠して展開されているこの議論で、すでに述べたように赤澤は、ある生態的条件のなかで、作られ、使われた一群の石器を指すのに、「道具箱」という言葉を用いている。これは赤澤からの個人的教示によると、英語の"tool kit"から示唆をうけた用語だという。これは比喩として分かりやすく、魅力的な言葉だ。しかし「箱」という表現からは、現代の私たちはつい、木や金属でできた容器を思い浮かべてしまうので、石器時代の物質文化について語るのに、終始この言葉を用いるのは、あまり適切ともいえない面がある。さらに、「道具箱」はあくまで「道具」中心の見方だが、そうした道具の一式を作り用いた人たちの、生活全体を含めて(これはもちろん、もっと後の、石器以外にも多くの資料の得られる時代についてだが)通時的に検討して行くことも視野にいれるとすれば、より広い意味をもった別の表現が、文化を地域とのかかわりで歴史的に検討するために、求められるだろう。

モヴィウスは"tool kit"ではなく、"culture"という言葉を使っているが、英語やフランス語で書かれた考古学の論文で、石器の型式を指してよく用いられるのが、"industry"(英)、"industrie"(仏)という語だ。これはモヴィウス＝赤澤仮説でとりあげられている前期旧石器時代の、「アシューレアン」など石器だけの型式を指すのにも、広く用いられている。私がこの用語に興味をもつのは、はじめにも述べた自然のなかでの、自然に対する人間の「はたらき」を問題にする上で、この言葉が含む意味が示唆に富んでいると思うからだ。

この言葉は、ラテン語で「活動的な、熱心な」などの意味をもつ"*industrius*"という形容詞に由来し、このラテン語の形容詞は、さらに古形にさかのぼって分解すると、"*indu*"と"*structus*"になり、「素材を整えて、一定の形にはめこむ」ということを意味する要素から成っているという。現代の英・仏語でも、形容詞形の"industrious"(英)、"industriel"(仏)などは「勤勉な」という意味で使われているし、歴史的にも、「あることを実行する、あるものを作り上げる、はたらき、巧みさ」を意味する言葉として使われてきた。そして近代になってからは、「産業革命」(Industrial Revolution)とか「重工業」(heavy industry)「工業デザイン」(industrial design)のように、日本語でなら産業、工業などの語が対応する意味を帯びるようになった。

このように、きわめて広い意味と長い時間の視野で、人間の「はたらき」「わざ」「たくみ」を指す言葉がヨーロッパにあったことに私は注目したい。このような「はたらき」としての文化の把握は、生態からみた地域を考える上で、根本的な重要性をもっていると思う。

元来、文化は、人間がその一部として生を享けた「所与としての自然」に対して、人間が「わざ」と「たくみ」を用いて「はたらき」かける行為であり、その行為によって生みだされたものだ。その結果人間の側から捉え直され、意味を与えられた自然が、文化によって異なる「文化としての自然」となることについては、次節に述べる。「文化」という、ヨーロッパ語からの翻訳によって作りだされた日本語には、もとになったラテン語の"*cultura*"(耕された土地)に名残を認められるほどの土臭さ、つまり自然への「はたらき」の感触すらない。「文徳によって民を教化する」という観念に由来する「文化」には、むしろ「武力」の対立概念としての意味が付着している。

「所与としての自然」「ナマの自然」への人間の「はたらき」が文化であり、そのような自然と文化の相互交渉によって育まれる「生態」が、「地域」をつくる基礎になることを思えば、そして、様式をもった石器を人間が作りはじめた前期旧石器時代から、産業革命をへて現代にいたるまでの歴史の視野で、生態と地域のかかわりを考えようとすれば、その全体に通じる鍵になる概念としてふさわしいのは、「武力」に対する「文化」ではなく、「はたらき」としての文化だといえるであろう。

三　地域と文化

地域と文化の相互性

このような「所与としての自然」に対する「はたらき」である文化とともに、人間は所与としての自然を捉え返した「文化としての自然」をはじめとする観念世界や、組織（親族・社会・政治など）を含む、生き方の総体としての文化を作ってきた。ある価値判断に基づく上下の区別をしない、生き方の総体としての文化は、最終的には個人によって、それも必ずしも時間的一貫性なしに担われ、生きられているとみるべきだ。だが、個人は文化を、多くは前の世代や同世代の年長者から学んで身につけるのであり、制度化された場を通じて、社会が個人に対して、ある強制力をもって学習させることもある。それに加えて、文化を構成する多くの要素のうちには、食物における嗜好のように、かなりの程度個人レベルのものもあるが、一方で言語のように個人の癖や特徴はあっても、基本的にほかの人たちと共通でないと用をなさないものも多い。個人性のつよい食物の嗜好にしても、幼児期からの馴れに左右される面も大きいし、信仰や家族の禁忌などによる規制もあるだろう。第一、ある個人が毎日食べるすべてのものを、その個人一人だけで調達することは不可能だ。このように、文化を担っているのは個人でも、文化は個人を、個人がそれを意識するにせよしないにせよ、拘束する力をもっている。文化が人間のある集合によって共通に担われているとみるのも、文化がもつそのような拘束力のためである。

とはいえ、文化のさまざまな要素がすべて重なりあって、ある範囲の人々に生きられているということは、現実にはありえない。文化の要素は、それぞれに異なる空間的広がりをもち、それぞれ別のやり方で伝播したり、受け入れられたりする。時間による変化の側面も考えると、それぞれの要素の広がりに、はっきりとした境界線を引くことは不可能だ。まして文化の全体を、複合された、輪郭をもつ実体として考えることはできない。

それでいて、文化は、ある具体的な自然条件をもつ地域の広がりのなかで、生きた人々によって、主体的に選択されたり変えられたりしながら、担われているのであるから、地域（海域を含む）を、文化の異質な要素のダイナミックな相互交渉の場としてとらえることは、文化の歴史の相における研究にとって基本的な意味をもつといえるだろう。

「地域」の設定は、研究の視点や問題によって変りうるが、その一方で、対象とされる「地域」をつくっている主体である住民の側からの地域のとらえ方も、とくに後に述べる集合的記憶との関係で重視すべきだ。住民と研究者の視点との相互交渉の可能性については、この論文の終わりで再び取り上げることにしたい。

異質なもののあいだの、動的な交渉と混交、新しい創出の場として地域を考える立場は、従来のような、文化の同質性を前提として固定的に地域を設定する、「文化領域」の方法では不可能だった新しい展望を、文化研究に向かってひらくだろう。

文化をどうとらえるか

「文化」ということばは、日本では中国伝来の「文徳による民の教化」つまり為政者の民への対し方として、武力による服従の強制との対照で用いられてきた。明治以後、英語の culture, ドイツ語の Kultur の訳語として「文化」が用いられるようになってからも、「文明開化」の意味で、つまり、より教化、洗練されたものをさす、いわば価値観を含む概念としての意味を与えられることが多かった。現在でも広くみられる、文化人、文化講座、文化の日などの用いられ方は、その例である。

欧米諸語でも、culture, Kultur などの語は、比較的最近まで、価値意識を含んで用いられることが多かった。もともとラテン語の *cultura* に由来するこの語は、土地を耕すという意味で、原野、荒蕪地に対して「耕地」をさす一方で、宗教における崇拝、祭祀(cult など)へも意味を分化させていった。これに現在までつながるような文化の意味を与えたのは、十八世紀のドイツ語からの、とくに哲学者カントの影響が大きかったといわれる。

十九世紀後半には英語でも、文化の概念を述べた古典とされる人類学者エドワード・タイラーの *Primitive Culture*(比屋根安定抄訳『原始文化』が公刊されたが(一八七一年)、その冒頭でタイラーは、つぎのように文化を定義している。「文化または文明とは、知識、信仰、芸術、道徳、法律、習慣その他、社会の成員としての人間によって獲得されたあらゆる能力や習慣の複合総体である」。

しかしここでも「文化または文明(civilization)」と言いかえられ、しかもこの本の副題、「神話、哲学、宗教、言語、芸術および習慣の発達についての研究」という表現にも示されているように、それは文化または文明の、低い段階からより進んだ段階への発達についての研究なのである。当時の、西欧を頂点とする人類文化の進化主義的把握のなかで、「文化または文明」は、単数形でしか語られなかった。文化が複数形で語られるようになったのは、一九二〇年代になって、フランツ・ボアズをはじめとするアメリカの文化人類学者によってである。文化は、ボアズの弟子であるルース・ベネディクトらの文化相対主義の主張とともに、より明確に、それぞれ独自の価値をもつ人間の生き方の総体のあり方として、定義されるようになった。

価値意識を含んだ単数の文化から、価値の上下のあてはめられない複数の文化への、文化の概念の変遷のなかで、欧米では一貫して、文化は自然(nature)と対置されてきた。生物としてのヒトが遺伝によって受け継いだもの、本能に基づいた行為に対して、文化は人間が生物的遺伝によらずにつくりだし、社会的遺伝というべき学習によって獲得し、継承するものとされる。その根底には、神が自分に似せた姿で創造した人間に役立てられるべきものとして、自然も創造したとする、ユダヤ＝キリスト教に基づく一神教の人間中心主義の世界観をみてとることができるだろう。

これに対して、さきにあげた中国や日本の文化の概念は、むしろ武力に対置されたものとしてあり、自然との対立は問題にされていない。自然について体系的に思索した数少ない日本人である、江戸中期の安藤昌益においても、自然は「自《ひと》り然《す》る」ものとして、人間も鳥獣や草木もその一部である原体(活真)の自己運動のうちにあり、むしろ人間の営みである文化も包含するかたちで、位置づけられてきたといえる。ただ、「文化」という、それ自体がある文化とある時代の産物である概念を一般化するのを一旦停止し、より広く人間社会のそれぞれにあると思われる民俗概念として、「人間の領域」と「人間の力のおよばない領域」の対立を取り上げてみるとどうだろうか。

このような対立をあらわすのに、日本語には「家」または「里」にたいして「野」または「山」ということばがある。家畜にたいして野獣、里芋にたいして山芋、家猫にたいして山猫等々。「野良」ということばで表わされる中間領域も考えられるだろう。元来家猫だったものが「家」を離れた状態では野良猫となるが、しかしそれは山猫とは別のものだ。

同じような対立概念は、ヨーロッパでもラテン語の「家」(*domus*) 対「森」(*silva*) から派生した語群として古くからある。「家の」とか「人間の手で馴化された」を意味する形容詞 domestic は *domus* に由来しているし、「野生の」(savage) という形容詞は森を意味するラテン語の *silva* が語源とされている。そしてその中間の、日本の「野良」にあたる領域として *salutus*(原野、荒蕪地) ということばもラテン語にある。

ここで方向を変え、「東西」に「南」の視点を加えて、アフリカの例をみよう。西アフリカ内陸サバンナ地帯で焼畑農耕を行なっているモシ社会にも、同様の対立概念がある。彼らのことばで、「家」ないし「人間の領域」をさす「イリ」(*yiri*) に対して、野獣や精霊の支配する「原野、荒蕪地」は、「ウェオゴ」(*weogo*) ということばで表わされる。日本語の家畜と野獣に対応して「イル・ルンガ」(*yir-runga*)「ルンガ」は動物の意) と「ウェオ・ルンガ」(*weo-runga*) という対立がある。ただ、モシの考え方では、家と野、人間の領域と野獣や精霊の領域の境は固定されたものではなく、時間によって移動する。昼間は「イリ」つまり人間の領域が広がっているのだが、日暮れとともに狭まって、野獣や精霊の支配する「ウェオゴ」の領域が広がり、夜が更けると、村のなかの、人家の中庭にまで「ウェオゴ」の精霊がやってくる。夜の露天の中庭に、村人が集まって昔話を語るモシの社会でも、日本やほかの社会と同様、昔話を昼間することは厳しいタブーで、夜だけ語るものとされているが、昔話のなかでは人間と野獣は、たがいの境をなくしてことばを交わし、野の精霊「キンキルシ」も活躍する。

家と野の中間の、野良や *salutus* にあたる領域は、モシ社会ではどう考えられているのだろうか。これについては、日本やヨーロッパの概念との直接の対応は見出せない。しかしモシ社会の空間区分を検討すると、ある側面でヨーロッパでもフランスの空間区分と、対応していることに気づかせられる。モシ社会では、日常の主食であるサガボ(トウジンビエやモロコシの粉を湯で練った、澱粉加工法としてはそば掻きに似た食物)をつけて食べる汁を「ゼード」(*zeedo*)というが、この汁の実にする、西アフリカ原産のオクラなどの野菜を栽培する、家のまわりの畑も「ゼード」と呼ばれる(日本の「前栽《せんざい》」、「前栽もの」といった考え方も、それに近い)。ここは人間の日常の食用になる草本《そうほん》をつくる空間だが、それにたいして人間が食用にできない草(*moodo*)が生えている土地は「モーゴ」(*moogo*)と呼ばれる。そこは農耕民のモシと共生関係にある牛牧民のフルベが牛に草を食べさせる空間であり、モシ社会で飼育されている小家畜、羊や山羊を連れていって、草を食べさせる場所でもある。

ところで、フランス語では、鍋(pot)という語に由来する野菜スープ「ポタージュ」(potage)の材料になるような野菜をつくっておく、家のまわりの菜園を「ポタジェ」(potager)というが、これはモシの「ゼード」の考え方とよく似ている。そして、家畜の飼料用作物をつくったり、飼い葉を刈ったりする空間は、「ポタジェ」との対比で「フラジエール」(fourragère)と呼ばれるのである。人間の日常の食用にあてられる草本と、家畜の食用の草本の生えている空間が、二つの社会で似たやり方で対比させられていることがわかる。

まだほかに、空間区分や生物の分け方、神や精霊に対する概念など、いわば「文化」という概念を形づくる基本になる概念を、いまここで取り上げた、日本、ヨーロッパ(フランス)、西アフリカ(モシ)の三つの文化について対比させれば、三文化の三つあるいは二つに共通する(その場合、ほかの一つとは異なる)、あるいは三つのあいだにまったく共通しないものを見出すことができる。瑣末とみえるかもしれないこのような点についてやや詳しく述べたのは、「文化」という概念自体、それを民俗概念に沿って検討してゆくと、「文化」によって多様でありうるということを明らかにしておきたかったからである。

地域との関わりでの文化

いま略述してきたことからも、「文化」に当る民俗概念は、それぞれの地域の自然条件とも関連をもっていることがわかる。日本列島は、総面積の七割以上を占めるといわれる「山」の大部分が人の住めない、耕地にも不向きな土地で、夏雨型のモンスーン気候のなかで植物の繁茂も激しく、「里」のすぐ近くにありながら里に住む人間にとっての異界を形づくってきた。緯度からいえば、日本より北に位置し、大部分の地域で冬雨型のヨーロッパでは、「山」が人間に与える感覚は、日本とはまるで異質なものだ。アルプスやフランスの中央山塊やピレネー地方をはじめ、山の上にも人間にとって、また別の、広々とした快適な生活空間が展開する。そうした地理上の条件から、夏は山の上、冬は平地へ羊の群を移動させる、日本のような自然条件では感覚としてわかりにくい「移牧」(transhumance)などという牧畜の形態も、とくに冬雨型の気候と結びついて、地中海ヨーロッパで発達したのであろう。

「山」の感覚とともに、「森」のあり方も、日本とヨーロッパでは著しく異なる。十一、二世紀に森を大規模に伐り開いたといわれるそのあとでも、シュヴァルツヴァルト(黒い森)をはじめ、都会近くの平地のいたるところにある、深々とした森が、人間の実生活、精神生活に与える意味の大きさは、日本人には実感として伝わりにくいのではないかと思う。狼や熊だけでなく、妖精や魔法使いや小人の活躍する不思議に満ちた領域としての森は、日本の「山」にある程度対応するとはいっても、また別のものだ。

西アフリカの、酸化鉄を多く含む紅土質の、岩だらけの、茫々たるサバンナも、日中日蔭でも五〇度を越すことが多い猛暑、一年の四カ月余りに集中して空からたたきつけられる豪雨、乾季にサハラ砂漠から吹きよせる季節風ハルマッタンで空も草原も砂けむりに覆われる猛乾燥などとともに、日本人の「野」の感覚でとらえられるものとは、ほとんど別種のものだ。たとえ人間の領域に対置されたものという意味では、つまり人間との関係では、対応させられるとしても、である。

このようにみてくると、三つの地域の例を取り上げただけでも、「自然と文化」などと軽々しく一般化して問題にすることがためらわれてくる。だがそれでは、文化は、複数のものを取り上げて、比較できないことになるのだろうか。私は文化にもっとも広い意味の定義を研究概念として与えた上で、文化を比較することは可能であり、また比較されなければならないと思う。ただそれは、文化がそれを担う人たちによって生きられている場である、「地域」とのつながりにおいてであり、歴史の視野においてのことである。文化を問題にするのに、それが生きられている具体的な場としての地域と、歴史上の変化とを考えないわけにはゆかないし、歴史もまた、その展開の場である地域を無視しては語ることができないだろう。

研究概念としての文化

それでは、地域による差異も視野に入れながら比較する前提として、つまり研究上の概念として、文化を定義するとすればどうなるだろうか。

文化が、ほぼ現在理解されているような、人間の生き方の総体をさして用いられるようになってからでも、文化の定義にはおびただしい数のものがある。一九五二年に、アメリカの文化人類学者、アルフレッド・クローバーとクライド・クラックホーンは、それまでになされた膨大な数にのぼる文化の定義を集めて、批判的に検討する本を出したが(Kroeber and Kluckhorn, 1952)、それ以後も、多くの文化人類学者が、それぞれの立場から文化を定義し続けてきた。それらを概観することはとうていここではできないが、問題点を大きく分けて、自然との関係をどう考えるか、文化を担う主体としての個人と集団をどう考えるかの二つが重要ではないかと思う。

自然との関係というとき、二つの側面がある。一つは生物としてのヒトの遺伝情報による営み、つまり本能に基づく行為の文化のなかでの位置づけ、もう一つは、ヒトが自然条件に対して適応してゆく装置としての文化のとらえ方、にかかわる面である。第一の面が「自然のなかの文化」の問題であるとすれば、第二の面では「自然に対する文化」が問われているといえるであろうか。第一の面では、最近急速に発達した霊長類学や分子進化学の研究によって、ヒトとヒト以外の霊長類との連続性がますます強く認められるようになってきたことが注目されなければならない。たとえばチンパンジーの文化といったことも、最近ではあたりまえのように語られている。「文化」をもつことを、人間だけの特権と考えにくくなったと同時に、生物としての本能とみなされてきたものと、文化の営みとのあいだにも、境界線が引きにくくなっている。

第二の面は、生態人類学と呼ばれる領域で研究が精緻化されている。この領域では、文化の成立する条件としての自然の自然科学的研究と同時に、「自然」というものの「文化」によるとらえ方についての研究も進められている。文化を人間の概念や象徴の体系として、自然や物質にかかわる事柄からの抽象度を高めた次元で問題にしようとする、記号論に傾斜した文化研究の流れもあるが、生態人類学の研究も、民俗分類《フォークタクソノミー》の研究をはじめ、認識人類学と呼ばれる領域と大幅に重なってきており、象徴や記号研究との連続性がむしろ重視されるようになってきた。

「文化としての自然」と地域

文化と自然についての私の立場は、人間と自然との関係を、「所与としての自然」と「文化としての自然」の二つの面からとらえてゆこうとするものである。すなわち所与の事実として、人間が生物として他の霊長類とともに自然界の一部をなしていることは、現在の科学的知見から否定できないし、本能による営みも食や性の営みをはじめ、後天的学習によって獲得された文化の営みと、連続した関係にあるとみるべきであろう。その一方で、すでにみてきたように、「自然」というとらえ方自体が、「文化」によってつくりだされたものであり、「自然」をめぐるさまざまな

「文化」も、文化によって異なっている。

二十世紀前半には、文化研究においても、十九世紀後半の生物主義、自然主義への反発として、一種の文化主義とでもいうべき風潮が、人文・社会科学の諸分野で強かった。言語学におけるソシュールの記号の恣意性の理論、社会学におけるデュルケームの、社会的事実は社会的事実から説明すべきであるとする主張、文化人類学でのクローバーの「文化は文化より」の説などはよい例である。

最近では、振子はもう一度逆方向に振れて、自然との関係を、かつてのような決定論としてでなく、新しい科学の光のなかで再び重視する方向に進んでいるし、少なくともその前提は、整ってきたといえると思う。およそ六百万年前、人類とチンパンジーが共通の祖先から分かれ、猿人、原人などが現れて絶滅したあと、現生人類の先祖は、おそらく二十万年ほど前、直立二足歩行の結果より重い脳を支えることが容易になり、両手も使えるようになり、同時に声帯が下がって、より複雑化した構音器官によって分節的な言語を話す能力を獲得し、知識の伝達や蓄積に格段の進歩をとげたと考えられる。

文化による適応力のおかげで、アフリカ大陸から出発して世界の多様な地域に広がり、生物の単一の種としては例外的に、極北の氷原から熱帯の多雨林や砂漠まで、標高数千メートルの高地から、海洋の珊瑚礁まで、多様な自然条件に適応して、人類は文化をさらに多様化させていった。「地域」が文化や歴史にとってもつ第一の意味は、人類が自然と文化のこの相互作用から、自然＝文化複合体としての「地域」をつくりだしてきたという点にあるだろう。その意味でも、人間にとっての「地域」は、地球上の単なる空間の広がりではなく、人間が文化によって働きかけてつくりだした、自然と文化の相互交渉のうちにある「場」としてとらえられるべきである。

文化における個人と集団

文化を担う主体としての個人と集団の関係についていえば、文化の研究において、「個」に注目するか「集団」ないしは文化の「集合的側面」に注目するかの違いは、研究の方法の上ではとくに歴史学と文化人類学の違いに、表われていたといえるだろう。歴史学は、時間的にも空間的にも一回きりの「個」――人間としても出来事としても――を問題にするところに、研究上の特色をもっていたといえるだろう。長い持続をもつ深層の、集合的事象に注目する社会史研究においても、時系列のなかで一回きりの事象として生起する「時代」の枠組みは、基本的重要性をもっている。これに対し文化人類学では、その先行分野、関連分野である民族学、民俗学と同じく、個人や一回きりの出来事をこえたところに、文化研究の対象を設定してきた。個人の生活史、ライフヒストリーを記録し、分析するとしても、それはその個人が属する集団の文化を、個別の事例をもとに集合的事象としてよりよく解明する手段として行なうのであって、個人が関心の究極の対象なのではない。また、基本的個別性をもつ「時代」も、時代をこえた事象にとっての条件として、参照される。

だがそのようにして、個人や一回きりの出来事を、偶発的なものとして捨象して得られる文化像は、いったいどの範囲の集団によって共通に担われ、他の範囲の集団の担っているものと区別されるのだろうか。また、人間の生き方の総体としての文化を問題にするとすれば、文化のどの側面――生業、言語、社会組織、宗教など――について考えるのか、あるいはそれらが複合されたものとして、ある範囲の集団によって担われている文化というものは想定できるのか、といった問題が付随して出てくる。

結論から先にいえば、後に文化領域の考え方を検討する部分で具体例についてみるように、社会組織のある面を除いて、文化の構成要素も、要素の複合されたものとしての文化も、それを担っている人間集団と対応させて、空間上・時間上の境をもった広がりを定めることができない。とくに個人の選択や自由な着想による発明や変革、そしてあらゆるレベルで起こる歴史的な変化も考慮に入れればなおさらである。

その一方で、文化やその一側面である歴史にとって、個人の果す役割がどれほど重要であるにせよ、文化は個人だけが担っているものでないことも確かだ。言語にしても、個人による発音や用語法の違いはあるにしても、ほかの個人との伝達に用いられるものである以上、個人だけの言語というものはありえない。個人はある言語を話す集団のなかに生まれ、その言語を習得し、それに個人としての特徴をつけ加えながら、その言語をほかの個人と共有して用いるのである。衣食住の仕来りや人とのつきあい方の作法、宗教などにしても同様である。先にも参照例としてあげた西アフリカのモシのことばで、仕来りとか伝統を、「ローグンミキ」(*rog-n-miki*)、つまり「生まれて、見たもの」と呼ぶが、「仕来り」という日本語同様、文化が個人をこえて継承されるところに成り立つことを適切に言い表わしている。

ただ、個人の一生を通じてみても、「生まれて、見たもの」の継承と、個人がそれに働きかけて変えてゆくことは、同じように続くのではない。前の世代から受動的に習い、継承することが主である幼少期と、そうした仕来りに反発したり、自分の創意で変えてゆくことが多くなる青年期、そして伝統的なつきあいの範囲をこえた体験や見聞も取り入れながら、ある面では仕来りを守ってつぎの世代を育てる立場に立つ壮年期、変革への気力、体力を次第に失って、自分が身につけてきた仕来りに安住しがちになる老年期と、文化の個人をこえた側面と個人の自由に基づく面との関係は、人の一生のあいだでも変化する。

いずれにせよ、個人がどれほど創意と変革の意志をもっていたとしても、個人が何らかの形で個人をこえた文化に基づき、それに拘束されていることは確かだ。文化の個人に対する拘束性は、制度化された教育によって、いっそう強められる。とくに国家が単一のものとして、いわば制度として採用した言語や宗教を、公的機関を通じて集団の成員に浸透させようとする場合には、文化の集合的性格は、暴力性を帯びることにもなる。

このように、文化は個人をこえて集合的に生きられ、継承されるために、元来自由であるはずの個人を拘束する面ももつことになる。いいかえれば、文化は、それを担って生きる最終単位である個人による違いや、個人が自由に文化を変えてゆく側面と、そのような個人を集合的に拘束し、したがって個人がもたらす変化をこえて持続させる力との、拮抗関係のうちに成り立っているといえる。文化がもつこの集合的拘束力と、個人の自由な発意による変化のそれぞれの力の比率は、文化が具体的に営まれる場としての、人間の集合である社会によって異なる。いわゆる「伝統的社会」は、文化の集合的拘束力、持続力の比率の高い社会であり、そこでは仕来りに通じた年長者が、年少者の個人的発意を抑制して、仕来りを持続させる力をもっている。

これに対して、次々と更新される知識や個人の自由な発意が、仕来りの価値を相対化してゆくような社会では、逆に、新しい情報や技術を具えた年少者が、仕来りを重んじる年長者を追いあげる力を発揮する。仕来りないし伝統が、文化の諸要素のあいだの、それなりに安定した結びつきの上に成り立ち、より「構造化」された文化を、いまあげた第一のタイプの社会がもっているとすれば、第二のタイプの社会では新しく生みだされる「出来事」が構造を崩し、組みかえてゆくといえるだろう。

文化の「構造」が個人を支配する社会と、「出来事」が構造を更新する社会の対比は、フランスの文化人類学者クロード・レヴィ＝ストロースが提唱し、「未開社会」「文明社会」という疑問点の多い旧来の対立概念に代って広く用いられるようになった、「冷たい社会」と「熱い社会」という対立概念とも整合するところが多い。

これまでの「伝統的な」歴史学では、「熱い社会」で一回きりの出来事が構造を変えてゆく過程に、研究上の関心を向けてきた。「冷たい社会」は、はじめから歴史学の対象からはずされていた。しかし人類の文化の再定義を試みながらこのようにみてくるとき、二つの社会は連続した関係にある、というより、社会における文化のあり方を通じて、相互に浸透する不可分の関係にあるといえる。以下にも述べるように、歴史研究の場を社会から地域に移すことは、歴史研究そのものの「仕来り」の枠を破ることにもつながるといえるだろう。

文化の再定義

このような検討のあとで、とくに「地域」を場として歴史研究のあり方を念頭において、文化の再定義を試みるとすれば、どのような定義が可能だろうか。先に文化は、文化の一部である社会組織のある面を除いて、境をもった時空の広がりとして定めることができないと述べた。社会組織については、家族や血縁集団、村落から国家にいたるまでの多様な形態のうち、制度化の強いものは、組織自体が空間上・時間上の境界をもって成り立っている。領域支配を明確にした近代国家やその下部の行政組織などがそれにあたる。近代国家成立以前でも、村境が定められた村落組織は、そのような社会組織とみてよいであろう。しかし大部分の社会組織については、詳細にみれば空間的・時間的なその外延は、明確な境をもっていないことが多い。

いずれにせよ、いわゆるゲマインシャフト的なものであれ、ゲゼルシャフト的なものであれ、個人の集合としての社会は、たとえ明確に有境の組織ではないとしても、個人をこえて、複数の人間によって文化が集合的に生きられる場を形成する。社会は人間の営みの総体としての文化の一部ではあるが、文化が現実に生きられる「場」であるという意味で、文化に対して、一種外在的な、特別の位置にあるといえるだろう。

その意味での「社会組織」を別にして、たとえば言語も、それが近代国民国家で制定された国語のように、制度化され規格化されて、学校教育で強制される場合を除けば、方言差として連続的な変化を示したり、多重化して用いられているのが常態で、明確な境界線を引くことはできない。ある長さの時間の面での変化も考慮に入れれば、「国語」でさえ、単一、有境のものとしては定めにくいだろう。文化を構成する定義のうち、とくに物質文化の領域で、たとえば住居の形態など、一つの時点をとれば、ある程度の地球上の分布を定めることが可能なものもある。だがそれも、時間の変化も含めて考えれば、その分布範囲は流動的だといわなければならない。ある個人についてみれば、彼または彼女が担っている文化を構成する要素のすべてが、同じ空間的広がりをもたないにせよ、彼または彼女個人の生き方のうちでは、それらの要素はある時点で統合されて生きられているとみるべきであろう。ただ、それらの要素の選択、従って個人のなかでの組み合わせは、時間とともに変わりうるものである。

しかし先にも述べたように、文化は個人をこえた事象として、個人に対する拘束力をもっている。そのような集合的な事象としての文化は、その文化を担って生きている複数の当事者の意識された表明においては、あるべきもの、つまり「規範」の束として、研究者の立場からは、観察された行動から帰納される「傾向性」としてとらえられるだろう。

研究者の立場からはさらに、そのようにしてえられた「傾向性」を、当事者の意識された表明である「規範」も参照して検討し、ほかの文化の「傾向性」および「規範」とも対比して、時間的にもある長さについて妥当性をもちうるような文化の「指向性《オリエンテーション》」を抽出することができるだろう。有境の実体としてとらえられない生き方の総体としての文化の、複数のものの比較が可能になるのは、各文化から抽出されたこのような「指向性」によってであるといえる。ただ、文化を構成する要素の個々のもの、とくに物質化されたものについては、住居、栽培植物、調味料、音具(楽器)などを多文化間で比較することは可能だが、しかしそれらのもつ空間上の広がりが、ほかの要素と必ずしも重ならないことは、のちに文化領域について述べるときにもみる通りである。

文化の概念をめぐるこのような基本的な検討のあとで、文化を地域との関連で、歴史の相で取り上げる際の問題点について考えてみよう。

四　地域による文化の単元化は可能か

文化圏・文化層・文化領域

文化人類学、およびそのような学問領域が成立していなかった段階での民族学において、文化の空間的広がりと時間的変動の関係は、さまざまな形で考えられてきた。私は研究上の原理という観点から、三つの方向に分けてみたい。第一は「文化圏」(Kulturkreis) ないし「文化層」(Kulturschicht) の考え方によるもの、第二は「文化領域」(culture area) という角度からのアプローチ、第三は文化を担う人間に視点をあわせた、「民族史」(ethno-history) の方法である。

文化圏ないし文化層の考え方は、二十世紀初めのドイツ・オーストリア学派の民族学者によって提示され、この概念に基づいて地球規模での壮大な文化史の仮説が展開された。レオ・フロベニウス、フリッツ・グレープナー、ヴィルヘルム・シュミット、ヴィルヘルム・コパース、ロベルト・ハイネ＝ゲルデルンらは、多かれ少なかれこのような方向で文化の歴史的研究を行なった。これらの研究者をひとくくりにするのは、ある意味では乱暴なのだが、しかし以下に述べる他の研究の潮流との対比でいえば、一つの方向を示すものとして大きくまとめることが許されるだろう。

この研究方法の特徴は、民族誌的資料から、文化のさまざまな要素が形づくる複合を想定し、その地理的な広がりを文化圏として設定し、多様な文化圏のあいだの相互交渉をとおして文化史を読み解こうとするものである。圏《クライス》といった場合には、文化の複合体としての時間的な持続とともに空間的な広がりの側面が注目されているのに対し、文化層というときの層《シヒト》では、むしろ同一の地理的空間内の、時間的な前後の重なり合いという、歴史の視点が強調されているといえよう。私が主な研究対象としてきたアフリカについては、この学派の最後の研究者ともいえるヘルマン・バウマンが、アフリカ文化全体を七つの「文化」(Kultur) の広がりと重なりあいとしてとらえ、その結果としてアフリカ大陸を二十七の地理的な文化の「地方」(Provinz) に分けている (Baumann, 1940)。この場合の「文化」には、むしろ歴史的な意味での「層」の性格が強いとみるべきであろう。

第二の、「文化領域《カルチャー・エリア》」の研究方法も、いま述べた文化圏・文化層と似ているが、歴史への対し方がより微視的であり、大規模な文化史を再構成する前提としての設定というより、むしろ共時的に文化の地理的分布を明らかにしようという意図に基づいている。元来、アメリカ合衆国で、北アメリカ先住民の民族誌標本を、ニューヨークの自然史博物館での展示のために地域別に整理分類する必要から、一九一〇年代にクラーク・ウィッスラーが試みたのが体系的な文化領域の設定の始まりとされている(Wissler, 1917)。

その後、アメリカ先住民文化に限らず、世界のほかの地域の文化についても同様の試みがなされた。アフリカについても、メルヴィル・ハースコヴィッツの、東アフリカ牛牧文化複合を中心とした、地中海岸を除く九つの文化領域の設定(Herskovits, 1924)がある(図1)。ハースコヴィッツは、彼の文化領域の考え方が、ドイツ・オーストリア学派の文化圏説と、二つの点で異なることを強調する。一つは、文化史学派のように、恣意的に選びとられた特徴から組み立てられた「文化複合」の起源と伝播を再構成するという意図をもつものではなく、文化の共時的で連続した地理上の分布を問題にするという点であり、もう一つは、文化特徴を相互に関連なく機械的に並べるのではなく、文化特徴のあいだの、心理的・物質的連関を、文化を担っている人間の側からみることである。しかし実際にここに記述されている文化領域の内容は、心理的・物質的関連を云々するにはあまりに粗略であり、また共時性の問題は、「民族誌上の現在」をいつに定めるかという、「共時的」に文化領域を設定しようとするとき常に生ずる困難を伴う。

事例に基づく文化領域の検討

とはいえ、ある地理的空間に、ある一連の特徴をもつ文化が広がり、ほかの特徴をもつ文化の広がりとのあいだに、空間の上で差異を示しているというのは、ある程度広く一つの地域を移動してみれば、誰しも気づくことだ。ではそのようにして感じとることのできる、文化の地域的な差異を、「文化領域」という形で設定できるであろうか。ここ

表1　10社会の文化諸要素

社会名	年降雨量 mm	主作物	言語	集落形態	住居				親族組織	政治組織	造形表象
					壁	屋根	平面	部屋			
①バンバラ（セグー）	400〜650	穀物	マンデ北	集村	日干し煉瓦	平	方形	複	父系	王	○
②ドゴン		〃	グル？	〃	〃	〃	〃	〃	〃	長老	○
③南部サモ		〃	マンデ東	〃	〃	〃	〃	〃	〃	〃	×
④北部モシ		〃	グル（オティ・ヴォルタ）	散村	日干し煉瓦・煉り土	円錐	円形	単	〃	王	△
⑤南部モシ	650〜1000	〃	〃	〃	煉り土	〃	〃	〃	〃	〃	×
⑥ビサ		〃	マンデ東	〃	〃	〃	〃	〃	〃	首長・王	×
⑦カセナ	1000〜1500	〃	グル	〃	〃	平	〃	〃	〃	首長	×
⑧ロビ		〃	〃	〃	〃	〃	方形	複	二重出自	長老	△
⑨ダゴンバ		根茎・穀物	グル（オティ・ヴォルタ）	〃	〃	円錐	円形	単	父系	王	×
⑩アシャンティ	1500〜2000	根茎	クヮ	集村	木舞	寄棟	方形	複	二重出自	〃	○

では文化の地域的な広がりと差異について、かなり詳細な資料の得られる、西アフリカと、日本を例にとって検討してみよう。

まず、西アフリカ内陸のサバンナから海岸の森林にかけて、東西六〇〇キロメートル、南北八〇〇キロメートルの空間に近接して見出される農耕社会で、自然条件も歴史的背景も、政治・社会組織も異なり、言語の系統の上からも、マンデ語系、グル語系、トゥイ語系という三系統が併存する、十社会を例にとってみる（図2・表1）。これら十社会の詳細な比較の結果はすでに述べたことがあるので（川田、一九八七）、ここでは本章と直接かかわるかぎりでの問題をいくつか指摘するのにとどめよう。

文化の諸要素のうち、自然条件と最も密接に結びついて、地域的特徴を示すと思われるものの一つに住居の形態がある。

まず住居についてみると、先にあげたバウマンが、アフリカの諸文化のうちの「古地中海文化」

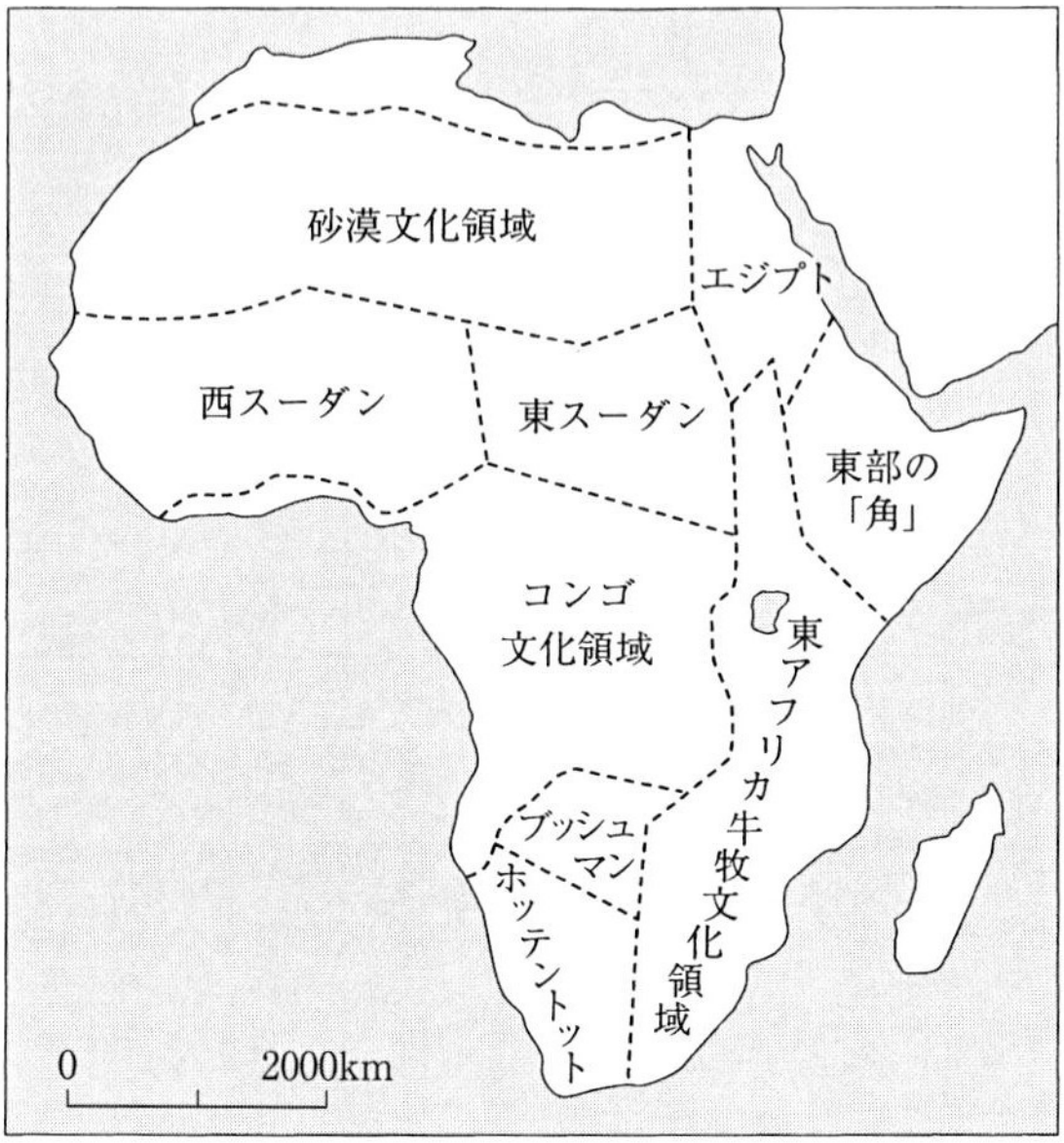

図1　アフリカの文化領域(M・ハースコヴィッツによる)

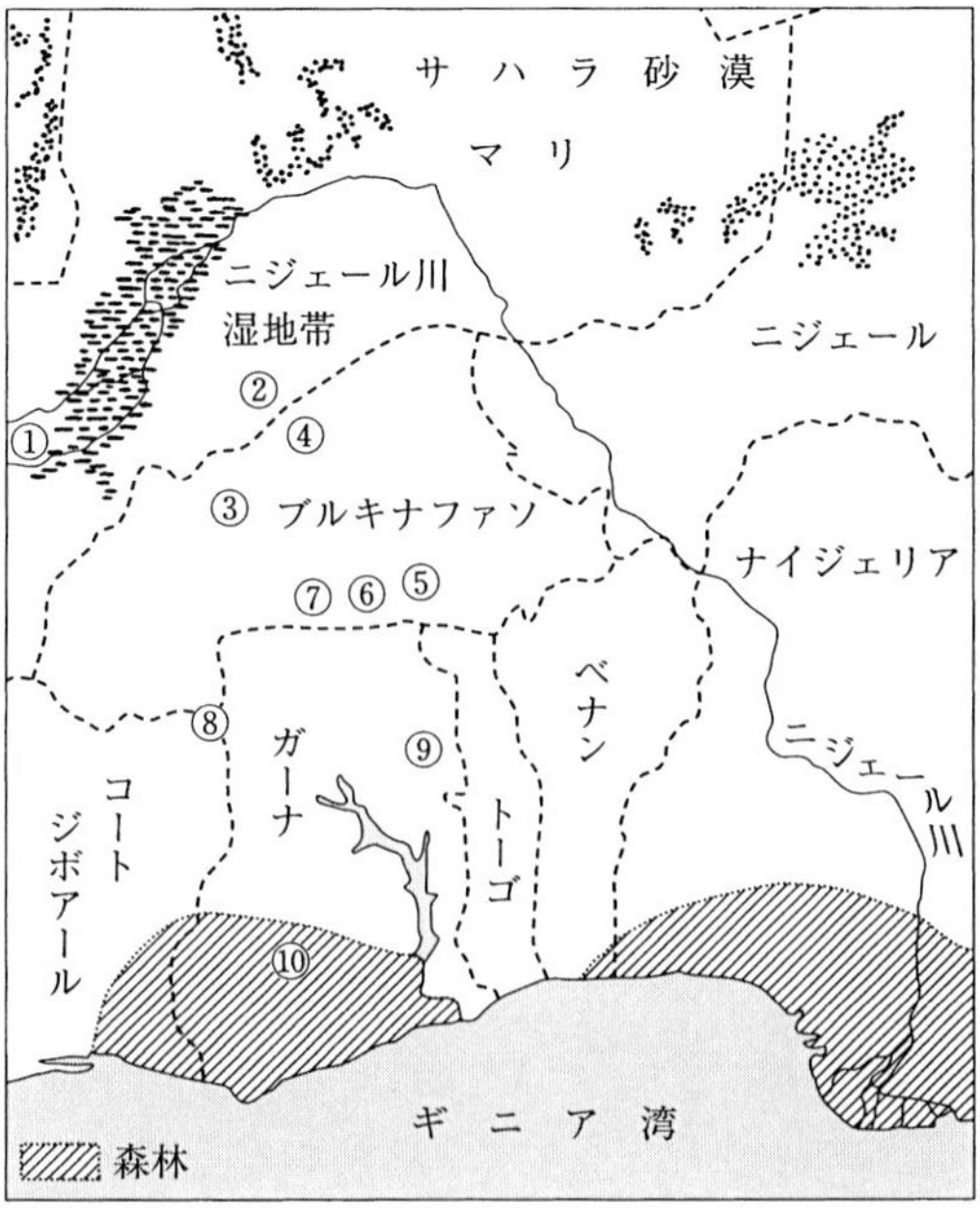

図2　西アフリカの一地域における10社会

①バンバラ(セグー)
②ドゴン
③南部サモ
④北部モシ
⑤南部モシ
⑥ビサ
⑦カセナ
⑧ロビ
⑨ダゴンバ
⑩アシャンティ

の特徴の一つとしている、「住居などにおける土の広汎な使用」という点では、これら十社会のすべてがこの特徴を共有しており、アフリカ中部や東部の、農耕民という点では共通するが、住居に土を用いる度合いがはるかに少ないほかの多くの社会とは、異なる特徴を示している。

しかし土の用い方を、(I)土だけで壁をつくるか、(II)椰子(アブラヤシ)の葉軸や竹などを組み合わせた骨材の上に土を塗りつけて壁をつくるか、というように、さらに分けて考えると、⑩のアシャンティだけが(II)を含むことになる(Iも同時に存在する)。だが(I)のなかにさらに、(i)煉り土を層にして一層ずつ乾かしながら積み上げてゆくか、(ii)日干し煉瓦を積んでその表面に粘土を塗るか、という規準を入れると、①～④の多くが(ii)に含まれ、ほかは⑩の一部も含めて(i)に分類される。また、(a)勾配のついた草葺き屋根か、(b)平屋根で上面が土で固められテラスになっているかで分ければ、④～⑥と⑨⑩が(a)に、ほかは(b)に分かれる。(a)をさらに、(a′)円錐形屋根か、(a″)寄棟屋根かで分けると、④～⑥と⑨が(a′)に、⑩が(a″)となる。しかし壁に囲まれた平面が(い)円形か、(ろ)方形かという分け方をすれば、今度は④～⑦と⑨が(い)で同じグループになり、ほかが(ろ)という分かれ方になる。(イ)一つの建物が一部屋か、(ロ)複数の部屋を含むかを基準にとっても、同じ分かれ方になる。つまりこの地域の社会に関するかぎり、右にあげた基準のうち二つの異なる基準で、地理的分布が一致するのは(い)―(イ)、(ろ)―(ロ)という、物理的必然にかなりの程度支配された結びつきのものだけということになる。

この検討から、二つのことがわかる。第一に、文化要素の共通性と差異をはかる規準も、そのうちのどのレベルで比較するかによって、該当する社会が異なってくるということである。第二に、住居は何よりもまず自然条件(素材も含む)や集落形態と結びついていると考えられるだろうが、同時に技術の伝播や、文化の「系譜」とでもいうべきものも、大きな決定要因になっていると考えられる。さらに住居の形態についてのこれらの異同を、表1によって、言語、親族組織、政治組織、造形表象の豊かさなどとも対比させてみると、文化の性格をあらわす基本になると思わ

図3 住居の形態

左上は枯草を混ぜた粘土を手で煉って，2,3層(高さ20cmくらい)ずつ積み上げ，乾かしてまた積んでゆく，表1の(I-i)の型．屋根は円錘形の草葺き(ビサ，南部モシ)．右上は基本的な技術の型としては(I-i)にはいるが，1層がかなり高く，厚い．天井は平らに木の幹をならべ，その上に土を盛ってテラスのある平屋根をつくる(ロビ)．左下は前もってユニット化されて量産された日干し煉瓦での壁つくり．1層が乾くのを待たなくても一挙に上まで壁がつくれる(I-ii)(北部モシ)．右下はアブラヤシの葉軸や竹を組み合わせた骨材に粘土をつめ，さらに上塗りをする(II)の型(写真はバウレの例だが，アシャンティと共通)．いずれも川田撮影．

れるこれらいくつかの要素についてさえ、十社会のうちに一致した重なりあい方、分かれ方を見出せないことがわかるのである。

日本列島の文化の地域差については、すでにおびただしい調査と研究が蓄積されている。また、日本に「文化領域」という概念をあてはめてその地域差を論じることにもっとも積極的だったのは、大林太良である(大林、一九九〇)。いまその詳細に立ち入る余裕はないが、基本的問題点として、次の点をあげられるのではないかと思う。

第一に、生態学的条件として、東日本の落葉広葉樹林帯と西日本の照葉樹林帯という大きな地域差があり、さらに、住居の形態などにみられる北日本と南日本、海上交通による文化の伝播交流への影響の大きい太平洋側と日本海側等々、取り上げる文化要素によって、地域差の分け方にはさまざまなものがありうる。そしてそれらのすべてが重なり合う形では一致しないことも、これまでの研究から明らかだ。大林も指摘するように(大林、一九九〇、六四—六五頁)、文化領域の区画は、一時代をとってみても一種類とは限らず、複数の区画が存在しうる。つまり、複数の要素からなる文化複合の、同質的な広がりをもつ地域を確定することはできないということである。

第二に、歴史的変化の問題がある。幸い日本に関しては、文化のかなり細かい要素についても、歴史的に遡って変化、伝播、影響などをたどることが可能だ。この意味で文化の共時的(地理的分布)と通時的(歴史的変化)双方のきめこまかな研究にとって、日本は世界でも稀な特権的地域であるといってもいいだろう。

その利点から逆に、文化領域を考えるにあたって、歴史的要因を考慮することがいかに大切かが、日本の事例から明らかにされるのである。住居の形態にしても、北日本にかつて地床式が多かったといっても、近世以後は大部分高床式に変わった。真言、天台両宗の分布などについても、一回性の出来事を重視する伝統的歴史学による解釈が大きな意味をもつだろう。東西日本文化の発信の強力な中心として、江戸＝東京、大坂＝大阪が重要な役割をはたしたことは否定できないが、この二つの都市の政治・経済における役割は、いうまでもなく近世以後のものである、等々。

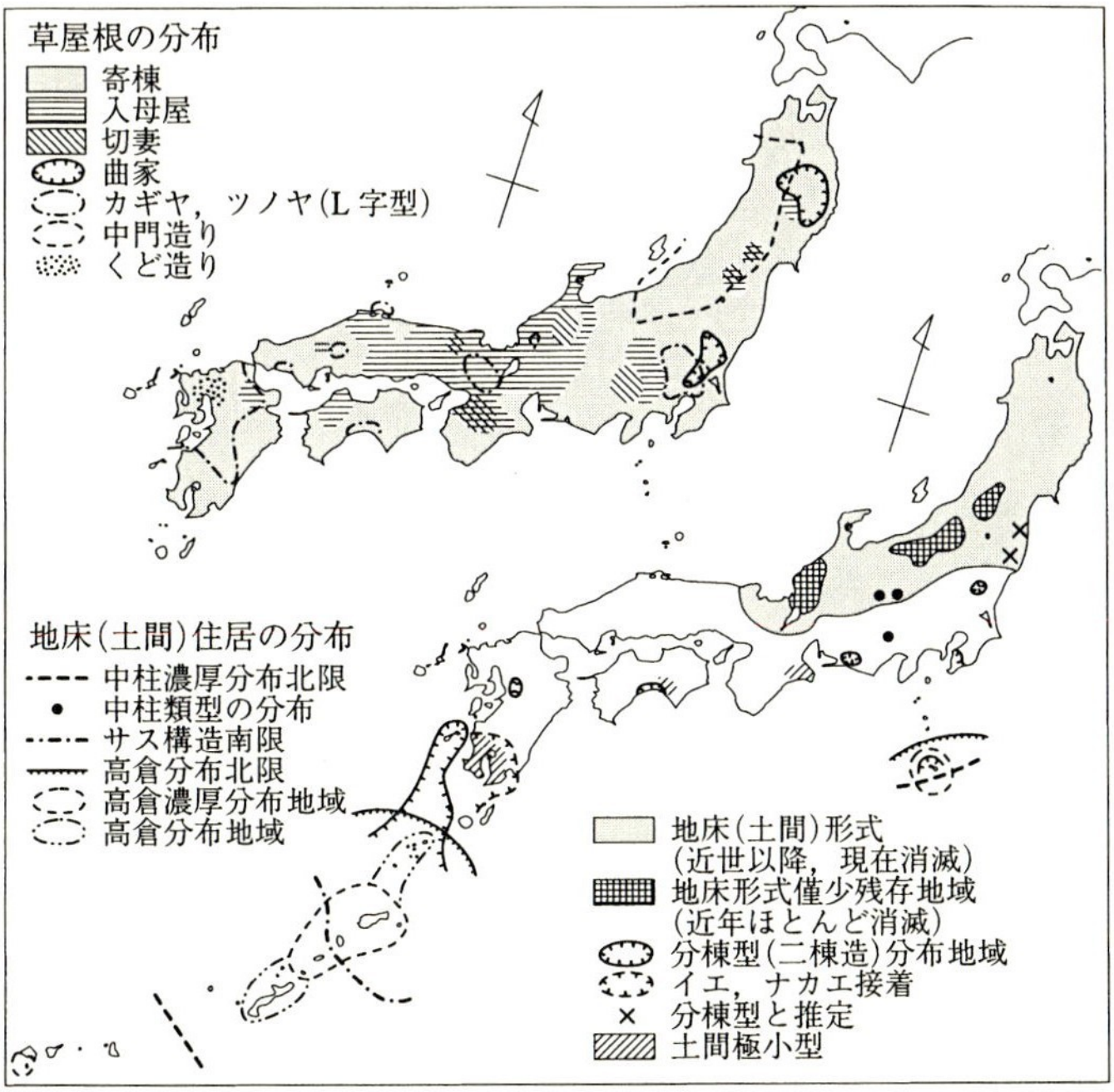

図 4　草屋根と地床(土間)住居の分布．杉本尚次(1977：58, 147)による．

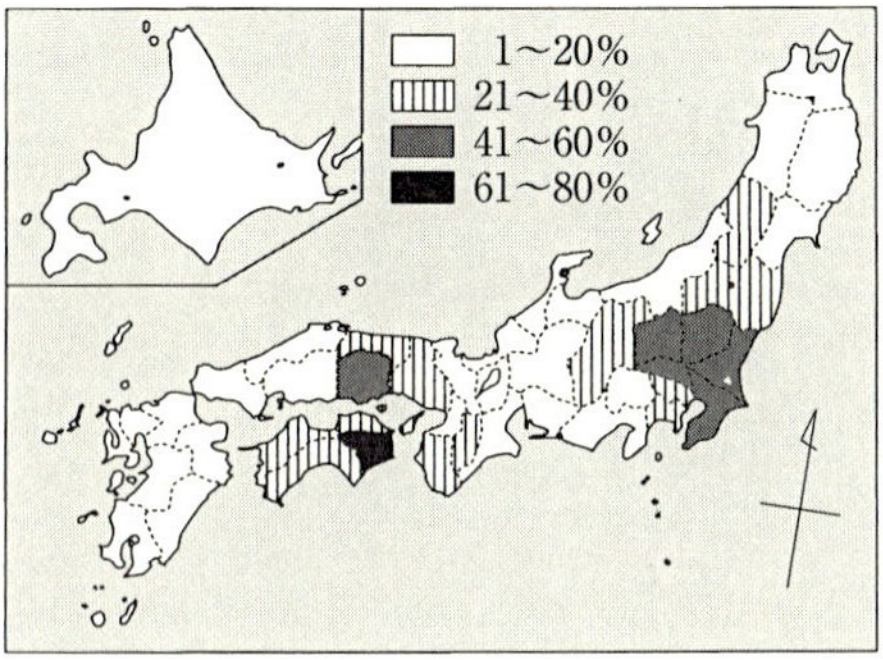

図 6　真言・天台両宗の分布．池上広正他(1963：63-66)による．

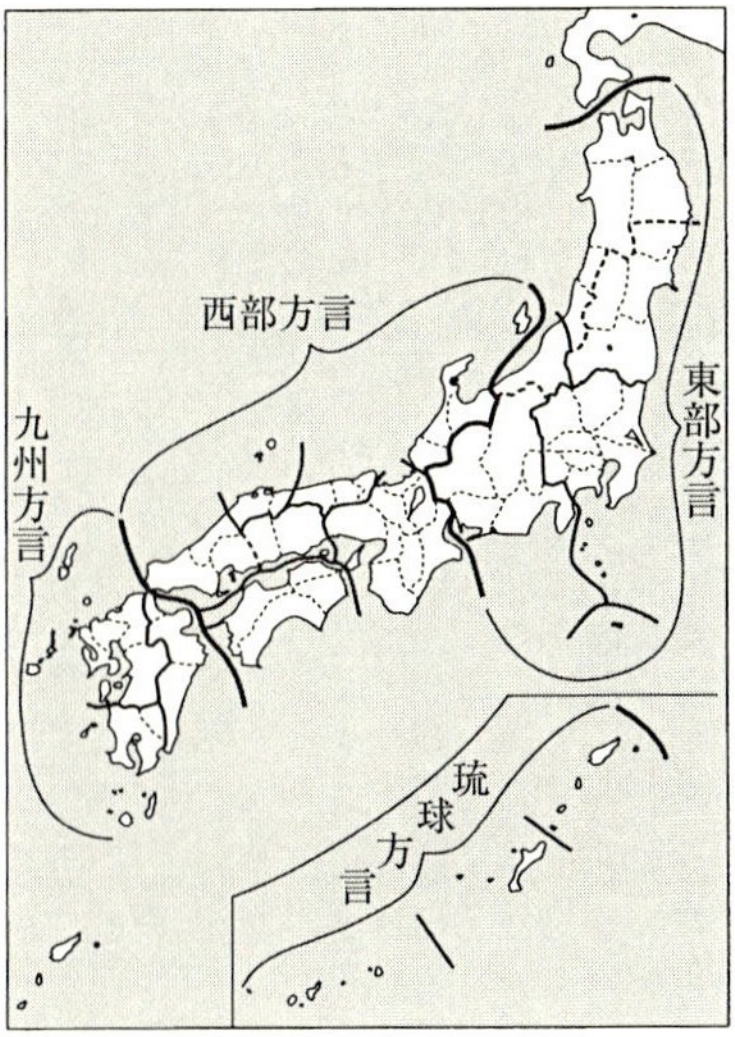

図 5　東条操の方言区画．徳川宗賢(1981：142)による．

ただ、取り上げる文化要素と時代によってさまざまな線引きが可能な「文化領域」を、仮説的に想定し、操作することを通して、文化要素のある種のもののあいだに、より強い結びつきの可能性があるか、かりに文化複合としてある地域的枠組みが形成された場合、その枠組みは、以後外からの文化要素の受容に対して選択的な力を及ぼすのかなどは、文化と地域の関係を歴史の相で考える場合の基本的問題であり、日本の事例はこの問題を解明する上での多くの示唆を含んでいるといえる。

「文化領域」が提起するもの

いま西アフリカと日本の事例についてみてきたことからも、「文化領域」という考え方が含む問題点とともに、それが今後の研究に対して提起するものを把握できる。

統合された文化が、時代による変化をこえて、同質的に一定の地域に広がっているという前提で、そのような地域を単位として「文化領域」を設定することは、事例に即して検討してみても不可能だ。文化領域の概念の最大の難点は、それが基本的に文化の共時的把握の上に成り立っているところにある。つまり、文化のさまざまな要素の地理上の分布が、いつの時代のことなのかを検証してゆくと、地域によってずれが生じて、同質の要素の空間的広がりとしての「文化領域」が、単一の要素についても成り立たなくなることが多いからだ。多くの要素の複合については、なおのことである。

だが、そのことも考慮に入れ、固定された図式としてではなく、文化のさまざまな側面が、ある自然条件をもった地域的広がりのなかで、人々によって生きられ、変えられ、運ばれる動態をみる上の作業仮説としてなら、領域という角度から文化の地理上の分布をみるこの考え方は、意味をもちうるだろう。

元来が博物館の標本整理の必要から生まれた「文化領域」の発想には、とかく人間不在のきらいがあった。しかしその一方では、モノに即して、自然条件や接触・伝播・移動の条件のなかで、具体的に文化のあり方をとらえるという長所ももっている。文化の一線的な進化主義や、観念的な文化圏説に対する批判という点で、学説史上の意味をもちえたのもそのためだったし、その後の、地域による生態学的条件の多様性を重視した、文化の多系的進化説（ジュリアン・スチュワード等）へとつながる面も具えていたといえる。

文化を空間的広がりの観点からとらえるにせよ、文化は要素の分布地図のなかの点や色分けとしてあるのではなく、人間によって、ある特定の歴史的条件のなかで生きられてきたものだということが軽視されてはならない。文化を担って生きる複数の人間を、地域との関係で取り上げるとき、「民族」の問題をよけてとおることはできない。歴史研究にとっての意味という面から、民族について考えてみよう。

五　民族と地域・歴史

民族史の方法

これまでにみてきた文化圏・文化層、および文化領域の方法が、ある観点から設定された文化の空間的広がりの、時間の側面での変動をみる上で欠陥を示すのに対して、時間の面から空間的広がりをとらえてゆこうとする立場に、文化を担う主体である人間の集合に焦点を合わせた見方がありうるだろう。

民族史とでも名づけるべきこの領域は、文化人類学で広く用いられるようになった「エスノヒストリー」という、本来それにふさわしい名称をあてはめると、あまり多様なものを含みすぎて、かえって核心が見失われるおそれがある。事実、第二次世界大戦直後にアメリカ合衆国で起こった、先住民の損害補償の訴訟で、先住民の要求を、地方文書などの文書記録によって裏づけるという実践的な要請から始まった、一種の地方史、ないしはマイクロヒストリー

（微視的歴史）の研究を指して、はじめ「エスノヒストリー」という語が用いられた。そして同名の機関誌も発行されて、文化人類学研究の一分野として市民権を得るようになった。

この種の研究の意義は中南米についても認められるようになり、多くの研究がなされたが、アメリカ大陸ではこれは基本的に、十六世紀以後の征服者側が残した文字史料に依拠して行なわれてきた。文字史料といっても、公式的なクロニスタの記録だけに頼らず、地方文書を発掘・活用して、従来とは異なる先住民社会の構造や論理を明らかにするのに貢献したといえる（増田他、一九七五）。

これに対して、一九六〇年代から盛んになったサハラ以南アフリカでの、口頭伝承を主な資料とする民族史研究では、民族的な集団の歴史、ないしはそれと密接に関連した集権的政治組織の歴史の復元と研究が中心となった。口頭伝承のほか、ヨーロッパ人やアラブ人の残した文字記録、遺跡、遺物をはじめ、住居や日用の道具、栽培植物の伝播や導入の過程、絶対年代の指標としての日蝕（口承史に語られている日蝕との対応）など、役立つ限りのものが、補助資料として動員される。そして最も重要なことは、異なる地方に独立に伝えられている、しかし内容としては関連する口頭伝承の比較検討による、伝承内容の相互チェックだ。

サハラ以南アフリカでの民族史の研究が、一九六〇年代から盛んになったのは、十九世紀末以来西欧列強に植民地分割され、文字も従って歴史もない「暗黒大陸」とみなされていたアフリカの大部分が、この時期に大挙して植民地から独立して、見られてだけいた存在から歴史に参加する主体となったという状況が、大きく影響していたと思われる。

中部アフリカ諸王国の歴史を、口頭伝承や過去の日蝕の年代などを基に再編成した、ベルギー出身のヤン・ファンシナは、『口頭伝承について――歴史的方法の試み』や「アフリカにおけるエスノヒストリー」などの著作によって、アフリカのエスノヒストリー研究に先駆的役割を果した（Vansina, 1961, 1962a, b, c）。

東アフリカでは、ケニヤのベスウェル・オゴトが、彼自身その出身であるルオ族の文字通りの民族史を、口頭伝承に基づいて再編成している(Ogot, 1967)。オゴトは、口頭伝承による歴史も文字史料による歴史と同等の資格で「歴史」であるとの立場に立っており、エスノヒストリーとして「エスノ」をつけて別扱いすることにたいしては否定的だ(「エスノミュジコロジー「民族音楽学」という名称についても、私も含めて否定的な意見がある)。

西アフリカについては、私も一九六〇年代に旧モシ王国(当時のオートボルタ、一九八四年以後ブルキナファソ)の南部の諸王朝の生成、発展を口頭伝承の採録と比較検討に基づいて研究し、一九七一年パリ第五大学に博士論文として提出した(Kawada, 1979[1971], 2002, そのとくに方法論に関する部分を日本語で書き直したのが、川田、一九九一[一九七六])。ほかに、主要な歴史伝承を異伝も含めてモシ語で資料化し、フランス語訳と詳細な注をつけたもの(Kawada, 1985, 川田、一九九九[一九九二]、Kawada, 2000)、関連する歴史伝承を王の儀礼をもとに詳細に比較検討したもの、歴史伝承を〝語る〟正本である太鼓ことばの分析(川田他、一九九六a)、歴史伝承における言語表現の時制《テンス》と相《アスペクト》の分析(川田、一九九九[一九九五])、過去へ投影された想像力としての歴史意識の分析(川田、一九九二、Kawada, 1993)、西アフリカの歴史伝承の二類型の対比および歴史意識とエクリチュールの関係(川田、一九九二[一九九〇]、Kawada, 2001, 2004)等々。また、無文字社会における歴史表象として、口頭伝承以外の重要な媒体である図像も、口頭伝承と対比させて、その資料としての性質が問われなければならない(川田、一九九五b)。

旧モシ王国についての私の研究をやや詳しくあげたのは、無文字社会の民族史研究において、口頭伝承の原語によるテキスト化と注釈、伝承の言語の形式と語法の分析、口頭伝承以外の図像を媒体とする歴史表象も視野に含めた考察、対象社会の歴史意識のあり方の検討などが不可欠の作業であり、それらすべてをカバーした民族史の研究例はほかに思い当らなかったからである。従来の西洋史、東洋史の歴史観以外の、それらの史学の視野の外にあった世界の広大な地域の無文字社会の、それぞれの歴史観、歴史意識、そしてその表現としての歴史伝承の形式や語法を明らか、にすることは、本来の意味での「民族史」――エスノサイエンス（民族科学）、エスノミュジコロジー（民族音楽学）などにおける、視座の多元性をあらわす意味での「エスノ」という語のつき方と同様の「エスノヒストリー」――にとって、初次的な重要性をもっている。

　そのような多元化を、西洋史、東洋史もそれぞれ西洋、東洋の「エスノヒストリー」として、十分な比較の視野で行なったあとではじめて、それらを位置づける共通の場として、「エスノ」との関連を英語であらわすとすれば、単数形大文字の「ヒストリー」あるいは定冠詞つきの「ザ・ヒストリー」が可能になるといえるだろう。ただその前段階として、多数の「民族史《エスノヒストリー》」を成り立たせている歴史観の予備的な整理が、類型化、理念型化などのかたちでなされることが必要であり、しかしそのためにはまず、多くの質の高い「民族史」が提示される必要がある。

歴史研究の単位としての「民族」

　とはいえ、文化を担う主体の側からする、歴史研究のあり方として、いまみてきたような狭義の「民族史」も、大きな難点を含んでいる。

　第一は歴史意識にかかわる問題である。集団の離合集散が激しく移動性も大きい狩猟採集民や、単系血縁集団が同時に政治領域の最大の単位でもあるような環節的社会《セグメンタリー・ソサエティ》では、一般に過去の意識化が弱く、歴史伝承も散漫であるのに対して、王国のように集権化された政治組織をもつ社会では、権力者が歴史伝承によって王朝の由緒正しさを示し、支配を正当化するために「歴史を必要としている」。そのような社会では、様式化された王朝史などの「公式の」歴史伝承が王朝付の特定の家系の語り部・楽師によって伝えられ、王の儀礼の場で朗誦されたりするので、批判的検討は必要であるにせよ、基礎となるべき資料が形をなしていることが多い。アフリカで顕著な発達をみた王国の歴史についての研究が、無文字社会のエスノヒストリー研究の初期段階で大きな意味をもったのも、そのような対象の性格によるところが大きいといえる。

したがって、口頭伝承としても、そのような「形をなした」歴史資料は、とくに集権的政治組織の支配者の系譜とでもいうべき「王朝」の歴史ではあっても、被支配民が大部分を占める「民族」の歴史ではない。また、ルオのように、小規模な非集権的社会組織しかもたなかった民族の、口頭伝承を丹念に採録し、分析したとしても、その結果明らかになるのは、「民族」の移住史に類するものである。この種の歴史は、単一の民族の歴史よりは、ある範囲の「地域」で互いに関連をもった複数の民族の歴史を、同一の方法で研究し、比較検討することで、より大きな意味をもつだろう。

結局、「歴史」研究にわれわれは何を求めようとしているのかが、このような民族史復元の作業を通して、極限的な形で問われているともいえる。そこでは、歴史の研究対象自体がどのような形でそれなりの意識化された歴史をもっているか、つまり対象とされる社会の「歴史への意志」のあり方と、研究する側の「歴史研究の意図」との相互交渉が、原初的な裸の姿で問題になるのだが、それは伝統的な歴史学でも、意識されるにせよされないにせよ、「歴史」と「歴史学」の関係として問われていたはずのものである。

「民族史」をめぐる第二の問題点は、「民族」というものが、実体をもつ集団として存在するのか、それは歴史を担う単位として想定できるのかということに関わっている。それは「民族」、とくに歴史の相、つまり時間的な変動の側面でみた場合の「民族」のとらえ方の問題でもある。

さきに民族史の例にあげた、旧モシ王国についてみよう。モシ王国という呼び方は、モシ族の王国という意味で、モシ族を植民地化したフランス人がつけた名称で、土地のことば(モシ語)にはない。封建制の成立しなかった世界の大部分の社会で、近代国家の形成まで「領域支配」の観念は稀薄であったから、王国という名称も厳密には適切でなく、権力構造は何層にもなった人による人の支配の上に成り立っていたとみるべきである。王は「テンコドゴの王《ナーバ》」

のように、王の居地の名に、支配者を下位の首長までを含めて一般的にさす「ナーバ」という語をつけて呼ばれていた。

「モシ」(フランス植民者のあやまった聞き取りから「モシ」Mosi, Mossi という呼称が定着して広く用いられるようになったが、当の「モシ」の人々が用いている、「モーセ」複数は *moose* 単数は *moaaga*)という、「原野に住む人たち」とでもいうべき語源の、南のマンプルグ地方(現在のガーナ北部)の住民からの他称に由来する名称は、マンプルグから北上した騎馬の戦士たちが、おそらく十五世紀頃から北方の先住農耕民ニョニョンシとの通婚を繰り返すうちに形成された人たちを指すことになる。それも「原野の首長」を意味するマンプルグの人たちからの呼称「モーゴ・ナーバ」という首長の称号がもとになってできたことばだ(中部モシの最高首長は、いまでも「モーゴ・ナーバ」という称号をおびている)。したがって現地概念でも、モシ(モーセ)という「民族名」は、支配者の称号がもとになって、つまりその称号をもつ首長の支配下にいる人たちという意味で使われるようになったことがわかる。

さらにその「モーセ」の実態を、そのなかに入って見ると、南から来た人々のうち首長と父系で連なるとされている人々は支配権を意味する「ナーム」という語に由来する「ナコムシ」という名で、そうでない人たちは「タルシ」(平民)と呼ばれる。外来の彼らが支配した先住の農耕民は「ニョニョンシ」、北方から来て農耕もするが交易、機織などを生業とする者が多い人々は「ヤルシ」と呼ばれている。これらの人々は何百年にもわたって通婚を繰り返してきたので、血の上では完全に混り合ってしまっている。ただ、彼らは原則として父系によって継承される称賛名「ソンドレ」で識別され、俗的権力者「ナーバ」と、地霊の祭祀を司る聖的長老「テン・ソバ」とは、それぞれナコムシとニョニョンシの出自をもつ者が務めるという職能上の区別はある。

ニョニョンシやヤルシが、モーセに含まれるかどうかは、そのとき対比されるほかの集団との関係で変わる。ヤードシ(北方のヤードテンガ王朝の勢力下にいる人たち)、サレムシ(南の人たち)、ヤーンシ(東の人たち)などの地方的区分による住民の呼び方も日常生活ではよく用いられている。他方、南部のモーセの首長の支配下の先住民は、ニョニョンシではなく、言語の上でも全く系統の違うビサと呼ばれる人たちだった。しかし彼らのうちにはソンドレもモーセのものを名乗ってビサから「モーセになった」人も多い。言語の面でもモシ語が優勢だがビサ語との二重使用も日常的にひろく行なわれている。

このようにみてくると、元来が政治的支配に由来する他称であるモシ、あるいはモーセという名称は、人間のアイデンティティの「しるしづけ」として、きわめて状況的・相対的にしかあてはめられないことがわかる。空間的な広がりにおいても境は明確でなく、社会内部でのアイデンティティとしても重層的で、やはり自分あるいは他人を位置づけるときの状況によって、これまでにあげたさまざまなカテゴリーへの分け方が違ってくる。モーゴ・ナーバの支配が強力だったから、そして戦乱・動乱の多かった時代に強大な軍事力をもった首長の庇護下にはいることが必要だったから、先住民の「モーセ」への帰属は頻繁に起こっても、その逆は起こりにくかったといえるだろう。

集権的な政治組織をもたなかった前述のルオの場合も、元来ナイル系の言語・文化をもった人々が、系統の異なるケニヤ、タンザニア西部のバントゥ系の住民のなかへ、おそらく十六、七世紀に、はじめは小親族集団ごとに西から進出し、定着して「ルオ」というアイデンティティが生まれた。その過程で、周囲のバントゥ系の人々も同化して、ルオと呼ばれる人口が増加したのである。

地域のなかでの民族

「民族」が集団として、空間的にも時間的にも範囲を確定できない、状況的・重層的なものであることは、いま例をみたアフリカに限らない。ヨーロッパなどでは、国家としての国境と国民が定められる以前の、住民の文化的アイデンティティのあり方は、アフリカに劣らず多元的・多重的だったし、島国で、「単一民族国家」などという幻想が抱かれたりもする日本でさえ、では私たちは言語・文化集団として何民族かと問われれば、答えは少しも分りきったものではない。古代ヤポネシアで勢力を確立したヤマト朝廷の支配下におかれた人々がヤマト民族を形成したとすれば、モーゴ・ナーバの支配下にモーセと呼ばれる人々が形づくられていったのと、王権のもとでの「民族」形成という点で経過は似ている。

ヤマト朝廷が東北の蝦夷《えみし》や南九州の熊襲《くまそ》を服従させ、ヤマト朝廷の子孫がさらに北と南へ進出してアイヌ社会や琉球王国を併合して、明治日本が生まれた。だが、その琉球王国も単一文化を担う人々からなっていたのではないように、琉球からみてヤマトと総称される土地の人々も単一ではないことは、日本列島の住民の起源、文化の地域差について蓄積された多くの研究、とくに最近の、大陸北方から日本列島北部への影響を論じた新資料に基づく研究からも明らかだ。

大切なのは、民族というものを同質の文化を担う有境の人間集団として、歴史をこえて連続する固定した単位とみなす虚妄を捨てることであろう。しかしそのことは、「民族史」のように、民族を一つの標識として、生きた具体的な人間の集合の側から歴史を考えることの意義を否定するものではない。自己中心的、とくにいわゆる西洋史、東洋史中心でない多元的な歴史観の探索も、良質の民族史の積み重ねから可能になるだろう。

民族を、固定した人間集団とみなさないとすれば、今後の民族史研究にとって必要なのは、有意の範囲の地域における、複数の民族史相互の動態的な関係を明らかにしてゆくことであろう。その場合の「地域」は、すでにこれまでに述べたことから明らかなように、文化の同質性を想定して描かれた「文化領域」ではない。あくまで、異質なものが歴史の相においてダイナミックに交渉する場としての地域である。

異質なものの交渉の場としての地域

従来の文化研究では、民族学、文化人類学において、民族的集団(部族と呼ばれてきたものも含めて)を調査研究と記述の単位として、何々族の宗教とか、何々族の親族組織というように、その集団の文化の同質性を前提としたものが多かった。民俗学研究における、何々村の産育慣行といった研究も同様である。調査方法においても、その集団の「仕来り」に通じた故老など、「キー・インフォーマント」(鍵になる情報提供者)からの聴き取りが、やや安易にその集団や村について一般化される。そこでは文化における個人の役割が、文化の拘束性や規範から逸脱し、文化の構造性を壊して新しい要素を取り込んでゆく動態の側面が、軽視されがちだ。

最近の現地調査では、そうでないものが多くなっているが、それは人、物、情報の移動と交流が地球大で激しくなっている現代では、動態的視野に立たないかぎり、調査は現実に不可能だからでもある。しかし、度合いを増して現代に起こっていることは、過去のどのような時代と地域にも起こっていたはずである。世界のどのような地域、どのような時代の遺跡の発掘調査でも、異なる地域、異なる社会のあいだに人、物、情報の交流があったことを示す証拠が見出される。異質なものが交流する場としての地域(海域も含む)には、そこに生き、「地域を地域たらしめている」主体である人々の立場からの設定と、研究者としての問題意識による設定とがありうるだろう。研究者による設定が、地域に生きる人々にとっての設定と、どのように関わりうるかは、以下の集合的記憶の場としての地域という観点から改めて取り上げる。ここでは、地域設定の基本的な規準として、生態学的条件、広義の宗教や価値観を含む「掟」(場合によって政治的統合)、言語・文化の系統、おもな生業活動などをあげておこう。その組み合わせとして、(1)異なる生態系を含み、共通の掟をもたない、生業の異なる複数の人間集合が相互に交渉する地域、(2)共通の掟(場合により、同一の政治的統合)のなかで、異なる生態系に属し、生業も、言語・文化の系統も異なる複数の人間集合が、基本的に共通の掟に従って相互に交渉する地域、(3)共通の生態系のなかで、異なる系統の言語・文化をもつ、生業の異なる複数の人間集合が、基本的に共通の掟に従って相互に交渉する地域、(4)同一の生態的条件で、基本的には共通の言語・文化をもち、同一の社会組織を構成している、生業は同じか、同種でも内容に差異のある複数の人々が相互に交渉する地域、などの区分を立ててみることができるだろう。

(1)(2)(3)については説明を要しないであろうが、(4)に含まれるものとして、従来いわゆるコミュニティ・スタディの対象とされていた、一人の研究者が長期の住込み調査でカバーできるような狭い地域も、私はこれまでに述べてきたことの帰結として、あえて「地域」という概念で取り上げ直すべきではないかと考えている。それは、従来の研究方法での、何々族、あるいは何々村の社会と文化といった研究で同質的とみなされやすい文化のなかに、非同質的な要素や、差異化や変動の因子を明らかにしてゆくために、「族」「村」とせず、異質な文化を担っていることを前提とした個人が交渉する場である空間としての「地域」——たとえどれほど狭かろうと——から文化の問題を探索すべきだと思うからである。それは、私自身の経験でいえば、これまで長い年月調査してきた、南部モシ社会の町と村であり、現在も研究を続けている、東京下町の一つの街区である。後者については、社会学などでいうネットワーク論さえも成り立たないほど不定形な人間関係が、それでもそれなりにある個性をもった「地域のエートス」を、動態のうちに成り立たせている。

六　集合的記憶の場としての地域

時間の相での集合的記憶

地域のうちに時間とともに醸成される地域の個性とでもいうべきもの、それを私はかつて「地域のエートス」と呼んだことがある(川田、一九八九)。そのことは、地域を文化の同質性によって一色に塗り、固定化してとらえることを意味しない。その土地に身を置いて生きる者が、過去にそこに生きた者たちと共につくる集合的記憶との交渉のうちに、必ずしも一律にではなく、個人によって異なるやり方と強度で喚起されるもの、人が生きる場としての地面の内から突き上げてくるような力であり、「土地のエコー」と呼んでもいいかもしれない(川田、一九九三)。そこには建築論で近年、空間に代わる場所の考え方との関連でよくとりあげられる、「ゲニウス・ロキ」(地霊)の観念に通じるものもあるかもしれない(ノルベルク＝シュルツ、一九九四、鈴木、一九九八[一九九〇]、前川他、一九九八、福井他、二〇〇〇、等)。

私はその力を、古代のローマ人の信仰になぞらえて、個々の土地に固有の精霊(ゲニウス)として神秘化したいとは思わない。かといって、地域が育むエートスを自然・社会的立地条件や歴史的要因から、人文地理学的に(西村、一九九六)あるいは自然環境と社会・文化的環境の相互作用として(福井、二〇〇〇)、つまりより合理的に、その成り立ちを解明して終わることにも、物足りなさを覚える。それは、ある土地に身を置く人間ひとりひとりの心の呼びかけに感応して、その個人に働きかけてくる、まさしく「場」としてのその土地に、その人が身を置くことで受ける力なのであり、その力の働きかけを受けた個人が、その力によって自分自身のうちに力や霊感(インスピレーション)を新たに得るようなものである。

例えばそれは、ある領域の仕事の優れた先人の思い出が集積されている土地に、その領域の仕事を志す修行中の者が身を置いて感じる戦慄でもありうる。哲学を学ぶ者がヨーロッパの古い大学で、そこでかつて講義をした大思想家の名が冠せられた教室で講義を受けたり、自身講義を行なったりするとき、あるいは音楽を志す者がウィーン楽友協会のブラームス・ザール(ハンブルク生まれのブラームス自身、多くの先人の音楽的創造の記憶が蓄積されたウィーンで、土地のエコーを受けながら作曲活動を行なったのだが)で、演奏を聴いたり演奏したりするとき、体内に走る感動である。陶土としての土の個性そのものを通じて土地と結びあわされ、それぞれの土地の名が付着している、日本各地の陶芸の窯元の何代目かを襲名した若い当主が、伝来の名を継ぐことによって担う誇りと責任感も、そのようなものといえるであろう。

日本社会はとくに、「イエ」を始め「場」の意味を重視するが、農家や商家の家督相続と結びついた襲名の制度は、代々受け継がれる「名という場」を媒介として、必ずしも血縁関係にはない同じ領域の先行者たちと、しばしばきわめて長い時間の次元での集合的記憶を、いわば実存的に共有することを可能にする。歌舞伎役者などの伝統芸に携わる者が、由緒のある重い名跡を襲って芸の格が上がるというのはよくあることだが、先代あるいは代々のその名の役者の芸風を継承しながら、名を汚さないよう精進を重ねて自分なりの独創を付け加えてゆく自覚と意欲は、「名という場」に身を置き、「場のエコー」を身にうけて先行者たちと対話する行為から生まれてくるのであろう。

熱帯アフリカの社会で、村の儀礼に出て穢れを浄めたりするために踊る木彫りの仮面は、ある期間用いられた後、祀り捨てられては新しく彫り直されるということを繰り返しながら、ある様式を獲得する。先行する仮面の様式を継承しながら(その様式を守らなければ、その仮面は村の儀礼で役割を果たしえないだろうから)、しかし様式としての一定の特徴は具えていても、複数の彫り手の作る仮面には、「力のある」仮面とそうでない仮面があり、村の長老は「力のある」仮面を彫りうる者に、新しい仮面の制作を依頼する。そこでも仮面の彫り手は、「ある様式をもった仮面という場」を媒介として、先行した多くの彫り手たちと、時間の次元で感応しあい、共同制作をしているといえるのである(川田、一九九五[一九九三]、二〇八―二一九頁)。ここでの、ある様式をもった仮面は、日本の襲名における名と同じ、時間の次元での集合的記憶の「場」としての意味をもっているといえるであろう。

場のエコー

いま述べてきたような力を、私は、ある土地に固有のものとして内在する精霊(ゲニウス)ではなく、場としてのその土地に身を置く者ひとりひとりの発する声に呼応して返ってくる、その土地の集合的記憶の声という意味で、「土地のエコー」、ないしは、より一般的に「場のエコー」と呼びたいと思う。そうした「場のエコー」によってしるしづけられ、個性あるエートスを帯びた「地域」は、一般的互換性をもつ「空間」ではありえない。集合的な文化の拘束力で単色に塗られた空間の広がりでもない。地域は、「場のエコー」を内在させながら、共時的な意味でも、通時的にも、異質な要素相互の対話・交渉の集積の場として、そこに生成されては変貌する文化を支えているのである。

そのような意味での「地域」にとって、土着の者と新来のよそ者との区別は絶対的なものではありえないだろう。よそ者であっても、新しい異質な要素の保持者として、場のエコーに感応しつつ、地域にすでにある要素との対話・交渉に加わることができるのだから。

例えば、私が三十数年来、研究の上で直接関わってきた「地域」で最大のものである、西アフリカ内陸の、ニジェール川が北に向かって大きな弧を描いて、サハラ砂漠南縁に張り出している地域のことを考えてみる。通常ニジェール川大湾曲部と呼ばれるこの地域は、砂漠を越えるラクダのキャラバンによって地中海の北アフリカと交渉をもち、ニジェール川の内陸デルタがつくる水の世界と、サバンナと、さらにその南に広がる熱帯多雨林の世界という、四つの異なる生態系を結んでいる。古来興亡をくりかえしてきた、ガーナ、マリ、ソンガイなど、いくつかの大帝国の仮りそめの支配を、ときに受けたことはあっても、それ以外「共通の掟」をもつこともなく、イスラーム化も一様ではなく、多様な集団が、生業も生活習俗も言語や信仰も異なるまま、交渉しあいながら共生してきた地域だ。

それ自体が政治的中心となることはなく、したがって政治の変動をこえて、この地域の広汎な交渉と共生の要《かなめ》となってきた交易・宗教都市トンブクトゥで、十四世紀以来崩壊、再建、補修をくりかえして遺存してきたとされる、日干し煉瓦づくりのジンガリベル(大回教寺院)の前に佇んで、砂地を大きく擂り鉢形に掘った底で得た僅かな水を、一人の男が石油缶で斜面の野菜畑に撒いているのを眺めていると、千年以上前、砂漠の遊牧民トゥアレグの宿営地だった時代の、水飲み場に群がるラクダのいななきが、私には聞こえてくる。次の瞬間には、十四世紀初め、最盛期のマリ帝国の王マンサ・ムーサーがメッカ巡礼から連れ帰ったといわれる、アラブの建築家で詩人のアブー・イシャーク・エス・サヘリの指揮で、何百人もの男たちが泥まみれになって粘土を捏ね、木枠に入れて日干煉瓦を作り、この大寺院を築いている光景が現出する。かと思うと、トンブクトゥの栄光の最後の時代に、モロッコ、エジプトまで令名の高かったイスラーム学者アハマード・バーバーが、厳しい面相で数珠をつまぐりながら、しきりに何か私に語りかけてくる声も聞こえる。

十六世紀末、サード朝モロッコの鉄砲を装備した精鋭部隊のけたたましい侵入、十九世紀初め、シェイク・アマドゥのジハードが荒れすさぶ市街。自己顕示欲の塊りのようなイギリス軍人ゴードン・レイングが、サハラ砂漠で夜営中トゥアレグに襲われ、頭に刀傷を負い、片腕を折られながら、ヨーロッパ人として初めてこの伝説化された「黄金の都」に到達する。が、折からのトゥアレグとフルベの争いに巻き込まれて拷問され、その挙句に、イスラームへの入信を拒んで惨殺される。それから数年……白い長衣に身を包み、人目を避けるようにして街の図面を描いているのは、あれはフランスの探検家ルネ・カイエだ。ドイツ人探検家ハインリッヒ・バルト一行の到着。やがてフランス軍の侵入と占領。植民地からマリ共和国として独立後、社会主義路線のモディボ・ケイタ大統領が、アフリカの過去の栄光を象徴するこの町に来て、大演説をしている……。これらのイメージたちや声々が、谷間から霧が湧くように、私の心を満たしてしまう(そのようにして湧き起こるものを、史実を踏まえたフィクションの形で書いてみたこともある(川田、一九九五[一九八〇、一九八一]))。

よそ者としての地域への関わり

やはり私が「よそ者」として、「王国」の形成ということへの興味から四十年近く関わりつづけてきた、同じ西アフリカ内陸のモシ王国については、「場のエコー」として聞こえてくる声々の主の多くは、私が親しくしていて、お話を聞く上でもお世話になった、あくまで個人として思い浮かぶ土地の人たちだ。その人たちと、私は一緒に年をとってきたのだが、故人になった人も多い。雨など降るはずのないある乾季のさなかだったが、土砂降りの大雨のあった朝、独りでいた執務室で謎の変死体として発見された、クグリ王(モシ諸王朝のうち最も勢力のある中部のワガドゥグーの王モーゴ・ナーバ)。クグリ王は、王宮の儀礼の私の調査に、時折難色を見せながらも、ずいぶん便宜を計ってくれた。

私が最も長く暮らして、モシ諸王朝のなかでも、主に調査をした南部モシのテンコドゴの王宮で、先代のキーバ王の側近の一人であり、いまのティグレ王の「帝王教育」の責任者でもあった、カム・ナーバ(「こども係り」とでもいうべき、先代王がくれた称号)こと、クートゥ老人。ずいぶん前に故人となったが、一八九七年、フランス軍に侵略される前の時代についてお話を聞ける、数少ない土地の人の一人だった。フランスのカトリック宣教団「ペール・ブラン」が早くから入って今も布教活動が盛んなこの地方で、お年寄りや重病人が危篤状態になると、町の司祭(アフリカの人だが)がやってきて、気が弱くなっている本人や家族を説得して、カトリックに入信させ、急いで病床で洗礼を施し、葬儀はキリスト教でやり、墓に十字架を立てる。私も何度かそういう場に居合わせて、何だか保険の勧誘で業績をあげようとしているようだと思ったり、司祭が訪ねてくると、死期が近いことを告げられるようで、縁起が悪いなと思ったりした。クートゥ老人の死の直前にも司祭が現われたが、わがクートゥ老は、自分には先祖から受け継いだ土着の信仰があるからといって、頑として入信を断った。平素は穏やかで、自己主張や要求をしない人だったが、死に際して示したその気骨に、私は感動した。

私と同い年のテンコドゴの現王ナーバ・ティグレ。西アフリカの大都市ダカールにある、フランス系の私立名門リセーに在学中、父王の死で草深いテンコドゴに呼び戻された。サッカーや短距離の選手で、ダンスもうまいハンサムなプリンスとして、ガール・フレンドにもてた。このフランス化された大都会の華やかな学生生活に別れを余儀なくされ、連れ戻されたテンコドゴの王宮で傅育係カム・ナーバの帝王教育にがんじがらめにされる(川田、二〇〇三)。見栄っ張りで、かなりの程度わがままで、私とも一度だが喧嘩をして、仲直りした。ティグレ王とは、同年者として、私はまさに一緒に年をとってきたのだ(ティグレ王は二〇〇二年九月に癌で死亡)。モシ王国の歴史の解釈について、王と私とで重大な違いがあるが、それについては別に詳述した(川田、一九九九[一九九一、一九九二])。

モシ王国という地域の「場のエコー」については、挙げるべき個人の名があまりに多く、さまざまな声たちが輻輳して、収拾がつきそうもない。その地域に対する私の関わり方も、結婚当初の三年半も含め、私の人生の重要な一部をなしているし、関わり方の内容も、技術協力などの分野も含めて、多岐にわたっている。歴史、言語、音の世界、身体技法、等々、人間の文化について、根源的な多くのことを考えさせられたのも、この地域での体験を通してだった。よそ者であるとはいえ、モシ王国の歴史の探索の過程で私が知った、王国の遠い昔にまつわる、実在すら定かでない者も含めた「場のエコー」の声の主たちの数は、私の探索の範囲の広さもあって、土地の人一人一人が知っているものより、はるかに多いに違いない。

さらに、私が関わっている最も小さい地域である、東京深川の一郭となると、現在の個人としての私の立場は、外形上はまぎれもなくよそ者であるが、私という存在のルーツが、今そこに生きている人たちの大部分より古く、江戸時代からそこにあり、私の方が深川という「場のエコー」とのつきあいが広く、深いという意味では、私はよそ者ではありえないともいえる。だが私は、その地域に今生きているという意味で地域に責任をもつ「当事者」ではない。タウン紙『たかばし』の編集・執筆に参加することなどを通して、地域の生活の現実的な未来の設計にも関わろうとしたこともありはしたが……(川田、一九七八―八五)。

地域概念にとっての生活者と研究者

これまでみてきたように、「場のエコー」との関わりを通して、通時的な次元でも「地域」を、異質なものの相互交渉の動態的な場としてとらえるならば、「場のエコー」に感応しうる限りにおいて、新来のよそ者も異質な要素の一部として、相対的にしかこれと区別されえない土着の者と共に、未来に向けての集合的な記憶の生成に参与しているとみなすべきである。

そこから、地域概念をめぐってこの論考のはじめの部分で述べた、地域に生きる者の視点と、よそ者としての研究者の視点(現によそ者であるか、対象からの認識上の離脱という意味でのよそ者性であるかを問わず)の区別も、出発点における仮の、外形上のものに過ぎないことが明らかになる。「文化にとっての地域」の設定においても、共時的次元・通時的次元の集合的記憶が発する声々である「場のエコー」を媒介として、地域に生きる者の視点と研究者の視点の、二律背反にもとづく二者択一ではない相互交渉の可能性が、考えられるべきであろう。

参照文献

赤澤　威、一九九五「人類の移住・拡散そして適応戦略」赤澤威編『モンゴロイドの地球［1］アフリカからの旅だち』東京大学出版会。

赤澤　威、二〇〇〇『ネアンデルタール・ミッション』岩波書店。

網野善彦他編、一九九七『中世日本列島の地域性』名著出版。

池上広正他、一九六三「諸宗教の全国分布」九学会連合編『人類科学』第一五号、新生社。

板垣雄三他、一九九〇『歴史のなかの地域』(「シリーズ世界史への問い」8) 岩波書店。

大林太良、一九九〇『東と西、海と山――日本の文化領域』小学館。

川田順造、一九七八―八五「高橋に生きる女たち、一―六」その他、タウン紙『たかばし』一―八号に掲載。

川田順造、一九八三「母の声、川の匂い──ある幼時と未生以前をめぐる断想」『子どもの館』一一八(最終号「児童文学の枠を超えて」)、四─二六頁。『母の声、川の匂い──原風景への旅』筑摩書房(近刊)に収録。

川田順造、一九八七「文化領域」川田編『黒人アフリカの歴史世界』(民族の世界史12) 山川出版社、九二─一二四頁。

川田順造、一九八八「民族と政治社会」川田・福井(編)『民族とは何か』岩波書店、二三五─二五九頁。

川田順造、一九八九「都市民俗の地域的特性をめぐって──東京・深川の場合」第四一回日本民俗学会年会、駒沢大学(口頭発表)。大幅に加筆して、『母の声、川の匂い──原風景への旅』筑摩書房(近刊)に収録。

川田順造、一九九一[一九七六]『無文字社会の歴史──西アフリカ　モシの事例を中心に』岩波書店(二〇〇一年岩波現代文庫)。

川田順造、一九九二[一九九〇]「叙事詩と年代記──語られるものと書かれるもの」『口頭伝承論』河出書房新社、四二七─四四八頁。

川田順造、一九九二「〝歴史への意志〟をめぐって──アフリカの無文字社会が提起するもの」岡田英弘他編『歴史のある文明、歴史のない文明』筑摩書房、一四九─一三六頁。『アフリカの声──〈歴史〉への問い直し』二〇〇四年、青土社に収録。

川田順造、一九九三「蛙飛びこむ水の音」(音のある風景Ⅶ)『チャイム銀座』一九九三年十一月号、一七─一九頁。

川田順造、一九九四「地域の概念をめぐって」第二八回日本民族学会研究大会、東北大学(口頭発表)。

川田順造、一九九五[一九七九─八〇、一九八一]『サバンナの手帖』一九七九年九月─一九八〇年二月『朝日新聞』夕刊文化欄に一一〇回連載、一九八一年新潮選書、一九九五年講談社学術文庫。

川田順造、一九九五[一九九三]「アフリカのかたちが語りかける──「理解」と「感動」のあいだ」美術館連絡協議会・読売新聞社(編・発行)『アフリカ彫刻展──カルロ・モンズィーノ　コレクション』(宮城県美術館他、一九九三年四─十二月)図録、『アフリカの心とかたち』岩崎美術社、二〇八─二二九頁に収録。

川田順造、一九九五a「国際学部の中の文化人類学」『広島国際研究』1、広島市立大学国際学部、一九─三八頁。

川田順造、一九九五b「肖像と固有名詞──歴史表象としての図像と言語における意味機能と指示機能」『アジア・アフリカ言語文化研究』四八・四九合併号　四九五─五三七頁(本書第六章に収録)。

川田順造他、一九九六a『アフリカ社会における通信システムとしての太鼓ことばの研究』(平成七年度科学研究費補助金研究成果報告書）東京外国語大学アジア・アフリカ言語文化研究所。

川田順造、一九九六b「民俗研究にとっての地域」第四八回日本民俗学会年会、島根県立国際短期大学（口頭発表）。

川田順造、一九九六c「国民国家と民族」第五〇回日本人類学界・日本民族学会連合大会、佐賀医科大学（口頭発表）。

川田順造、一九九七a「ニジェール川大湾曲部の自然と文化」「サヘルとスワヒリ」「物質文化から見たニジェール川大湾曲部」等、川田編『ニジェール川大湾曲部の自然と文化』東京大学出版会。

川田順造、一九九七b「歴史・文化研究にとっての地域」『地域文化研究』創刊号、東京外国語大学大学院地域文化研究会、一一一一頁。

川田順造、一九九九a「サバンナと森林の文化」川田順造編『アフリカ入門』新書館。

川田順造、一九九九b『「民族」概念についてのメモ」『民族学研究』六三巻四号、四五一―四六一頁。

川田順造、一九九九〔一九九一、一九九二〕『サバンナ・ミステリー　真実を知るのは王か人類学者か』NTT出版。

川田順造、一九九九〔一九九五〕「口承史における時間と空間の表象――西アフリカ・モシ王国の事例」長野泰彦編『時間・ことば・認識』ひつじ書房（大幅に加筆して本書第七章に収録）。

川田順造、二〇〇三「風の記憶」Ⅱ『風の旅人』第五号、ユーラシア旅行社、一三一―一三四頁。

吉良竜夫、一九七六「世界の生態気候区分」『エナージー』15、エッソ石油。

クライナー、ヨーゼフ編、一九九六『地域性からみた日本』新曜社。

佐々木高明、一九九七『日本文化の多重構造』小学館。

シュルツ、ノルベルク、一九九四〔一九八〇〕『ゲニウス・ロキ――建築の現象学をめざして』（加藤・田崎訳）、住まいの図書館出版局。

杉本尚次、一九七七『地域と民家――日本とその周辺』明玄書房。

鈴木博之、一九九八〔一九九〇〕『東京の地霊（ゲニウス・ロキ）』一九九〇年文芸春秋社、一九九八年文春文庫。

徳川宗賢、一九八一『言葉・西と東』（「日本語の世界」八）、中央公論社。

西村真次、一九七五〔一九二六〕『江戸深川情緒の研究』有峰書店。

二宮宏之、一九八八「総合討論」川田・福井編『民族とは何か』岩波書店、三〇三—三五四頁、での発言。
二宮宏之編、一九九五『ソシアビリテの射程』山川出版社。
福井憲彦・陣内秀信(編)、二〇〇〇『都市の破壊と再生——場の遺伝子を解読する』相模書房。
福井憲彦、二〇〇〇「空間構築にかんする暴力性と野蛮さを超えるために——場所環境デザインについての断章」福井憲彦・陣内秀信(編)前掲書、一—一五頁。
前川道郎(編)、一九九八『建築的場所論の研究』中央公論美術出版。
増田義郎他、一九七五「書評座談会　ラテン・アメリカに関する最近の文化人類学的研究Ⅳ　エスノヒストリー」『民族学研究』四〇巻三号、二三七—二六〇頁。
AKAZAWA, Takeru, 1983. "Introduction: human evolution, dispersals, and adaptive strategies", T. AKAZAWA and E. J. E. SZATHMARY (eds.) 1996, *Prehistoric Mongoloid Dispersals*, Oxford, New York and Tokyo, Oxford University Press, Cambridge, Cambridge University Press.
BAUMANN, H., 1940. *Völkerkunde von Afrika*, Essen, Essener.
HERSKOVITS, M., 1924. "A Preliminary Consideration of the Culture Areas of Africa," *American Anthropologist*, N. S. 26; 50-63.
KAWADA, J., 1979[1971]. *Genèse et évolution du système politique des Mosi méridionaux* (*Haute-Volta*), Tokyo, ILCAA. (Paris, L'Harmattan 近刊)
KAWADA, J., 1985. *Textes historiques oraux des Mosi méridionaux* (*Burkina-Faso*), Tokyo, ILCAA.
KAWADA, J., 1988. "La Boucle du Niger du point de vue des cultures matérielles", J. KAWADA (éd.) *Boucle du Niger: approches multidisciplinaires*, Vol. 1, Tokyo, ILCAA: 11-82
KAWADA, J., 1993. "Histoire orale et imaginaire du passé," *Annales*, 48 (4): 1087-1105.
KAWADA, J., 1994. "Le Sahel et le Swahili: les deux zones de contacts afro-arabes", *in* J. KAWADA (éd.) *Boucle du Niger: approches multidisciplinaires*, Vol. 4, Tokyo, ILCAA: 9-44.
KAWADA, Junzo, 2000a. *The Local and tne Global in Technology*, Working Paper for *World Culture Report 2000*, UNESCO, Paris.

KAWADA, Junzo, 2000b. "Historicité et subjectivité : À propos d'un《passé》actualisé en pays mosi (Burkina-Faso)" *in* J-L JAMARD *et al.* (éds.) *En substances*, Paris, Fayard : 57-75.

KAWADA, J., 2001. "Continuité et discontinuité dans les cultures sonores ouest-africaines : rapports internes et interculturels", *in* J. KAWADA et K. TSUKADA (éds.) *Cultures sonores d'Afrique II : Aspects dynamiques*, Hiroshima City University : 3-20.

KAWADA, J., 2001. "Epic and Chronicle : Voice and Writing in Historical Representations", *in* S. SØGNER (ed.), *Making Sense of Global History : The 19th International Congress of the Historical Sciences, Oslo, Commemorative Volume*, Universitetsforlaget, Oslo, 2001 : 254-264.

KAWADA, J., 2002. *Genèse et dynamique de la royauté : Les Mosi méridionaux (Burkina Faso)*, Paris, L'Harmattan.

KAWADA, J., 2004. "Réflexions sur les rapports dynamiques entre les cultures sonores d'une part, et la cognition historique et sa représentation d'autre part : cas des sociétés de l'intérieur de l'Afrique occidentale", *in* J. KAWADA et K. TSUKADA (éds.) *Cultures sonores d'Afrique III*, Hiroshima City University : 5-26.

KROEBER, A. and C. KLUCKHORN, 1952. *Culture : A Critical Review of Concepts and Definitions*, Papers of the Peabody Museum of American Archaeology and Ethnology 47 (1), Harvard University.

MOVIUS, Hallam L. Jr., 1944. *Early Man and Pleistocene Strategy in Southern and Eastern Asia*, Papers of the Peabody Museum of American Archaeology and Ethnology, Harvard University, Vol. XIX, No. 3, Cambridge, Massachusetts, Published by the Museum.

OGOT, Bethwell A., 1967. *History of the Southern Luo*, Vol. 1 *Migration and Settlement1500-1900*, Nairobi, East African Publishing House.

VANSINA, J., 1961. *De la tradition orale : essai de méthode historique*, Tervuren, Musée Royal de l'Afrique Centrale.

VANSINA, J., 1962a. "A comparison of African kingdoms", *Africa*, 32 : 324-335.

VANSINA, J., 1962b. "Ethnohistory in Africa", *Ethnohistory*, 9 (1) : 126-136.

VANSINA, J., 1962c. *L'évolution du royaume rwanda des origins à 1900*, Bruxelles, Académie Royale des Sciences d'Outre-Mer.

WISSLER, Clark, 1917. *The American Indian*, New York, D. C. McMurtrie.

II

第四章 「しるす」ことの諸形式(1)

一

この論考では、音声言語を「しるす」ことの形式をめぐって、西アフリカ旧モシ王国の太鼓言葉を中心に考察する。その際、日本語に取り入れられた漢字、およびアルファベットを、比較対照される書記体系としてとりあげる。

音声言語は、人の口から発せられた瞬間、何の痕跡も残さず消えてしまうところに特色を持っている。そのような音声言語、あるいはそれによって表わされる観念やイメージを、視覚によって認知される記号として空間に定着させることは、五千年余り前からユーラシア大陸の一部で行なわれてきた。後に「文字」と通称される書記体系に変化するこれらの図形記号は、西アジアのシュメールと東アジアの中国の象形文字を二つの主な原初形態としている。前者はエジプト象形文字、フェニキア文字などを経てラテン文字、キリル文字、アラビア文字をはじめとする文字となって世界の広い地域で用いられるようになり、後者は甲骨文、金文等を経て漢字として中国、日本、朝鮮、ベトナム等を中心に、漢字文化圏を形作った。このうち、シュメール系統のものは象形的な図形から出発して、形としては極めて単純に、種類も数も限られた表音文字に変形されて行き、ラテン文字などのいわゆるアルファベットになった。一方漢字は、中国では一文字に一音節が対応する図形文字として表音的にも多く用いられたが、元来の象形記号に由来する表意性を保った。とくに日本語に取り入れられた漢字は、漢字を基にした四十八種類の表音(表音節)記号である仮名と併用されるようになったために、漢字としては表意性を強く保って用いられている。漢字では、略字や簡体字、書き方における行書、草書等はあるものの、アルファベットに比べればはるかに複雑な構成の文字が、常用されるものでも千を越す数の種類が用いられてきている。

言語を表わす図形記号がたどったこのような歴史の中で、象形・表意から表音へというアルファベットへの方向が、あたかも最も優れた書記体系への進化の道程でもあるかのように、主として西洋人によって見なされ、文字の歴史、文字の文化的意味についての多くの書物でもアルファベットが中心に考えられてきた。しかし私は、この報告で主に取り上げる太鼓言葉、及び日本語の中で用いられている漢字の示している特質についての考察は、書記体系というものの本質を問い直し、実用上の適応性がより大きいかどうかという点は別として、アルファベットがたどった道を、従来とは異なる角度から相対化し、再考する視点を与えてくれると思う。

二

この論考で私は、音声言語、あるいはそれによって表わされる観念を音声とは別の媒体を用いて伝達する行為を指すのに、「書く」という、日本語でも「掻く」と同根で、ヨーロッパ語でもギリシャ語の *graphō* に由来する、「掻いて跡をつける」意味をもつ、狭義の文字に結び合わされた語を用いる代わりに、より広い意味をもった「しるす」という動詞を用いたい。「しるす」は、日本語で名詞形の「しるし」、形容詞形の「しるし」「しるけし」などと同根の語で、「他の事と紛れることなく、すぐそれと見分けのつく形で表現する意」(大野晋他『岩波古語辞典』)の動詞である。漢字を当てる場合、「徴す」「標す」「記す」「銘す」などと書く。ここで取り上げる太鼓言葉は、「かく」行為には当たらないが、音声言語を「しるす」行為であり、以下で述べるように、正逆両方の面で狭義の文字に比せられる面を持っている。

太鼓言葉は、世界の広い地域に見出だされる、太鼓、笛などの音具あるいは口笛などが発する音によって、音声言語のメッセージの超分節的特徴(suprasegmental features)、ないし韻律的特徴(prosodic features)、つまり音の高低、強弱、長短を、しばしばある様式のもとに再現して、言語メッセージを伝達するシステムの一つである。したがって、表現を簡単にするために「太鼓言葉」という語を用いたが、太鼓言葉としての独自の伝達上の要素と原理をもった通信システムではなく、基礎になっているのはあくまで音声言語なのである。このような前提を踏まえた上で、この報告では便宜上「太鼓言葉」という名称を使うことにする。(2)

太鼓言葉はサハラ以南の黒人アフリカで特に発達しているが、それは黒人アフリカで打楽器が広く用いられていること、およびグリンバーグ等によって West Atlantic 語群に分類されているフルベ語(*fulfulde*)などの一部の言語を除いて、黒人アフリカの言語の大部分が、音調言語(tone language)であって、超分節的特徴の器音による再現で言語メッセージを伝達しやすいことも、太鼓言葉の発達している理由になっていると思われる。ただ、スペイン語を基にしたカナリア諸島の口笛言葉や、トルコ北部 Kuskoy 地方のトルコ語を基にした口笛言葉のように、音調言語でなくても音の高低を吹き分ける口笛による伝達が盛んに行なわれている場合もあり、(3)音調言語が基であることは、音具言葉を容易にする一条件ではあっても、必須条件とはいえない。

黒人アフリカで、太鼓言葉に主に用いられる太鼓には、大別して四種のものがある。第一は発音体による楽器分類からいえば膜鳴楽器の太鼓ではなく、体鳴楽器の割れ目ゴング(slit gong)であるが、円筒形の木の幹をくり抜いて、厚さの異なる舌の部分を桴で打って異なる音調を打ち分けるもので、中部アフリカの森林地帯を主に、広く用いられている。第二は西アフリカのアカン(*Akan*)諸語社会を中心として比較的限られた範囲で使われている大小一対の太鼓で、これは高低二種の音調が弁別的に用いられる言語に適している。第三は西アフリカのかなり広い範囲の社会に見出だされる、砂時計形の木の胴の両面に膜を張り、それを多数の調べ緒(tuning thongs)で結び合わせ、調べ緒を打奏中に腕の下や指で締めたり緩めたりすることで音調を変える太鼓で、ハウサ(Hausa)、ヨルバ(Yoruba)社会には特に種類が豊富だ。第四は、球形の大型ヒョウタンの上部を切り取って未経産の牝ヤギの皮を張り、膜面の中央に円盤状に調音糊(tuning paste)を塗り付けたもので、前記三種の太鼓はすべて湾曲した、あるいは折れ曲った形の木の桴で打つのに対し、これは両手の素手で打つ。本稿で取り上げる西アフリカのブルキナファソ(Burkina Faso)のモシ社会(Mosi)など西アフリカ内陸のサバンナ地帯で多く用いられている。これは、太鼓の構造や奏法からもわかるように、前述した三種のものがいわば"digital"的に音調を打ち分けるのに対し、"analog"的に多様な音調を出すことができる。モシ語(*moore*)で*bendre*と呼ばれるこの太鼓は、モシ語のような雛段状音調体系(terraced level tonal system)をもった言語を表わすのに適しているといえる。(4)

おそらく十五世紀中頃から、王の祖先を共通にする一群の王国を形成し、十九世紀末のフランスによる植民地化以後も、一九六〇年の共和国としての独立以後も、王は植民地統治下および共和体制下での一定の行政上の役割を与えられ、慣習の枠内での遺制として存続してきたモシ王国で、ベンドレ(その奏者も楽器と同じ名称で呼ばれる)は王宮付楽師の最高位にある。ベンドレの長は、王の祭儀で、臨席する現王と数百人の会衆を前にして、王朝の歴代の王の長い句の形をした称讃名を始祖から現王まで、ベンドレの太鼓言葉で、「朗誦」する。

モシ諸王朝のうち、歴史伝承上始祖王朝とされている、私が主に調査した南部モシのテンコドゴ王朝では、いくつかの重要な祭儀では、太鼓を打つベンドレの長より位の低い楽師の一人が、一節ごとに太鼓言葉の「朗誦」をモシ語に直して、節をつけた大声で朗誦する。それゆえ、太鼓言葉とそれが表わしているモシ語の句とを同時に録音して検討することができた。ただ、モシ語の語句のほうも過剰なまでの比喩に覆われた表現で、語や語法も現在常用されていない古風なものがあり、基礎になっている伝承自体が極めて難解である。そのうえ、それが太鼓の音に移しかえられて、多くの機会には太鼓の音だけで「語られる」ので、これは、二重に難解にさせられた言語メッセージと言うことができる。楽師は言葉としては全部知っているが、それが意味する内容は必ずしも理解しておらず、これを繰り返し聞き歴史伝承にも詳しい王宮の故老の中には、かなりの程度太鼓言葉も、それが表わしている内容も理解する者があり、王自身も、自分や父である先王など近い祖先に関する部分は理解できる。しかし、祭儀の会衆の大多数には、太鼓言葉で「語られる」王統譜はまったく、モシ語に翻訳されたその朗誦の内容も漠然とあるいは部分的にしか、理解できていないことになる。

このように、太鼓言葉にはもとの言語のメッセージにあえて秘儀性をもたせ、内容を隠蔽する働きがある。言語コミュニケーションは、常によく伝わればいいというものではなく、状況によっては「わかりにくさ」に積極的な価値があることもある。儀礼言語においては、言述の内容が十分に理解できなくても、いやかえって十分には理解できないことによって、その言語メッセージが意味を持つことが多い。そして太鼓言葉によってこのように隠蔽されたメッセージは、同一のメッセージにも受信者によってその理解にさまざまな度合いの差異があるという、ある意味で普遍的な真理を、拡大した形で示してくれる。

モシ社会でベンドレは、特定の父系氏族(patri-clan)の男子成員だけに資格が認められている。ベンドレの氏族に生まれた男子は、幼いときから小型のベンドレをあてがわれ、一族の年長のベンドレにまざって打奏を習う。始祖以来の歴代の王の称讃名と系譜を語る王統譜(*kabsgo*)も、王朝によって差異があるが、テンコドゴ王朝の場合、九百句余りの王統譜の太鼓言葉による打奏を、幼時から教えこまれる。徹底した身体的訓練で、太鼓言葉を両手の素手で打つ手の動きが、一連の反射的運動連鎖として条件づけられ、太鼓言葉に移しかえられた王統譜が、いわば身体に内装された「記録」となってしまう。強度に条件づけられた手の運動連鎖が、いかに安定した持続を示すかは、ピアノの弾奏における、意識を離れた半ば自動的な指の動きの例からも知ることができる。

ベンドレを手元にもたない楽師に、王の先祖の系譜を訊ねても、ためらいがちに不確かにしか答えられないが、愛用の太鼓を引き寄せて打ちはじめると、太鼓に文字が「しるして」あるわけでもないのに、太鼓に吸い寄せられるように半ば自動的に打つ両手の動きに従って、ゼンマイがほぐれるように言葉が口をついて出て、淀みなく王統譜を誦えることができる。つまり太鼓を打つ手の運動連鎖は、それに対応している言葉の記憶喚起装置としての役割を果たしていることになる。人の声よりも遠くまで届くベンドレの音で王統譜を「朗誦」することは、王統譜の言葉を音として共時的にきわだたせる意味で「しるす」行為であるが、このように身体的に条件づけられた記憶喚起装置に変換して、言葉の記憶より安定した形で、一族の中で世代から世代へ伝承して行くことは、通時的にこの言語メッセージを「しるす」行為であるといえよう。

テンコドゴ王朝の王統譜において、言語音がどのように太鼓の音に変換されているかについて、詳しくは私が録音・編集・解説をしたカセットブック川田〔一九九八〔一九八八〕〕のとくにⅡA面テーマ3「音の中のことば・ことばの中の音」、およびⅡB面テーマ4「太鼓がつづる歴史」を参照されたい。ここでは紙幅の制約から、太鼓言葉による王統譜の「朗誦」に見出されるいくつかの特徴を指摘するにとどめる。これらの点を明らかにするための検討は、主に次の方法によって行なった。(5) (1)王統譜を表わす太鼓音とそれに対応する言語音それぞれの、さまざまな機会における録音の、sound spectrogram(以下SPと略記)通称ソナグラフによる分析、(2)太鼓音をシンセサイザー synthesizer によって変形・合成したもの(太鼓音のどの特徴が言葉としての認知に関与的であるかを知る手がかりとして、音の高さ、強さ、長さをさまざまに変えたもの)を、ベンドレの楽師に聞かせての実験、言葉による翻訳朗誦を伴わない太鼓言葉だけの打奏を、異なる王朝の楽師に聞かせての解読の可能度の実験等を含む、音の資料を使ってのモシ族の楽師との面接聞き取り調査、(3)モシの楽師から私自身ベンドレの打奏を習いながらの聞き取り、である。

(a)ベンドレの打音は多様な周波数成分を含む衝撃音であり、厳密な意味での音高(pitch)を決めることはできない。

資　料

資料「イ」　太鼓音の基本的分類

Y_1の特徴は200 Hz付近のかなり幅広い成分が有力であり、それと同時に、500 Hz付近にも成分が認められることだ。Y_2は200 Hz以下が幅広く、しかし弱く現われており、Y_1と異なって500 Hz付近の成分を含まない。R_1は400 Hz付近がとくに重要で、次に150 Hz付近、そしてこれよりはるかに弱く250 Hz付近の成分がぼんやり認められるもの。R_2はこれと逆に、250 Hz付近の成分が強く、その上下に弱い成分があるもの。R_3は、Y_1に付随したもので、Y_1を(おそらく調音ペーストの円盤のなかを指でつよく抑えるような打ち方をして)とめたものとみることができる。R_4は700 Hz付近に強い成分がある。

ベンドレのような型の太鼓の音の場合、いわゆる音高より音色が弁別上重要だとすると、その打奏を記述するのに、五線譜は不適当だ。むしろ言語音と非言語音の接近というアフリカと日本の共通性を生かして、一種の唱歌《しょうが》で記述するのがよい。周波数成分の分析の結果から母音の広狭と音色も対応させて、たとえばR_1(チ、チン、チーン)、R_2(ツ、ツン、ツーン)、R_3(タ)、Y_1(テ、テン、テーン)、Y_2(ト、トン、トーン)などとすれば感覚的にもわかりやすく、しかも正確な記述ができる。この方法だとたとえば例1は「ツン、チン、テン、チン、ツ、トーン」、例2は「チ、トーン、トーン」、例3は「ツ、ツン、トン、トン、チン、テン、ツトーン」と記述される。

資料「ロ」　合成または変形した音による太鼓言葉の実験

太鼓の音のどのような要素が、そこから言葉を識別するうえで重要であるのかを、音の合成や変形によって試した実験。

第一の実験では、サンプルAとして系譜語り全体のなかで最も多くくり返されるリフレインの句例3と、サンプルBとして一度もくり返されず、さまざまな音があらわれる例4の音をえらび、シンセサイザーでさまざまに条件を変えて合成した

サウンドスペクトログラフ **SG-07**(リオン)
レンジ 2.4 秒　周波数特性　平坦
分析範囲 85～2000 Hz　濾波器実効帯域幅 45 Hz

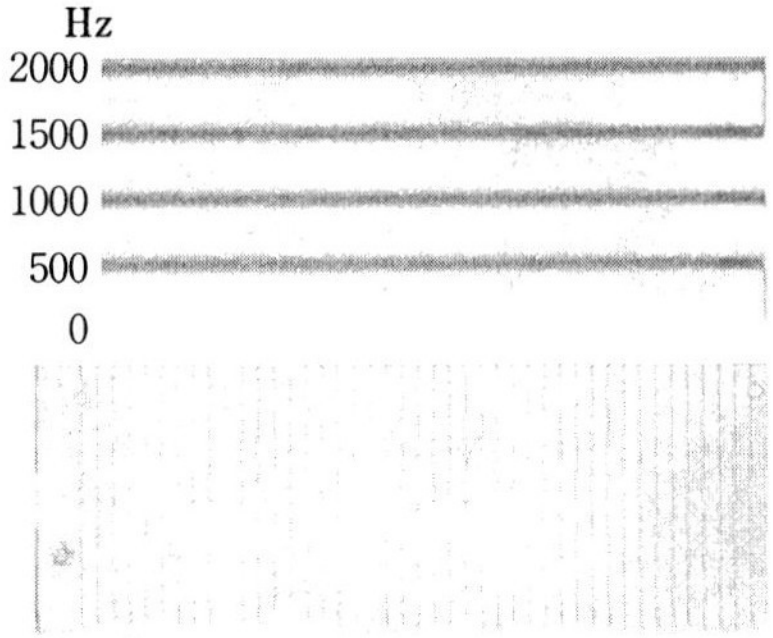

1 目盛 50 ms

例 1　tế̃ng ne a tề̃nkúgrí

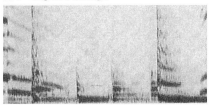

例 2　nébà zẫng kábrè

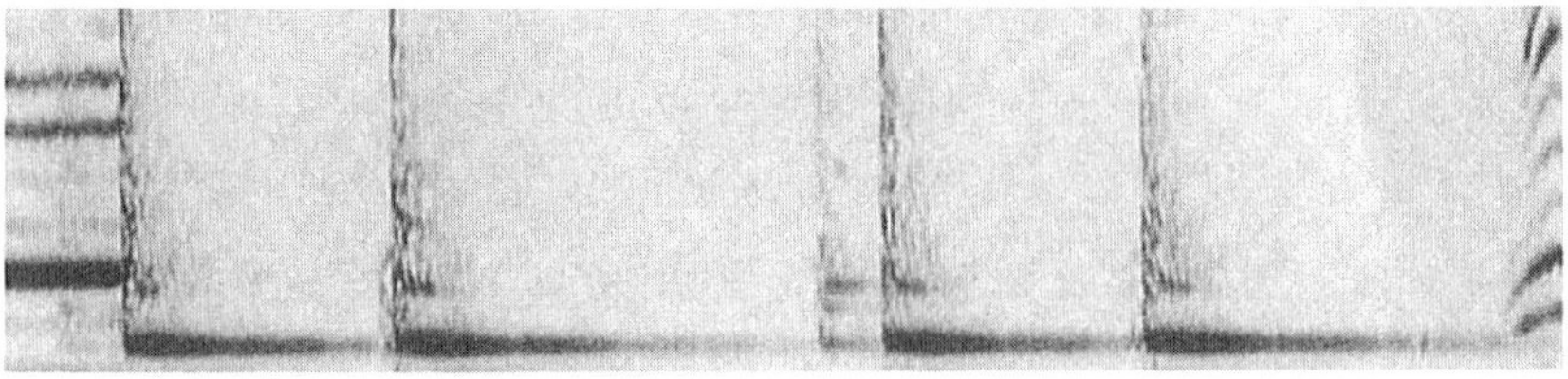

例 3　tɩ́ wẽn nà táas yʊ̀ʊmdé

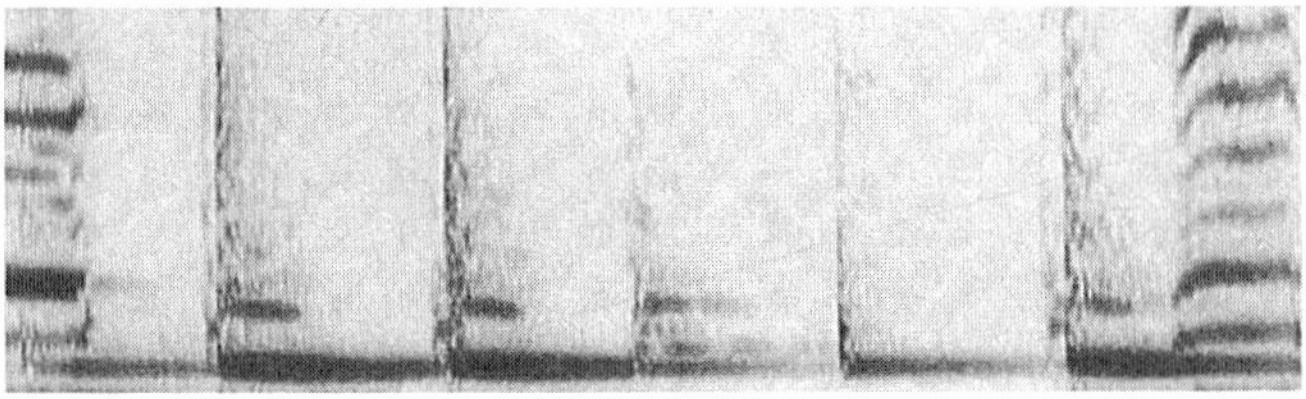

例4 (1) ỳ yǎàb lá a bǎog bídgr ye

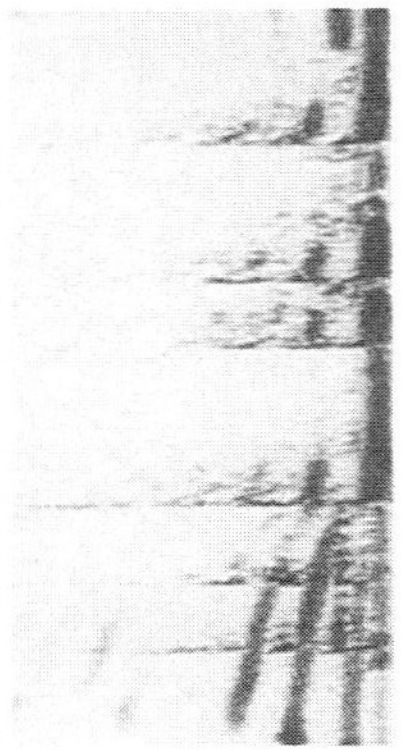

例4 (2) pág la a tʋ̀ʋsém bǎogó

例4 (3) tǎnkʋ́dg bãòg bídgr yàa

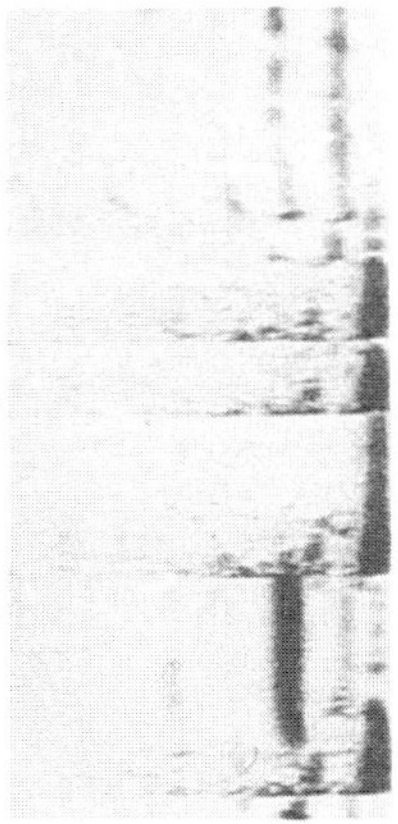

ものを、モシの楽師にきかせて識別できるかどうかをテストした。この実験では、まずサウンドスペクトログラフによる分析と、オッシログラフ(フォトコーダー)を用いた波形解析に基づいて、音の長さ、強さ、高さ(いずれも近似的に想定して類型化したもの)の三つの要素を抽出し、雑音源を用いて合成した(煩瑣なので、ここではカセット・ブック『サバンナの音の世界』に入っているサンプルAだけについて略述する)。

強(S)は、20 ms で直線で立ち上がり、40 ms 持続したあと exponential curve の包絡線を描いて 140 ms で減衰する音で、弱(W)は強(S)に対して 10 db ダウン、立ち上がり 10 ms、持続 20 ms、減衰 20 ms の音。高さは、HH = 350 Hz、H = 210 Hz、L = 150 Hz で近似させた。

(1)合成の基本型。(2)長さ 400 ms、強さ(S)で一定、高さのみ HH、H = 200 Hz、L = 150 Hz の二種類。(3)長さ 400 ms、高さ 150 Hz で一定、強さのみ基本型のまま。(4)強さ(S)、高さ 150 Hz で一定、長さのみ基本型のまま。(5)長さのみ 400 ms で一定、強さ、高さは基本型のまま、(6)強さのみ(S)で一定、長さ、高さは基本型のまま。(7)高さのみ 150 Hz で一定、長さ、強さは

音番号	長さ(ms)	強(S)/弱(W)	高さ(HH-H-L)
1	60	W	HH
2	580	S	L
3	420	S	L
4	420	W	H
5	440	W	L
6	60	W	HH
7	880	S	L

基本型のまま。これを識別の難易を推測して、難↓易の順に、(7)、(2)、(3)、(6)、(4)、(5)、さらに基本型から音番号1、6、の二音を削除したもの、最後に基本型の順でベンドレの楽師何人かにきかせたが(一九八一年四月)まるでキツネにつままれたような顔をするだけで、何のことかさえ、合成の基本型でもまったくわからなかった(合成のもとになった打奏をきかせればもちろんすぐわかった)。サンプルBについても同様であった。

キツネにつままれたようだったのは、音色がベンドレとは似ても似つかぬものであったからにちがいない。そこで第二の実験として、もとのままのベンドレの音を使い、(1)識別の鍵になるものではないかと思われる、音番号3・4の二音(YとR)の音色を入れかえる(長さはもとのまま)(2)音色はもとのままで主な音の長さを変え、リズムを変形する——テストをやってみた。サンプルAは第一の実験のサンプルAと同じ素材からとり、(1)音番号3と4の順を入れかえたものをつくって、もとの太鼓を打った当の楽師にきかせたが(一九八一年十二月)、ベンドレの音だということはすぐわかっても、何を打っているのかはくり返しきいてもわからず、しまいには、私が打っているベンドレだろうといった。(2)では音の順はもとのままで、リズムの感じを著しく変えるために、音番号2、3、5(音色はすべてY)の立ち上がりから次の音までの時間すべて150 ms(もとの長さの1/3〜1/4)とし、4(R)だけをもとの約二倍の850 msとしたものをつくってきかせたが、これはまったくわからなかった。

サンプルBとして、現王の名の部分から十二句(データの説明は煩瑣なので省略する)をとり、そのうち二カ所、音色を入れかえたものをきかせたが、これはすぐにわかった。全体の十分な長さが、部分的な変形によって生じるわかりにくさを償ったためだと思われる。

資料「ハ」

テンコドゴ王朝の祈年のリフレイン tʊ́ wẽn nà táas yʊ̀ʊmdé (例3) は、かなり様式化され、打奏の型としても比較的単純で認知しやすいが、これをワガドゥグー王朝の王宮付き楽師に録音できかせたが、まったくわからない。意味をいってくれとしつこく頼むと (m̀) rát n pʊ̀ʊs rʊ́mbìigà (私は王家の子を拝したい) と答えた。句頭の m (私) を除けば音調はこの太鼓の打奏によく対応する (前に記した、最後のY音は、奏法上の配慮によるもので、Rの前打ちによって実際にはRの役割をしているという見かたは、この楽師が高い音調を対応させたことによっても裏づけられる)。

資料「ニ」

今聞いた録音の打奏が、テンコドゴの太鼓言葉で表わしている意味は明かさずに、あらためて tʊ́ wẽn nà táas yʊ̀ʊmdé とベンドレで打ってくれと頼むと、はじめは手探りするように、この句の韻律特徴をなぞって打ち、何度もくり返すうち、それが次第に一連の打奏として定着してくるのがわかる。これはあまりよくRとYを打ち分けられない私のベンドレをこの楽師が借りて打ったので、音色の違いは明瞭ではないが、前記の唱歌をあてはめると、ほぼ「トン、チン、ツトン、ツン、テトーン、チン」と打っているといえる。これはテンコドゴの打奏「ツ、ツン、トン、トン、チン、テン、ツトーン」とはまったく違っているし、写実的で、リズミカルだ。

むしろ、さまざまな周波数成分の分布の型によって、弁別的に用いられている音色(timbre)の型を識別すべきである。この点を考えるに当って、まずモシの楽師たち自身がどのように太鼓の音を聞き分けているかという現地概念(local concept)を参考にした。彼らにとって、音はまず「コエガ」(*koɛga* 喉咽、声、意味のある音、つまりメッセージ)と「ブーレ」(*buure* 雑音、つまり意味のない音)に分けられ、発音源にはよらない。これは情報科学における signal と noise の二分に対比させられる、音の根源に関わる分類だ。ある音が人間にとって意味をもつというときには、太鼓言葉のようにその音が言語として意味を伝えるというほかに、その音で踊れるといった、いわば審美的な規準も含まれる。

「コエガ」はその音色によってさらに、「コエラーガ」(*koeraaga* 男の声、以下Rと略記)と、「コエニヤーンガ」(*koe-yãanga* 経産婦の声、以下Yと略記)に分けられる。Rは鋭い、堅い感じの音であり、聞えの上で高い音という印象を与える。反対に、Yは鈍い、軟かい感じの音で、聞えの上で低い音という印象を与える。そして太鼓音と言語音の対応を見ると、基本的には、Rは言語音の高い音調に、Yは低い音調に対応させられていることが多い。

太鼓の音が対応している言語音は、祭儀の場での、声を張りあげ、かなりの様式化を伴った朗誦の音調ではなく、平常発音の音調である。SPからみても、RとYに対応する二種類の音色の太鼓音を識別できる。そして更にそれぞれのうちに、Rについては四亜型(R_1—R_4)、Yについては二亜型(Y_1、Y_2)を、分けてみることができる(それぞれの特徴については資料「イ」を参照)。ただ、Y_2はY_1の打ち方の弱いものである可能性もあり、Rについても、四つの亜型すべてが言語音を伝える上で必要なものであるかどうかは明らかではない。少なくとも、モシの現地概念においては、R、Yそれぞれの内で亜型は分けられていない。奏法からみても、Yの音は、左右いずれの手で打つにせよ、膜面の調音糊(tuning paste)の円盤の周辺を、響かせるように打つことによってのみ得られるという点で限られているのに対し、Rの方は打たない方の手で膜面を押えて打音を弱めたりその残響を消す(mute)ことによっても、あるいは打つ手自体で膜面の振動を止めるように打っても、あるいは膜面の縁の、膜の間近にヒョウタンの厚く堅い果皮の胴がある部分を斜めにかするように打っても得ることができ、R音の出し方はかなり多様でありうる。音として弁別上有意でなくとも、打奏の手順の上で、R音を出すのにさまざまな手法が用いられ、その結果、SPに表われた形では異なる亜型として識別されるものになった可能性はある。

（b）多くの例で、言語音の音調の高低と太鼓音のR、Yの対応が認められる一方で、対応していない例もかなり多い。対応していないものの多くは、打奏の様式上の理由でいわば contextual に変更が起こったとみることができる。太鼓言葉も含めて、一般に器音言葉において、モシの王統譜のように一定のメッセージが儀礼などの特定の状況で、器音言葉の専門的訓練を受けた特定の発信者によってくりかえし発信されるのか、内容、形式ともに自由度のより大きい、新しいメッセージが、資格の特定されない発信者によってさまざまな状況で発信されるのかは、器音と言語音の対応をみる上でも重要な意味をもつと思われる。前者では基になる言語音に対して器音は簡略化される方向で様式化されうるし、頻繁にくりかえされる句（ここで問題にしている王統譜でも祈年の句、祖先の名を問いかける句などは、王の代がかわるごとに反復されるリフレインをなしている）では「符牒」に近いものにさえなる。つまり記憶する言語メッセージを思い出させる記憶喚起の符牒であれば足りる。これに対し、一回ごとに新しい自由なメッセージを発信することが原則であるような器音言葉では、さまざまな事例研究（Sebeok & Umiker-Sebeok, 1976）も示すように、一般に器音は言語音に対して余剰（redundant）である。これは、音声言語の意味弁別の上で重要な役割を果す分節的特徴が消去されて、超分節的（韻律的）特徴だけでメッセージが発信されるために生ずる曖昧さ（ambiguity）を減らす上で必要な処置であるといえる。

また、シンセサイザーによる合成音の実験の結果が示すように（資料「ロ」参照）、モシの王統譜で太鼓音の高低（聞えの上での）、強弱、長短などの韻律的特徴のどれか一つを中心として音から意味を弁別しているのではなく、太鼓音の音色が重要であること、しかも録音された太鼓音の一部を入れ替えて聞かせた実験の結果が示すように、意味の把握は個々の音によってなされるのではなく、音の連なりのあるまとまり(sequence)の全体として把握される「相貌」(ゲシュタルト)の認識がむしろ重要であること、従って太鼓音は言語音に対して表音的(表音節的)であるよりは、むしろ表意的、ないしは表句的(phrase-graphic)であるとみるべきである。このように、音をあるまとまりごとに発信し、受信する上で、太鼓音は言語音の超分節的特徴だけを表わしているといい切れるかどうかが、今後の研究の課題である。とくに、太鼓音が言語音の「わたり」(glide)を表わしている可能性もある。

また、これは音のまとまりの問題とは直接関わらないが、言語音の音素の、ヤコブソン等による弁別的特徴(distinctive features)(Jakobson *et al.*, 1963[1951])のあるものを、太鼓音の音色が表わしていないかどうかも検討の余地がある。たとえば言語音の /i/, /e/, /n/, /s/, /z/, /t/, /d/ など高音調性の(acute)音と、/o/, /u/, /m/, /f/, /p/, /v/, /b/ などの低音調性の(grave)音の対立A/Gが、音色の上で類比されうるR/Yの対立とどのように対応して太鼓音で表わされているかといった問題である。(6)

(c)(b)に述べた問題と関連するが、モシの諸王朝における王統譜の太鼓言葉は、儀礼的な場で同一のメッセージがくりかえし打たれ、それが世代から世代に受け継がれていく過程で様式化が著しくなり、同じ語や句でも異なる太鼓音のまとまりとして発信されることが頻繁に起こる。それゆえ、たとえばテンコドゴ王朝の王統譜の太鼓言葉による打奏の録音を、わずか六〇キロメートル東南の、共通の祖先から枝分れしたラルガイ王朝の類似した王統譜の太鼓言葉をもつ楽師に聞かせても、まったく意味が分らず、またテンコドゴから二〇〇キロメートル北西のワガドゥグーの王朝の楽師について実験してみた結果も同様である。またワガドゥグーの楽師に、テンコドゴの王統譜の中で王の代がかわるごとにくりかえされるリフレインの祈年の句の太鼓音を聞かせたが意味がわからず、しかし強いて何か意味はないかと訊ねると、祈年の句ではないが王を拝する意味の、やはりリフレインとして用いられそうな、ほぼ音調が太鼓音と対応する句を述べた(資料「ハ」参照)。次に、先に聞かせた太鼓音のフレーズに対応する言葉の句だということはいわずにその句を発音し、これをベンドレで打ってくれと頼むと、言葉の句の音調にかなり忠実な太鼓音のフレーズを打ち、それをくりかえすうち、少しずつ様式化されてゆくという過程をとったが、その打奏音そのものはテンコドゴ王朝の祈年の句の太鼓の打奏音とはまったく異なったものになっていた(資料「二」参照)。

三

こうした性質をもつベンドレの太鼓言葉は、どのような意味で正または負の関係を、視覚的な図形記号としての文字に対比させられうるだろうか。以下記述の便のために、ここでとりあげる二種類の文字を、それぞれ「アルファベット」はAB、「日本語にとり入れられた漢字」はJK、そしてモシ族のベンドレの太鼓言葉はDLという略号で表わすことにする。

まず、正の関係での対比、つまり類似点について述べる。

[1]遠隔伝達性。音声言語による伝達に対して、格段に大きい空間的・時間的伝達可能性があげられる。平坦で物音の少ないサバンナでは、ベンドレの音は普通六キロメートル四方、深夜や早朝など大気の密度の高いときには一〇キロメートル四方にまで聞こえる。これは音声言語のメッセージを文字に「しるした」紙や木簡がもつ空間的遠隔伝達性に比べればはるかに低いが、しかし発信とほぼ同時に途中の媒介物によるメッセージ変更の危険なしに、音声よりはるかに空間的な隔たりの大きい地点にいる受信者に、言語メッセージを伝えるという意味で、言語メッセージを「しるす」とはいえる。時間的遠隔伝達性についていえば、上に述べたように、音声言語メッセージを、太鼓を打つ手の運動連鎖に変換し、もとの言語メッセージの記憶喚起装置として「しるす」ことによって、世代から世代への時間を隔てた伝達がより確かなものになる。

［2］反復参照可能性。言語メッセージが時間的な遠隔伝達性を獲得するということは、メッセージが固定され、同一メッセージを異なる機会に反復して参照できるということでもある。事実、モシの各王朝の王統譜は、異なる機会に太鼓音や声で何度「朗誦」しても、同じメッセージがくりかえされることが求められており、会衆は同一の王統譜をくりかえし聞くことができるのである。これは、音声言語のメッセージが元来一度きりで何の痕跡ものこさず消えてしまうのに対し、それを反復して参照できるようにするという、文字に付与されている特質に対応する。

［3］受信者の非特定性。音声言語のメッセージを太鼓音に「しるす」ことは、文字に「しるす」のと同様、メッセージの受信者を非特定にする、つまりメッセージが、拡散伝達 broadcasting の性質を帯びるという意味をもつ。一人の特定者にだけあてられたきわめて私的なメッセージでも、それが音声言語によって、密室あるいは電話で伝達される場合は伝達は二人の間だけで、その場限りのものとして完結し消滅するが、一旦文字に「しるし」て手紙や日記に書くと、しるされたメッセージは、空間・時間をこえて、非特定者に受信される可能性を帯びることになる。太鼓音で発信されたメッセージは、その音の伝わり方の性格からしても、受信者の特定性をもちえない拡散伝達である。

［4］秘儀性。もとの王統譜に用いられている言語自体、すでに用語や比喩的表現によってある種の秘儀性をもたされているから、それが分節的特徴を消したＤＬに移しかえられることによって、メッセージは二重の秘儀性を帯びることになる。文字も、ＡＢ、ＪＫともに、初期の聖刻文字（hieroglyph）や甲骨文など祭祀性のつよい用法においてはいうまでもないが、後の世俗的な用法においても、社会一般に識字率の低かった時代には、文字を用いること自体がコミュニケーションにおける特権性を帯び、それ以外の人々からメッセージが隠蔽されているという意味では秘儀性をもっていたといえよう。

次に、ＤＬがＡＢ、ＪＫとの対比で負の関係、つまり逆の性質を示している点を挙げよう。

［5］音声言語の分節的特徴の消去と、韻律的(超分節的)の特徴の再現。先に(b)で指摘したように、今後の検討に俟つべき若干の留保はあるものの、原則としてDLでは音声言語やメッセージの分節的特徴は消去され、韻律的特徴が「しるされ」る。これに対して、文字、とくにABや、漢字でも中国語、とくに反切のように、表音的に用いられている場合や、漢字から派生した日本語の仮名文字のように表音(表音節)的な文字では、文字によって「しるされ」ているのは音声言語の分節的特徴であり、韻律的特徴は消去される。

［6］時間性の消去(AB、JK)と時間の中での「しるし」づけ(DL)。文字は音声言語から息や声や発信者の現前を消去するとともに、何よりもまず時間性を消去し、視覚的に固定することによって、逆にメッセージの時間の中での持続性を獲得する方法だといえる。この時間性の消去は、メッセージの発信とともに、受信についてもいえる。つまり、発信者は時間の流れに関係なく、必要なら好きなだけ発信の流れをとめ、十分に時間をかけて考えたりメッセージを推敲したりできるし、受信する、つまり文字を読む行為の中でも、必要なだけ立ち止まって、つまり受信を時間の流れの中で停止させて、考えながら受信することができる。この発信・受信における自由な「立ち止り」こそ、文字を用いた伝達を知的営為として特徴づけている第一のものであろう。これに対し、DLにおいては、メッセージの発信・受信は、まったく時間の流れの中で、「立ち止り」を許容しない形で進行する。

［7］視覚性(AB、JK)と聴覚性(DL)。これは［6］の空間性／時間性とも対応する。重要なことは、視覚による認識において、受信者はより能動的、知的であるのに対し、聴覚による認識では、受信者はより受動的、情動的であるという点だ。視覚的受信においては、受信者は単に目をそらすか目を閉じることによって受信をやめることができ、しかも意味を読みとるという意志的で知的な努力なしには、視覚記号からメッセージを受信することは不可能だ。聴覚によるメッセージの受信は受動的で、相当の努力をしなければこれを断ち切れず、しかもその受信は常に情動的な側面と強く結びあわされている。ベンドレの音の、聞くものの腹の底にしみわたるような荘重な響きは、何百人とい

う会衆を前にしての王の祭儀の、牛や羊の犠牲につづく酒宴のあとのまつりのクライマックスでの、王朝の由来と支配の正当性を広報するメッセージの媒体としてふさわしい。そこでは歴史の表象は一つの集合的なパフォーマンスであり、臨席する現王や老廷臣をはじめ参会者は、振舞酒の快い酔のうちに、王統譜を「語る」荘重な太鼓音を集合的、受動的、情動的に受信し、王朝の過去に向って集合的に形成されたイマジネーションに、共同で浸るのである。

[8]メッセージの個別的受信(AB、JK)と集合的受信(DL)。これまでに述べてきたことの一つの系として出てくることだが、視覚的に「しるされ」た文字は、個々の受信者に個別に受信されうるのに対し(中国の文化大革命のあいだ、メディアとして重要な機能を果した壁新聞は、その興味深い例外をなしている)、DLは常に集合的に、特定の場合でしか受信されえない。この違いは、受信する行為を支えている状態の違いとして、メッセージの伝達のされ方、ひいてはメッセージの内容が受信者にもたらす意味に、深いかかわりをもつだろう(例えば、これはDLではないが、コミュニケーションの個別性と集合性の違いにかかわる例としていえば、アフリカの無文字社会で夜のお話の座で集合的に語られ、聞かれるお話では、文字を通して受信者が一人でこっそり読むのだったら卑猥と感じられるに違いない話が、おおらかに、卑猥感なしに語られ、笑われ、楽しまれる)。

[9]メッセージの構成要素への分解とその自由な再構成によって新しいメッセージを「しるす」可能性。この点については、ABもJKも、表音性、表意性の差異にかかわりなく、構成要素の再構成によって、新しいメッセージを「しるす」ことができる。これに対してDLは、少なくとも[1]に述べた意味での時間的な遠隔伝達性を、ABやJKに比せられる形でもつ伝達の媒体としては、新しいメッセージの再構成はそれほど自由ではない。つまり、DLが時間的遠隔伝達性をもつのは、受信者によって同一のメッセージが反復発信され、それが社会の中でひろく認められた価値をもち、特定の集団内でそのメッセージのDLによる発信が楽師の反復訓練によって、手の運動連鎖として身体に「内装」される結果である。それゆえ、メッセージが時間的遠隔伝達性を獲得したときには、そのメッセージは

すでにその社会の中でかなりの期間の反復を経た、「伝統的な」ものになっていることになるからである。DLで「語られる」モシの王統譜でも、王の代があらたまる度に「現王」の称賛名は追加されるわけだが、それは「新しく固定される」メッセージとして祭儀の場でくりかえし打たれ、次の世代の楽師が幼時から習い覚えることによってしか時間的遠隔伝達性をもちえない。

川田〔一九九八[一九八二、一九八八]、テーマ3〕のカセナの笛言葉の分析や、Sebeok & Umiker-Sebeok (1976) に含まれている笛言葉や太鼓言葉の多くの事例研究にあるように、メッセージを自由に発信する器音言葉も存在する。しかしそれが自由なのは基にある音声言語のメッセージの自由さによるものであり、器音は単にその韻律的特徴を再現しているにすぎない。従ってこの種の器音言葉では、モシの王統譜を「語る」DLのような、文字に比せられるべき時間的遠隔伝達性はもちえない。このようにDLと対比してみるとき、ABやJKをはじめとする文字による伝達の特徴は、発信における自由な「立ち止り」つまり批判的思考を含めての、新しいメッセージの創出、そしてその創出されたメッセージの、時間的遠隔伝達性にあることがわかる。このような特質と、それが受信される際にも起こりうる批判的思考を伴う「立ち止り」のために、文字の存在が知識の批判的蓄積と改良を容易にし、出来事による変化が累積する歴史をもつ文字社会と、伝統的構造が出来事の生む変化に優越しがちな無文字社会の間に差異が認められるといえるのかもしれない。

〔10〕音声言語の言語としての伝達可能範囲を超えた伝達の可能性(AB、JK)と不可能性(DL)。AB、JKをはじめ文字は一般に、音声言語による伝達が方言差のために不可能か著しく困難な場合にも、伝達を可能にする。それは方言差の多くが由来している、音声言語の韻律的特徴の差異や、耳からでは異質性が拡大して捉えられて理解不能につながりがちな分節的特徴の差異が、ABの書記体系においては、韻律的特徴を消して標準化された分節的特徴のみで表記されることによって極小化されるからである。また漢字を用いた場合は、方言差どころか音声言語として統語

法(syntax)上も異なる言語の間でも、北京官話と現代日本語の標準語の間でのように、漢字の表意機能によって、かなりの程度まで意思を通じ合うことができる。

これに対し、モシの王統譜を語るDLでは、(c)に述べたように、基になっているモシ語ではわずかの方言差はあっても十分通じ合える異なる二王朝の楽師同士でも、王朝ごとのDLは相互に通じない。DLは、ABやJKなどの文字とは逆に、音声言語の通用範囲を狭める伝達手段、いわば「言語内言語」になっているといえる。同様のことは、モシの王統譜のDLのように様式化された器音言語でない、自由な私的性格のメッセージを相互に交信する、前述のカセナの笛言葉でも認められる。笛でカセナ語の分節的特徴を消したメッセージをこの笛言葉に熟達した老人に吹いてもらい、他の、やはり笛言葉の伝達に馴れているカセナの老人に聞かせると、笛言葉のメッセージはテストした限りでは一度の誤りもなく把握できた。その一方で、カセナ語を母語とし、カセナ語は言葉としては完璧に理解できる青年で、学校教育を受けるために村の生活を長く離れていて帰省した人に同様のテストをしたところ、こちらは逆に、ただの一つも理解できなかった(川田、一九九八[一九八二、一九八八]、テーマ3)。つまり音声言語の分節的特徴が消されて生じる曖昧さのために、言語以外の「馴れ」の要素が笛言葉の理解には不可欠で、ここでも笛言葉は「言語内言語」の性質を示している。

四

次に、DLが文字一般との対比においてではなく、AB、JKそれぞれとの対比で示しているさまざまな特質をみながら、「しるす」ということのあり方について考察を試みたい。

[11]すでに実験の結果もふまえて述べたように、DLでは太鼓の音一音が言語音一音に厳密に対応しているわけで

はなく、むしろ音の流れの一区切りの連なり(sequence)で全体として感覚の印象によってとらえられるひとまとまりの音の「相貌」(ゲシュタルト)が、意味の弁別上重要であると思われる。この点でＤＬは、ＡＢが主として分節的特徴について表音的であるのに対し、基本的に韻律的特徴について表音的であるといえるが、しかし厳密な意味で表音的であるよりは、むしろ表意的、それも言語音の語よりは大きいまとまりを単位とした表句的(phrase-graphic)な「しるし」のシステムであるといえる。その点では漢字とむしろ共通する性質をもっている。その際、器音が本来的に帯びている受信者の情動に働きかける力が、言語音を再現して概念化された意味を伝えるのとは意味の上で連続しながらも原理としては独立に、だが同時に、直接受信者の感覚に訴える形での伝達も行なうことになる。そのことは、先に実験結果として述べた、テンコドゴ王朝太鼓言葉の祈年のリフレインを、二〇〇キロメートル離れたワガドゥグー王朝の楽師が言語としては理解できなくても、王に対する一種の賀詞として認知したという事実にも示されている。

太鼓音のフレーズには、王朝の由来を語りはじめるに当っての荘重感、賀詞や祈年の詞の晴れがましい慶祝感、戦いの句の勇壮感等々、音の表情が結びあわされている。それは漢字が、その元来の象形性とある場合は結びついていて、しかし大部分の場合はそれが記号として表わしているものとの、漢字の使用に伴って使用者(発信者＝受信者)のうちに二次的に形成された結びつきの「感じ」によって表意(表語・表句)機能と連続しながら重なりあい、受信者の感覚に——漢字の場合、ＤＬの聴覚と異なって視覚に——直接働きかけるのに似ている。

ＪＫでは日本で漢字の構成要素(文、義符)の表意性を独自のやり方で組みあわせて作った「国字」や元来の漢字音には全く無関係な日本語の語音をあてた「宛て字」にそのような「二次的表意感覚」をよく表わしているものが多いので、視覚記号としてきわめて興味深い事例をＪＫは提供する。漢字の元来の象形性が現在も視覚的にある感じを与える例としては「雨」「亀甲」等が挙げられる。元来の象形性からは離れているが、驢馬、鸚鵡などは、文字が視覚的に直接与える「感じ」が文字の表わす意味を補強しているといえるだろう(驢馬のぼてぼて感、鸚鵡の羽色と鳴き声のにぎやか感)。国字の例としては、鰯、鱈、糀、躾、込、峠、裃、噺、凩、凧、辷る、働く、嬶、嫐、等々数多くのものが挙げられる。また「宛て字」としては秋刀魚(さんま)、紫陽花(あじさい)、百日紅(さるすべり)、海月(くらげ)なども、それぞれの和名が音として表わしているものの「感じ」と漢字の多分に二次的に形成されたのであろう「感じ」とが重なりあっているように、私には「感じ」られる。

日本語では音節(より正確にはモーラ mora)の種類が、言語学者により多少の違いはあるが、せいぜい百二十くらいであるため、同音異義語がきわめて多く、漢字の助けをかりて視覚的に意味の弁別をしないと十分にコミュニケーションが成り立たないことが頻繁に起る。ここからJKに特徴的な、多数の同音・異字・異義語が生れ、また逆に、漢字が日本語の音声を「しるす」のに表意文字として用いられた『古事記』に典型的にみられる変体の漢文体のような、異音・同字・同義という、音とそれを「しるす」文字の関係がきわめて特異な二重構造が生れている。前者(同音・異字・異義語)の例としては、「さいき」という分節的特徴だけでなくアクセントも全く同じである一語に対して、才気、才器、再起、猜忌、祭器、債鬼等々、意味のそれぞれ全く異なる、しかも常用される数々の語が対応しうるような書記法があげられる。これは無作為に選んだ一例にすぎず、同様のもっと甚だしい例は、一—四音節のさまざまな音節数の語について(日本語では五音節以上は合成語であることが多い)、同一音の語に異字・異義の対応する例は枚挙にいとまがない。例えば、「せんこう」という同一の分節的特徴のつらなりと同一アクセントをもった四モーラの語だけでも、専攻、選考、穿孔、閃光、戦功、銓衡、潜航、選鉱、鮮紅、等々の多様な文字と意味が対応する。

また、同音・異字・同義という書記法もJKにはある。たとえば『古事記』に「久羅下」という、漢字の表音(表音節)的な使い方によってしるされている水棲動物の一種の名は、JKの「宛て字」で、水母、水月、海月などと漢字の表意性を利用して多様に書き表わされる。他にも、同音・異字・同義の例は、「卵、玉子」「鮓、鮨、寿司」など数多い。こうした「しるし」方は、音と文字の間に原理的な対応がはじめから考えられておらず、文字は音と無関係に表意的にだけ「宛てられて」いるために生じている。前述の紫陽花、秋刀魚などの例も、異字はないが要素としての音と文字との対応がなく、三文字の語全体として漢字の表意性に頼っているという点では前者と共通する「しるし」方である。

他方、異音・同字・同義の例で『古事記』の冒頭の「天地　初発之時　於高天原　成神名　天之御中主神」という十九字のように、異本や異なる研究者によって、七通りに異なった読み方があり、それでいて読み方が違っても漢字の表意力のために、表わされている意味は同一という現象も生じる。現在も広く使われている異音・同字・同義語の例としては、「下」が挙げられる。この字は、下(さが)り藤、下(くだ)り鮎、下(した)火、下(しも)ぶくれ、下(か)等、下(げ)品、下(しず)枝、下(あ)火(こ)、などさまざまに異なる音と対応するが、しかし「下」が表わしている意味は、それを視覚的に記号化した「指事」によって、ほぼ同一である。日本語に取り入れられた漢字の読み方が、日本への語の導入の時代や脈絡(仏教など)により、古音・呉音・漢音・唐音など多様であったことが、ＪＫにおける異音・同字・同義語を多く生む一因となっている。『古事記』冒頭の異音・同字・同義句の例は、モシの王統譜の一連の太鼓音のつらなりの、相貌は同一でも、王朝ごとに異なる言語音の句(したがって異なる意味)が対応させられていて、しかし句全体が表わす「感じ」はある範囲のメッセージのどれか一つである実験例(資料「ハ」参照)に見られるようなＤＬの言語音の「しるし」としてのあり方と、差異(異義である点)を示しながら連続するものをもっている。ただ、ＤＬの音が、音のつらなりの相貌において漠然と表句的ではあっても、漢字のような個々の記号自体のより明確な表意性に基づく表句・表語性でない点が大きな違いだ。

このように漢字、それもＪＫを一つの参照点としてＤＬを検討すると、音声言語を「しるす」ということの多様な側面が明らかになり、ＡＢのたどった方向の意味が相対化されて見えてくる。

[12]ＡＢ、ＪＫとの対比で見た場合、ＤＬがＪＫと共通する性質を示す反面、ＪＫとは逆の面ももっている。ＡＢ

は音を表記するのに一つの閉鎖系をなす比較的少数の要素の集合を用いるが、ＪＫでは逆に、「しるし」の要素は種類の数を限定できない開放系をなしており、国字や宛て字にみられるように、新しく要素を作り出して行くこともできる。ＤＬでは弁別的に用いられる「しるし」の種類は基本的にRとYの二種、周波数成分の型から分けてもせいぜい六種の要素を用いてモシ語のすべての言語音を表わしていることになる。ＤＬが音声言語のメッセージを太鼓を打つ両手の運動連鎖に置きかえて、音声言語より安定度の大きい記憶喚起装置とすることが可能なのも、分節的特徴の上で、母音十三、子音十七、二重母音十五、二重子音二十等の組みあわせからなる、音調も含めると万のオーダーにはなると思われる多様なモシ語の音節の種類を、韻律的特徴を表わすきわめて少数の太鼓音に還元しているからである。ＤＬが、言語メッセージを少数の要素に「還元」して身体に「しるし」ているのとは対照的に、ＪＫは言語メッセージを、無限定の種類の記号として「展開」することによって、視覚的に「しるす」体系であるといえる。ただ、ＤＬが、ごく少数の要素を用いながらも、そのつらなりの相貌によって、むしろ表句的に言語メッセージをしるしていることはすでに述べた。

このように、「しるす」ことの指向において逆の方向をもった、ＪＫとＤＬ二つの体系に共通するものとして、身体性を私は挙げたい。モシの楽師に手をとってもらってベンドレの打奏を習いながら、私は幼いとき習字の先生に筆をもつ手をとってもらって漢字を書くことを「身体」で憶えたことを思い出した。漢字についてもあれほど画数の多い図形記号を何千と憶えることができるのは、線が縦に何本、横に何本という形で視覚によって憶えるのではなく、発信においてはくりかえし書いて手の運動連鎖の感覚の「記憶」が、受信においては全体の相貌の認知が、重要な役割を果たすからであろう。漢字を書くのは一定の書き順(必ずしも正式の書き順でなくとも、自己流でも一定の順序で書くことが運動連鎖の「記憶」にとって意味がある)によるので、視覚記号としては共時的でも、それは運動性ないし通時性を含んで成り立っている。ある漢字の書き方を忘れたとき、掌に指先で書いてみて思い出すことは日本人には多い。受信においても、特に行書体、草書体など運動性の大きい書体の漢字を読むのに、自分で書ける人は読むのが容易だが、DLも自分で打ち方を憶えたフレーズは、音を聞いても、ひとつらなりのまとまりとしての音の相貌を認知しやすい。

ABは閉じられた系の中の比較的少数の要素を組みあわせることによって、ある言語の分節的特徴をすべて記述しようとする指向をもっており、それは記述に用いられる要素が開かれた系をなしている漢字や、基本要素は極く少数でもその連なりが生みだす相貌が言語を「しるす」上で重要なDLと逆の指向性をもっている。

五

他方、JKとDLとは、伝達に用いられる弁別上有意な要素の種類を、原理的には無限に拡張しうる(JK)か、極度に少なくするか(DL)という点では、ABを別の参照点として、対極的に異なる体系をなしている。だが、他方では、DLは、基本要素は極く少数でもその連なりが生みだす相貌が言語を「しるす」上で重要である点でJKと共通し、ABとは異なっている。

ABのこのような指向を極限まで進めれば、ヤコブソン等(Jakobson *et al.*, 1963[1951])が行なった、音素を究極の弁別的特徴(distinctive features、以下DFと略記)の二値的対立(binary opposition)に還元し、通信過程をそれに基づく二値的選択(binary selection)の組み合わせとして把握しようとする考え方に行きつくだろう。ここで興味深いのは、ヤコブソン等は、弁別的特徴に「固有的」(inherent)と「韻律的」(prosodic)の二種のものを区別し、それ自体として、つまりそれが現われる音素の連なりへの言及なしに定義しうる前者だけをとりあげていることだ。そこに見られるのは、究極の絶対的な要素を明らかにしようとする意図である。韻律的弁別特徴は、音の連なりの中での、相対的な値としてしか弁別上の意味をもちえないのだから。この意味で、ヤコブソン等の弁別的特徴の理論が除外した音声言語の側面を、DLはとりあげて「しるす」システムなのであり、それは閉鎖系をなす限られた種類の要素の二値的対立の組み合わせによって世界を解明しようとする指向とは逆の、それとは相補的な関係にある指向に裏付けられているといえる。

ファジー理論を特徴づける「区間真理値」の考え方が、二値的選択を基礎に置く分析の限界の認識から生れているとすれば、音素の「固有的」弁別的特徴の二項対立を究極の単位とする、音声言語の分節的特徴を「しるす」書記体系(DF)に対して、DLは音声を「しるす」形式として、JKは図形記号によって音声言語のメッセージや観念を「しるす」形式として、二値論理の限界を越えるという意味で「ファジー」であり、ABやDFによって「しるす」形式とは対立する、見方によっては相互補完的な関係にあるといえる。ABやDFは、基本的に閉鎖系として想定された対象を最小単位にまで「わける」ことによって対象を分明化する指向に支えられているが、この点では、「区間真理値」の考え方も、区分することにおいて共通の指向に支えられており、二値論理とは質的にではなく、量的に隔たっているに過ぎない。

閉鎖系を前提とした「分ける」世界認識の方法と重なりあって、これよりおそらくより原初的なものとして「はかる」、つまり既知のものを比喩的にあてはめることによって、世界のうちに主体にとって意味の明らかにされた領域を拡大していく、開放系の方法があると私は思う。(7)「はかる」は「はかどる」「はかなし」などの動詞や形容詞と共通の語根「はか」(稲や萱などを植えたり刈ったりする作業での、予定した面積や量)に由来する動詞で、同時に「企てる」、つまり、不分明の領域に対して、主体にとっての意味が、ある側面で明らかになるような行為を試みるという含意ももっている。

このような行為について考える上で示唆に富むのが、日本語の「はかる」にあたるモシ語の動詞「マケ」*make* および「トグセ」*togse* である。マケは「計量する」という意味での「はかる」に対応するほか、「なぞらえる」「似る」

「たとえる」「ふりをする」「みなす」などの日本語の動詞にも対応する意味をもっている。トグセは「語る」という意味で最も普通的に用いられる動詞だが、「語る」とはつまり、もとの言説を「なぞり」「まねる」という含意をもち、太鼓音で言語音をなぞってメッセージを「語る」行為も、トグセという動詞で示される。

「はかる」基礎となるものは、主体にとって距離の上でも最も近く、いろいろな意味で「明らかな」存在である人体であり、人体を「万物の尺度」として世界を「はかる」ことは、人間として原初的かつ普遍的な営為であるように思われる。大革命後のフランスの「普遍」志向の風潮の中で生まれ、現在では世界でかなり広く採用されている、地球の周という閉鎖系の量、つまり限られた一定の長さを「分ける」ことに基づいたメートル法以前、とくに長さに関しては、指や腕を広げた長さ、前腕(尺骨など)の長さ、一歩の長さ等々人体に基づいて「はかる」ことが多くの文化に共通してみられたし(本書序、八頁)、頭、尻、目、口、耳、足、手、背、等々の人体の部分が比喩的に自然物や人工物にあてはめられている表現の例は、さまざまな言語で枚挙にいとまがない。時についてさえ、日本語で「宵の口」という表現にそのまま対応する表現「ザブノーレ」*zabnoore*がモシ語にもある。

「はかる」「なぞらえる」「マケ」することは、詩的言語の主要な働きの一つでもあり、根底において「ポイエーシス」の営為につながるものである。「お日さんをせながさしょへば、はんの木も、くだげで光る鉄のかんがみ」(宮沢賢治『鹿踊のはじまり』)、「観客様はみな鰯、咽喉(のんど)が鳴ります牡蠣殻と」(中原中也『サーカス』)等々、無数に例を挙げることができる、詩的比喩からも明らかなように、「砕けた鏡」、「鰯」「牡蠣殻」などが「夕日を背負った榛《はん》の木」、「サーカスの観客」、「空中ブランコを見る人々の咽喉」などに「マケ」されることによって、それまで主体との関係で対象の中に認知できなかった意味が啓示される。計量する意味で「マケ」すること――「かなり長い、そしてよく織れている」という形で主体にとって意味をもっていた布が、「カンティーガ」*kãtiiga*(肘から中指の先までの長さ)で「マケ」されることによって、何カンティーガあるという、売買したり服に仕立てたりする素材としての布の意味を帯びてくる——も、比喩によって「マケ」することと同様、それまでとは別の意味を対象の内に見出だすことであり、主体にとって対象が持つ意味の多層性があるからこそ、つまり既知と未知が重層的関係にあるからこそ、あるもので他のあるものを「はかっ」たり、あるものを他のあるものに「なぞらえ」たりすることが可能になり、意味をもつのである。

六

前述の考察を、与えられた課題である曖昧さ(fuzziness)とのかかわりで、ここにとりあげた三つの「しるす」体系について整理してみよう。

(i)音声言語とそれを非音声媒体によって「しるす」システムとの対応関係の多様性の度合いにおいて、より多様であることを曖昧と捉えるならば、ABやその極限としてのDFに対して、JKやDLは曖昧であるといえる。ABにおいても、例えば英語などは基本的な発音表記の原則からいえば、I[ai], do[du], does[dʌz]等々かなり多様であるが、しかしJKやDLとの対比でいえば、ある限られた範囲での、しかも多くの場合ある原則に従った多様さであるといえる。これに対して、JKは呉音・漢音等、中国伝来の音や、慣用として確立された訓でさえすでに多様であるのに、宛て字や振り仮名においては、意味を媒介として極めて多様な——原理的には無限な——対応関係がありうるし、DLにおいても、DFが排除した相対的にしか規定しえない韻律的特徴を、二ないし六の要素を用いて、地方(王朝、流派)ごとに異なる方法で、連なり(sequence)として「しるす」のであるから、分節的特徴がとくに重要な言語音との対応関係においては、やはり著しく多様であり、曖昧である。

(ii)JK、DLとも受信において、それぞれ視覚的、聴覚的な相貌(ゲシュタルト)認識が重要であるが、相貌認識は曖昧さの大きい認識である。だが同時に、相貌認識は、非分節的な情動性のつよい伝達を可能にする。元来の表図記号(pictogram)としての性質や表意性が、ある種の漢字にとっては概念化された意味作用以前の、より直接的で多分に情動的な伝達力をもちうるし、先に四[11]に挙げた例のように、慣用によって二次的に形成されたはずのものも含めて、ある漢字の与える「感じ」の伝達力も重要である。これらの点で漢字には、音声言語における音ないし音声象徴性(sound/phonic symbolism)に対応させられるべき、視覚象徴性(visual symbolism)による伝達を考えるべきであろう。(8)

DFにおけるように音声言語における二値論理を極限にまですすめたヤコブソンが、一方では詩的言語に向かって開かれた感性と豊かな認識をもち、また恣意的な音と意味の結びつきによらない音声の直接の伝達力、音声象徴性に執念ともみえるほどの関心をもちつづけたことは興味深い。しかし音声象徴性の研究においても、彼の関心は個々の言語文化内での恣意的な音と意味の結合から二次的に形成されたものまでも含めての、文化内的(emic)な研究(9)を一挙に飛び越して、音声象徴性の「普遍的な原理」の探究を志しており、その意味では、DFへ向かった彼の志向と共通している。DLの、言語メッセージとの対応と重ねあわせになった、音によるより直接の、情動喚起力——やはり著しく曖昧なものだ——については三[7]にも述べた。

(iii)閉じられた系の構成要素による書記体系であるABに対して、DLが開かれた系として、新しい音声メッセージを太鼓音で、あるゆるやかな原則には従いながらも、新しい音連鎖(sound sequence)として「トグセ」してゆくことは、二(c)にも述べた。JKの場合、DLほどの自由度はないにせよ、宛て字は原則として無制限に、それを好む人によってはいまも頻繁に用いられ、音声言語としての日本語の音節の種類の少なさを、従って音声言語による表現の制約を補っており、また造字についても、これまで多くの国字が作られてきたように、今後も日本製の「感字」が作られ定着する可能性は大きい。

また、JKにおいて、慣用的な漢字の用い方でも、例えば「たつ」という音声に対して、立つ、断つ、発つ、経つ、裁つ、等々の漢字を「マケ」することによって、「たつ」という言語音によって表わされる意味を分節化してゆくことが、限られた範囲の中でではあるが可能になるという、ファジーではあるがそれゆえに柔軟で、ある意味では豊かな側面が、実用上の不便さと表裏をなして存在している。

*モシ語表記のギリシャ文字は、開母音(*ε/e, ι/i, υ/u*)を、ティルド(˜)は鼻音化を示す。

注

(1) ザデー(L. A. Zadeh)等によって提出されているファジー理論(Zadeh, 1987)を、記号論の視野で検討することをテーマとする第一二回日本記号学会シンポジウム(一九九二年五月十日、武蔵野美術大学)で、当時非学会員だった私にも文化人類学の立場から発言するように求められた。私は記号論の研究者ではないが、私が関心をもってきた問題は今回のテーマに関わりをもつので、この機会に私の考えていることのいくつかの点を、やや大胆な仮説として提出し、記号論の立場からの批判や教示を受けたいと思い、シンポジウムへの参加を引き受けた。シンポジウムでの私の発言の要旨は、『現代詩手帖』一九九二年十一月号「シンポジウム「曖昧」の記号論」、翌年刊行の記号学会の機関誌『記号学研究』13「身体と場所の記号論」(一九九三年三月刊)に、「音声によらない言語伝達の形式における曖昧さをめぐって——西アフリカ・モシ族の太鼓言葉を中心に」と題して掲載された。シンポジウムの後、『記号学研究』の刊行前に、私はほぼ同じ内容を別の角度から整理しなおして、当時私の勤務していた東京外国語大学アジア・アフリカ言語文化研究所(ＡＡ研)の所内研究会で、「しるすことの諸形式」と題して口頭発表した(一九九二年十月七日)。本書に収めたこの論考は、『記号学研究』に掲載された論文と、ＡＡ研での口頭発表の草稿、配布資料などを合せて、若干加筆したものである。

周知のように、ファジー理論では言語真理値が新しい考え方として出されている。これは曖昧なことを区間真理値として表わそうとするもので、曖昧さも厳密に規定しようとする、欧米近代科学の一面を表わしているようで興味深い。言語真理値では、言語伝達の「内容」の曖昧さを問題にしているが、私は言語伝達——ここでは音声言語のメッセージの非音声媒体による伝達

——の「形式」における曖昧さを具体例に即して問題にしたい。

(2) モシ王国の太鼓言葉については、これまで、川田(一九九二[一九八〇]、一九九八[一九八二、一九八八]、二〇〇一[一九八一]、二〇〇〇)、川田他(一九九六)、KAWADA (1983[1981], 2004)等で、さまざまな角度から検討、分析を行なってきた。

(3) これらの事例研究は、SEBEOK & UMIKER-SEBEOK (1976)に収録されている。

(4) モシ語の雛段状音調体系については、PETERSON, 1968 の研究がある。

(5) これらの分析の詳細は、川田(一九九八[一九八二、一九八八])、川田他(一九九六)に分析データとともに示されている。

(6) これは、川田他(一九九六)でも追求した重要な問題点の一つであったが、結局明快な結論は得られなかった。ただこの問題は、言語音を分節的特徴(segmental features)と超分節的特徴(suprasegmental features)に分けて考えることの妥当性の再検討とも関連して、今後の言語研究の一課題であるといえる(川田、二〇〇〇)。

(7) その基本的なアイデアは、一九八二年の坂本賢三氏との対談「「分ける」ことは「分かる」ことか」『太陽』(平凡社)三四一号、一九八二年九月号、九〇—九七頁、および来日したジャック・デリダ氏を囲む日仏哲学会主催の“Autour de la notion de différance”と題するシンポジウム(東京日仏会館、一九八四年十一月)での私の報告“Son, nom et écriture”(未刊)で示した。

(8) 図像象徴性については、川田(二〇〇四[二〇〇二])で、研究方法の初次的な考察を試みた。

(9) この点についての私の立場は、一九九八[一九八八]『聲』の「音と意味」「類音類義」などの章に述べた。

参照文献

JAKOBSON, Roman, C. G. M. FANT & M. HALLE, 1963[1951]. *Preliminaries to Speech Analysis: The Distinctive Features and their Correlates*, Cambridge, Mass., M. I. T. Press.

川田順造、一九九二[一九八〇]「7、音のエクリチュール」武満徹・川田順造往復書簡『音・ことば・人間』岩波同時代ライブラリー一二八。

川田順造、一九九八[一九八二、一九八八]『サバンナの音の世界』(一九八二、レコード・アルバム、東芝EMI)、一九八八、カセット・ブック、白水社、一九九八、同改訂版。

川田順造、二〇〇〇「マンデ音文化とハウサ音文化――イスラーム音文化の地域的展開」『民族学研究』六五(一)、「イスラーム音文化の地域的展開」という題で本書第五章に収録。
川田順造、二〇〇一〔一九八一〕「音の紋章――無文字社会における権力とコミュニケーション」『口頭伝承論』下、平凡社。
川田順造、二〇〇四〔二〇〇二〕「図像象徴性研究のための予備的覚え書き」『神話・象徴・文学』Ⅱ、二〇〇二年、篠田知和基編、楽浪書院、一二四―一四二頁、『コトバ・言葉・ことば』二〇〇四年、青土社、四五―七四頁に収録。
川田他、一九九六　川田順造・小田淳一・山本順人『アフリカ社会における通信システムとしての太鼓ことばの研究』(平成七年度科学研究補助金(一般研究B)研究成果報告書)、東京外国語大学アジア・アフリカ言語文化研究所。
KAWADA, Junzo, 1983[1981]. "Le panégyrique royal tambouriné mosi : un instrument de contrôle idéologique", *Journal of Asian and African Studies*, ILCAA, Tokyo, No. 26, 1983 : 19-32.[*Revue Française d'Histoire d'Outre-Mer*, 1981, tome 68, no. 250-253 : 131-153].
KAWADA, Junzo, 2004. "Réflexions sur les rapports dynamiques entre les cultures sonores d'une part, et la cognition historique et sa représentation d'autre part : cas des sociétés de l'intérieur de l'Afrique occidentale", *in* J. KAWADA et K. TSUKADA (éds.) *Cultures sonores d'Afrique III*, Hiroshima City University : 5-26.
PETERSON, Thomas, 1968. "Remarques sur le principe du système tonal more", *Notes et Documents Voltaïques*, 1 (3) : 20-27.
SEBEOK, Th. A. & UMIKER-SEBEOK, D. J. (eds.), 1976. *Speech Surrogates : Drum and Whistle Systems. Approaches to Semiotics*, 23 (1-2), 2 vols., Mouton, The Hague-Paris.
ZADEH, L. A., 1987. *Fazzy Sets and Applications : Selected Papers by L. A. Zadeh*, John Wiley & sons, Inc. 菅野道夫・向殿政男(監訳)『ザデー・ファジィ理論』一九九二年、日刊工業新聞社。

第五章　イスラーム音文化の地域的展開

一　はじめに

「音文化」(おんぶんか)という概念が、日本と外国でいつからどのように用いられ始めたか、これまで調べた限りでは、定義と具体例の分析を伴った形では一九八〇―九〇年代に、私が日本語とフランス語(culture sonore)で用いたのが始まりといってよいと思われる。[1] それより早く、基本的な考え方や八角形のダイアグラムなどは後の「音文化」と変わらないが、「音の世界」(フランス語 univers sonore)などの用語で、こうした概念の必要を私が提唱したのは、一九七八年日本で、口頭発表では一九八〇年フランスで、が初めだったと思う。[2]

このような概念を私が構想するようになったのは、何よりもまず、通算して六年(当時)の西アフリカ、モシ社会での現地調査で、太鼓言葉をはじめとする器音による言語メッセージの伝達、歴史伝承、昔話、歌、謎々、言葉遊びに示される、声と器音、言語音と非言語音、言語音の分節的側面と超分節的側面、豊かな音象徴などが交錯し、渾然となって作りだしている多彩な音の世界を体験したことによる。「音楽」という、日本でも明治以後の西洋概念の翻訳である(吉川、一九七五)、限定され、こわばった枠を取り払い、ヒトのコミュニケーションの音の側面の全体を、自然音や聴覚以外の感覚や身体の律動とのかかわりが作る世界に解き放したいと考えたからだ。また、音のコミュニケーションの場、発信者(資格、能力)と受信者(形式上の受信者と実際の受信者)、権力に奉仕する音、歴史の表象における音など、社会、政治、歴史の脈絡のなかで、音を捉えようと思ったからだ。

最初は、音楽学に向かっての批判的発言が主だったが、[3] 私の構想は音楽学を基盤として出てきたのではなく、出発点はむしろ、言語学や口承文芸研究の領域での、やはり西アフリカでの体験が基になって生まれた、既成概念の批判的再検討だった。F・ソシュール以来の音と意味の対応の恣意性を、より広い音と意味の関係の一部として、とくに音象徴性を重視して再検討すること(音と意味の関係の捉え直し)、しかし、R・ヤコブソンの音象徴性の普遍的原理探求指向は否定し、音文化とくに言語文化内での二次的形成を問題にする方法の提唱(音象徴性の文化内的検討)、自由発話とテキストあるいは文字など視覚記号との関係を連続的に捉える立場からの、A・ロードの口頭的構成法理論の批判、および反復と変異の関係の捉え直し(L・B・マイヤーの予期からの逸脱が感興を生むという音楽感興論の批判と、私の中毒反復論の提出)、音のメッセージの発信・受信の総合的検討からの、J・L・オースティンの言語行為論の全面的批判、および行為遂行性とは異なるベクトルの、発話の演戯性の概念の提唱など、十九世紀末から二十世紀前半の、言語学、口承文芸研究での欧米の既成の主要学説への一連の異議申し立ての一部として、私の「音文化」の概念も出てきたといってよい。[4]

いうまでもなく、「音楽」という狭い概念にとらわれずに、その文化内的な脈絡を重視しようとする立場は、萌芽的には、藤井知昭(一九七八)など音楽学内部にもあったたし、その後長期の現地調査に基づく音の世界の文化内的研究も、Steven Feld (1982)、櫻井哲男(一九八九)、山田陽一(一九九一)、卜田隆嗣(一九九六)などにすぐれた例を見るように、蓄積されつつある。だが私のいう「音文化」の場合は、右に略述したところからも明らかなように、文化のトータルな、文化内的(emic)な研究への鍵概念(key concept)の一つとして、技術や身体技法などとともに音文化が考えられているのであり、「音楽」のよりトータルな把握のために、なのではない(川田、二〇〇四a[二〇〇二])。音文化を定義するのに、私はフランス語で定冠詞をつけた一般的な意味での"la culture sonore"と、不定冠詞の複数形をつけた、つまり複数の、しかしあくまで抽象されたモデル概念であって有境の実体ではない“des cultures sonores”を区別した(KAWADA, 1997 : 5 sq.)。第一の定義に従って文化内的検討から抽出された、モデルとしての複数の音文化を、通文化的(etic)に比較することの発見的(heuristic)な意義を私は重視したいし、私自身それを「文化の三角測量」(triangulation of cultures)と呼んでいる方法で実践し、発表してきた[5]。

今回の特集(原発表『民族学研究』六五(一)、特集序文)のテーマ「イスラームの音文化」は、「音文化」を文化研究上の鍵概念とし、イスラーム世界という一つの共通項を設定した上で、文化内的に把握された「音文化」の地域的多様性を通文化的に問題にしようとするもので、「文化内的」と「通文化的」ということのそれぞれの意味が、いわば二重の入子構造になって交差した文化研究の試みということができる。つまり、イスラーム世界の文化を、もし「イスラーム文化」という共通項として括ることができれば、その音文化を文化内的に考察し、しかし同時に、「キリスト教文化」「仏教文化」といった他の大宗教世界の音文化との比較で、イスラーム音文化の性格を通文化的に位置づけてみることが可能だからである。

他方、このように文化内的と通文化的とが二重に交差した視野のなかで、イスラーム世界内の諸地域の音文化の多様性を、それぞれの音文化ごとに文化内的に考察しながら、イスラーム世界内の他の音文化と通文化的に比較することも可能であろう。それ故、「イスラームの音文化」というテーマは、「音文化」と「イスラーム」という二つの特殊項を手がかりにしてはいるが、文化内的と通文化的とを組み合わせた文化研究の一方法の試みとしての、より一般化された意義ももちうると思われる。

ただし、これはあくまで試み、ないしは実験の設定であって、その試みの有効性は少しも保証されてはいない。一体、七世紀のアラビア半島という特定の時代状況と特定の地域文化のなかで成立した、それ自体、時代的にも地域的にも文化中立的ではありえない一宗教イスラームを核として、それぞれの地域文化とも結びついていながら、脱地域文化的に「イスラーム文化」というものを想定できるのか。逆に各地域文化のなかでは、「イスラーム的」とみなされるものは、どのようにして取り出しうるのか等の基本的疑問は、試みの設定の初めからあり、それは具体例の検討を経た後にも、不十分にしか答えられずに残る。だがそのことによって、このような文化研究の方法を試みること自体の価値は、否定されはしない。

宗教としてのイスラームが、砂漠を駱駝で旅する商人を基にした、純太陰暦の文化、そして造形表象よりは音の表象、とくにイスラーム以前の「無明の時代」から、洗練された口承文芸の伝統をもつ、声の表現に重きを置いたアラブ文化のなかで形成されたことは、その教義の基本的性格と無関係ではありえないだろう。イスラーム文化のこうした性格は、同じ西アジア起源で、創世の観念や予言者の系譜に関しても同根の、だが農牧複合文化と古代東地中海文化の基層の上に成立したキリスト教文化と対比したときに、より鮮明に見えてくると思われる。

古代エジプトのイシス＝オシリス祭祀とも通底する、大地母神と、殺されて甦る穀精的性格をもつその男児の祭祀、過越祝という春分の重視と、それが一粒の麦の死のメタファーを担った、キリストの死と復活に重ね合わせられるという農耕文化、同時に羊と牧人のメタファーも多用される農牧複合文化の性格。そこでは、ローマの迫害のなかで十字架にかけられ、神に向ってなぜ自分を見捨てるのかと叫びながら絶命し、やがて甦るキリストの受難の解釈を通して、つまり神の啓示を人間が解読する努力によって、信仰が得られる。『コーラン』は神自身の言葉であり、人間への直接の語りかけであって、信徒であろうとする者はそれを拳拳服膺するのだが(この点では、聖典を朗誦し体得する声のアルス「声明《しょうみょう》」を発達させた仏教と、イスラームは共通する)、キリスト教においては、『聖書』は神の意思の人間の側からの捉え直しの軌跡だ。そこから、受難劇、受難曲などのキリスト教音文化固有の展開も生まれる。イスラームの教義論争の現実的、実践的性格は、キリスト教思想の形而上学的、存在論的性格に対置できるだろう。三位一体、聖母の処女懐胎、キリストによる贖罪等、背理と見える命題群を、救済される人間の側からどう捉え返すかが、キリスト教神学の根源的な課題だったのであり、この点でも人間中心的だ。

このような、同地域、同根の他の大宗教との比較というアプローチのほかに、一般性がより大きい指標をとって、大宗教に限らず、他の広範囲の音文化との通文化的対比をすることも意味があると思う。例えば声と文字という、イスラーム音文化にとって根源的重要性をもち、他の文化における欠落も含めた通文化的比較が可能な指標もありうる。私は文字というものも、「書く＝掻く（ギリシャ語の *graphō*）」という側面からでなく、「しる（著、印、徴、標、記、銘）す」、つまり「しる（著）くする」行為の一種として、声（定型化された朗誦など）や器音（太鼓言葉など）による名付け、賞賛と連続した音文化の視野のなかに置き、他方で言語音の音象徴性に対応させて、視覚（図像）象徴性を考えているので、（川田、二〇〇四c〔二〇〇二〕）イスラームの具象表現の否定とカリグラフィーの発達も含めて、広義の文字（エクリチュール）の問題も音文化との関連で考えたいのだ。(6)

二　イスラーム音文化の地方的展開

イスラーム世界の音文化を問題にするとき、基本的に二つの立場がありうるだろう。第一は、聖典化された教義と信徒組織をもつ宗教としてのイスラームを、他の大宗教――ユダヤ教、キリスト教、仏教、ヒンドゥー教など――と対比して、イスラームの教義の特質が音文化をどのように性格づけているかを問う立場であり、第二は、イスラーム世界という広大な地域の多様な文化それぞれのなかで、イスラーム的音文化がどのように展開されたかを見る立場である。第一の立場をとるとしても、宗教としてのイスラームそのものが、七世紀前半のアラビア半島という特定の歴史・文化的状況のなかで成立し、その後一世紀も経ない短期間のうちに、西は北アフリカからイベリア半島、東は中央アジアを経てインダス川流域までの広大な地域にひろまる過程で教義も定まっていったのであるから、その教義の特質も、これらの地域文化との関連なしには、考えることができない。

こうした前提をふまえて、本稿では第二の立場から、北アフリカに進出したイスラーム文化の影響を、サハラ以南のアフリカ社会で最も早くから強く受けた点では同じでありながら、多くの点で対照的な音文化を発達させた二つの社会、マンデ(*Mande*)社会とハウサ(*Hausa*)社会の音文化をとりあげ、両者を対比して、イスラーム文化がこれら二社会の音文化のなかでどのような意味をもったかを検討する。(7) この場合イスラーム文化とは、サハラ砂漠も含む北アフリカを経て伝えられたものであり、ここでとりあげる二社会にもたらされたのも、西アジア起源ではあってもすでに北アフリカの地域文化の影響を受けた後の、というよりむしろ北アフリカ文化——北アフリカ内でも地域と時代によって一様ではない——の一部に組み込まれた形でのイスラーム文化であったことが、忘れられてはならない。検討を進める上での補助的参照点として、地理的にもこれら二つの社会の中間に位置し、両者から多くの影響を受けながらも、独自の音文化を形成したモシ(*Mosi, Moose*)王国も視野に入れる。モシ王国はまた、西アフリカ内陸では例外的にイスラームの浸透が遅く、弱かった社会としても、上記の二つの社会と対比される意味をもっている。

三　マンデ社会とハウサ社会

ここでいうマンデ社会は、広義のマンデ諸語のうち、主として現在のマリ共和国西南部からギニア共和国東北部にかけての地域に居住する、マリンケ(*Malinke*)、サラコレあるいはソニンケ(*Sarakole, Soninke*)を中心に、マンデ北・西部語群の話者が構成する社会を指している。これらマンデ社会の現在の構成者は、およそ八世紀から十五世紀にかけて、サハラ横断交易で金を輸出することで栄えたガーナ、マリ両帝国の中核をなしていた人々の子孫であろうと思われる。

八世紀にさかのぼるアル・ファザーリーなどアラブ側の資料によってみても、ガーナ帝国には、北アフリカから移住したアラブ商人やイスラームの聖職者たちを通じて、当時から、つまりサハラ以南アフリカでは最も早くから、イスラーム文化の浸透がはじまっていた。ガーナ帝国では黒人の王はイスラームの信徒ではなかったが、イスラーム教徒を厚遇した。マリ帝国最盛期のムーサー王は少なくとも名目上はイスラームに入信し、一三二四年から翌年にかけて豪華な旅仕立てでメッカ巡礼を行ない、往路立ち寄ったカイロを黄金の施し物で溢れさせたことが、当時のマムルーク朝スルタンの書記の記録にのこされている。

マンデ社会は歴史的にモロッコとのつながりが深く、とくに十六世紀末、ニジェール川大湾曲部を広く制覇していたガオを都とするソンガイ帝国が、マラケーシュのサード朝の鉄砲を装備した遠征軍によって滅ぼされたあとでは、政治的にも文化的にもモロッコの影響を強く受けた。

一方、ハウサ社会は、現在のナイジェリア共和国北部から、その北に隣接するニジェール共和国南部にかけて居住するハウサ語の話者が構成する社会で、十世紀頃までには、市壁をめぐらせた都市を中心とする農耕社会を形成していたと思われる。ハウサ語は、西アフリカでは稀なアフロ・アジア語族のチャド（*Chad*）語群に属しており、その話者がはるか東方「アフリカの角」のクシュ（*Cush*）語群から分かれて移動し、チャド湖の西方でナイル・サハラ語族の住民のあいだに割り入って、東のカヌリ（*Kanuri*）語の話者と西のソンガイ＝ザルマ（*Songhai-Zarma*）語の話者を分けたのであろうと推定される。ハウサ語は通用範囲の広さに比して方言差が少ないとされている。同じ語族のアラビア語との親縁関係が大きく、アラビア語と共通の語彙も多いので、ハウサ語はアラビア文字によって書き表わすことを容易にする条件を具えており、部分的であったにせよ、サハラ以南アフリカの言語にしては比較的早くから文字化が進んだことが、広汎な地域内での言語の等質性を保つのに役だったとも考えられる。

ハウサ社会の東に隣接するボルヌー＝カネム帝国も、十世紀以前にイスラーム化していたことが知られているが、ハウサ語話者の東方起源や、バグダードの王子によるとされる建国神話からしても、ハウサ社会はサハラ以南アフリカでは最も早い時代から、イスラーム文化の影響を受けていたであろうと思われる。十九世紀までには、イスラーム化した首長(*sarkii*)の支配する、都市(*birnii*)を核とする一群の国家を形成していたが、とくに十九世紀初めフルベ(*Fulbe, Fulani*)出身の熱狂的イスラーム信奉者ウスマーン・ダン・フォーディオによって、イスラーム神権国家が樹立されてからは、ほとんどすべての住民は少なくとも名目的にはイスラーム教徒になった。しかし後にも述べるように、精霊ボリ(*bori*)の憑依儀礼など、在来の信仰も、あるものはイスラームと習合しながら根強く残った。

東隣りで強大となったボルヌー帝国に何度か支配され、その影響も受けたが、北アフリカとの関係では、ボルヌー帝国と同様東部マグレブのチュニジア地方との交流が盛んだったと推定される。十六世紀以後チュニジアに進出したオスマン帝国から、ボルヌー帝国は騎馬戦士の鎖帷子、刺子の馬甲、先込め銃などをとりいれている。また、ハウサ社会へのカカキ(*kakaki*)、アルガイタ(*alghaita*)などの気鳴音具の導入も、オスマン朝勢力の北アフリカ進出時代以後の東部マグレブからであろうと思われる。

このように、マンデ社会、ハウサ社会は、サハラ以南アフリカでは最も早い時期からイスラームの影響がつよく及んだ社会で、イスラーム教徒の世襲の君主に集権化された政治社会を作っていたこと(ただし、マンデ社会では王都は不安定で、王 *mansa* の支配といっても、イスラームの法官カーディーによる自治的性格が強い、コスモポリタンな商都と交易路の保護を主眼とする、点と線の広域支配だったのに対して、ハウサは市壁をめぐらせた王都でもある都市を中心にした、封土も伴った強力な官僚制に支えられた「都市国家」だったという点で、大きな違いはあった)、どちらの社会でも職能分化した集団による手工業と長距離交易活動が盛んで、マンデ商人、ハウサ商人の交易網を通じて、二つの社会の影響がサバンナやその南の森林地帯の諸社会に広く及んだことなどでは、共通の性格を示している。だがその一方で、音文化に関しては、二つの社会には対照的ともいえる特徴が認められる。

四　二つの音文化複合

マンデ、ハウサそれぞれの音文化の特徴を対比して挙げれば、次のようになる。

マンデ音文化では、三―四弦の撥弦リュート(*nkoni*)、三―二十一弦の多様なハープ・リュート(*simbi, mbolon, donso-ngoni, kora,* etc.)など多弦の撥弦音具と、主として七音階の木琴(*bala*)が広く用いられているが、ハウサ音文化にはこれらの音具はまったく欠落している。他方、ハウサ音文化では、砂時計形の木の胴の両面あるいは片面に張った膜面を、皮を撚った多数(普通百二十―百五十本)の調べ緒でつなぎ、演奏中にこの調べ緒を、桴をもたない方の手の指や腕の下で張ったり弛めたりして、膜面の張力を、したがって打音のトーンを変える「調べ緒太鼓」(*kalangu, dankarbi, kotso,* etc.)が、種類も多く、膜面に調音糊(*nake*)を塗り、綿糸の響き線(*zaga*)を張ったものも含めて、著しく精巧化したものが広く普及している。

マンデ音文化には「調べ緒太鼓」は元来なかったといわれており、マンデ北西語群のうちでも南東の周縁部に位置するバンバラ(*Bambara, Bamanan*)社会などに、ハウサ文化の影響を受けたグル(*Gur*)語族の住民からおそらく取り入れたもの(名称は多様だが、*lonka* などグル語系の由来を示唆するものがある。ただしさらに西のウォロフ語では *tama* と呼ばれており、この伝播の経路も単純化は禁物だ)として、ハウサのものと比べて著しく単純な構造(調べ緒五十本前後)のものが、それもマンデ音文化全体からみて重要性の低い音具として、認められるに過ぎない。

他方、ハウサ音文化では、北アフリカ経由での西アジアからの影響と思われる、前述した長い真鍮製の喇叭カカキ、ダブル・リードのオーボエ、アルガイタを始めとする、音量の大きい多様な気鳴音具(ミレットの茎で作ったシングル・リードのダマルゴ *damalgo* など、上記二種以外ではヒョウタンを共鳴箱に用いたものが多い。ヒョウタンを気鳴音具に活用した、二穴の小笛 zilli 大型の細長いヒョウタンをいくつも継ぎ合わせた、全長一四〇センチメートル余りのラッパ shantumbu などには、フルベ音文化の影響も見られる)が広く用いられているが、これらの音具は、マンデ音文化にはまったく存在しない。また、次節でも検討する、これも西アジア起源、北アフリカ経由の可能性が大きい単弦弓奏リュート(ハウサ語でゴーゲー googee「こする」を意味する動詞 googaa の名詞形)も、サハラ以南の西アフリカでは、ハウサ社会を中心に西アフリカ内陸のグル語族系の社会など近隣社会に伝播しているが、マンデ音文化には、グル語族系社会と接触の多かったバンバラ社会にソク(soku「馬の尾」、弦に馬の尾の毛を用いるところから)という呼び名で伝わっている程度で、音具としての重要性も極めて小さい。

声や器音による演奏が特定の職能集団の成員によってなされ、権力者の賛美と強く結びついている点は両社会に共通するが、マンデ社会では、貴人・自由人であるホロン(horon)と、社会階層として区別された内婚的職能集団ニャマカラ(nayamakala)の一部をなす楽師ジェリ(jeli)の由来を語る伝承に、楽師の先祖が戦士やホロンと兄弟であったことを語るものがある。他方、王の先祖も属していた狩人集団は、同時に撥弦音具を伴った声による言語伝承の重要な担い手でもあり、狩人の儀礼においてもその演奏があるなど、権力=言語伝承=狩人の結びつきが見られる。(8)

ハウサ社会にも「言葉の職人」としてのマローカー(marookaa)は存在するが、その歴史的位置づけや社会的機能は、マンデ社会のジェリとはかなり異なった、より「散文的」とでもいうべきものである。声のパフォーマンスにおいても、撥弦音具の多彩な器音を伴った、ジェリの歌い物の華やかさには遠く及ばない。また、声の技芸の伴奏には不向きな気鳴音具や膜鳴音具を発達させたハウサ社会は、これらの音具の発する器音を権力者の賛美に、権力者の序列に応じて器音も序列化して用いた。最高首長を称えるのにはカカキや羚羊の角笛カホー(kahoo)、重臣や地方首長には無舌のダブル・ゴング、クゲ(kuge)、地方首長以下の役職者にはアルガイタ、調べ緒太鼓はより下位の主人の賛美に、というように。(9)

以上に概観してきたマンデとハウサそれぞれの音文化の対照的な特徴を、やや図式化して要約すれば、マンデ音文化では多弦の撥弦音具や、七音階の体鳴多音板音具に代表される、多少とも複雑な音組織の旋律を非持続音で打奏的(percussive)に奏でる音具が主力であるのに対し、ハウサ音文化では金管やリードつきのものを含む多様な気鳴音具や単弦の擦弦音具が生む、音組織としては比較的単純な持続音が特徴的である。そして声の領域では、これらの特徴と相互補完的に、マンデ音文化では、きわめて旋律的な声のパフォーマンスを、とくに多弦の撥弦音具の複雑な音組織の非持続音の打奏が、声で発せられる言葉の相槌を打つように補いつつ彩り、言語音の分節的な意味の伝達を補強する。ハウサ音文化では、単調に続く器音が精霊を招き寄せ、マンデに比べてより大きい社会性と、現実につながる歴史性をもった散文的な言葉の技芸を、序列化された器音が器音自体として非分節的に補う、といえるだろうか。

五　弓奏リュート、弓形ハープ

マンデ、ハウサという二つの音文化複合の形成を、北アフリカとの関係で動態的にとらえるとき問題をのこす、弓奏リュートと弓形ハープについて次に略述する。

ハウサ社会の東のチャド湖西北岸のカヌリ(*Kanuri*)語系社会には、ハウサ以西の社会には見られない五弦の弓形ハープ、ビラム(*biram*)があり、しかし西アフリカでは唯一の擦弦音具で、マグレブ東部からの比較的遅い時代の伝播を想定したくなる、前述のハウサのゴーゲー系統の音具はなく、ハウサ社会を中心にハウサ以西の社会には広く伝播している前述の調べ緒太鼓もない。また、ハウサ系社会やカメルーン北部のフルベ系諸王国で広く用いられている、ダブルリードのアルガイタはカヌリ社会にもあるが、金管のカカキはない。この事実は、十六世紀オスマン帝国進出以後の東部マグレブが、ボルヌー帝国との緊密な交渉の時代に、ハウサの音文化に及ぼした影響のあり方が、直接的ではなかったことを考えさせる。

弓奏リュートについてみると、前述のハウサ語のゴーゲー(隣接のソンガイ＝ザルマ語ではゴーギェー *googyee* ゴディエ *godye* ンディヤルカ *ndyarka* など、フルベ語ではウォグル *woguru* これらの社会で演奏が男性に限られるのに対して女性だけが奏するサハラのトゥアレグでは、インザッド *inzad*)は、中型の球形ヒョウタンを二つ割りにした半球形の果皮に、イグアナなど爬虫類の皮(弦の張られた中央より奏者が弓をもつ利き手側に、径九―一〇センチメートルの響孔が開けられている)を張った共鳴胴に、真っ直ぐな木の棹を差し、馬の尾の毛を束ねた単弦を張ったもので、半円形に湾曲した木にやはり馬の尾の毛を束ねて張った弓で擦る。一般にハウサのものは大型(共鳴胴の直径二七―二八センチメートル)で、バンバラやグル語系のモシ、ダゴンバ社会ではより小型だ。この音具が伝播したグル語系のモシ王国では、「こする」を意味する動詞 *duugi* の名詞形ドゥードガ(*duudga*)という、ハウサ語名をモシ語で解釈し直した名称で呼ばれ、モシ王国と王の祖先を共通にすると考えられている、より南方(現ガーナ北部)に位置するダゴンバ王国ではハウサ語の名称の変形またはザルマ語に由来したと思われるゴギェ(*gogye*)という名称を与えられている。

ハウサ、ザルマ社会では、賞賛の歌いものの伴奏にも用いられるが、とくにすでに言及した精霊ボリの憑依儀礼で精霊を呼び寄せる音具として使われる。バンバラ、モシ、ダゴンバ社会では権力者やその祖先を賛美する歌いものの伴奏に、多くの場合小型のヒョウタンで作ったマラカス風のガラガラでリズムを刻みながら用いられる。十八世紀以後、ハウサ＝アシャンティ間のハウサ商人による長距離交易が盛んになり、その中継地となったダゴンバ王国内にもハウサ人居留地が形成され、ハウサ文化の影響が直接に及んだ。ゴギェというハウサ＝ザルマ系の名称も、その伴奏でダゴンバ王の賛美がハウサ語で歌われる仕来りも、バンバラ、モシ社会での、この音具の素材や奏法の特徴を、それぞれの言語で言い直した名称での受容のあり方との差異を示している。

いずれにせよ、共鳴胴も小さいこの弓奏リュートは、小音量の持続音しか出せないためか、全体に打奏音への嗜好が強いマンデ、グル系の音文化のなかでは、ガラガラを伴ってはいても、マイナーな位置しかもちえなかった。

擦弦音具は、西アフリカではこれ以外には見出せない。音具に結び合わされた馬のシンボリズムや弦の素材としての馬の毛など、馬の牧畜文化との結びつきも強い弓奏リュートのおそらく十世紀以前の中央アジア起源、そして十一世紀にはビザンチン帝国やイスラーム世界に知られていたという前提を、このゴーゲーの由来に引き当てて考えると、十一世紀以後の北アフリカからの導入がありうるだろう。

十六世紀のオスマン帝国進出以後とくに緊密になった東部マグレブとの交渉を通じて、ハウサ社会にもたらされた可能性も考えられる。だが前述のように、この時期にチュニジア地方など、東部マグレブからの影響が強く及んだはずのカヌリ社会にこの音具はない。また当のチュニジアでは、ゴーゲー型の単弦弓奏リュートは現在では用いられていない。チュニスのアラブ・地中海音楽センター(Centre de Musique Arabo-Méditerranéenne)の倉庫に保管されていた、古びて痛んだ、チュニジアでグーガー、グゲ(*ghugha, ghughe*)などと呼ばれている二弦の擦弦リュートは、サハラ以南の黒人たちが憑依儀礼と共にもたらしたものだが、今ではチュニジアでは見られないという(Kawada, 1997 : 31)。ハウサのゴーゲーは、その名称とともにマグレブから来たとする逆の見方(Hause, 1948 : 20)もあるが、これは私がハウサ社会での調査で得た、この名称が「こする」(*googaa*)というハウサ語の動詞に由来するという現地の説明とは背馳する。ハウサ語の専門家松下周二も、私への個人的教示で、*googaa* から *googee* へという名称の由来は、言語学的にも妥当であると明言している。

マグレブでの単弦弓奏リュートとしては、モロッコ南部のベルベル文化が全般に優勢な地方に多いカマンジャ(*kamanja*)が挙げられる。これは馬の毛を弦に使った音具だが、木製の共鳴胴といい、棹の上端にかなり長い棒状に突き出した糸倉から、斜めに共鳴胴に対して離して張った弦といい、ハウサのゴーゲーやチュニジアのグーガーからは音具としての形態上は大きく隔たっている。ただ、半円形に湾曲した弓は、ハウサなどのものと共通する(Kawada,

1997: 47-48, Photos 15-18)。アラブのラバーブ(*rabaab*)と同種の弓奏リュートが、十一―十二世紀にアナトリア地方に入って、ペルシア語の「弓」(*k'aman*)に由来するカマンチャ(*kamancha*)系の名称(トルコでは*kemanche*)で広まったこと(Conner & Howell, 1980: 783)を考え合わせると、モロッコに現在見られるものも、アラブのラバーブ系のものが北アフリカに広まった後の時代に、東部マグレブ経由で再移入された、カマンチャ、ケマンチャ系リュートからの派生形と見ることもできる。

北アフリカで広く用いられている弓奏リュートとしては、前述のアラブ系のラバーブないしルバーブ(*rubaab*)がある。これは共鳴胴の上板部分が皮張りになっている点ではハウサのゴーゲーと共通する。ただ、複弦のものが一般的で、糸倉のつくり、弦の固定法、奏法などもゴーゲーとは異なっている。しかしイスラーム文化とともにインドネシアまで広まったラバーブが、ココ椰子の実の殻に羊皮を張って共鳴胴にした形でガムランの一部を受け持っている、ラバーブの地域的多様性を思うと、ラバーブがサハラを越えてゴーゲーに変化した可能性も考えられてよいだろう。

北アフリカのラバーブ起源であるとして、一旦ハウサ風に作り変えられたゴーゲーが、憑依儀礼と共にサハラ以南の黒人によって再びチュニジアなど北アフリカにもたらされたのだとすれば、前述のチュニスのアラブ・地中海音楽センターで得た説明とも整合する。

一方、木を刳り抜いてラクダの皮で覆った大きな船形の胴(長さ八〇―九〇センチメートル)とアカシアの枝の弓形の棹(長さ七〇―八〇センチメートル)のあいだに牛の腱の弦を張り、両手の指で弾くビラムは、構造上は東部スーダンから東アフリカにかけて広く見られる弓形ハープとの共通性を示している。奏法からみると、弦の列を前方に向けて弓を抱えるのでなく、音具の全体を斜め下方に構えて平座し、上に向いた弦の側から演奏するという、奏法上はマンデ音文化の狩人の六弦のハープ・リュート、ドンソ・ンゴニ(*donso-ngoni, dozo-ngoni*)などと、共鳴胴をもう一人の奏者が手で打って打奏的な合いの手を入れる点では、モーリタニア南部の、大型半球形ヒョウタンの共鳴胴をもつ十四弦弓形ハープ、アールディーン(*aardiin*)と、それぞれ部分的な類似を示している。アールディーンは、弦を弾くのも、これと向かい合って共鳴胴を素手で叩いてリズミカルな打音を入れるのも女性に限られるが、ビラムは二人の奏者とも男性だ。

この三〇〇〇キロメートルの断絶をはさんだ二種の弓形ハープでは、どちらも、過去の伝説上の人物を賛美する歌いものを主奏者が歌いながら、その伴奏として弾くという機能においては共通する。しかし、ハウサ音文化複合の優勢な社会や、部分的にその影響の及んだモシ、ダゴンバなどグル語系の社会を含む、マンデとハウサ二つの音文化複合の中間を占める広い地域には、弓形ハープや多弦のハープ・リュート系の音具はまったく見られない。

六　モシ王国の音文化

次に、補助的な参照点として、地理的にもマンデ、ハウサ両社会の中間に位置し、音文化を含む文化の面でも双方から多くの影響を受けて形成されたモシ王国の音文化の特徴を述べる。

モシ王国は現在のブルキナファソにあたる内陸サバンナに、おそらく十五世紀半ばに、集権的政治組織をもたない農耕民を騎馬戦士の集団が支配して形成された、祖先を共通にするとされる王朝群から成っている。十九世紀末にフランスに植民地化されたが、それ以前の政治組織は主権を奪われたまま存続を認められ、植民地下でも一九六〇年の共和国としての独立後も、行政の下部機関として変形されて利用された。一九八四年の政変以後行政上の役割はなくなったが、各王朝の王をめぐる組織や儀礼などの慣行は続いている。

マンデ、ハウサ社会とは対照的に、西アフリカ内陸でイスラームの浸透が最も遅く、弱かった社会の一つに数えられる。王のうちには名目上はイスラーム教徒となった者もあるが、在来の信仰に基づく儀礼を取りやめれば王権の精神的基盤が失われるため、心からの信徒となった王はきわめて少ない。しかし、モシ王国の成立初期から王国に入っていた、マンデ系のイスラーム化された長距離交易の商人集団ヤルシ(*Yarse*)と王権との関わりは深い。ヤルシは、商業活動とともに、組み立て分解持ち運びの簡単な織機を用いて木綿の布を織ったり、コーランの聖句を紙に書いて小さな革袋に縫い込めた護符を作るなど、宗教としてのイスラームに結びついた文化複合の運搬・伝播者の役割も果たしていた[10]。

より新しく、十八世紀以後のハウサ＝アシャンティ間の交易にハウサ商人が関与するようになってからは、西アフリカ内陸のこの地域全体に、ハウサ商人の活動が盛んになり、ハウサ商人や聖職者が王国内のとくに東部・南部に多数来住した。しかしモシ王国はハウサ＝アシャンティ間の交易路には直接あたっていなかっただけでなく、ハウサ商人との接触は、マンデ系の商人ヤルシよりはるかに遅く、人数も、浸透した王国内の地域も限られていた。マンデ系とハウサ系それぞれからのモシ王国への影響が、深さにおいても広がりにおいても、マンデ系の方がはるかに大きかったことは、以下に述べる物質文化における影響にも表われている。

マンデ系、ハウサ系を問わず、王は長距離交易から利益を得、これを保護し、商業・工芸活動と不可分のイスラーム教徒を尊重した。イスラームの大祭に信徒が集まって礼拝をする折りにも、その場に参列するが共に祈らず、別にイマームから祝福を受けるといった折衷的な態度に象徴される、イスラーム教徒との不即不離の関係を、モシの王は保ってきた。

植民地化以前の王権の基礎であった、強大な軍事力による農耕民の保護・支配と威信財による権威の保持などに必要な物資(良質のアラブ馬、鉄砲、火薬の製造に不可欠だが地元で産出しない硫黄、北アフリカ製の華美な衣裳や被り物、上質の革製クッション等々)は、すべてイスラーム教徒であるマンデ、ハウサの長距離交易商人によってもたらされる北アフリカ起源のものであったから、モシ社会の、とくに王権を支える基盤として、「イスラームの北アフリカ文化」が大きな役割を果たしていたということができる。また、王の経済的優越は、戦の捕虜を奴隷として商人に売って得る利益によるところが大きかったから、この意味でも王はイスラーム商人、具体的にはマンデとハウサの商人に、多くを負っていた。

王国の物質文化・技術の基礎をなしている、北アフリカ起源の物資のモシ語での名称を、一方では北アフリカの名称と、同時にマンデ、ソンガイ、ハウサ等、西アフリカ内陸諸社会のものと対比してみると、興味深い対応と差異の関係があることが分かる。今その詳細に立ち入る余裕はないが、[11] 十六世紀の北アフリカからの鉄砲伝来以後王の軍事力の重要な基礎をなしている鉄砲、黒色火薬の三原料（木炭、硝石、硫黄）のうち北アフリカからの長距離交易による輸入に頼らざるをえなかった硫黄、王が即位儀礼で着用する木綿の頭巾・衣裳を織る織機の要である縦糸（経）を同時開口させる綜絖の名称について、私が行ってきた北・西アフリカでの広域調査の結果では、モシ王国は北アフリカではモロッコとの結びつきの強いマンデ系（鉄砲＝*malfa* 硫黄＝*kidibri* 綜絖＝*niire*）が支配的で、東南部の一部にソンガイ系の綜絖の名称 *dange* が認められるに過ぎず、ハウサ系（鉄砲＝*bindigaa* 硫黄＝*faraamutaa* 綜絖＝*alleraa*）の影響はまったくない。

音文化の面で見ると、マンデ系音具の特徴をなす多弦のハープ・リュートと木琴がモシ社会にはなく、四弦（うち一弦は共鳴弦）の撥弦リュート、クンデ（*kunde*）が僅かに共通するくらいだ。他方ハウサ系の音具では、砂時計形胴の調べ緒太鼓の、小型で簡単な造りのルンガ（*lunga*）と、先にも触れた弓奏リュート、ドゥードガが用いられているが、王の儀礼など公の場での地位はどちらも副次的なものだ。モシの音具のうち、一般民衆の生活でも王の儀礼でも最も重要なのは、大きな球形のヒョウタンの上部を切り取って山羊の皮を張った、「片面鍋形」の膜鳴音具に分類されうる太鼓ベンドレ（*bendre*）だ。それを奏する楽師の長ベン・ナーバ（*ben-naaba*）は、王宮付き楽師としては最も高い地位を与えられている。類似の太鼓は他の近隣社会にもあるが、これを音具として精巧にし、王朝の系譜語りを、この太鼓による太鼓言葉の「語り」を正本とし、いくつかの重要な機会には下位の楽師のモシ語による一節遅れの朗誦を伴って、王の祭儀の場で執り行なっている点で、東に隣接する同系統のグルマンチェ王国と共に、モシ王国はアフリカで独自の位置を占めている。(12)

この点でモシ王国の音文化は、王朝の系譜ではモシと同起源とされ言語など基礎的文化の共通性も大きい、南のマンプルシ、ダゴンバ両王国と著しい差異を示している。マンプルシ、ダゴンバ王国では、王宮の祭儀で用いられる音具で最も地位が高いのは、大型の砂時計形胴の調べ緒太鼓ルンガ(*lunga*)で、胴の長さ一メートルあまり、調べ緒の太さに比して数も多く、発する音も重厚で、ハウサの著しく多様な調べ緒太鼓のなかにも、これに対応するものは見出せない。マンプルシ、ダゴンバ両王国でこの太鼓の楽師の長ルン・ナー(*lun-naa*)の先祖は王族とされており(その太鼓には、豹の毛皮の帯がつけられている)、十五世紀に遡る両王国の形成の最初期から存在したと伝承は語っているので、十八世紀以後のハウサ＝アシャンティ交易の時代以後のハウサからの導入とは考えにくい。この調べ緒太鼓は、王の祭儀で王朝の歴史をルン・ナーが単独で声で朗誦するときの合いの手、間奏として、この太鼓の他の楽師たちの間奏時の合奏も交えて用いられる。

その一方で、マンプルシ、ダゴンバ両王国には、モシ王国のベンドレに相当する太鼓は、宮廷で奏される音具としては存在さえしない。民間で葬儀のときに僅かに用いられる程度だ。またハウサ系の弓奏リュートが、とくにダゴンバ王国では宮廷儀礼で王を称える歌いものの伴奏のために重要で、これはすでに言及したように、おそらく十八世紀以後かなり直接の形でハウサから導入された可能性が高い。王とイスラーム化された商人との関係については、モシ王国について述べたことが、マンプルシ、ダゴンバ両王国にもあてはまるといえる。(13)

このように、同じグル語族で基層文化や王朝の由来も共通にしていながら、モシ王国とマンプルシ、ダゴンバ王国の音文化のあいだには、マンデ系、ハウサ系音文化との関わり方においてかなり大きな差異が認められる。音文化の性格を考えるのに、宗教としてのイスラームや政治組織との対応を、直接的な形で問題にするのは適切ではないことが、この例からも言えるであろう。

七　声、器音、文字、権力、歴史表象

音文化複合、つまり広義の音文化を構成する文化・社会諸要素間の相互関係の全体を、どのように読み解くか、そのなかで「イスラーム的」と見做しうる要素はどのように位置づけられるかを、マンデ、ハウサ、モシの音文化の事例をもとに考えてゆく手がかりとして、声、器音、文字、権力、そして多くの場合「権力が必要とした歴史表象」という四つの要素をとりあげ、それぞれの関係を検討したい。

まず、声と器音の関係をみると、マンデ音文化の音具の面での特徴として、音組織においては比較的複雑な音具を、打奏的に奏でるという点を指摘したが、このような特徴をもった器音は、声との関係でいえば、声の伴奏、合いの手として、声との強い相互補完性をもっているといえる。とくに多弦の撥弦音具は、世界の他の地域でのギター、バンジョー、琵琶、三味線などの例を引くまでもなく、歌いもの、語りものなどの声の技芸に律動感や彩りを与え、声が発する言語メッセージの伝達を補強し、感興を増すのに適している。人間のメタボリズムの基本をなす息と鼓動に対応する人間の器への二つの働きかけは、吹く、打つという、器音の最も原初的な二つの方向となって現われている。この観点からしても、息の発露である声を補完する音として、打奏音、それも騒音性も音量も大きく声を妨げかねない太鼓の音などより、情感にあふれ、しかも律動性の大きい撥弦音具の果たす役割は大きいといえる。

事実、マンデ社会で盛んな、内婚集団ジェリや狩人の語りものというよりは旋律性の大きい歌いものは、先にも名を挙げたような、さまざまな多弦のハープ・リュートの伴奏、そしてときにはかなり長い間奏に補完されて、聞き手

を酔わせてきた。声によって歌い語られる言葉は、権力者の賛美や過去の伝説上の人物の事績を称える内容のものが多い。声を発する者は、聞き手を前にしてまず自己紹介し、聞き手と語られる内容との関係のなかに自分を位置づけ、つまり語り歌われる内容を現実との関係で「枠づけ」してから、語り歌い始める。この点で、マンデのジェリの語りものは、モシ王国の楽師の太鼓言葉とその翻訳による王の系譜語りと共通する。

ただマンデ音文化における歌いもの、語りものにおける声の使い方では、メリスマ唱法を多用するが、モシの音文化における声には、メリスマは全く欠如している。これは、ハウサも同様に、太鼓言葉の翻訳としての王朝の系譜語りのような、ある様式感をもった朗誦においても、民間の歌においてもいえる。同時に、マンデ、モシ共に声の使い方において、多声的な要素(ヘテロフォニー、ポリフォニー)は認められないが[14]、これは海岸の森林地帯から中部アフリカの多雨林地帯にかけて、濡れたような美しいポリフォニーがいたるところで聞かれるのと、著しい対照をなしている。この声の使い方にみられるアフリカ内での地域差は、音文化の他の側面との関わりで、今後注目に値する点であると思われる。とくにメリスマ唱法は、西アフリカのサハラ南縁地方では、イスラーム文化の影響という面が大きいと思われるが、メリスマ唱法自体はイスラームのみならず、声の表現に大きな価値を置くキリスト教、仏教などの大宗教に共通している。宗教における声の表現のあり方は、音文化の地域的変差の比較のなかで、広く検討されるべきであろう。

音文化のなかの歴史の側面、つまり音による過去の表象との関わりでいうと、マンデの最大の語り物である「スンジャータ伝説」(*sunjata maana*)の語り・歌いは、十四世紀を頂点として黄金の帝国として栄えたマリ帝国の遠い過去の栄光と、その創始者であるスンジャータ大王の不思議にみちた生涯を、グリオが声の力で、現在の聞き手の想像力のなかに甦らせるものだ。聞き手は、現在の自分たちとは現実生活において切れている、「枠づけされた」[15]声のメッセージを、内容は隅々まで知り尽くしていながら、くりかえし聞いて、口頭的構成法(oral composition)によって一回ごとに異なるグリオの声と弦の響きが織りなす、音のパフォーマンスを楽しむのである。このような歴史表象のあり方を、私は「叙事詩的指向」として、ハウサの『カノ年代記』(*taarihiin kano*)に代表される「年代記的指向」と対比させて捉えている。[16]

マリ帝国の君主の後裔を現在までたどることができないのとは対照的に、ハウサ都市国家の君主は二十世紀初めのイギリスによる植民地化以後も、植民地行政官ルガードの間接統治政策によって、それまでのハウサ王国の政治組織が主権は奪われた形で存続を認められ、その状態は一九六〇年の独立以後も継続している。したがって、有力なハウサ都市国家の一つであるカノの、始祖以来代々の君主の系譜も、現実のものとして現在まで続いている。『カノ年代記』は、口頭伝承として伝えられてきたものが、おそらく十九世紀に、北アフリカからカノに来住した者の手で、アラビア文字を用いて文字化されたと思われる。

『カノ年代記』には、歴代王の名と、ヒジュラ暦の実年代による在位年と事績が、詳細だが冷徹な表現で記されている。先にも述べたように、ハウサ語はアラビア語と同一語族に属し、アラビア語と共通の語彙も多く、アラビア文字でハウサ語を書き記すことは、かなり古くから行なわれていたらしい。声と器音という音文化の要素に、言葉という要素を加えてみると、声を分節させて意味を対応させるという、ヒトに特有の能力によって言葉を発したとしても、声の言葉は発し終えられた瞬間、何の痕跡も残さずに消えてしまう。言葉を「しるす」つまり「しる(著)くする」方法の一つとしてある文字は、声の言葉から発話者の現前と、息と音と時間性を消去することによって、言葉で表わされた内容に時間のなかでの持続性を与える方法だ。[17] だが文字にして「しるす」ことによって、声の言葉が具えていた情動喚起力は著しく弱められ、メッセージの伝達は、受信者の能動的で知的な努力によってのみ可能になる。イスラーム教をはじめ、文字化された聖典をもつすべての大宗教で、教祖は声の力で弟子たちの人生をくるわせた。教祖の声を文字に定着させることで「正統」を創出したのは弟子たちだ。

だが多くの場合、文字は声への再変換の媒体であり、文字を再び自らの声にして唱えることを通して、人は信仰を会得したのだ。ただ、歴史表象としての役割については、事情は同じではない。『カノ年代記』は、文字化されたテキストが宮廷に秘蔵され、公の場で声に再変換されることはない[18]。マンデの「スンジャータ伝説」に一つの典型をみる「叙事詩的指向」と、『カノ年代記』に象徴される「年代記的指向」を対置したとき、私は「叙事詩的指向」が声の力で過去を現在に甦らせるのに対し、「年代記的指向」は、文字に記すことによって現在を過去に送り込む行為であると指摘した。前者では過去を現在から隔てている時間は、声によって一瞬のうちに無化されるが、後者では文字が、現在を過去に向かって、実体化された時間でつないでゆく。音文化の考察に、文字という、音と関わらないように思われる視覚の領域の要素を取り入れることで、音の性質のある側面が浮かび上がってくる。このような脈絡のなかにモシ王国の、太鼓言葉という、器音だが言葉でもある媒体によって表現される王朝の系譜語りを置いてみると、文字というものもまた、音との関係で相対化されることがわかる。

文字が声で発せられる言葉を「しるくする」やり方をみると、メッセージの空間と時間における遠隔伝達性と反復参照性を、その基本的なものとして挙げることができる。ところで、モシの王朝史を「語る」太鼓言葉も、この三つの基本的な特性を、文字とは異なる度合いでだが具えている。

空間における遠隔伝達性は、紙や木簡に記された文字のメッセージが達しうる距離には及ばないが、ベンドレの音は声が届く範囲をはるかに超えて、この平坦なサバンナで四―六キロメートル四方、早朝深夜の大気の密度が高く物音の少ないときなら六―一〇キロメートル四方にまで、メッセージを送ることができる。

時間における遠隔伝達性は、つまり後の時代に言語メッセージを伝達する能力については、ベンドレ奏者の父系リニージに生まれた男の子は、幼いときから豆太鼓をあてがわれ、見よう見真似で両手の素手で太鼓を打って、王の系譜語りの、長いが一定の言葉の連なりを、主としてその言語音の超分節的特徴を太鼓の音で、だが王朝ごとに異なる方式に基づいて再現する訓練をくりかえす。長い歳月の反復によって、太鼓を打つ両手の動きの運動連鎖が形成され、系譜語りの「テキスト」が、いわば身体に内装された記憶となってしまう。この場合、太鼓という音具は、この長い音声言語のテキストを身体の運動連鎖を通じて記憶させるための補助装置という役割をもっている。このようにして、世代から世代への歴史伝承の伝達が、声による伝承の場合よりも確かなものになる。[19]

ベンドレは、直径二〇センチメートルあまりのその膜面の中央に樹脂の調音糊を円盤状に貼り付けてあり、縁は一センチメートル近い厚みの乾燥したヒョウタンの堅い果皮なので、膜面上のどの部分を、両手をどう使って打つかによって、アナログ的に多様な音を出すことができる。このようなベンドレの構造は、モシ語のように雛壇状音調体系(terraced level tonal system)の複雑な音調をもった言語の超分節的特徴を再現するのに適している。このことは、ハウサやその南西のヨルバの社会で発達している、湾曲した桴で打つ前述の砂時計形胴の調べ緒太鼓のディジタル的な音の出し方と、高低二音調(ハウサ語)、高中低三音調(ヨルバ語)の組み合わせから成る音調言語との対応と比べると、ある音文化のなかの基幹的音具とその音文化を支えている言語の音声としての特徴との結びつきの意味が、一層明確になる。[20]

口頭伝承、つまり音声言語による伝承にも、メッセージが隅々まで一定していて、異なる機会に何度くりかえしても同じという、文字化されたテキストに近い層があるが、太鼓言葉によって身体化された言語伝承は、その極致といえよう。つまり、文字が言語メッセージの伝達上もつ反復参照性という先に挙げた第三の特質も、モシの太鼓言葉は具えているといえる。

このように、モシの太鼓言葉は「音の文字」と見做されうる性質をもつ一方で、文字とは逆の性質も示している。文字が音声言語の超分節的特徴を消し、不十分ながら分節的特徴を再現して言語メッセージの伝達を行なうのに対して、太鼓言葉は分節的特徴を消去してしまう。文字が、一般に音声言語の方言的変差を超えた伝達を可能にするのに、太鼓言葉は、モシ語といった同一言語を基盤にしていながら、諸王朝それぞれの様式化の変差のために、異なる王朝間では、音声言語でなら方言差があっても理解し合えるのに、太鼓言葉は通じないという、「言語内言語」の性格を示している。[21] 文字による言語メッセージの受信が能動的・知的で、個別参照性をもち、発信受信のいずれにおいても思考の反芻のための自由な立ち止まりを許容するのに対して、太鼓言葉の言語メッセージの受信は受動的・情動的で、個別参照性も、発信受信における自由な立ち止まりも許容しない、等々。

こうした検討から、モシの太鼓言葉を「負の文字」と規定することができるだろう。太鼓言葉をこのように位置づけることは、文字というものを音文化という視野のなかで相対化し、次に述べるような声や器音との関係において、文字の意味にこれまでとは異なる角度から光をあてることを可能にすると思われる。

八　音文化のなかの声と文字
——結びに代えて——

以上の検討を踏まえて、マンデとハウサという西アフリカで最も古くから強度にイスラーム化した社会の音文化と、双方からの影響を受けながら独自の音文化を精練した、イスラーム化が西アフリカ内陸社会としては例外的に遅く、弱かったモシ王国の音文化とを、声と文字をめぐって総括的に対比してみよう。

三つの事例のいずれにおいても、音文化と権力および歴史表象とのつながりが顕著だ。そのつながりのなかで、声の技芸の伴奏には不向きな気鳴音具や膜鳴音具を発達させたハウサ社会は、これらの音具の発する器音を、あるときは単独で、あるときは声も伴って、権力の賛美に、権力者の序列に応じて器音も序列化して用いた。これは言葉、つまり分節化された意味を排除した、音、それも器音による権力への対応だ。一方で権力者の歴史にかかわる側面は、一切の音を消去した文字に頼った。文字に記され続ける年代記には、それを記した者の姿は現前しない。文字によって表象された過去は実年代で示された時に充ち、枠付けされることなく、現在の現実へと連続している。

モシ王国では、独自の膜鳴音具を精練して、声による言葉（分節音）の代わりに、声を引き取った器音による「言葉」（超分節音）で、現在も現実に続いている権力者とその歴史を賛美してきた。文字の代替機能ももつこの器音言語は、器音そのものとしては非分節的に、だがその下敷きになっている言語においては分節的に、権力者を賛美しその過去を表象する。この器音による「朗誦」の形式は、マンデの声による語りと共通して、語り手、モシの場合はベンドレの楽師が、自己紹介を行ない自分を位置づけるが、語りの内容は隅々まで定まった年代記的なもので、マンデの声による語りのような即興性の大きい口頭的構成法は、入り込む余地がない。

マンデの声による語りは、多弦の撥弦音具の情感豊かな演奏を伴った、即興にみちた声の技芸で、現在の現実にはつながらない過去の権力者への賛美を、「枠づけされた」物語として、「叙事詩共同体」とでもいうべき受け皿を構成している聞き手に提供する。

やや図式化して対比すればこのように整理することもできる、これらの音文化の姿のなかに、どのような形と意味で、「イスラーム的なもの」を認めることができるだろうか。冒頭にも述べたように、サハラ以南のこれらの社会の音文化に、「イスラーム的なもの」が見出されるとしても、それは「イスラーム化された西アジア起源のものも含む北アフリカ文化」の影響によるものだ。

ただ、これまで一貫して問題にしてきたように、音文化のなかでの、そして権力と歴史にとっての声と文字の意味を問うことは、イスラームと同様に文字化された聖典をもち、それぞれに声を信仰会得の重要な媒体として、声の技芸を精練してきた大宗教のなかにイスラームを置いて、元来のアラブの地域文化的特性とその拡大された地域的変差を検討して行く上での、重要な指標にはなり得るだろう。その際、本稿で示してきたような観点からは、広義の文字（エクリチュール）も、「しるす」行為の一種として、「音の文字」としての太鼓言葉も媒介として、音文化との関連で考えることができるだろう。他方で言語音の音象徴性に対応させた、視覚(図像)象徴性という観点からは、例えばイスラームの具象表現の否定とカリグラフィーの発達も、音文化と連続した視野のなかに位置づけることが可能になる。同時に、声と文字に大きな価値を置いてきた大宗教の正統とされる部分は、舞踊、つまり身体の律動に一般に否定的であり、舞踊は多くは正統に対する異端の表現として用いられた(22)。このような「負の指標」も、音文化を各大宗教のなかで文化内的に、大宗教間では通文化的に問題にして行くときに、意味をもってくるのではないだろうか。

注

(1) 「音文化」が用語として出てくるのは、いま手元にある資料では、川田(一九八八a)が最初であるが、明確な定義をともなった形では、口頭の学会発表では、一九九三年(日本アフリカ学会第三〇回学術大会、弘前大学)、一九九五年(同、第三二回、日本福祉大学)、一九九六年(同、第三三回、三島、日本大学)、一九九八年(同、第三五回、佐倉、敬愛大学)、刊行された形では、KAWADA(1997)等。

(2) 後の「音文化」とほぼ同内容の概念は、一九七八年に、刊行されたものでは川田(一九八〇[一九七八―七九])、口頭発表では一九七八年五―六月(国立音楽大学音楽研究所での連続講演)、同年十月(岩波市民講座での二回の講演)、一九八〇年代には、刊行された形では、川田(一九八八b[一九八二a]、一九八三、一九八四、一九九二b、一九八七[一九八五―八六])等。フランス語、英語では、学会口頭発表(1980, 1992)とその刊行(KAWADA 1981, 1996)、等。

(3) 右記一九七八年の国立音楽大学音楽研究所での連続講演、一九八二年十月の音楽学会創立三十周年記念公開講演(川田、一九八二b)、後にも一九九四年十月東洋音楽学会第四五回大会での公開講演、等。

(4) これらの主な論点については、川田(一九八三、一九八四、一九八七[一九八五―八六])、および川田(一九九二b)に再録された諸論文を参照。

(5) 右記(注4)に挙げたすべてにおいて、三角測量の方法がとられているが、この方法の全体について述べ、この方法を用いた研究例を収録したものに、川田(一九九二a、一九九九)、KAWADA(2000[1996], 2000)がある。

(6)　この点は、川田(一九九三、一九九五)等に論じた。

(7)　西アフリカにおける、二つの有力な音文化複合としてマンデとハウサを対比しながら取り上げることは、Kawada(1997)で初次的な試みを示した。また、二つの社会の政治組織や文化の特徴については、西アフリカの他の社会との比較で、川田(一九八八c)に述べた。

(8)　マンデ社会のジェリについては、川田(一九八七〔一九八五―八六〕)、11「名をたたえる―声の芸人たち」、12「ほめる声、おびやかす声」、15「ことばの職人、ものの職人」、川田二〇〇四b〔二〇〇二〕、川田二〇〇四〔二〇〇三〕に述べた。また、中村(一九九五、第四章、一九九七)を参照。

(9)　ハウサ社会のマローカーについては、川田(一九八七〔一九八五―八六〕)、12「ほめる声、おびやかす声」のほか、Garba(1997)、Smith(1957)を参照。

(10)　西アフリカ内陸部でのイスラームの浸透は、木綿で織った布を身につけることと深く結び合わされていた。川田(一九九五〔一九七六〕)を参照。

(11)　口頭の学会発表では、一九七九年(日本アフリカ学会第一六回学術大会、京都大学霊長類研究所)「ニジェル川大湾曲部とハウサ地方の物質文化」、一九八七年(同、第二四回、京都大学)「ニジェール川大湾曲部調査中間報告(1)――物質文化から見た位置づけ」、刊行されたものは、川田(一九七九、一九九七)、Kawada(1988)。

(12)　モシのベンドレおよび太鼓言葉については、川田(一九八八b、一九九六)参照。

(13)　現地の王と、イスラーム教徒との長距離交易を媒介とする相互依存、共存関係は、西アフリカ内陸社会にかなり広く認められたといってよいであろう。この点については、Levtzion(1968)に多くの事例が挙げられている。

(14)　私の知る限りでの唯一の例外は、ブルキナファソ中部(グァパナ村)のモシ社会の先住民ニョニョンシの女性が、葬儀で水の中に伏せたヒョウタンの鉢を打ちながら二人で歌う歌で、部分的にだがポリフォニーが聞かれる(川田、一九八八b、テーマ2「文化が音を選ぶ」1「ワムデ」)。

(15)　「スンジャータ伝説」の語りにおける口頭的構成法については、川田(一九九二〔一九九〇〕)に述べた。

(16)　川田(一九九二〔一九八九〕)、Kawada(2001)等参照。

(17) この考え方は、川田(一九九三)で展開した。

(18) 文字化されて公衆の目には触れることなく保管されている『年代記』と同時に、始祖バガウダー以来歴代の王を年代記風に列挙する『バガウダーの歌』(*waakaar bagandaa*)も物乞いの放浪詩人や一般の老女などによって歌い継がれてきた(Hiskett, 1964, 1965)。ただこの『歌』では、王名の列挙と各王の人となりや事績についてのおおまかな叙述と、一般に長すぎると思われる在位年数が述べられているが、『年代記』のようなヒジュラ暦による在位の実年代はなく、また全体が歌い手である「私」の直接話法で歌われている。

(19) 太鼓言葉による方が、伝承される言語メッセージがより安定していることは、異なる機会に録音した同じ内容の伝承を、太鼓言葉とその「翻訳」としての朗誦とで聞き比べても分かる。これは太鼓を打つ両手の条件づけられた運動連鎖の確かさによると同時に、太鼓言葉の方が、意味の伝達上示差的に働く要素の種類が、音声言語の場合よりはるかに少ない(頻繁にくりかえされる句は、符丁化され短縮されていることもある)こと(川田、一九八八b、一九九六参照)にも原因があるだろう。いうまでもなく、そのことによって、分節化され概念化された意味を伝達する上での、曖昧さはより大きくなるといえる。

(20) ヨルバの大型砂時計形調べ緒太鼓「イヤイル」(*iya-ilu*)でのヨルバ語の伝達システム、鍛冶師がかなとこを槌で叩いて言語メッセージを送る仕組み等についても、精密な録音を含む資料が、未分析のままである。音調体系も太鼓の種類も異なるモシとヨルバの太鼓言葉の比較分析は、今後に残された興味ある課題である。

(21) このことは、ベンドレの楽師について行なった実験からも確かめられた(川田、一九八八b、テーマ3「音の中のことば・ことばの中の音」バンド6「地方による太鼓ことばのちがい」参照)。

(22) 「書かれたもの」(エクリチュール)の対極に位置づけられ得るかも知れないものとして「ダンス」(踊り)があるのではないかという設問は、一九八三年十一月東京日仏会館で行なわれた、初来日のジャック・デリダ氏を囲む日仏哲学会主催の円卓会議"Autour de la notion de différance"に招かれての私の報告"Son, nom et écriture"で提出し、デリダ氏の賛同も得て以来、続けている探索であるが、まだまとめられずにいる。その一つの手がかりとして、書かれた聖典(正統)をもつ大宗教が一般に「踊ること」に対して否定的であり、正統に対する異端を標榜する運動が出るとき、しばしば激しい踊りを伴うことに関心を持ち続けてきた。トルコの神秘主義教団メウレヴィー、一遍の踊り念仏等は、その意味で興味深い。この点は、二〇〇三年八月二十四日、神奈川県藤沢市にある時宗総本山の清浄光寺、通称遊行寺で開催された緑蔭講座に招かれたとき、「宗教にとって踊ることとは」と題して、踊ることと結びついた、イスラームと仏教におけるこの二つの異議申立ての運動をとりあげて考察した（未刊）。カタルーニャにあるキリスト教巡礼の聖地モンセラートに遺る、十四世紀の『朱の本』*Llibre Vermell* に収められている十曲の輪舞も、この点をめぐって多くのことを考えさせる。

参照文献

Conner, William J. & Howell, Milfie, 1980. "Kamancha" *in* Stanley Sadie (ed.) *The New Grove dictionary of music and musicians*, Macmillan Publishers, Vol. 9 : 785.

Garba, Mahaman, 1997. "Fonctions sociales des griots hawsa du Niger" *in* J. Kawada (éd.) *Cultures sonores d'Afrique*, 東京外国語大学アジア・アフリカ言語文化研究所、一五七―二三六頁。

Feld, Steven, 1982. *Sound and sentiment : birds, weeping, poetics, and song in Kaluli*, The University of Pennsylvania Press.

藤井知昭、一九七八『「音楽」以前』ＮＨＫブックス。

Hause, H. E., 1948. *Terms for musical instruments in the Sudanic languages : a lexicographical inquiry* (Supplement to the Journal of the American Oriental Society) Baltomore, The American Oriental Society.

Hiskett, M., 1964. "The songs of Bagauda : a Hausa king list and homily in verse" *Bulletin of School of Oriental and African Studies*, 27 : 540-567.

Hiskett, M., 1965. *Ibid.* 28 : 112-135, 363-385.

川田順造、一九七九「ニジェル川大湾曲部とハウサ地方の物質文化」『アジア・アフリカ言語文化研究所　通信』三六、四四―四五頁。

川田順造、一九八〇〔一九七八―七九〕『音・ことば・人間』（武満徹との往復書簡集）岩波書店〔一九七八―七九『世界』岩波書店、に連載〕、その後、「岩波同時代ライブラリー」、『武満徹著作集』四、二〇〇二年、新潮社、等に収録。

川田順造、一九八二a『サバンナの音の世界』（ＬＰ二枚、解説書付きレコード・アルバム）東芝ＥＭＩ。

川田順造、一九八二b「文化の中の音楽」『音楽学』音楽学会、二八(三)、一八五―一九〇頁。

川田順造、一九八三「口頭伝承論――音のコミュニケーションの諸相(1)」『社会史研究』日本エディタースクール、2、一―一三三頁(『口頭伝承論』一九九二年、河出書房新社に収録。二〇〇一年「平凡社ライブラリー」で再刊)。

川田順造、一九八四「口頭伝承論――音のコミュニケーションの諸相(2)」『社会史研究』日本エディタースクール、5、一四九―一九四頁。

川田順造、一九八七[一九八五―八六]『聲』筑摩書房[一九八五―八六年『現代詩手帖』思潮社に同名のエッセイとして連載]、一九九八年「ちくま学芸文庫」で補注をつけて再刊。

川田順造、一九八八a「文化人類学と音楽」『岩波講座 日本の音楽・アジアの音楽』一、岩波書店、川田(一九九二a)、一二三―一四〇頁に収録。

川田順造、一九八八b『サバンナの音の世界』([一九八二a]と同音源のカセット・テープと大幅増補した解説書付きのカセット・ブック)白水社、一九九八再刊。

川田順造、一九八八c「民族と政治社会――西アフリカの事例を中心に」、川田順造・福井勝義(編)『民族とは何か』岩波書店、二三五―二五九頁(本書第二章)。

川田順造、一九九〇「音の文化の中の言語――音象徴・聞き做し・楽器ことば等」(一九九〇年六月、上智大学言語学会で講演)、『上智大学言語学会会報』五、七―一六頁に収録。

川田順造、一九九二a『西の風・南の風――文明論の組みかえのために』河出書房新社。

川田順造、一九九二b『口頭伝承論』河出書房新社(二〇〇一年「平凡社ライブラリー」で再刊)。

川田順造、一九九二[一九八九]「叙事詩と年代記――語られるものと書かれるもの」『口頭伝承論』河出書房新社、四二七―四四八頁。

川田順造、一九九二[一九九〇]「説話の異文化間比較――叙事詩をめぐって」『口頭伝承論』河出書房新社、四四九―四六六頁。

川田順造、一九九三「音声によらない言語伝達の形式における曖昧さをめぐって」『記号学研究』日本記号学会、13「身体と場所の記号論」、一七―三七頁(本書第四章)。

川田順造、一九九五〔一九七六〕「裸でない王様」『アフリカの心とかたち』、岩崎美術社、八―一六頁。

川田順造、一九九五「肖像と固有名詞――歴史表象としての図像と言語における意味機能と指示機能」『アジア・アフリカ言語文化研究』東京外国語大学アジア・アフリカ言語文化研究所、四八・四九合併号、四九五―五三七頁（本書第六章）。

川田順造、一九九六『アフリカ社会における通信システムとしての太鼓ことばの研究』（小田淳一、山本順人と共著）平成七年度科学研究費補助金（一般研究B）研究成果報告書、東京外国語大学アジア・アフリカ言語文化研究所。

川田順造、一九九七「物質文化からみたニジェール川大湾曲部」川田順造（編）『ニジェール川大湾曲部の自然と文化』東京大学出版会、四七―一〇四頁。

川田順造、一九九八〔一九九七〕「聲、自然と文化の接点」（一九九七年五月、日本記号学会第一七回大会特別講演要旨）『記号学研究』日本記号学会、18「聲・響き・記号」、五七―七一頁。

川田順造、一九九九〔一九九七〕「文化の比較可能性――アフリカ・ヨーロッパ・日本」国際交流学会設立記念講演、一九九七年十二月四日、フェリス女学院大学、同大学発行『国際交流研究』創刊号、一九九九年、八九―一二一頁に収録。

川田順造、二〇〇四a〔二〇〇二〕「〝音楽〟をはみ出てゆく音たちを追いつづけて」第一三回小泉文夫音楽賞受賞記念講演、『コトバ・言葉・ことば』青土社、に収録。

川田順造、二〇〇四b〔二〇〇二〕「職能民と王権」網野善彦他編『岩波講座　天皇と王権を考える』三、『生産と流通』二〇〇二年、岩波書店、『コトバ・言葉・ことば』青土社に収録。

川田順造、二〇〇四c〔二〇〇二〕「図像象徴性研究のための予備的覚え書き」篠田知和基編『神話・象徴・文学Ⅱ』二〇〇二年、楽浪書院、一二四―一四二頁、『コトバ・言葉・ことば』青土社に収録。

川田順造、二〇〇四〔二〇〇三〕「王のことば」網野善彦他編『岩波講座　天皇と王権を考える』九、『生活世界とフォークロア』二〇〇三年、岩波書店、『コトバ・言葉・ことば』青土社に収録。

Kawada, Junzo, 1981. "Le panégyrique royal tambouriné mosi: un instrument de contrôle idéologique" (intervention au Colloque international "État et société en Afrique noire", Paris, 19-20 septembre 1980), *in Revue Française d'Histoire d'Outre-Mer* 68 (251-253): 131-153.

KAWADA, Junzo, 1988. "La Boucle du Niger du point de vue de la culture matérielle" *in* KAWADA (éd.) *Boucle du Niger : approches multidisciplinaires*, vol. 1, 東京外国語大学アジア・アフリカ言語文化研究所、一一一八二頁。

KAWADA, Junzo, 1996a. "Human dimensions in the sound universe", *in* R. ELLEN and K. FUKUI (eds.) *Redefining nature : ecology, culture and domestication*, Berg : 39-60.

KAWADA, Junzo, 1996b. "Postures used in carrying and in manual labor in relation to other aspects of Japanese life", *in Culture and Usages of the Body* (International Symposium, St.-Germain-en-Laye, 1-4 March 1996). Fyssen Foundation, Paris, (in Press).

KAWADA, Junzo, 1997. "Les deux complexes de la culture sonore en Afrique occidentale : le complexe mande et le complexe hausa", *in* J. KAWADA (éd.) *Cultures sonores d'Afrique*, 東京外国語大学アジア・アフリカ言語文化研究所、五一四九頁。

KAWADA, Junzo, 2000. *The Local and the Global in Technology*, UNESCO, World Culture Report Unit, Paris.

KAWADA, Junzo, 2001. "Epic and chronicle : voice and writing in historical representations", *in* S. SOGNER (ed.) *Making sense of global history, The 19th International Congress of Historical Sciences, Oslo, 2000, Commemorative Volume*, Oslo, Universitetsforlaget : 254-264.

吉川英士、一九七五「「音楽」という用語とその周辺」『東京芸術大学年誌』第二集、三七一六〇頁。

LEVTZION, Nehemia, 1968. *Muslims and chiefs in West Africa*, Oxford University Press.

中村雄祐、一九九五『西スーダンにおける内婚世襲の語り部・楽師の制度、ジェリヤの歴史的変遷』東京大学大学院総合文化研究科、博士学位論文(未刊)。

中村雄祐、一九九七「白人のためのタリク」、川田順造(編)『ニジェール川大湾曲部の自然と文化』東京大学出版会、四三七一四七三頁。

櫻井哲男、一九八九『「ソリ」の研究――韓国農村における音と音楽の民族誌』弘文堂。

SMITH, M. G., 1957. "The social functions and meaning of Huasa praise-singing", *Africa*, 27 : 26-45.

卜田隆嗣、一九九六『声の力――ボルネオ島プナンのうたと出すことの美学』弘文堂。

山田陽一、一九九一『霊のうたが聴こえる――ワヘイの音の民族誌』春秋社。

第六章　肖像と固有名詞

——歴史表象としての図像と言語における意味機能と指示機能——

一

図像と言語は、意味を表わす上での分節性のありかたにおいて著しく異なっているが、しかし敢えて両者の表象機能を共通の概念装置を用いて対比してみることによって、それぞれの隠れた性質を顕在化することも可能になると思われる。

この試論では、図像と言語がどのようにして「個」を指示できるのかという問いから出発して、言語における普通名詞と固有名詞という形式上の区別を一旦捨て、この二種の品詞の機能を、言葉の意味機能と指示機能の重なり合いとそれぞれの強度の差異によってとらえ、同様の考え方を図像にもあてはめて検討する。本稿ではとくに歴史表象としての言語と図像を対象として、歴史表象とその受け手の関係、寓話(寓画)、神話(神像)、歴史叙述(歴史画、肖像)相互の関係、および虚構と実録の関係についても考察したい。

二

過去はそのまま歴史ではない。過去を想起し、現在との関係で表象すること、そこに歴史の成立する最低の条件があるだろう。従って歴史としてとりあげられるのは、ある視点から想起され、解釈されて再提示(represent)された表象(representation)であって過去の事実そのものではない。過去を表象する行為においては、記憶によって直接想起される事象についても、想像力は記憶と分ちがたく結びあわされて働くが、過去の同時代史料に依拠する場合でも、そこに読みとられる過去のしるし——それ自体すでに事象の同時代者による「再提示」であることが多いが——を再提示する者の現在から過去に向って働く想像力が、大きな役割を演じる。再提示における「筋立て」(emplotment, intrigue)の問題も加えて、いわゆる歴史叙述と、想像力が生む虚構の物語(フィクション)が、連続した関係で捉えられるべきことは、文字で表現された記述については、すでにヘイドン・ホワイト、ポール・リクール等によって主張され、多くの論議が重ねられてきた。文字社会の歴史叙述についてのこの問題の論点のいくつかと正対応または逆対応をなして、無文字社会の歴史的性格をもった口頭伝承についても同様の見方が可能でありまた必要であることを、私は別の場で論じた(川田、一九九二b［一九八四］、Kawada, 1993など)。

さらに、歴史の表象には、時、所、登場者が、一回きりのもの、あるいは「類」ではない「個」として指示されることが、それらの要素の現在にとっての意味の提示と共に必要だ。表象を構成する要素が、一回性をもつもの、あるいは個として指示されるものでなければ、それは寓話をはじめとする説話一般の中に解消されてしまうだろう。同時に、表象はすべて「考えられたもの」(le conçu)としての次元でそれぞれの形式をもち、現実の「生きられたもの」(le vécu)に対して、何らかの意味で「枠付け」されているが、歴史表象について検討する上で、表象の内容が枠内での整合性(cohérence)をもつか、あるいは枠外との整合性の上に成り立っているかを問題にしたいと思う。虚構(フィクション)では、表象は生きられた現実の世界との関係はもちながらも、その表象としての価値は第一義的には枠内での整合性に基づいている。これに対して実録(ドキュメンタリー)が意味をもつのは、何よりもまず枠外の事象との整合性においてである。(1)

無文字社会における「音のエクリチュール」というべき太鼓言葉(川田、一九八八b〔一九八二〕、とくにテーマ3、4、一九九二b〔一九七九〕など)を通しての、言語による歴史の表象は精練されているが、物質化された過去の表象の欠如している社会［A］(西アフリカ・旧モシ王国など)、同じ無文字社会でも、言語による定型化された歴史伝承はないが、図像の歴史表象は豊富に遺存する社会［B］(西アフリカ・旧ベニン王国など)では、文字社会の歴史表象における実録と虚構の交錯が、さらに尖鋭な形で現われてくる(川田、一九九二b〔一九九〇b〕)。(2)［A］では普通名詞による過剰な寓意に覆われた句の集合が「個」としての過去の王を指示し、［B］ではきわめて少数の類型に還元されてしまう図像が、先祖の「個」に対応させられて祀られるのだが、このような歴史表象のあり方は、文字社会での言述の中の歴史性と虚構性を、それぞれ「現実の過去の痕跡」(traces du réel passé)と「寓意」(métaphore)への依拠によって特徴づけようとするリクールの提言(Ricœur, 1983 : 123-124)すら、留保付きでしか受け入れられないような、認識上の状況をつくりだしている。言語表象においても図像表象においても、寓意を通してしか、表象の内に含まれているはずの「現実の過去の痕跡」を探ることができないからだ。そこではまず歴史表象のすべてを「過去への想像力の産物」(imaginaire du passé)(Kawada, 1993)と見做した上で、寓意ないし類型のうちに、より拡大された視点に基づく了解が成り立ちうるという意味での、より高次の「歴史性」を求める作業が必要となる。その作業は同時に、枠の外で生きられている現実の社会関係の中でその歴史表象を「必要とする当事者」として過去を想起する「当事者性」(意味を明確にするために敢えてフランス語で造語によって表わすとすれば“concernité”と呼べるであろうか)と、歴史表象の受信・了解を共有できる「解釈共同性」(やはり意味を明確にするために、フランス語でも表現するとすれば、後に述べる「かたり」の共犯関係と重なりあうものとして"complicité"と呼べるであろうか)の問題を、尖鋭に浮かび上がらせる。

つまり、言語であれ、図像であれ、歴史表象がどれだけの指示機能と意味機能をもつかは、表象とその受け手との関係の問題として、前述の二つの性質を受け手がどの程度にもつかによって左右されると思われるからである。この点について今少し述べれば、やはり西アフリカのマンデ社会とハウサ社会の事例に基づいて、歴史叙述の二つの典型概念としてかつて私が提出した、「叙事詩」と「年代記」という対立(川田、一九九二b〔一九九〇a〕)に引き当てて考えることができる。「叙事詩」的歴史表象は、受け手の心の中で過去を現在にいきいきと甦らせることを基本機能とし、情動喚起的な声によって最も効果的に表現され、没編年的であるのに対し、「年代記」は現在を過去に編年的に送りこむことによって成り立つ表象で、叙事詩とは逆に、文字と馴染みやすい。「叙事詩」の受け手はそこに表象されている過去の出来事と現実的なつながりをもたないが、表象そのものを他の受け手と共に了解できる、「かたり(語り=騙り)」が根源的に含んでいる共犯関係(complicité)を、送り手および他の受け手との間にもつことが可能だし、そのことによって表象の機能は十分に果たされている。そこでは表象される内容の真実性、あるいは枠外の生きられた現実との整合性よりは、枠内での整合性、つまり物語としてのおもしろさと、内容への共感が重要である。これに対し、「年代記」的歴史表象では、受け手は原則として、表象されている事柄と現実の「しがらみ」で結ばれた「当事者」であり、表象は真実性の尊厳にみちている。

ここにいう真実性とは、くりかえすが、素朴実在論的な意味での史実性と同義であるとは限らない。「現実の過去の痕跡」を含む可能性のある歴史表象が、ここでとりあげている西アフリカの事例のように口頭伝承だけであるような状況では、真実性は、たとえば外来者である研究者を媒介とするなどして、異なる伝承母体から独立に採録された関連伝承間の比較検討を通して得られる、より拡大された視点に基づく、複数の表象の、枠外との関係および複数の枠相互の関係における整合性がより多く認められるかどうかという意味での、きわめて相対的な意味での歴史性である。そして表象の機能としては、それが再提示している対象に連なる「当事者」である受け手が、それを尊ぶべき「真実」として、襟を正して享受することが肝要なのである。(3)

西アフリカの事例から精練されたものではあるが、アフリカという地域の特殊性を越えて広く妥当すると思われる「叙事詩」と「年代記」という歴史表象のこの二典型に、前述した、表象の受け手との関係の二つの性質を対応させれば、同一の叙事詩的表象の共同の享受は、前述の「解釈共同性」と対応し、その受け手は叙事詩共同体とでもいうべきものとして捉えることができるだろう。西アフリカ・マンデ系社会で、語り部によって広く語り伝えられ民衆に享受されている、十四世紀に最盛期を迎えやがて滅んだ「黄金の帝国」マリの創始者とされるスンジャータ大王伝説の叙事詩に親しみ、共感し、これを彼等にとっての「歴史」の参照枠とする「叙事詩共同体」があるのと同じように、例えば日本にも、『曾我物語』、『平家物語』、『義経記』、『源平盛衰記』、『太平記』等の「叙事詩」的表象を基に、想像力を混えて生み出されひろめられた無数の語りもの、うたいもの、芝居、草双紙等が長い間培ってきた、歴史に対する共通のメタファーを頒ちもつ叙事詩共同体とでもいうべきものが存在する。だがこの叙事詩共同体を構成する受け手は、叙事詩に表象されている事柄と、現実の「しがらみ」をもっていることを求められてはいない。

一方、「年代記」的表象の受け手は、少なくともその表象の受け手である限りにおいての「当事者性」、つまりその歴史表象が再提示している生きられた世界での「しがらみ」において関わりをもっていることが前提となる。そしてその意味において、「叙事詩」的表象のような、表象の枠内での整合性や、そこから生れる受け手にとっての興趣は、第一義的な重要性をもたない。「年代記」的表象においては、おそらく長い口承の期間ののちにアラビア文字で記録された、ハウサの歴代の王の事績を実年代を入れて綴った『カノ年代記』(川田、一九九二b［一九九〇a］、四四一―四四四頁、Palmer, 1967［1928］)、同じ西アフリカの事例では、「音のエクリチュール」というべき宮廷楽師の太鼓言葉と朗

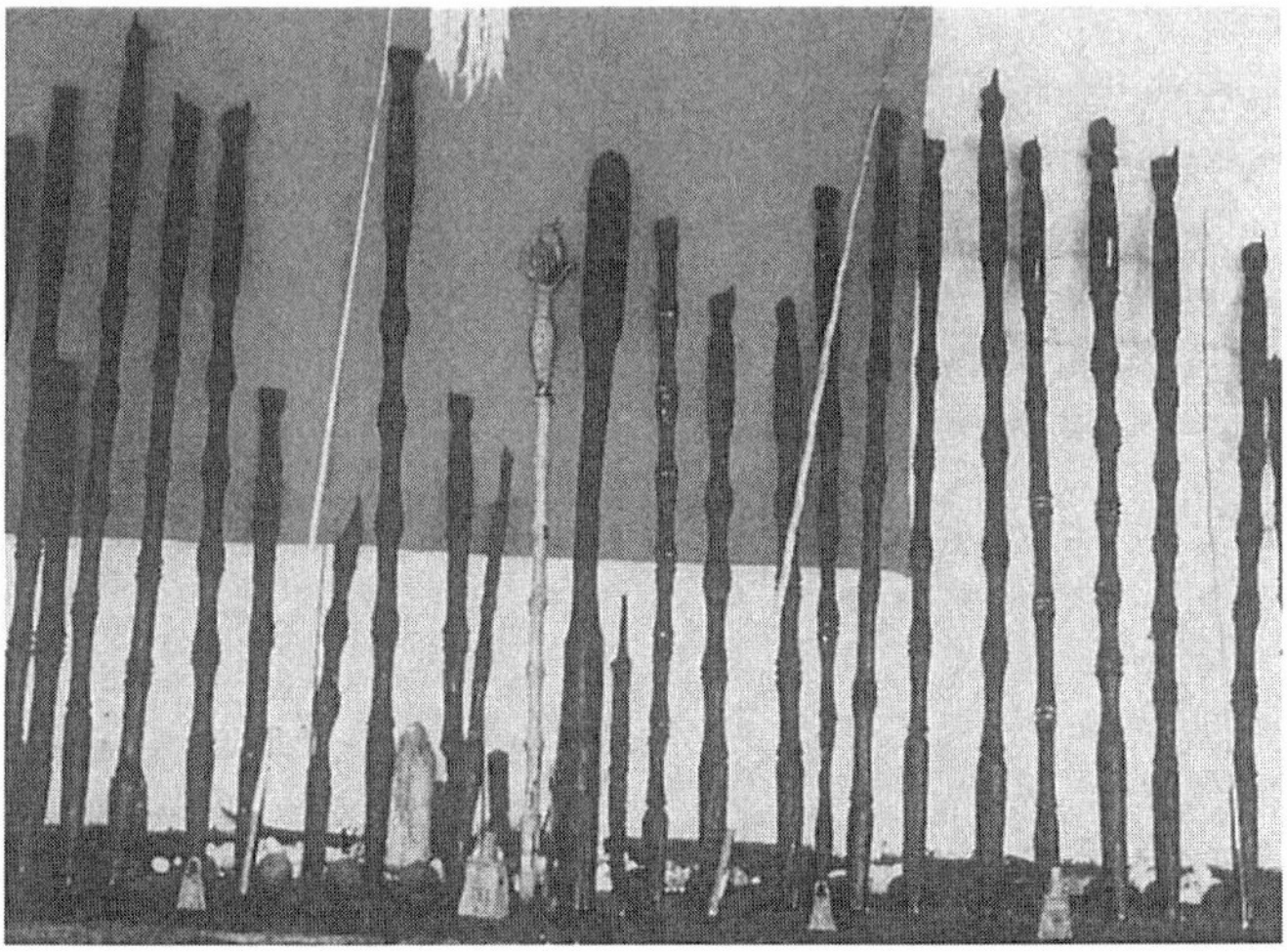

図1a

図1b

図1c

図1　ベニンのウクレ．王の祭壇のもの(a)，重臣の祭壇のもの(b，c)(筆者撮影)

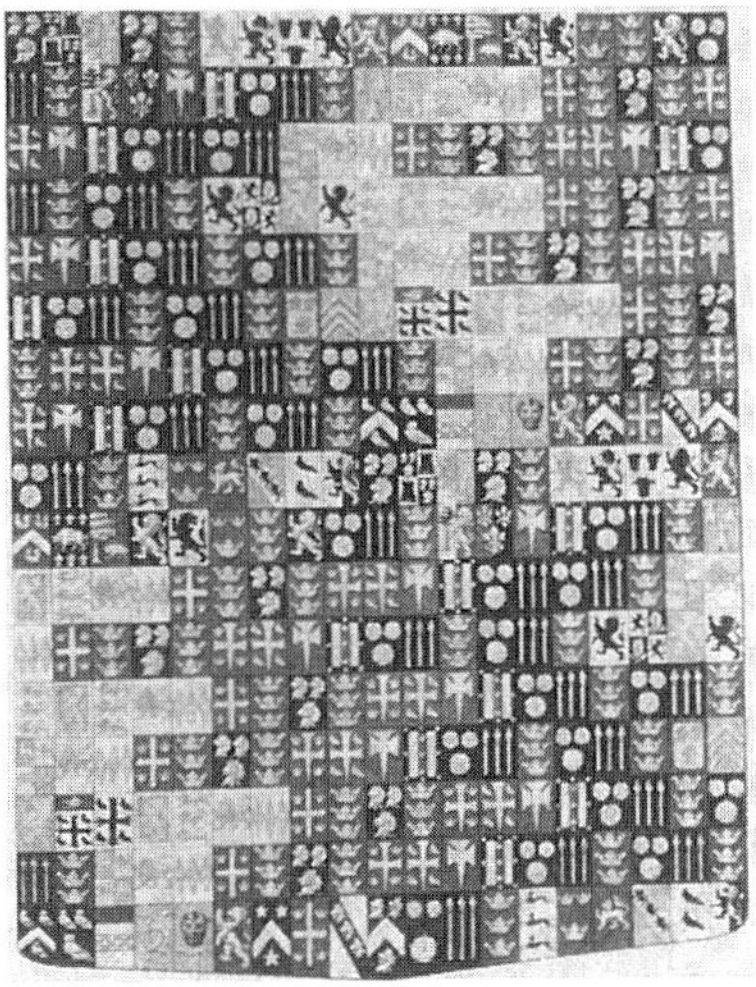

図2　11世紀にまで遡るヨーロッパ（Lloyd of Stockton 家）の合成紋章（NEUBECKER, 1997 による）

誦とによって、王の祭儀の席に連なる数百人の廷臣や臣下が受信するモシの王統譜（KAWADA, 1985）、セルビアの氏族の系譜伝承（HALPERN, 1981）、日本の皇統譜や家系図等々は、言語によるこの種の歴史表象の例といえよう。後に再びとりあげる図像の領域では、西アフリカ・旧ベニン王国の、祭壇に一列に並べて祀られる先祖を表わす杖状の祭具ウクレ（*ukhurhe*）［図1］、先祖の紋章や併合した王家の紋章もとりこんだヨーロッパの王家の合成紋章［図2］（NEUBECKER, 1977 : 90-95, 232）などを、その例として挙げることができる。

三

言語と図像による歴史表象の基本形態、およびその受け手との関係について、このような予備的整理を行なった上で、歴史表象における意味機能と指示機能の問題に戻ろう。言語あるいは図像による表象が歴史性をもつためには、二の冒頭にも述べたように、時、所、登場者についての一回性ないし「個」の指示と、それらの要素がもつ意味とが表わされていなければならない。だがこの二つの側面の表われ方は、上に述べた表象と受け手との関係に応じて異なってくる。

まず、言語における指示機能と意味機能についていえば、指示機能だけの品詞である指示代名詞は、一般的な意味は全く表わしていない。そして指示代名詞が指示機能をもつのは、話し手と聞き手の間の、また両者と指示されるものとの、相対的な関係においてである。指示代名詞の指示機能は、発話の状況に全面的に依存しているのだが、同様の指示機能と意味機能の状況依存性は、普通名詞についてもいえる。「類」を意味する普通名詞も、発話の状況によっては十分な「個」の指示機能をもつことはいうまでもない。いわゆる固有名詞も、職業、居住地の地形、身体特徴等を表わす普通名詞による家号や綽名に由来することが多い人名(服部、Tisserand, Smith, 原、Feld, 橋本、Dupont, Brown, Larousse 等)、地形や景観上の特徴、市など社会活動との結びつきに由来する地名(荻窪、川上、五日市、小岩、Little Rock, 泉、Fontaine 等)などのように、元来「類」を意味する普通名詞であったものが、ある発話の状況において「個」を指示する機能を帯びるのである。

旧モシ王国の王統譜で語られる先祖王の名は、普通名詞からなる一般的な意味機能しかもたない箴言の形をとった即位名(戦名)であるが、その意味するものは王位継承争いにおける対抗者をはじめとする、顕在的、潜在的な敵対者、あるいは臣下に向けられたメッセージだ。「老獪なカメレオンは穴を跳び越えるが、象は落ちて骨を折るだろう」など一群の句が、この王統譜の中ではある特定の先祖王を指示する「名」としての機能をもつが、それはこの年代記的歴史表象の受け手である、現王やその廷臣、故老、臣下など、王家との現実のしがらみをもつ「当事者」(les concernés)にとってのことであり、彼らが伝承によってその祖先王に関する補助的知識を共有しているからである。当事者以外の人々にとっては、上記の句は寓意に基づく一般的な意味機能しかもちえないし、これにつづく「水は悪を巻きこんで流れ、渇いた者たちは、それを掬って飲むだろう」というやはり寓意に覆われた叙述、あるいは他の王のくだりでの「平民は鸚鵡だ。鸚鵡は食べ、そしてぶつぶつ不平を言う」などという、王統譜内での言述の機能において当事者にとっても一般的意味機能のみをもつ言述と、区別できない。

また、「孤児(みなしご)が象に跨れば、敵はくやしがって泣き、味方は満足して笑う」という、先々代の王で現王の祖父の数多い即位名の一つは、時代が新しいだけに、この即位名が寓意によって意味している王位継承をめぐる出来事の内容も、現実に起ったこととの対応でよく知られており、すべての即位名がそうであるように(古い時代のものは、詳細についての伝承が失われてしまっていることが多い)、特定の祖先王を指す指示機能と同時に即位時の状況を表わす意味機能も具えている。ただこの意味機能も、寓意を解読する補助的な、テンコドゴ王朝史の特定の時、所、人、出来事にかかわる知識(口頭伝承、ないし比較的新しい出来事については直接の記憶)を前提としており、やはりかなりの程度当事者性に依存するものといえる。(4)

モシの王統譜において、最初期に属する王名は、句ではないがやはり寓意による意味機能をもった普通名詞一つから成り立っている。そして個人を指す「かれ」という人称代名詞と同形の前置小辞 "a" を伴って、固有名詞としての機能を与えられ、それを三人称単数形の主語とする叙述を王統譜の中で生んでいる。興味深いのは、これら意味機能をもった王名が、建国伝説全体を構成する要素としての寓意を分け担っていることだ。

モシの王朝は、おそらく十五世紀頃、南方の現在のマンプルシの居住地(現ガーナ共和国の北部)から、伝説的祖先が北へ移動して最初の王朝を築いて以来、北部、中部、南部の三王朝に分れ、それらから更にいくつかの地方王朝が枝分れしているが、これらの各地で共通に語られている建国伝説の登場人物と、諸王朝の王統譜の最初期に共通する数名の王のつくり出す説話的関係は、マンプルシとの分枝以前の建国伝説にも遡って類似の構造で反復され、また放浪する狩人、外来(障害を負う)王、土地の主の娘と外来戦士との結婚等のモチーフは、アフリカの他の王国の伝説とも共通するものを含んでいる(川田、一九九〇[一九七六]、七二―七八頁、Kawada, 1979[1971]: 160)。いまその名のいくつかを挙げれば、*yẽmenga*(私の身体のどこでも好きなようにせよ)、*riyaare*(何でも構わず食う者)、*wedraogo*(牡馬)、*zũngrãana*(接見の間を持つ者、首長としての格のある者)、*pugtwenga*(髭の生えた女)、*unbri*(小家畜[山羊・羊]の小屋)等。これらの名の寓意によって構成されるモシの建国伝説は、概略次のようなものである。マンプルシの父王が溺愛して結婚させようとしない男まさりの王女 *yẽmenga* が、ある戦のとき牡馬に乗ったまま出奔し、北方から来た、王位継承争いに敗

れて放浪する狩人 *riyaare* と荒野で結ばれ、母を乗せた牡馬のために父母がめぐり会ったことに因んで、生れた男子に *wedraogo* と名づける。*wedraogo* が成長して母の父のもとへ帰ると、父王は騎馬の戦士を多数つけて孫を北のくにへ帰らせる。*wedraogo* の男子 *zũngrãana* は強い戦士となり王朝を築く。その武勇を伝えきいた、現在の中部モシ地方の先住民で呪術に長けたニョニョンシ族の長老(土地の主)が、娘を *zũngrãana* に差し出し、その間に生れた子を北のニョニョンシのくにを治めるために遣わして欲しいと懇願し、呪術を使って旋風を起し、*zũngrãana* を家畜小屋に連れ去り、そこに待たせておいた娘 *pugtuenga* と交わらせる。生れた男子(母が身籠った場所である家畜小屋に因んで *umbri* と名付けられる)を、ニョニョンシの長老は再び呪術によって跛行者とし、成長しても彼を識別できるようにし、成人した *umbri* をニョニョンシの王に迎える(これらの「固有名詞」の神話・伝説における寓意性、「普通名詞」としての意味機能を明らかにするために、現代ヨーロッパ語で固有名詞を表わすために慣用されている語頭の大文字は用いず、小文字で表記した)。

umbri 王の子孫と被支配者である先住民ニョニョンシの土地の主との間に聖・俗の首長権が相互補完的な関係をもつ中部・北部モシ王朝の政治組織の由来を説明する政治神話の性格も帯びたこの建国伝説の中で、これらの人物は、彼らに与えられた名である言葉によって「個」として指示されているというよりは、むしろそれらの名の意味機能によって、伝説全体が発信しているメッセージの構成要素となっているとみるべきであろう。これらの名をもつ人物が実在して彼らの間にこのような出来事が起ったというよりは、このような構造のメッセージを担う因子として、これらの意味をもつ名を与えられたと考えるべきかも知れない。彼らの名が、後の「歴史」時代の諸王のように句の形をした箴言としてメッセージを担った即位名によってではなく、単一の語によって表わされているのも、モシの語り部である宮廷楽師たちがいうように、古い時代に属するために彼らの完全な即位名(*zabyuur zãnga*)が伝えられていないからではなく、後の時代にそのような意味をもつ単語の名を与えられたからと解釈すべきであろう。

事実、これらの「神話＝伝説」的時代に属する人物の名が、相互関係をもって全体としてあるメッセージを構成しているのに対し、「歴史」時代の南部テンコドゴ王朝の場合二十八の王名は、各王の名それぞれの句が一つのメッセージをなしているのであって、複数の王の名が集まってある意味構造をもつメッセージを形作っているのではない。そこでは、王の名は、先行する王の時代からは(従ってその名が表わす意味からは)予見不可能な、不可逆的で一回性をもった「歴史的」な時の移り変りの結果としての出来事から生れているので、複数の王名は集まってメッセージを作る構造的(structural)な性格をもっているのではなく、偶発継起的(événementiel)である。後者においては、名の寓意のあり方も、たとえば先述の「老獪なカメレオンは……」の句を即位名の一つとしてもつ先祖王は、同じ王の他の即位名「繁みが火に戦いを挑み、部下の首長たちは不安を抱いてこれを見守る」という句から「火」という一語をとって、通称「火王」と呼ばれ、「孤児が象に跨れば……」の王は「孤児王」と呼ばれるが、「火」や「孤児」という語自体の寓意が二人の王を表象しているのではない。それらの語を含む句(伝統的「文」法の用語でいえば「文」sentence)全体の表わすメッセージがこれらの王を指示し、同時にある「意味」を表わしていることが重要なのである。たとえば、中部モシのワガドゥグー王朝の歴代の王の中には、句の形をもつ即位名に含まれる一語「雨」をとって、「雨王」と通称される王が二人いるが、それぞれの即位名の中での「雨」という語がもつ意味は対極的に異なっている。初期の王である「雨王」の即位名は「雨がどんなに降りそそいでも、象を流し去ることはできない」であり、象という強者との対比で、雨は弱者の寓意として用いられている。もう一人の、現王より三代前の「雨王」の即位名は、「雨が降れば肥沃な泥が盲者も喜ばし、病人も喜ばす」であり、雨のもつ寓意にはプラスの価値が与えられている。これに対し、最初期の「神話＝伝説」的時代の人名は、それらが、ある構造をもった説話の構成要素としての意味機能を担って指示されてはいようが、指示される対象自体の「個」としての実在性は、第一義的な重要性をもっていない。

歴史性をもった言語表象における同様の人名の意味機能と指示機能の、言述が表わしている時期の違いに伴う転換は、『古事記』の上巻と中・下巻についても認められる。上巻に登場する神の名は、いずれも宇宙生成と建国の神話の構造が表わすメッセージを分担する意味を表わしている(大野、一九六八、五二九頁)。そして鵜葺草葺不合命で上巻は終わっているのだが、母親の産屋の状態を表わすこの神名のあり方は、母親の懐妊した小屋を意味する前述の *mbri* という王名にも類比できるだろう。中巻はその子である神倭伊波礼毘古命からはじまっているが、ここから神武天皇など後に付せられた諡号でも呼ばれる歴代の「天皇」(スメラミコト)の名と出自、事績、享年、墓所などを記した年代記風の記述となる。上巻が天上のことを多く語っているのに対し、中巻からは舞台はすべて地上で、国の平定などの現実的な出来事の叙述となり、出来事相互の関係も偶発継起的＝歴史的であって、上巻のように構造的＝神話的ではない。しかし、すでに多くの『古事記』研究者が指摘しているように、中巻は基本的には「人の物語」でありながら、なお神話的要素が混在し、儒教渡来以後の仁徳天皇にはじまる下巻で全面的に「人の物語」となるとみなすことができる(倉野、一九五八、一八―一九頁、西郷、一九八八、一二―一三頁、その他)。ここでも、モシの建国伝説＝王統譜の場合と同じく、上巻の神名は、相互に関連をもって構造化されるような意味機能を分担しているのに対して、中巻以降の天皇名は予見できない出来事と結び合わされて年代記的に継起している。

モシの建国伝説を構成するモチーフの一つが、アフリカの他の社会にも見出されるように、『古事記』上巻の神話のモチーフにも、日本以外の文化にも比較の糸をたどることができるものが多い(大林、一九九〇〔一九七三〕、その他)。モシの建国伝説＝王統譜も『古事記』も、当事者性をもった受け手、つまり神話＝伝説と年代記の連続体であるこれらの歴史表象に示されているものの真実性を尊ぶべき立場にある受け手にとっては、これらの神名・王名という「固有」名詞によって指示されたものは、かけがえのない「個」としての存在であるが、その歴史表象をもつ文化をこえた視野で、非当事者としてこれを解釈しようとする受け手にとっては、それらは普通名詞である名の意味機能によって表わされた「類」なのである。

四

言語を媒介とする歴史表象における指示機能と意味機能が、メッセージの内容と受信者との関係によって規定されることを右に見たが、受信者＝聞き手に対する発信者＝語り手のあり方も検討されなければならない。かつて語りの人称について論じたとき、私は語るという行為における話者の人称の多重化ということを言い、しかし「多重化」としてとらえること自体、人称の元来の単一性を前提とする *"cogito ergo sum"* 以来の、「近代合理主義的」と呼ばれるような発想に基づいているのではないか、むしろ非単一的であるのが、語ることを通して「私」以外の者とかかわる「私」の人称の常態ではないかと述べた（川田、一九八八a、一九九頁）。「かたる」という営為そのものが、「私」や他者によってすでに体験されたり、ある様式をもって言説化されたものを、「私」の再体験として、あるいは他者に代って、「かたどる」ことであり、それは語りかける相手を「騙る」、つまり言語行為における共犯者として巻きぞえにすることによって成り立っている。この点についての基本的な考えは現在も変らないが、本稿の論点との関連では、敢えて語りの人称を、分析上の手続きとして一人称、二人称、三人称に一旦分けた上で、歴史を表象する行為におけるそれぞれの位置や相互の関係を考えることで、むしろ問題発見的な意味を見出したい。

一人称の語りは、語り手自身の体験と記憶の回想・独白であり、最もミクロなレベルでの歴史表象、つまりきわめて近い過去の、直接体験者による捉え直しと再提示であるといえる。萌芽的な形では日常的な言語コミュニケーションのいたるところにあるが、過去の大事件、災害、戦争などの体験を、比較的まとまった形で反復して語る場合もこれに含まれる。いずれにせよ、これらの再提示では、言述は枠付けされていないか、枠付けの度が著しく弱く、表象は生きられた現実との連続的な関係の中にあり、再提示されるものの価値も現実に生きられたものとの整合性にある。「現実の過去の痕跡」も、聞き手にとって体験したり見聞したりできる形で在ることが多い。また、南部アフリカのルアプラ社会でイアン・カニソンが採録した事例(Cunnison, 1951 : 28-35 ; 1957, 1959 : 234)やポリネシアの例などに基づいて、マーシャル・サーリンズが「英雄の第一人称」(the heroic I)と呼んでいる(Sahlins, 1985 : 47-48)、語り手が過去の英雄に自分を同化させた「私」で語る一人称の語りがある。この種の語りの成立には、出来事および人間の絆における過去と現在の連続感、一体感といった文化的、社会的基盤を考えるべきであろうが、次に挙げるアイヌのユーカラにおける一人称が、超常的存在の、語り手の口をかりての一人称——きわめて広い意味での憑依(のりうつり)の語り——の性格をもっているのに比べて、「英雄の第一人称」は、語り手の側からの過去の人物への同化の色彩がつよい。こうした問題には、かつて私も論じた(川田、一九八八a、14語りの人称、16人称の多重性、17声とペルソナ、およびペルソナ、および時制の観念が深くかかわっているだろう。

より様式化され、現実に対して枠付けられた形での一人称の語りとしては、アイヌのカムイ・ユーカラの鳥獣の語りや、能、とくに夢幻能の後ジテの語りなどを挙げることができる。ここでも、語られる内容と語り手の間に距離がなく、枠付けされた中でではあるが、聞き手は二人称の受信者として直接メッセージを差し向けられているような伝達の緊密感を味わう。能の一人称の語りが迫力に富む演劇的効果をあげることについては、既に横道萬里雄の指摘がある(横道、一九六〇、八—九頁)。

枠付けの度のきわめて弱い日常的な一人称の語りの中での過去の体験の再提示においては、語り手が当事者そのものであり、現実の「しがらみ」を語り手と共有することが多い聞き手も、語られる内容との関わりでの当事者性を強くもつことになる。このような緊密度の高い伝達状況で発信・受信される言述は、これまでも見たように指示機能が大きく、その故に聞き手に強い感銘を与えるのである。だがそうした「内輪でよく通じる言述」を、そのままの形で他のコミュニケーションの場に移しても、当事者性の稀薄な聞き手に対しては同様の効果をもちえないことは明らかだ。様式化された能の語りでは、シテが一人称で生前の己の過去を語るのは、ワキなど舞台上の、枠付けされた中での受け手に向ってであり、観客としての受け手は、それらの全体が枠付けされて非当事者にも了解可能なように、場合によってアイのワキとの問答・語りなどで意味機能を十分に補った上で提示されたものに、立ち会うのである。

文字で書き記す形では、一人称の歴史表象は告白、自伝のジャンルとして、ヨーロッパでは中世以前には神に対する告白、懺悔を基本とする定型化された形で、ルネサンス以降は自我表出の意図をもって自由な形式で書かれている。個人のレベルでの一人称の歴史表象が、自我の観念、ひいてはペルソナの観念一般と不可分の関係をもっていることはいうまでもないが、明治の「文明開化」以前の日本において、『蜻蛉日記』などわずかの例を除いて自伝文学が不在であったことは、後にとりあげる同じ時代の日本における自画像の乏しさとも関連して考えるべきであろう。(5) 意図された一人称の歴史叙述として興味深いのは、比較的新しい動向である歴史家自身による「自分史」の試みである。多様な問題意識から出発しているようにみえる「自分史」への関心の背景には、歴史に参加している一主体として、国家や制度化されたものの視点からでない歴史を叙述しようとする志向(色川、一九七五)や、長い持続をもつ深層の集合的事象への注目に対して、特殊で個別的事象にあえてこだわる「微視の歴史学」(microstoria) の主張 (Ginzburg)(6)や、歴史叙述の主観性と客観性をめぐる問いを歴史家自身が自己を客体化して記述することで鏡にかけるという意味 (Nora, 1987) などを見てとることができよう。小論の脈絡に則していえば、語り手が自分の姿を聞き手の前に現わし、自己紹介し、語られる内容および聞き手との関係で自分を位置づけるという、後に述べる西アフリカの語り部たちや、広く世界各地の放浪芸人が聴衆を前に行なう常套手段である前口上に、原理的には比せられる文字世界でのこのような動向は、歴史認識の面からも今後さらに方法論的検討を加えて、推進させられてゆくべきである。

二人称の語りは、語り手が再提示されるべき過去を担った当事者に呼びかける語りである。書簡体文学や、死者に二人称で呼びかけて故人の遺業を称える、誄《しのびごと》の伝統を継ぐ日本の告別式での弔辞や、これまで度々引いてきた西アフリカのモシの王統譜の語りに典型をみることができる。後者について説明を加えるならば、王の祭儀の場で、臨席する現王に向って語り部が太鼓言葉——いくつかの重要な儀礼的機会には、声による翻訳の朗唱も伴う——で、二人称で呼びかけ、「王よあなたの祖先は誰？」と問いかけ、それを語り部自らが受けて現王を在らしめた祖先に次々に呼びかける形で、王統譜を語ってゆくのである。それはむしろ「呼びかける」というより、聖なる力をもった太鼓の音で過去の王の名を呼ぶことによって、過去の王を現王の祭儀の場に来臨させる行為とみるべきかも知れない。このような状況での、声ないしは音の、霊的存在を招き寄せる力は、奈良東大寺の修二会での過去帳読みの儀式などによって、日本人にも親しいものである。ここで注意すべきは、弔辞も王統譜も、形式上二人称で呼びかけられているのは死者であり、現王や祖先王だが、実際のメッセージの受け手は、形式上の傍受者である参会者だということだ。そしてこのメッセージの実質的な受け手である多数の傍受者の存在が、さもなければ発信者と受信者という二人称の語りの伝達状況の中で、言述の意味機能が指示機能に向って収斂してゆくのに歯止めをかけ、意味機能を保たせて、より一般的な了解に向って開かれたものにしている。とはいえ、これらのメッセージの傍受者も、その歴史表象のパフォーマンスが行なわれる儀礼への参加者である限りにおいて、程度の差はあれ表象される内容についての「当事者」なのである。(7)

従来、言語を媒介とする歴史表象において、二人称の語りの問題は取り上げられることがなかった。しかし後に述べる図像表象における「正面性」と対比させることによって、二人称語りの歴史表象上の、ひいてはコミュニケーション上の意味が、他の人称の語りとの関連で問題にされるべきであろう。日本の弔辞にも、モシの王統譜の語りにも、「正面性」がある。語る行為そのものは二人称の対象に差し向けられているが、語られた内容は、語り手と、語りの実質的な受け手である参会者に対して「正面性」をもっているといえる。儀礼的な場でのパフォーマンスとしての二人称の歴史語りでは、歴史的表象の対象は「正面性」をもって祀られるのである。

三人称の語りは、言語による歴史表象の大部分を占めている。弔辞も、現代の西洋のキリスト教の葬儀では、友人などの語り手は死者に向って「呼びかける」のではなく、参会者の方を向いて、故人を三人称で指示しながら故人について「参照する」ことが多い。死者と、死者について語る者と、それを聞く者との人称的世界における関係の、日本と西洋におけるこのような違いは、他界観、神観念、生者の社会関係のあり方と関わっていよう。全体として二人称の語りの形式をもったモシの王統譜において前述した「神話＝伝説」的時代の、各先祖王の一語の「固有名」が歴史表象としての物語(récit)の全体の意味を分担しているくだりでは、「固有名」を主語にした三人称形で「参照」された叙述の性格をよりつよく帯びているのに対し、後のくだりでは、普通名詞のみから成る即位名によって、語り手が個々の先祖王ひとりひとりに「呼びかける」性格がより明確である。そこでは「普通名詞としての固有名詞」によって構造的に叙述された「神話＝伝説」的時代と、「普通名詞による叙述である固有名詞」によって名の主に呼びかけられた「歴史」時代が、変換されながら接続している。

三人称の語りの中にも、語り手がまったく姿を現わさない『平家物語』をはじめとする日本の軍記物のような形式と、西アフリカのスンジャータ大王伝説のように、語り手がまず聞き手に向って自己紹介を行ない、語り手としての自分を聞き手および語られる内容との関係で位置づけてから語るものとを識別できる(川田、一九九二b[一九九〇c])。日本の盲僧琵琶の語り[8]、ブラジル東北部の"literatura de cordel"の語り(川田、一九九二a[一九八四])など、著しく多様な文化の脈絡の中での多様な内容の語りにおいて、放浪芸、大道芸、寄席芸などの性格をもったものでは、語り手の現前が語りの形式の中にはっきり位置づけられる傾向がある。語られる内容は過去に属する事柄であっても、それを語りによって甦らせる語り手は、現在の聞き手の前にありありと存在していることを示し、聞き手や語られる内容との関係を明らかにする。すなわち、語られる内容は形式上三人称で語られていても、語り手と聞き手は二人称的対面関係にあるという、コミュニケーションにおける「親密な人称的状況」を作り出すのである。そのことで、聞き手は語りの内容に共感をもつことがより容易になる。このような形式の語りは、したがってより一層状況依存的であり、文字化されれば伝達上の価値を減じるが、語り手が現前しない『平家物語』風の語り(『平家物語』自体、口承と書承の長い相互交渉のうちに成立したものだが)は、文字と馴染みやすく、文字化によって価値を減じる度合いもより少ないといえるだろう。

このように職能者によって彼らの「芸」の場としてきわめて人為的に創出される人称的状況は、それ自体一種の虚構(フィクション)であるが、そのような虚構と類比されうる生きられた場でのコミュニケーションの状況は、体験や知識を共有し、そして互いの関係も明確に認知しあっている発信者と受信者のあいだに、ひろく成り立っている。それはたとえば、異なる社会に入って聞きとり調査をする人類学者の体験の中でも顕在化する。はじめのうち人類学者は、異なる社会の人々の日常発話の中に頻繁に出てくる地名、人名、特定の出来事など、個の指示機能の大きい言葉の意味がつかめず、それを普通名詞の意味機能による一般化された説明を通じて、知的に理解しようと努める。次の段階では、彼はそれらの「固有名」が意味するものを、土地の人に倣った仕方で自分のものにしたいと思う。「自分のものにする」とは、たとえば土地の人の話に出てくる村の名Wについて、単にある地理的位置、住民の数、歴史上の役割等々で示されるその村の「意味」を、知識として理解し、Wをその村を指示する記号として記憶する以上のことだ。自分自身実際にその村までの道を汗を流してたどり、村の景観に触れ、村の人々に会って彼ら一人一人の顔立ちや人柄を知り、一緒に飲食し、話を聞く等々の体験を通じて、Wが表わしている「意味」の総体を体得することである。そのようにしてはじめて、土地の人の話にWという名が出てきたとき、それが指示し、同時に土地の人々にとって意味するものを、感知して反応し、言述が形作る全体の中に適切に位置づけることが可能になるのである。

いうまでもなく、よそものの人類学者には、土地の人が体得しているのと同じ「意味」を、その土地にかかわる地名、人名のすべてについて、自分のものにすることは不可能である。その一方で、ある研究目的に沿って、ある程度体得されたこれら固有名の「意味」を、今度は人類学者が、その土地のことを全く知らない彼の故国の人々に向って母国語で発信する必要が生じたとき、彼は絶望的ともいえる努力と工夫を強いられ、だが結局、ある程度のところで妥協せざるを得ない。

このように、生きられた体験を共有する人々の間で、地名・人名などの「固有名」は、明確な指示機能と同時に、その限られたコミュニケーションの場での深い意味機能をもっており、それは普通名詞の意味機能によって説明し尽されえないと思われるようなものである。だがそのことを裏返してみるならば、固有名詞を多く用いた「内輪の」コミュニケーションは、その「内輪の人々」にとってきわめて高い意味密度をもってはいても、一般的意味機能を直接にはもたないから、それ以外の人々には十分に通じず、「それ以外の人々」は「内輪の人々」から疎外された感じを抱くことになる。(9) 歴史叙述を作るときにも、歴史家はしばしば時代的にも文化的社会的にも、彼からは隔たった「内輪の人々」が「内輪の人々」の間のコミュニケーションのために作った文書を、よそものとして、そこに用いられているきわめて指示機能の大きい言葉の意味を、より一般化された形でつかもうと努める。その認識上の過程は、文化の空間における隔たりと時間における隔たりとの違いはあっても、異郷に入った人類学者の場合と共通する面をもっていよう。しかし、過ぎ去った時によって対象から隔てられた歴史家には、人類学者のように対象とされる人々と似たようなやり方で、つまりたとえ擬似的であるにせよ自分自身の経験を通じて、「名」によって指示されたものの意味を体得することができない。関連資料を渉猟したり史跡を訪れたりすることによって、「内輪の人々」が意味しているものの体得に少しでも近づくか、感情移入が恣意的でないように補正するかが、歴史家にのこされた方法であろう。

五

次に、歴史表象としての図像における、「個」の指示機能と、一般化された意味機能のあり方を、人物の表象についてみよう。人間の「個」を指示する機能が大きいものの極としては、ミイラを挙げることができる。ミイラは歴史上の人物の「個」そのものであるという点ではきわめて大きな指示機能を具えているといえようが、それが仮りに全くの裸身であって、一切の標章・持物(attribute)をもたないとしたら、その個体の性別やおおよその年齢、そして炭素14等のテストで大まかな絶対年代を知ることはできても、それ以外には歴史的な意味をまったく表わさない物体でしかないことになる。裸のミイラは、言語の領域での、指示機能のみで意味の欠如した指示代名詞に比せられるであろう。

ミイラは、天然のミイラも人工のミイラも歴史上の人物の「個」そのものであるが、人工ミイラは古代エジプトの王のミイラや、中国で古くから行なわれ唐代に盛んになった高僧の真身像——小杉一雄の用語では「肉身像」(小杉、一九三七)——などを代表例とするように、加工・装飾を施され、特定の場所に安置されて崇敬の対象となっているのであるから、それ自身人為的に再提示された「表象」でもある。

このように「個」そのものである肉体から出発して、それを再提示し、表象してゆくのに、大別して二つの方向がありうるだろう。その二つの方向を、私は修辞学の用語を比喩的に借りて、「隠喩的」(metaphoric)と「換喩的」(metonymic)と呼ぶことにしたい。「隠喩的」と「換喩的」は、それぞれ語源であるギリシャ語の語義通り、「場を移す」、および「名を変える」(部分や付属物で全体を表わす)方法の意味で用いる。金の仮面をつけ、体形の棺に納置されたツタンカーメンの遺骸や、唐の高僧の加漆真身像などは、相当の装飾が施されたミイラという意味では、すでに肉身そのもの全体の「隠喩的な」表象であるといえるだろう。ミイラ全体を絵に描いたり、写真に撮ったりすれば、それは更に、二次元に「場を移した」隠喩的表象行為といえる。これに対し、同じミイラでも天然のミイラとみてよいと思われるイエズス会の聖フランシスコ・シャヴィエル(ザビエル)の遺骸(在ゴア)から、足指、右腕、内臓などが切りとられ、ローマ、マカオ等で崇敬の対象とされたものは、もとの遺骸との関係での「換喩的」な表象といえるだろう。より一般的には、歴史上の人物の個人的、社会的「意味」を表わす衣裳、冠りもの、持ちもの、などの標章や、名、出自などを示す紋章をはじめとする“identity symbol”とでもいうべき象徴物で過去の人物を表象するものは、さまざまな度合いで「換喩的」と呼べるだろう。その方向での極としては、以下の六でとりあげる、アシャンティの王の床几(後に述べるように、固定された玉座ではなく、個体としての王に付随した標章とみることができる)が挙げられるだろう。反対に、歴史上の人物の「個」としての特徴を写実的に「うつし」た絵や像や写真は、隠喩的図像表象といえる。その方向での極は、ロンドンのマダム・タッソー館やパリのグレヴァン博物館に陳列されている、歴史上の人物を生々しく再現・造形した蠟人形に見出すことができるだろう。

表象の仕方においては、上に述べた隠喩的と換喩的という対立のほかに、写実的と類型的という対立も有効であろう。ここでいう写実的とは、あくまでも「個」としての対象を忠実に「うつす」という意味であり、それ自体様式化され、「個」も類型的に表象しているような「写実的様式」は含めない。すでに言及した旧ベニン王国の青銅・真鍮製の王の像は、ベニンの王族の祖先や王の像を金属で作る技術が由来したといわれる西北のイフェの像とともに、頭が身体の他の部分との割合いで著しく大きく表わされているという点を除けば、黒人アフリカの他の地域の造形表象と比べて「写実的」な部類に入る。だが、それは様式が写実的なのであって、個々の王がそれぞれの身体的特徴によって「写実的に」表現し分けられているのではない。おそらく十四世紀頃にはじまり十九世紀末のイギリス軍の侵略まで、王宮直属の工芸師集団によって制作され続けたベニンの王の頭像には、様式の上から前期、中期、後期といった大まかな時代区分が研究者によってなされているが、それぞれが表わしているはずの王の個性や在位中の事績などの「個」のしるしを、そこに見分けることは不可能だ。むしろ数百年にわたって、定型化された「写実的な様式」が工芸師集団によって踏襲されてきた、その固執性に驚かされる。

だが、写実性と様式性の対立は、他の側面での対立、崇敬され祭祀の対象とされるか、あるいはその図像が一般化された意味として表わしているものが参照されるかという別の面での対立との関わりで考えられるべきであろう。すなわち言語表象における、正面性ないし対面性をもった「呼びかけられ」「祀られる」歴史表象と、三人称的状況で「参照される」ものとの対立である。一般的にいって、崇敬・祭祀の対象となる図像の方が、様式性をつよく帯びているといえるだろうが、前述の古代中国の高僧の真身像や、それに準ずる意図で作られたと思われる奈良時代の脱活乾漆造である鑑真和上像〔図3〕のように、入寂した師の真正の「個」に限りなく近いものとして崇敬・祭祀の対象となる図像もありうる。

このように崇敬の対象となる人物を、可能な限り「個」そのものとして、「写実的」というよりはむしろ「生々しく」三次元に現前させようとする方向に対して、二次元に「移しかえた」、その意味でもmetaphoricな写実は、日本では鎌倉時代に入って盛んになる。この時代の「似絵」(にせえ)という名称にも用いられている「似せ」という語が、「贋」と元来同語であるのも、「真」身像の観念との対比で興味深い。肖像としての意味からいえば真身像の延長にあるというべき、禅宗の嗣法と結びついた肖像「頂相」〔図4〕も、絵筆による写実を通して二次元空間に師僧を現前させようとする行為の表われであるといえる。法会などの機会に師の頂相を正壇に掛けて生前の師が来臨しているかの如くにすることを「掛真」と呼ぶのも、写実が「当事者」である信徒にとっての究極の「個」の指示である「真」に収斂する、頂相の図像表象としての性格を物語っている。このように肖像を像主の死後掛けて祀る風習は、頂相とは意義も異なり受信者もより広い範囲の不特定多数を対象とする、江戸時代後期の人気役者や浮世絵師を描いた錦絵の死絵にまで、形を変えて続いている。そして死絵でも頂相の賛のように、像主の辞世が戒名や没年とともに文字で記されている。頂相では一般に、肖像としての人物の提示のされ方や標章は著しく定型化されているが（脱いだ沓を下に置いて曲彔《きょくろく》の上に結跏し、手に払子か警策をもつなど）、それと対照的に顔については、鎌倉期の精練された写実の手法によって、像主の内面的特性を再提示するようなリアリズムが発揮されており、広汎な受信者の鑑賞に耐える一般化された意味機能を十分に具えている。つまり、信徒でない後世の人々も、頂相としての元来の意義を離れて、高貴で豊かな内面世界をもった人間の図像表象として、感銘を受けることが可能なのである。

ここにおいて、その図像が誰によって、何故必要とされたかという、受け手のあり方が関与してくる。受け手のあり方としては、言語表象に関してすでに述べた「当事者性」と、非当事者ではあるが意味の解釈には参与できる「解釈共同性」との対立を、図像表象にも若干の留保つきであてはめることができるだろう。留保は、声によって語り手

図3　鑑真和上像（奈良　唐招提寺蔵）

図4　無本覚心（法燈国師）像
（和歌山　興国寺蔵）

が積極的に聞き手に働きかけて「共犯関係」をつくり出す言語表象の場合と異なり、図像では受信者の能動的な知覚行為を通してはじめてコミュニケーションが成り立つという点にとくに関わっている。これは、改めて指摘するまでもなく、聴覚と視覚の認識の基本的な差異に由来している。言語の場合と同様、図像という枠付けの外の「しがらみ」において「当事者」である、像主の弟子や信徒にとっては、その図像が像主の「個」を生けるが如くに再提示していれば崇敬の念が喚起されるし、写実的でなく様式化されていても、やはり崇敬の念を抱いて祀るであろう。後者のような状況は、像主が「個」として実在しないか、たとえ実在してもその個の特徴の再提示の仕方の写実度が測りがたい場合、明瞭にあらわれてくる。太い鼻のついた象の頭と膨れた腹をもつ、ヒンドゥー教の神格の一つであるガネーシャの像は、教徒以外の「非当事者」にとっては、それが表わす一般化された意味は説明によって理解できても、崇敬の念は抱きにくいと思われる図像である。仏教におけるさまざまな菩薩や如来の図像、キリスト教におけるマリアやイエスの像についても、像主の「個」としての特徴を写実的に表わしているかどうかという点は問題になりえないままに、時代や地方によっても異なる様式に従って図像がつくられ、当事者である信徒によって崇敬し祀られている。

肖像における写実性と様式性が、受け手とのかかわりで提起する問題は、日本の奈良時代から南北朝時代にかけての、真身像から似絵にいたる様式とその社会的意味の変遷の脈絡の中で、いくつかの角度からキメこまかく論じられている。その中で小稿の論点からとくに興味深いのは、鎌倉時代の公家像(法体像を除く)と祖師像の間の根本的な様式の差、および僧侶肖像画の中でも旧宗派のものと、新興宗派の祖師像との描き方の違いに注目した梅津次郎の論考である(梅津、一九五四)。公家像が一定の形式的枠内における写実で、「モニュメンタルな形式の強調が目立つ」(梅津、一九五四、五〇頁)のに対して、僧侶像はきわめて自由な写実によって表現されている。大和絵における「引目鉤鼻」の人面描写についても、藤原時代の女絵としての様式であったものが、男性も含む宮廷の貴族公家の階級表現として用いられていることを梅津は指摘している。そして俗人肖像画は、「中殿御会図」のような群衆の肖像画を別として、ほとんど背景らしいものが描かれていないが、僧侶像では環境描写が付随し、より説明的である。だがその僧侶肖像画の中でも、旧宗派の文覚、明空、円照、凝然等の肖像は、姿態ないし背景を、前代から受け継いだ伝統に従って、その人それぞれの格式において表現しようとする傾向があるが、法然、親鸞、一遍等の新興宗派の祖師像は、宗教的人間として親しまれた風俗的角度から把えられ、「救済者たる祖師の赤裸なる姿への全人的傾倒から生れ出たもの」(梅津、一九五四、五七頁)であると思われる。これら新興宗派の法然、親鸞、一遍等の行状絵巻は、行歴の種々相において捉えた肖像画集とみることもできると梅津は述べる。こうした立論は、社会的に確立された制度にかかわるモニュメントは、当事者にとって様式化されたものがむしろふさわしいのに対し、心の内面にかかわるイコンとしての肖像では、像主とのよりこまやかな触れあいが求められること、後者の内でもすでに崇敬すべき対象として了解されている人物の肖像では、必ずしも「個」に対する写実性は要求されず、時間の経過やイコンとしての量産の過程でも様式化が起こりやすいのに対し、未了解の対象については、むしろ図像の一般化された意味機能によって、受け手のうちに信徒としての当事者性をつくりだしてゆくことが求められている、とみることができるだろう。

頂相、祖師像の正面性ないし受信者との対面性と、像主の内面的特性の描写を含む写実性との、連続した差異を示す関係をめぐって、小論の脈絡で興味深いのは自画像である。

自画像は日本では、鎌倉中期の原本が室町時代の模本で伝えられている「中殿御会図」の中に、列座する参会者の一人として、画作者の藤原信実自身が描かれているのが現存する最も古い例とされている。これは描かれている参会者一人一人の似絵肖像の傍に文字で名が記されているのでそれと判るのだが、さもなければ、それが画家自身の肖像であるかどうかは識別できなかったであろう。個々に顔の表情が簡略化されたタッチで描き分けられてはいるものの、信実の「個」を識別するだけの特徴が写実的に提示されているわけではなく(いたとしても、他に参照すべき同定済

み の信実の肖像がなければならない）、特定の標章となるべきものも描かれていないからである。画中の群像に画家自身の肖像を描きこむことは、中世ヨーロッパの寄進宗教画にも多く見られる。聖書の一場面などを描いた画の群像の中に、寄進者と画家とが概ね端の方に、すぐそれと分るやり方で隣り合って描かれているのであるが、画家自身の肖像のこの種の描きこみは、十五―十六世紀イタリアの絵画では、ボッティチェルリやレオナルドやゴッツォーリの「三王礼拝」、ラファエロの「アテネの学堂」等の例がよく知られている。十六世紀ネーデルラントの画家オットー・ファン・フェーンも、ローマ留学から帰郷した直後、親族の集団肖像の中に画架に向って絵筆をとる自分の姿を描いているが、これはこの集団肖像画の作者の「しるし」としての図像であるというより、むしろ自己記念的自画像の背景に親族も描かれているとみるべきだろう。

画家の署名代りのこのような描きこみでない、独立の自画像としては、日本では室町時代の頂相描きの名手だった吉山明兆の、自賛の頂相形式をとった自画像が最初とされている［図5a］。もっともこれは、故郷に母を見舞いに帰ることができなかったときの便りとして、水に自分の姿を映して描き送ったものだということが関連する文字史料から知られている。二百七十年ほど後の、江戸初期の画家岩佐又兵衛の自画像も、福井にいる妻子への便りとして江戸から送ったもので、明兆のものと同様、ごく限られた「当事者」を受信者に想定して、きわめて私的な伝達状況で制作された点で共通している。そして明兆は、衣の破れをしばりあわせたさまを描き、又兵衛は病み衰えた自分の姿を写すなど、画家の実生活の現状をリアルに伝える画像であることも共通している。これに対し、明兆の少しあとの時代に、雪舟が数え年七十一歳のとき門下の秋月に与え、徳力善雪が模写したものが遺っている自画像は、当代最高の画僧として自他ともに認めていた晩年の雪舟の、自負と気概にみちたもので、形式上は自筆の寿像だが、門下に与えた意義からいえば頂相に近い［図5b］。想定受信者が身近の当事者、つまり現実の生活での「しがらみ」で結ばれた門下生であったとはいえ、生前に自ら描いた、自己記念的、自己顕彰的意図も含んでいた図像であることが見てとれ

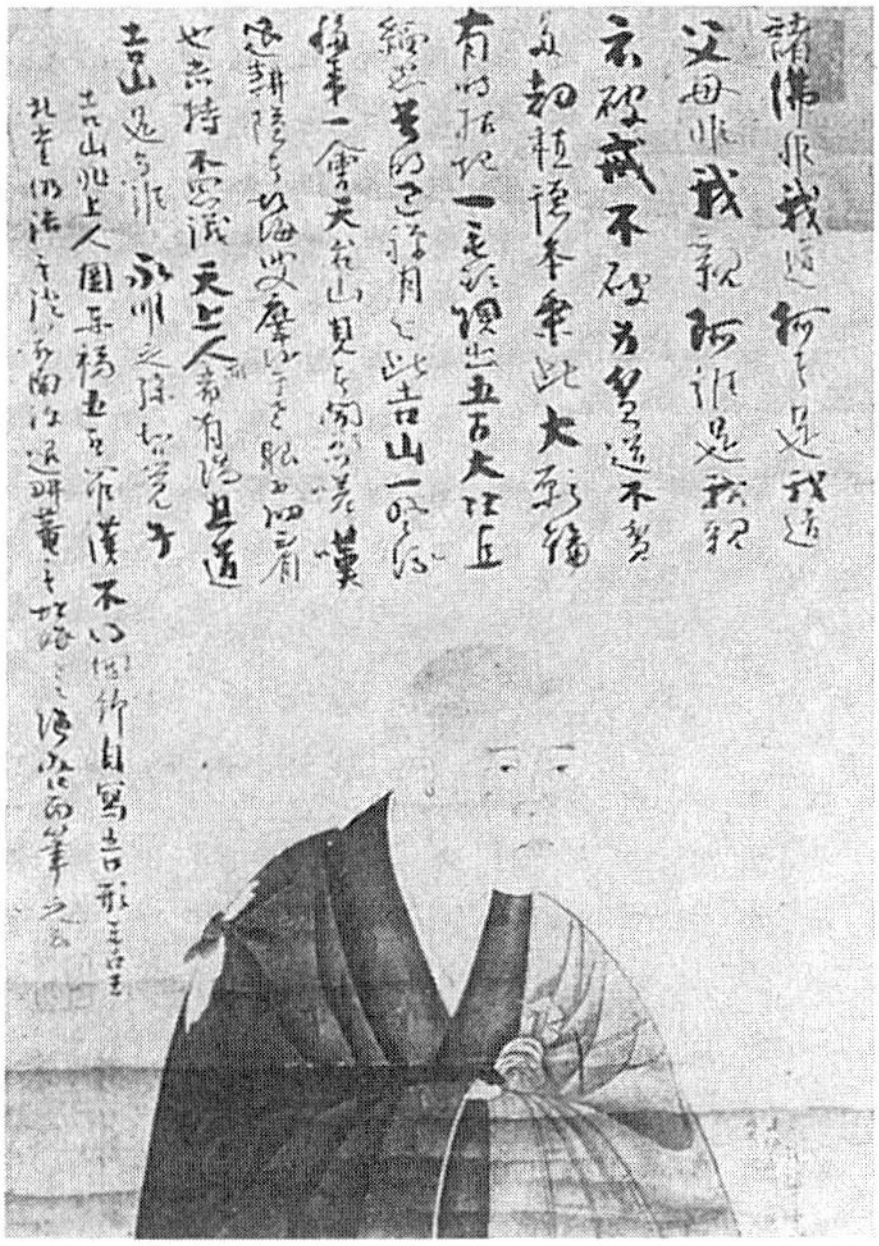

図５ａ　吉山明兆自画像（京都　東福寺蔵）

図５ｂ　雪舟自画像（安田靫彦蔵）

る。この点では、ヨーロッパの自己記念的自画像の最初の例とされている、ルネサンスのアルベルティが自分の横顔を円盤形の銅のメダルに刻んだ自画(刻)像と通じる性格を示してもいる。

　画家である自分を対象化して表情だけでなく内面もリアルに描き出そうとする類の自画像は、ヨーロッパではデューラーなどを経てレンブラントで頂点に達しているように思われる。実生活において浮沈のはげしかったレンブラントの、得意や失意を克明に、図像解釈学的にさまざまな意味を担ったしるしもとり入れて描いた、生涯で百点近いといわれる寓意にみちた自画像は、単なる「個」の指示を超えた、一般的な意味機能を豊かにもっている。レンブラントは、卑賤の出の成り上り者であることをたえず意識し、富貴の生れであるサスキアとの結婚の幸福に酔い、しかし妻の相続した遺産を浪費して問題を起す人間でもあった。自分の賤しさも冷徹に見つめながら、貴賤の接合された結婚の不調和な華やぎのさまを、虚栄や傲りを象徴する孔雀も配して描いた

図6a　レンブラント「居酒屋の放蕩息子」（ドレスデン　絵画館蔵）

図6b　レンブラント「デモクリトスに扮した自画像」（ケルン　ヴァルラフ・リヒャルツ美術館蔵）

「居酒屋の放蕩息子」（一六三六年頃）〔図6a〕。再晩年、画家としても世に容れられなくなり、経済的にも破産し、サスキアの死後遺児の乳母兼家政婦となった女性にも死に別れて、貧窮と孤独のうちに老年を迎えた自分を凝視した、おそらく死の前年に描かれた「デモクリトスに扮した自画像」〔図6b〕（一六六八年頃）の、人間の深淵をのぞき見させるような凄さ。この最後の自画像は、レンブラント自身を楽天的に笑う哲人デモクリトスに擬し、画面の左側には苦りきった表情のヘラクレイトスを配しているという。[10] これらの自画像が表わしているものは、限られた当事者による崇敬や祀りの対象としての表象である頂相や死絵とは異なり、不特定多数の受信者へのメッセージとして成り立ちうるより広い一般性をもった「意味」であり、しかしその一般化された意味は、この図像が同時に「指示」しているレンブラントという「個」の、これらの図像以外の媒体を通して知りうる「現実の過去の痕跡」を参照することによって、より深いものになりうるのである。

六

ミイラや真身像から写実的な肖像画や蠟人形にいたる、像主の「個」を表象することにおいて隠喩的な、そしてミイラのように「個」そのものであることを含めて、当事者に対する像主の指示機能が前面に出ている肖像の系列の中で、レンブラントの自画像に代表される、広汎な受信者に対して十分に一般化された意味機能をもちうる肖像の占める位置をこれまでに見てきた。このような系列の図像表象に対して、像主の個の表象の仕方において換喩的であり、一般化された意味機能しか形式上は表わしていないにもかかわらず、当事者に対しては補助的伝承に支えられた「個」との対応関係によって、強力な指示機能をもちうるような「肖像」の系列が存在する。「肖像」に括弧をつけたのは、それが少しも「ひとがた」ではないが、小論のような概念設定と立論の中では、歴史上の像主の「個」の図像表象であるという意味において十分に「肖像」としての形式と機能をもつと認められるからである。そのような系列の肖像の典型例として、像主を一般的な意味をもつ標章によって換喩的にしか表わしていない、すでに言及した西アフリカの旧アシャンティ王国の黒い床几「ンコンワ・トゥントゥム」や、旧ダホメー王国の王のしるし「レカード」、旧ベニン王国の「ウクレ」を以下にとりあげる。

西アフリカの海岸部に十八世紀に強大な王国を形成したアシャンティの先祖王を表わす木彫りの黒い床几(*nkonnua tuntum*)は、一脚ごとに異なる彫刻のデザインが、個々の王に固有の、王から臣下に向ってのメッセージを表わしている。この床几のデザインは、王が即位と同時に王位の象徴である自分の床几に彫らせるために選定するもので、その点では前述のモシ王の戦名に、図像と言葉という二つの異なる次元で対応している。たとえば、オセイ・ボンスー(*Osei Bonsu*)王の床几の支えはX字形を彫ったものだったが、これは先祖の王の達成したものを、さらに強化するという意味を表わしていた。環状の鎖を彫った王(*Kwaku Dua I*)の床几は、民は王の威力を知るだろうというメッセージを表わしていたが、実際にはこの王はきわめて温厚であったといわれる。月と星をデザインした床几で表象されている王(*Nana Prempeh I*)のメッセージは、この王の在位中に、アシャンティの威勢は月と星のようにあまねく及ぶだろうというものである。アシャンティ等アカン諸族のあいだにひろく知られている「知恵の結び目」(解くのに工夫が要る)(*nyan-sapo*)が表わしているメッセージは、王(*Nana Prempeh II*)は国の問題を武力によってではなく知恵によって解決するというメッセージを表わしている(Fraser, 1972a: 142-144)。王が死ぬと、人々は床几を燻し、卵黄に煤を混ぜたものを塗って黒くする。黒化されると、床几には死王の魂がのりうつると信じられており、死んだ王を表わすものとして、「床几殿」(*akonn-wafieso*)に、それ以前の王の黒い床几とともに安置される。そして祭儀の折には、これらの床几には、酒食が供えられ、祀られる〔図7〕[11]。

像主を著しく換喩的にしか表象せず、それも一般的な意味機能しかもたない抽象化された図形から成るアシャンティの黒い床几が、過去の王を「個」として指示する機能をもちうるのは、この図像表象の受信者である王宮にかかわる当事者たちが、現実に対して枠付けされた図像という枠の外で、口頭で伝承している知識を援用しているからである。それ故、前述したモシの王統譜における個々の先祖王の戦名が、言語のレベルで示しているのと同様に、一旦これらの表象とそれが元来指示していた過去の王の「個」との対応関係を示している枠外の伝承が失われてしまえば、黒い床几に刻まれた図像表象も、モシの王名が一般的な意味を表わす句に解消されてしまうのと同じく、X字形や月と星などがアシャンティ社会で一般的にもっている象徴性(それはしばしばデザインの名称さえあるくらい広く確立された合意の上に成り立っている)を表わす図像に過ぎなくなるだろう。旧アシャンティ王国には、このような一般化された意味機能によって喚喩的に再提示された王の「肖像」がある一方で、王の身体そのものによって、最も直接的に過去の王の「個」を指示する、ミイラの系統の表象も存在した。王の遺骸を八十日間野晒しにしたあと、骨につ

図7 a

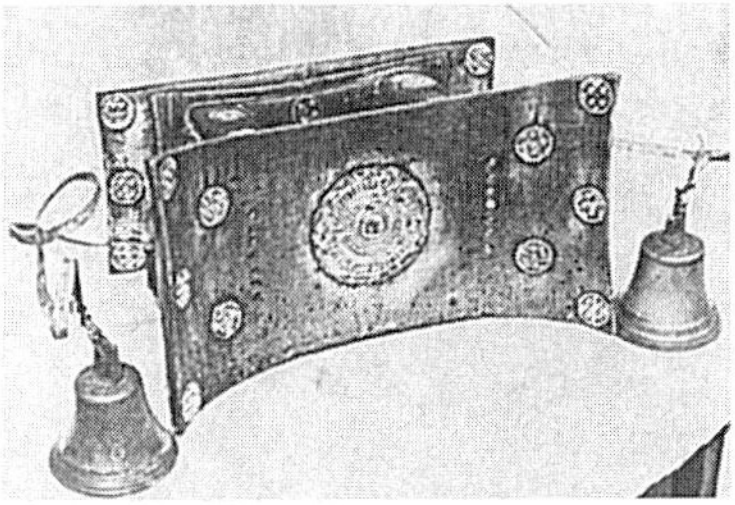

図7 b

図7 c

図7 d

図7 e

図7 f

図7 g

図7 h

図7　アシャンティの王の床几(Kyerematen, 1969による)

いた肉を削りとり、金で飾って真鍮の棺に入れ、歴代の王の遺骨と一緒に安置した。年ごとのヤム芋の収穫祭には、これをとり出して並べ、人身供犠も行なって祀ったという。

十七世紀から十九世紀末のフランスによる植民地支配まで、やはり西アフリカ海岸部に栄えた旧ダホメー王国の王杖も、同様の一般化された意味を表わす図形が、個々の王を指示するのだが、ここでは一人の王にいくつもの図像が対応している場合が多いこと、一例においてだが、図像の構成要素の名を組みあわせて音借による一種の判じ絵(rebus)を作り、図像を媒介とした言語によって王名を表わしているなどの点で、アシャンティの床几とは同類の図像表象の中での差異を示している。[12] 王権を象徴するこの杖——元来武器としての棍棒に由来するといわれるが、かつて耕作中の農民が、同形の鍬の刃をはずし棍棒にして戦いに加わり勝利を収めた故事から、鍬を表わしているともいわれる(Adandé, 1962: 14)——は、ポルトガル語に由来する「レカード」(*recado*)という名で呼ばれている。機能においても、王の使者が持つ王権を象徴する職杖(ポルトガル語の recado 英語の mace)に対応する。この地帯は十五世紀末からポルトガル人が進出し、王や宮廷文化にもポルトガルの影響が深く及んでいるから、この王杖もポルトガルからの刺激がもとになって、だがいうまでもなく西アフリカの図像表象の古く広い伝統の基盤の上に、生れた可能性は大きい。これは、王の使者がもつ「しるし」という面での機能からいえば「職杖」であるが、王自身も公的な場で左肩に掛け、祭儀で王が手にして踊るものであり、形態からいえば大部分は斧状の刃が柄の先についているが、刃がなく木の棍棒状の頭の部分に王を表象する図像が彫られているものもあるので、斧ともいえない。したがってここでも地方名に従ってレカードという名で記述することにする。

レカードは、多くは格言の形式をもった王名の構成要素の一つまたはいくつかを図像にして、刃または木の頭の部分に表わしたものである。この二者の関係は、前述のモシの王名の句としての全体とその一語をとった通称との関係に似ている。モシの王名(戦名)でも通称である一語が隠喩的に王を表わさないように、ダホメー王のレカードの図像も王を隠喩的に表わしていない。たとえば、第十代の中興の王とされているグレレ王のものとして多くのレカードが知られているが、その一つに、木の棍棒の頭に牙をむいた獣の彫られているものがある〔図8a〕。これは、グレレの父である先王ゲゾが、その先代王アダンザンを暴虐の故に退位させたあとで表明したということば「悪意をもって襲いかかる犬には、たとえ妊婦でも勇敢に立ち向って、(犬に奪われた)食物を取り戻す」から、歯をむいた犬を図像化

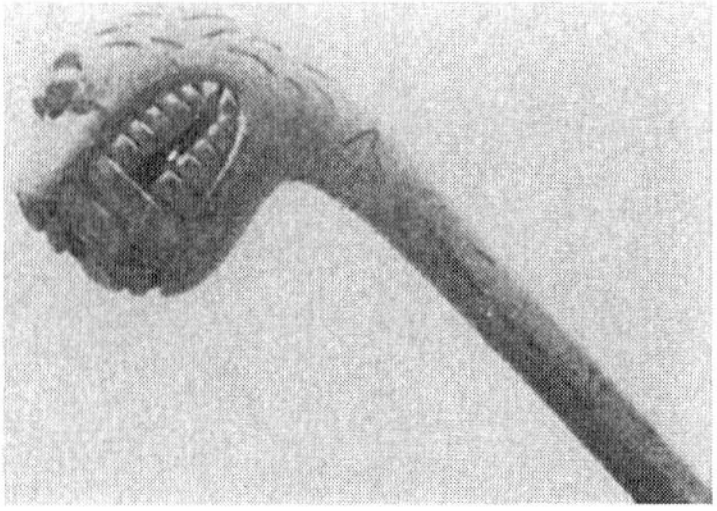

図8a

図8b

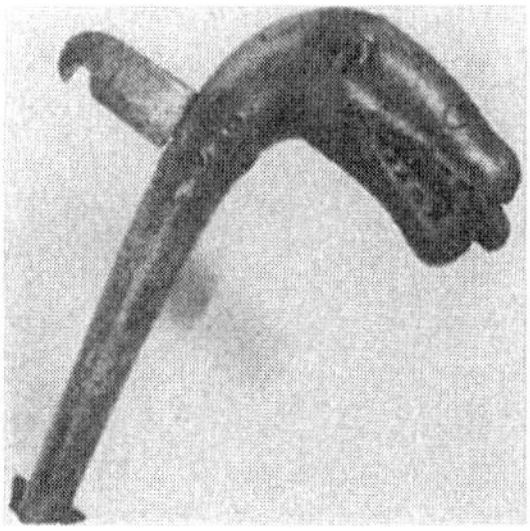

図8c

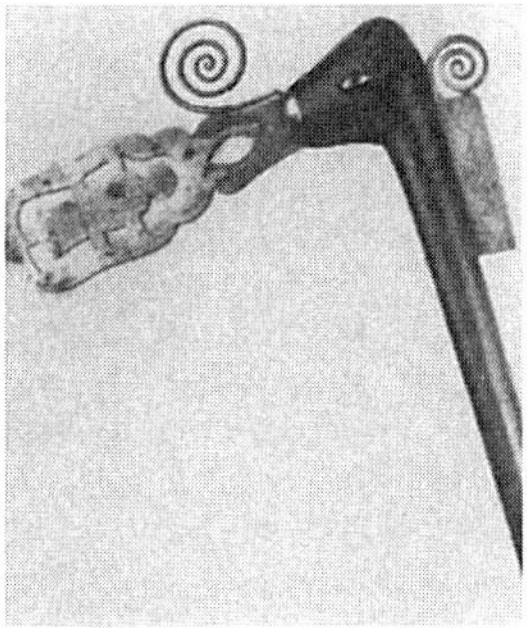

図8d

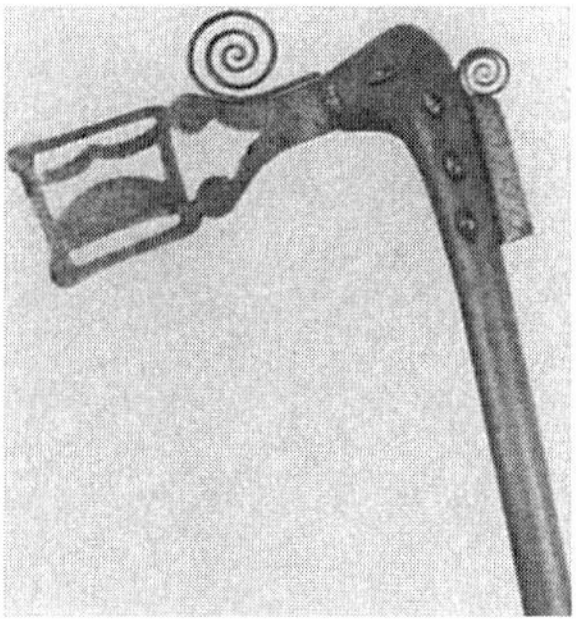

図8e

図8　ダホメー王国の「レカード」
(パリ　人類博物館蔵，Adandé，1962 による)

したものである。[13] 従ってレカードに表わされている犬は、もとの句全体の中では負の価値を与えられている。ただ、このレカードの意味については、グレレ王の他のレカードに登場する獅子または豹を象《かたど》ったものとする別の解釈もある。これらの例としては、図8b、図8cなどに示したレカードがある。図8bのレカードには、「仔獅子といえども父から享けた牙と爪をもち、獲物を襲うことにかけては何の遜色もない」という格言が対応しており、図8cには「豹がひとたび牙をむけば、恐怖が荒れ野を支配する」という句が対応する。

このようにレカードでは、斧の刃や棍棒頭というきわめて限られた場所に、簡略化された形をしるすのであるから、図像の表わす意味が、補助的伝承に通じた当事者の間でも常に一義的にとられるとは限らない。まして非当事者にとっては、当事者には明らかな図像の象徴性すら把握できないことが起りうる。図8dのレカードの刃の部分が表わしているのは大砲であり、これは十八世紀後半に在位したクペングラ王を表わしている。クペングラ王が西洋人から買い入れるのを断った大砲を近隣のバダグリの国が購入し、しかしその国との戦いでクペングラ王が勝ち、大砲を戦利品として持ち帰ったという故事に由来する図像である(この大砲は、現在もアボメの博物館に展示されている)。こうした、当事者にとっては数々の固有名詞を伴う「現実の過去の痕跡」であるこの図像も、「枠外の」伝承を知らない非当事者にとっては、それが大砲を表わしているということすら分らないだろう。

レカードに見られる、音借の図像は、図8eにみられる。このレカードはダホメー王国の創始者ダコドヌ王を表わしているのだが、刃の部分に、「火打石」(*da*)と「地面」(*ko*)と「穴の入口」(*donu*)が象られていて、この三つの図像が合わさって *dakodonu* となり、この王名を図像で「しるして」いるのであるという。ここでも、当事者でない受け手には、たとえこのような説明を聞かされたあとでもなお、この刃のどこの部分が「火打石」「地面」「穴の入口」をそれぞれ表わしているのか、判然としないに違いない。この例でも、古代エジプト第一王朝のナルメル王の粘板岩の化粧板(パレット)[図9]に彫られた「魚」(*nar*)と「鑿」(*mer*)の図像による音借と同様、図像そのものの表象性によるよりは、図像表象という枠の外での合意が、図像が特定の王の「個」の指示機能をもつために重要なのである。

アシャンティの王の床几やダホメーの王のレカードは、王の生前に作られ、それが死後はその王を表わす図像表象となるのであり、前述した日本の肖像の概念を敷衍すれば、「寿像」が像主の没後「祖師像」として祀られるのに、機能上対比できるだろう。これに対し、次にとりあげる旧ベニン王国の祭具「ウクレ」は、同様に換喩的肖像の系列に入るが、像主の死後にはじめて彫られる図像である。

図9a

図9b

図9　ナルメル王化粧板（カイロ博物館蔵）

十四世紀頃から十九世紀末のイギリス支配まで、ダホメーと同様に西アフリカ海岸地帯に、ヨーロッパとの交易を重要な経済的基盤として強大な王国を形成していたベニンでは、五に述べたような「写実的な様式」による青銅・真鍮の王や王母の頭像や記念板が、失蠟法で鋳造されつづけた一方で、図像としての形式はきわめて単純な、元来儀式用の音具である「ウクレ」で祖先を表わす習俗が、王から一般民にいたるさまざまなレベルで存在した。杖の形をしたウクレは、上部のふくらみの内部で小さな木片が彫り離されていて、振ると軽い音を立てる。ウクレは祖先を個々に表わすものとして各祖先に一本ずつ彫られ、祭壇に安置されている〔図1〕。祖先を祀る者は、祭壇のウクレを手にとって振り、この音でそのウクレが表わしている祖先に呼びかけるのである。父系の祖先が祀られるこの社会では、亡くなった父のウクレを長男が彫り師に頼んで作り、酒と生贄の血で聖化した後、それ以前の祖先のウクレと並べて祭壇に安置する。従って、嗣子や近親の故老などの直接の記憶によって、二代くらい前までは遡って個々のウクレが指示している先祖の「個」を識別できるのだが、それ以前のものについては、どのウクレがどの祖先を表わしているかは、専らウクレという図像の枠外の言語伝承によってのみ知られている。

ウクレの頭部に彫られるデザインには三種のものがある。人(男)の頭を彫ったもの、権力を象徴する図像である、四指を握って拇指だけ直立させた右手を彫ったもの、祖先の力を象徴する図像――「魚をつかんだ手」の図像が、「魚をつかんだ者は、それを放すこともできる」という、他者の生殺与奪の権をもつことを表わすなど――である。第一のものは一般民の祭壇にも置かれるが、第二、第三のものは、王や高位の首長、重臣の祭壇にのみ許される。それぞれのデザインの内に意図せずに表われるわずかな差異、ウクレ全体の長さや胴部の何段かの節に分かれた、普通タテ縞が彫られた部分のこれもわずかな違いと、祭壇上の位置とによって、ウクレは当事者である嗣子には個々の祖先を表わすものとして識別されている(川田、一九八九)。従ってここでは、アシャンティの王の床几やダホメーのレカードが個々の王に付随した名、箴言などの言語メッセージや事績(前述したクペングラ王の大砲の例など)を図像によって象徴的に表わしているほどにも、図像自体は指示機能も意味機能ももっていない。個々の図像に識別できる差異も、相互に差異化する機能をもつという点においてだけ意味をもつのであり、それらの差異が「個」としての特定の祖先を指示する機能をもちうるのは、専ら当事者の枠外の情報によってなのである。それは戦友が戦場から遺骨の代りにもち帰った一個の小石が、あるいは故人の遺愛のありきたりの一膳の箸が、当事者である遺族にとっては「個」としての故人を指示するかけがえのない図像であるという、表象とそれが表わす個の関係の一つの極限的なあり方に通じている。

一般的な意味機能しかもちえない、様式としてアフリカの造形表現の内では写実的であるがきわめて類型的な図像表象が、当事者にとって歴史上の「個」の指示機能をもつ例として、ベニン王直属の戦の首長エゾモの「イケゴボ」(*ikegobo* 手の力の信仰に基づく小型の祭壇)について、ブラッドバリーの研究に依拠して私はかつて論じたことがある(川田、一九九二b〔一九九〇b〕、四九六―四九九頁)。そこには、敵の首級を束にしてさげて凱旋する武将と、それを囲むさまざまな人物やベニン社会で象徴的意味を担っている羊等の動物の図像が鋳造されている〔図10〕。他の図像にも多くの類例のある凱旋という「類」の一般的な意味を表わしているとしか非当事者には思えないこの図像が、この祭壇を祀っている当代のエゾモにとっては、特定の祖先である初代エゾモが、特定の王の王位を守る特定の戦いに勝って帰還するさまを描いた「個」を表わす記念像なのである。祭壇の接合の痕跡などから、この祭壇そのものの有意な古さにも非当事者である研究者のブラッドバリーは疑問を投げかけているのだが、それが特定の祖先の「個」を指示しているというエゾモの確信は揺がない(BRADBURY, 1973: 259-260)。この場合、当事者の確信を支えているのは、言語による図像の解釈、しかし無文字社会であるベニン社会では口頭伝承による解釈である。

図10　ベニンのイケゴボ(BRADBURY, 1973による)

図像の意味機能と指示機能をめぐる似たような状況は、著しく類型化された日本の祖師像にも認められる。祖師像では、それが個としての特定の像主を表わしていることを保証しているのは賛などの文字のしるしだが、エゾモの手の祭壇の図像の場合は口頭伝承なのである。いずれの場合も、図像よりはるかに高度に分節化され、時、所をはじめ、抽象的な概念も図像より明確に表わすことのできる言語を媒介として、一般的な意味機能が、特定の個の指示機能に転化させられているといってよい。(14) また、仏教徒の祖師像やエゾモの手の祭壇の図像のように、祀られる対象として正面性をもった図像でない、叙述性が大きい図像――小論で用いた概念を用いれば、「呼びかける歴史」であるよりは「参照する歴史」を表わす図像――についても、図像と言語の意味機能と指示機能の相補的な関係は、文字社会の例えば日本の現存する最古の合戦絵巻である「前九年合戦絵巻」(十三世紀中頃)〔図11〕や、フランスの「バイユーの布絵」(十一世紀中頃)にもはっきりと見出だすことができる〔図12〕。「前九年合戦絵巻」は、源頼義の率いる軍が奥州の安倍一族の反乱を平定する合戦の絵巻である。一団の騎馬武者の行軍のありさまや敵味方入り乱れての合戦の情景が素朴でリアルな筆致で克明に

図 11　「前九年合戦絵巻」(佐倉　国立歴史民俗博物館蔵)

図 12 a

図 12 b

図 12　「バイユーの布絵」(バイユー　マティルド妃布絵館蔵)

描かれているが、武者の一人一人の脇に、文字で名が記されている。同時に、この合戦の模様は『陸奥話記』に記されてもいるので、図像という枠外の補助的な言語情報によって、図像に記されている名が指示している個人の、出来事の中での位置づけも、かなりの程度行なうことができる。だが、もしこの絵巻の図像に、文字で名が記されていず、『陸奥話記』のような文字史料もなかったとすれば、これらの図像はエゾモのイケゴボの武将の図像と同様、鎌倉時代に描かれた平安中期の武将の合戦一般を、「類」として表わす意味機能しかもちえなかったかもしれない。口頭伝承と文字記録という違いはあるが、これらの図像に同時に「個」の指示機能を与えているのは、どちらの場合も言語なのである。ノルマン公ギヨーム(ウィリアム)のイングランド征服(一〇六六年)を長大な布の上に刺繍で描いた「バイユーの布絵」についても同じことがいえる。ここでも、人名、地名、出来事の極く簡単な記述が文字で記されており、この征服についての文字史料や研究も多いので、それらの言語情報によって、当時のこの地方での戦い一般を表わす意味機能に、克明な指示機能が付加されているのである(Bertrand, 1966)。しかし同時に、バイユーの布絵の上下の縁には、場面によって異なるさまざまな動物が描かれており、その象徴性の分析は図像解釈学的にも興味深い。これは、イケゴボの上部や台座の部分に、ベニン社会に象徴的な意味を与えられている羊、豹などの動物図像が記されている状況に比せられるかもしれない。

他方、イケゴボの図像は正面性がつよく、「祀られる歴史」――小論の用語での「呼びかける歴史」――の性格が大きいのに対して、「前九年合戦絵巻」でも「バイユーの布絵」でも、描かれている人物には正面性がない。従って複数の人物は相互交渉の相で描かれており、出来事を叙述する表象としての、小論の用語でいえば「物語る歴史」の性格がつよい。このことに関連して、イケゴボの図像に指示機能を与え、同時に前記二つの絵巻と布絵に比べて著しく限られた範囲ではあるが、歴史上の特定の出来事を叙述する機能ももたせているのは、極めて当事者性の高い、血縁集団内での口頭伝承であり、従って直接の口頭性によるその伝承の受信者となる可能性も限られている。これに

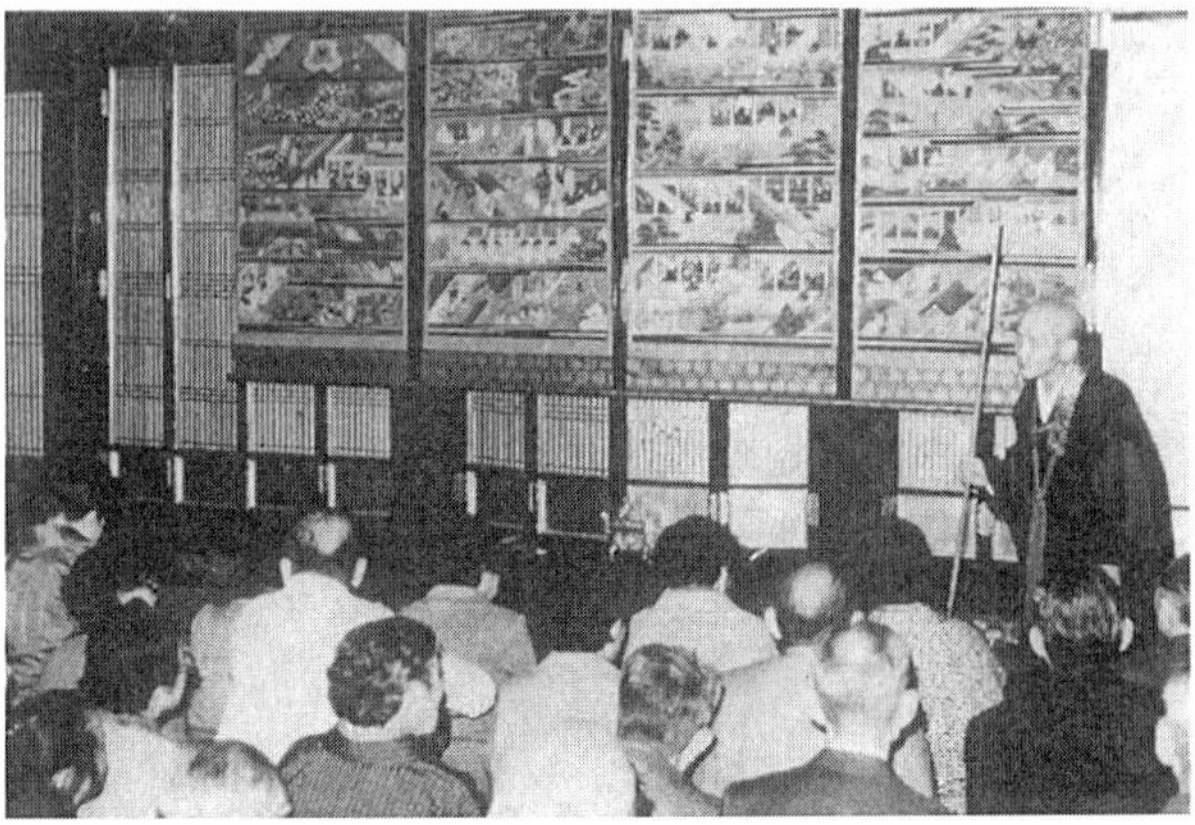

図13　絵解き　矢守勇精師の「親鸞聖人一代記」西尾市正念寺で(筆者撮影)

比べて、文字社会の歴史表象である前述の二つの図像では、文字というものが元来具えている拡散伝達(broad casting)性、つまり不特定多数の受信者に向ってひらかれたメッセージ伝達力をもっているといえる。文字社会においても、口頭伝承に基づく言語の口頭性によって、一連の図像に「参照する歴史」の性格を与えるものに「絵解き」がある。日本、ヨーロッパ、インドをはじめ、世界のさまざまな社会にみられる絵解きは、文字社会内の無文字層への伝達方法として、有効なものである。絵解きに用いられる図像は、キリスト教におけるような象徴性の高いものもあるが(原、一九九四)、日本の浄土真宗における、親鸞、蓮如などの一代記は、分割場面の掛幅の形をとって、祖師の一生のさまざまな情景を描いた図像で、伝承された言語による補足がなければ、十分な指示機能をもちえないものである[図13]。

七

絵解きの中でも、受信者が不特定であり、図像に対する言述の自由度がより大きい紙芝居、無声映画の活弁などでは、図像に言葉が触発される面を、宗教画の絵解きよりもつよくもっているといえるだろう。図像が歴史性をもった、つまり「個」の指示機能とともにその「個」を叙述する意味機能も具えた言述を生んでいる例としては、中部アフリカの旧クバ王国の王を表わす木像「ンドップ」(*ndop*)のいくつかのもの、その他一般に伝説に関連づけられた図像

——茨城県鳥羽田の小栗・照手像をめぐる山本吉左右の研究は、史実、語りものとの関係での図像の研究として興味深い(山本、一九八四)——がある。

現在のザイール共和国に当る熱帯雨林地帯に十七世紀頃から形成されたクバ王国では、王が即位すると、即位名と、それに対応する幾何学模様と、その王のしるし「イボル」(*ibol*)を決め、その幾何学模様を刻んだ王権の象徴である太鼓と、イボルを前にした王の座像が彫られる。⑮王の顔や身体は著しく定型化されて、つまりあるべき王の姿として表象された、カントローヴィッチのいう「政治的身体」(カントローヴィッチ、一九九二〔一九五七〕、五頁)において図像化されているが、それぞれのイボルによって、歴史上の特定の王として形式上も同定が可能だ。ただし現王朝の王二十二人中ンドップの現存する王十一人のうち、二つの類型に分けられる太鼓をイボルとする王がそれぞれ二人、鸚鵡をイボルとする王が二人あるが、彫り方の差異などによって個々の識別・同定は可能である。ンドップが王の生存中に彫られたか、死後に彫られたかについては、不明の点が多い。

ンドップは王の力を後継者に伝えるための重要な媒体とみなされており、新しく即位する王は一定期間隔離されて先王のンドップと起居を共にして歴代の王の力を身につけたといわれる。クバ王国の再組織者といわれ、最初のンドップが遺存しているシャンバ・ボロンゴンゴ王(シャーム・アムブル・アンゲウォーング)のイボルは、「レール」ゲームの盤で、これが座像の前に置かれている〔図14a〕。レール、リエール、レラ、ワレなどと呼ばれる二人で勝敗を競うゲームは中部・西部アフリカを中心に広く愛好されているが、伝承によると、中部アフリカ各地を遍歴したのちにクバ王国を再組織したシャンバ・ボロンゴンゴ王は、それまで民間で猖獗をきわめていた賭け事をやめさせるために、このゲームを国にとり入れて流行らせたのだという。歴史上の王、とくに始祖に、住民を益する重要なものを導入したという、一種の文化英雄の役割を与えることは中部アフリカの王国にひろく見出されるが、この王も、レール・ゲームのほか、トウモロコシ、マニオク、モロコシ、タバコ等の重要な作物をこの国にもたらしたとされている

(Cornet, 1982: 103)。この王がンドップの現存する最も古い王であるから、もしこの王の治世下にレール・ゲームがクバ王国にもたらされたのだとすると、王の即位と同時にその王のイボルが選定されて、ンドップが彫られたのではなく、王の指示によって、あるいは廷臣たちが王のこの事績を賞でて、王の記念像が彫られ、それがンドップの慣行のはじまりとなって、後世に伝えられたのではないかという推測も成り立つ。ンドップが王の死後作られたとする見方もあるが(Cornet, 1982: 57-58)、その場合も「個」としての王を、それぞれの標章(イボル)によって区別して、図像として表象する意図が働いたわけである。

図 14 a　シャンバ・ボロンゴンゴ王のンドップ(ロンドン　大英博物館蔵)

図 14 b　ミコペ・ンブラ王のンドップ(テルヴューレン　王立中部アフリカ博物館蔵)

図 14　クバ王のンドップ

また、十九世紀はじめにクバ王として在位していたと推定されているミコペ・ンブラ(ミコ・ミムブル)王のンドップに彫られているイボルは、女性だといわれる頭部だけ異常に大きい人間の上半身像だ[図14b]。広く流布されている伝説では、王は美しい女奴隷と恋に陥って彼女を娶った。爾後それまで禁じられていた自由民と奴隷女との結婚を王は許したという。だが、王族と奴隷との結婚は常に禁止されており、従ってこの頭だけ大きい人像は女奴隷ではなく、臣民の生殺与奪の権をもつ王の力を表わすものだとする解釈もある(Cornet, 1982: 108-110)。民間伝説はむしろ、形が直接表わしている意味としては多義的な図像から、王と美しい女奴隷との恋という物語を作り出したのかも知れない。既存の図像や意味ありげな自然物が、説話的想像力に感知可能な拠りどころを与え、発酵させ、補強する役割を果すことは、前述の小栗・照手像の例のほか、日本各地の弘法大師伝説とダイタラボッチの足跡や泉、西アフリカ・モシ王国の最初期の伝説的王の一人が馬で天に駆け昇った蹄の跡とされている、バオバブの老樹の幹の痕跡（川田、一九九二b［一九九二］、二七八―二八〇頁）等々の例からも知ることができる。

より地域的、文化的拡がりの大きい、つまりより普遍性の大きいモチーフに基づく図像から、言語のレベルでは逆に、地域的、文化的に限定された、より指示機能の大きい言述が生み出されることもある。これまで度々引いた西アフリカの旧ベニン王国の図像表象は、「写実的」様式によりながらきわめて類型化されている。(16) おそらく十五世紀前半に王母の制度ができて以来二十人は存在したはずの王母の、個々の墓所は知られているが、王母の頭像としてかなりの変異を伴う同一様式で鋳造されている頭像にはすべて、初代の王母イディアの名が冠せられている［図15］。また、王母についてはこのように固有名で指示される像がありながら、頭像、装飾板、象牙その他夥しい図像が作られている三十六人は在位したはずの王については、ただ一人の王を例外として、図像に固有名が付けられていない。その例外の王は、始祖でも中興の王でもない障害のある王で、両足が外側に曲った二匹の魚で表わされている。この王の図像は頭像にはなく、記念板、ペンダント、象牙の彫刻などに頻繁に登場する［図16］。オヘン王はベニン王朝の初代の王とされているエウェカ一世から数えて八代目の王で、十四世紀中頃か、他の説では十五世紀初頭、いずれにせよポルトガルとの接触以前に在位した王と推定される。

オヘン王をめぐる伝承によると、王は在位二十五年のとき両足が麻痺した。王はこれを隠したが、重臣の一人がのぞき見して王の障害を知る。怒った王はこの重臣を処刑してしまう。ここから伝承はいくつかに分れる。一つの伝承は、民衆が王の障害を知り（アフリカの他の多くの王国と同じく、ベニン王国でも、王は五体満足で生命力にみちていなければならないとされていた)、同時に重臣の処刑に憤って反乱を起し、石を投げてオヘン王を殺したとする。自殺を強いたとする伝承もある。他の伝承によると、オヘン王は足の麻痺を隠した理由として、水(川、海)の神オロクンがのり移って足が鯰のようになり、神聖なものなので人目にさらすことができなかったからだと言って釈明する。そして以後オヘン王は、オロクン信仰の保護者として崇められるようになった(EGHAREVBA, 1934 : 13-14 ; FRASER, 1972b : 261-294)。

これらの伝承は、ベニンの王が国土と国民の繁栄の象徴としての神聖王であり、王の心身に欠陥があることは国の安寧を脅かすものなので死に至らしめるべきだとする「王殺し」の観念があったこと、国民は一方的に王に服従していただけではなく、理があれば王に投石して殺すこともありえた等のことを示唆していて興味深い。ただ、足が魚で

図 15 a (ラゴス　国立博物館蔵)

図 15 b (ロンドン　大英博物館蔵，LUSCHAN，1919 による)

図 15　ベニンの王母イディアの頭像

表わされた人像は、オヘンに限られているのではない。ベニン王国と王の始祖を共通にし、文化の多くの側面を共有する西隣りのヨルバ諸王国でも、イフェ王国ではベニンと共通の王の始祖オドゥドゥアが魚の足で表わされているのをはじめ、雷神シャンゴや狩猟の神エリンレの図像も魚の足をしているなど、魚足の人像はさまざまな場面にみられ、民俗信仰や民俗イメージの中に深く根をおろしていると思われる。だが、ベニンとヨルバでは頻繁に用いられている、魚形の足を両側に開いた人像は、アフリカの他の社会には見出されないのに、ヨーロッパや西アジアでは、古代ギリ

図 16 a　真鍮ペンダント(ラゴス　国立博物館蔵)

図 16 b　祭壇用象牙彫刻(ラゴス　国立博物館蔵)

図 16　オバ・オヘンの像

図 17　古代ギリシャ(前 6 世紀のヴィクスの王墓出土)の「クラテル」(シャティヨン・シュール・セーヌ博物館蔵)

シャやエトルスクの遺物から、スイス、イラン、アフガニスタン、インドの建造物の装飾図像などに、広く見出される（Fraser, 1972b）［図17］。この図像については、西アフリカと他の地域の間では、おそらく伝播を考えるべきではなく、異なる基盤からの独立発生を考えるべきであろう。文化の基層を共通にするベニンとヨルバでも、この図像が多様な民俗信仰と結びついた意味機能をもっていることは、右にみた通りだ。

興味深いのは、元来はおそらく、さきに伝承を記したような「史実」に基づいて、特定の個人を表わすためにこの「魚足王」の図像が作られたのではなく、より広い想像力や信仰を基盤として生れたと思われるのに、いつかオヘン王という固有名詞が頑迷なまでにそれに付着するようになったことである。この魚足王——魚は多くの場合、水の神オロクンの象徴である鯰の形で表わされている——の図像は、王の祖先祭壇に置かれる象牙のほとんどすべてのものに彫られている。しかもその図像としての形や手に持つ物の変異にかかわりなく、工芸師や廷臣たちによって、ひとしくオヘン王、版図を拡大した大王エワレの父として、つまり歴史上の「個」として同定されているのである。ここでも、図像が意味機能によって表わしているものはきわめて一般的であるのに、枠外の言語表象を通して、高い指示機能が付与されているのである。

八

さらに人間の信仰や想像力の深層に根をおろしていると思われる図像、従ってその図像を形作っている基本モチーフは、地域や文化、時代の枠を越えて——だがそれぞれに異なった文化・社会の脈絡の中で——広く見出されるような図像にも、個々の社会は固有名を与え、言語表象によって個の指示機能をもたせている。さまざまに異なる時代的、社会的基盤から生れたはずの、しかし図像としてはきわめて広汎に共通なものとして見出される母子像などはそのよ

図 18 a

図 18 b

図 18 c

図 18　母子像

a　フランス中部(15 世紀)の「ピエタ」多彩色木像(クレルモン＝フェラン　大聖堂蔵)

b　フランス中部(13-14 世紀)の聖母とイエスの多彩色木像(プイ・ド・ドームのリオンマルテュレ教会蔵)

c　サルディニアの聖所遺跡から発見された「ピエタ」的青銅像(前 8-6 世紀頃)(カリアリ　国立考古学博物館蔵，石田 1971［1955］による)

い例であろう。古代エジプトの地母神イシスとその息子で死んでは蘇える穀神オシリスの図像〔図19〕。キリスト教によってマリアとイエスと名づけられた、処女懐胎の母と死んで蘇える息子の、「ピエタ」と総称される類型のものをはじめ東地中海世界を中心にキリスト教世界で広く制作され祀られた図像〔図18〕、古代メキシコの穀母テテオインナンとその息子であるトウモロコシの穀神シンテオトルや、そのペアと重ね合わされる大母神ショチケツァルとその息子であり大母神を孕ませる男性原理でもあったマイクルショチトルの図像〔図20〕（石田、一九七一〔一九五五〕、二〇四頁）、黒人アフリカの多くの社会で彫られ祀られてきた多様な母子像（Roosens, 1967; Holas, 1975. 川田、一九九三）〔図21〕、さらには日本の、山姥に育てられた怪童丸金太郎の絵姿〔図22〕……。

山姥と金太郎については、説話化された

「史実」、さまざまな地方での実在の地名と結び付いた伝説化、それを養ってきた民俗的想像力、演劇的表象と都市民の信仰、図像表象などが錯綜し、しかもそれぞれについて、不十分だが意味豊かな資料があるのでなおのこと、小論のテーマとのかかわりで探求への意欲をそそられる。金太郎は一方では、平安中期に実在したがその事績が著しく説話化されている源頼光の四天王の一人の公時という名で、都の葵祭見物で馴れぬ牛車に揺られて酔ったり、大江山の酒呑童子退治に活躍する人物として、『今昔物語』巻二十八や『古今著聞集』巻九、能の『大江山』や『羅生門』などに名が出てくる。また、十七世紀後半、寛文の頃から江戸に流行した金平浄瑠璃のいくつかの中では、「さかたのきんとき」が金平(公平)の父親として、足柄山ないし信濃の山中に住む山姥ないし鬼女の子、「くわいど」(怪童)として言及され、山姥(鬼女)が怪童を源頼光に奉ったことが語られている(室木、一九六九)。

これら金平浄瑠璃とほぼ平行して成立したと思われる通俗史書『前太平記』——板垣俊一の考証では、従来の通説だった享和三年(一八〇三)より約百二十年遡って、貞享年間から元禄の初期あたり(一六八〇年代)の成立とみられる(板垣、一九八八、四三三—四三八頁)——では、相模国足柄山中で山姥が夢の中で、夥しい雷鳴とともに赤龍と交わって身籠り、産んだ二十一歳の「童」と源頼光との出会いが語られる。童は頼光と主従の約盟を結び、酒田公時を名乗るの

図 19 テル・ジャイフ出土のオシリスを抱くイシス像(ロンドン　大英博物館蔵，石田 1971[1955]による)

図 20 メキシコの穀母と穀神(ベルリン　民俗学博物館蔵，石田 1971[1955]による)

である。これよりおくれて出た『広益俗説弁』(正徳五年＝一七一五年刊)には、「公時は山神・山姑の子にて一生妻子なく、頼光の没後にゆきがたしらずうせたりと云」と記されている(井沢・白石、一九八九〔一七一五〕、一八四頁)。また、謡曲『山姥』との明らかな連続性の認められる近松門左衛門の『嫗山姥』(正徳二年＝一七一二年)では、信州上路山中で暮す山姥(もと遊女という設定)と怪童丸(山姥の夫の切腹とともに性交を経ずに懐妊して出産)と源頼光の一行との出会いが語られている。怪童丸は「五、六歳の童」で、「五體の色は朱のごとく、おどろの産髪四方に乱れ、餌食とおぼしく鹿狼猪を、引きさきて積み重ね、木の根を枕に臥したる様誠の鬼の子是なんめり」(近松・守随・大久保、一九五九〔一七一二〕、二一七頁)と描写され、頼光の一行に相撲を所望され、磐石を投げ、荒熊をねじ伏せ投げ飛ばし、そのあと「アアくたびれた乳が飲みたい母様と、母が膝にぞもたれける」(同書二二〇頁)というくだりがつづく。ここでは童髪、朱色裸身、怪力、熊と相撲、母にすがって乳を飲むなどの、後の草双紙などに描かれる金太郎のイメージが言葉で表わされている。母の乳をねだるくだりは、歌麿の浮世絵に描れた山姥と金太郎〔図22 b〕などに重なり合うものである。こうした山姥・金時のイメージを、文献記録上の前後関係から直ちに、『嫗山姥』の描写が草双紙の図像表象に先行すると

図 21 a　セヌフォ(コートジボワール)の母子像(アビジャン博物館蔵, Holas, 1975 による)

図 21 b　コンゴ(ザイール)の母子像(テルヴェーレン　王立中部アフリカ博物館蔵, Roosens, 1967 による)

図 21　黒人アフリカの母子像

して位置づけることは、必ずしも妥当ではないだろう。近松の時代にすでに形成されていたかも知れない民俗イメージが、近松の言語による描写の下敷きとなり、後の時代の図像表象の基にもなった可能性も大きいからである。

さらに延宝元年(一六七三)には、江戸中村座での『四天王稚立』で、「元祖市川段十郎[後の団十郎]拾四歳にて初ぶたい、初て顔をぬり荒事狂言の初也、大當り」(『江戸芝居年代記』、三田村、一九二八、五頁)とある。この時代に江戸という新興都市で、「江戸大芝居狂言名題始り」として位置づけられる『四天王稚立』で団十郎が、「坂田公時に扮し、紅と墨とにて顔を隈取り、……斧を提げて大江山の場へ出で、猟人を相手の立回り」(伊原、一九一七、四頁)で、「大當り」をとったことは重要である。その後、江戸歌舞伎では『花江都歌舞妓年代記』(立川、一九二六[一八一一])や『江戸芝居年代記』で見る限り、安永四年(一七七五)森田座の『菊慈童酒宴岩屋』で、足柄山の山姥と金時が登場し、天

図 22 a 『公時一代記』(東京　国文学研究資料館蔵)より

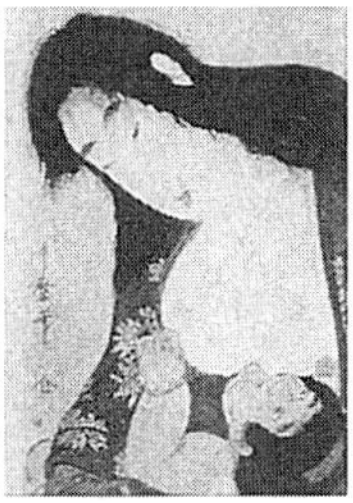

図 22 b 喜多川歌麿画「山姥と金太郎」(大阪　くもん子ども研究所蔵)

図 22 c 喜多川歌麿画「山姥と金太郎」(東京　リッカー美術館蔵)

図 22 山姥と金時

明元年（一七八一）中村座の『四天王宿直着綿』（坂田金時団十郎）、天明五年桐座の『男山娘源氏』（山姥、怪童丸金時、足柄山の山の神など登場）などを経て、以後公時に代って金時が定着する。文化元年（一八〇四）河原崎座の『四天王江戸楓粧』（『歌舞妓年代記』）あるいは『四天王紅葉江戸隈』（『江戸芝居年代記』）では、頼光の四天王の一人金時が暇乞いして足柄山へ母の山姥を尋ね、獣と立まわりを演じ大当りをとる。文化六年（一八〇九）には、金太郎の名も江戸歌舞伎に現われる（中村座で上演の七変化所作事『邯鄲園菊蝶』）が、同時に文化年間には何度か山姥と怪童丸という、『嫗山姥』と同じ名で三度演じられ、文政元年（一八一八）には今度は金時が山姥の霊とめぐりあう趣向になっている（玉川座の『四天王産湯玉川』）。この時代までにはすでに、赤本、黒本などの図像を通じて、山姥と金太郎のイメージはひろく定着していたと思われるし、そうした下地が金時（怪童丸）と山姥の歌舞伎狂言の大当りを支えていたのであろう。明和二年（一七六五）刊の黒本『金時稚立剛士雑』や寛政年間（一七八九―一八〇〇）の『公時一代記』の図像〔図22a〕には、山姥の傍で「金」の印を腹掛けにつけた金時（公時）が熊と格闘し、傍らに大鉞が置かれ、頼光の一行あるいは渡辺綱がこれを眺めるという、かなり定型化されたイメージが描かれている。

鬼女と子育てを好む女の両面をもち、神に仕える女であり同時に山の神としても性格づけられる山姥（柳田、一九二五、一九二六）、神を抱き守る役でありながらその神の妻ともなる山姥（折口、一九六〇〔一九二八〕、三八七―三八八頁）と、その処女懐胎から生れた（『嫗山姥』でのように父親が登場してもその影は薄い）異能児で、終生娶らず、成人しても童子の姿のままで母性を恋う金太郎との複合は、民俗信仰や民俗的想像力の側面からみれば、一方では山と結びついた金属加工、とくに鉄とのつながりで、他方では母子信仰＝異能児出産との関連で考えられるべきだと思われる。第二の点には、柳田国男の河童駒引の研究を発展させた石田英一郎の母神と水辺少童の母子神信仰の研究の延長上で、「山に入った河童」としての金太郎にまで連鎖をたどるべきであると思う（川田、一九八四）。河童が山と川で名を変えて移動するという口碑も日本のいくつかの地方にある（民俗学研究所、一九五一、一一一―一一二頁、大塚民俗学会、一九七

二、一五四―一五五頁)。金時(=金溶)と金属加工の結びつきは、すでに高崎正秀によって指摘されており、信州木曾の金時山にも金時母子の棲んだ岩窟や金時の産湯池の跡があり、麓の村々の石の上にはこの怪童丸の足跡がいくつも遺っていること、坂田の姓が推測させる近江の六太部の職業集団とのつながりなどから、採鉱冶金をめぐる民俗イメージを金太郎に見出す可能性もあるだろう(高崎、一九七一〔一九三七〕、三七―三九頁)。金属民俗学に執着する若尾五雄も、大江山はじめ鬼と金属加工との結びつきをひろくたどっているが(若尾、一九八五、六六―八七頁)、そもそも大江山の鬼(童子)と足柄山の童子の、退治る者と退治られる者の関係すらすでにアンビギュアス(両義的)だ。渡辺綱に切られた腕を伯母に化けて取り返す羅生門の鬼(茨木童子)――同類の口碑は他にも多い――と、馬に悪戯して切られた腕を返してもらいに来る河童との連続性(柳田、一九一四、一四―一九頁)も、こうしたコンテキストで考えられるべきであろう。

金太郎が標章としてもつ鉄の塊である鉞(たとえそれが文字資料や図像といった物的証拠の上で確かめられるのが、江戸時代の初代団十郎の荒事の「斧」についての記述(17)や、草双紙や絵本以後であったとしても、それは他の側面とも重なりあったりずれたりしながらの、民俗心意の歴史的形成としてとらえるべきであろう)についても、山中に住む山姥に「鍛冶の母」の性格を見るならば(柳田、一九五九〔一九四二〕、二九三―二九四頁)、鉞は鉄の呪力のシンボルとみなすべきであろうし、柳田が同じコンテキストで述べている、魔物の種を孕んだ女(これは夢に現われた赤龍によって金太郎を孕んだ山姥自らにもあてはまる)を守り、ひいては安産を助ける力を象徴するものとしても、意味をもつだろう。童子頭をし、赤い裸形で相撲を好む、山に入った河童の性格を金太郎にみる立場からは、河童にとっての鉄のタブーの裏返された表現としても、鉞という標章は理解できる(川田、一九八四、七頁)。

金太郎が、江戸の荒事の原初的なものとして市川団十郎によって演じられたことの、都市民俗の側からの意味も考えるべきであろう。荒々しい新興都市江戸の演劇空間での「力者」であり、俠客とも縁があった代々の市川団十郎が、初春狂言の舞台で「睨み」、新年を清め寿ぐことの江戸における年中行事としての意味、成田屋という屋号も由来する不動信仰と修験・鉄・雷神との関係——そこから団十郎の家の芸に、上述した江戸時代の金時の斧や歌舞伎十八番の『矢の根』『毛抜』など、巨大な鉄の塊りがしきりに登場し、『毛抜』も『鳴神』や『不動』と共に一部をなす『鳴神不動北山櫻』など不動・雷神との縁が深い——の意味も再考すべきであろう。[18]

坪内逍遥は、百合若説話にホメーロスの『オデュッセイア』の、金太郎にはギリシャ・ローマ神話のディオニーソス(バッカス)の神話の、ポルトガル人を通じての影響を、それぞれ見ようとしている(坪内、一九七七〔一九二二〕、八三六—八四八頁)。ゼウスが雷神の姿でセメレーに懐胎させ、人里離れた野のニンフに育てさせたこと、成人しても童形の赤い裸身で、金時や酒呑童子と同じく大酒飲みであるなどの点で、両者には確かに類似がある。高崎正秀は、雷神＝農神の関連で金太郎に豊饒への力を認める可能性も示唆しているが(高崎、一九七一〔一九三七〕、一六—一七頁)、ディオニーソスもまた葡萄をはじめとする農耕を守る神の性格をもっている。だがこれらの共通点は、おそらく伝播によってよりは、人間の精神の深層での共通性とともに、地域的に多様な文化の脈絡の中での、多様な民俗心意の発現として理解すべきではないかと思う。

「現実の過去の痕跡」が「過去への想像力」によって説話化された頼光四天王の一人として、公時という文字の上では指示機能しかもたないようにみえる名(頼光の家来となるときの状況に因む限りでは、[19]意味機能をもつ名ではあるが)を付せられて登場し、やがて金時、金太郎という、金属の民俗信仰を連想させる意味機能をもった「寓意名」(それはオシリスや達磨などと同じく「類」の固有名と見做すべきだろうか)を帯びるようになり、相模足柄山周辺だけでなく信濃のいくつかの地方でも山姥と結び付いて伝説化し(大島、一九七九、四一—五一頁)、「鍛冶の母」の性格もほの見える母神山姥と組み合わされて図像としても定着する——山姥と金太郎の事例について、図像表象と言語表象の相互交渉を検討すると、小論で冒頭から問題にしてきた言語と図像における意味機能と指示機能という、四者の重なりあいと相互作用は、むしろ拮抗関係として展開しているとも思われてくる。言語と図像、意味と指示の拮抗が析出する「普遍」と「特殊」の関係は、歴史表象の最も基本的な問題へ、再び私たちを差し戻すのである。

謝辞

本稿は私が一貫して関心をもってきた、歴史表象としての図像と言語についてのこれまでの個別研究に、現在の段階での一つの見通しを与えようとする、やや大胆な見取図の試みである。この見取図を描くにあたっての、最近数年来のいくつかの口頭発表――「歴史表象としての図像」(日本民族学会第二六回研究大会、一九九〇年五月二十四日、国立民族学博物館)、「肖像の問題、とくに自画像をめぐって」(国際日本文化研究センター共同研究・中西進班『日本文学と「私」』「もう一つの私――分身・変身・重層する自我」一九八九年十一月三十日)、「歴史表象の意味機能と指示機能」(日本民族学会第二七回研究大会、一九九二年五月二十四日、南山大学)、「肖像と固有名詞――歴史表象としての図像と言語における意味機能と指示機能」(東京外国語大学アジア・アフリカ言語文化研究所の共同研究『音・図像・身体による表象の通文化的研究』第三回研究会、一九九四年二月一日)等――では、出席者の方々から貴重な批判や教示をいただいた。また本稿の前半部分については池上嘉彦氏、二宮宏之氏から多くの教示を受けただけでなく、参考文献も貸していただいた。阿久津昌三氏、小峯和明氏、佐藤深雪氏、徳田和夫氏、古橋信孝氏、渡辺公三氏からは、それぞれの御専門の研究分野に関することで、筆者の質問に対して、個人的に御教示をいただき、小峯氏には国文学研究資料館の資料参照についても便宜を計っていただいた。また、三十二年来の友人であり、筆者が図像や紋章に関心をもちはじめて以来、常に辛抱強く私の暴論、奇論の相手をして下さった若桑みどり氏には、本稿を草稿段階で通読していただき、懇切な批判や教示をいただいた。お力添え下さった方々のお名前をここに記して、感謝の微意を表したい。多くの方々の御教示に支えられながらまとめた試論ではあるが、文中に書かれたことについては、私ひとりに責任があることはいうまでもない。

注

（1）言述における、「枠付けされたもの」と「生きられた生」との関係については、昔話、落語、伝説、世間話（噂話）等を対比して、別の場で論じた（川田、一九九二b〔一九九二〕）。

（2）以下の記述で、旧モシ王国、旧ベニン王国をはじめ、西アフリカ諸文化についての知見は、とくに断らない限り、私自身の一九六二年以来通算して合計約八年間〔一九九五年原発表当時〕の現地研究に基づいている。

（3）当事者にとっての歴史の意味と、よそもの研究者による、複数の表象間の整合性に基づく解釈（それも一つの「主観」である）の相互交渉が生む齟齬や、そのような相互交渉からより高次の主観性を求める可能性については、一事例の詳細な観察と記述を通して検討した（川田、一九九二c）。

（4）これらモシの王統譜全体のモシ語による記述と解釈・分析は、Kawada, 1985に示した。

（5）明治以前の自伝文学の乏しさと対照的な、明治以降の日本文学にみられる「私」小説の隆盛は、神、社会、他者に対する我、ひいてはペルソナ概念一般との関連で、通文化的な視野で検討されるべき問題であろう。

（6）ギンズブルグの"microstoria"の概念をめぐる論議については、ギンズブルグ（一九九三）等を参照したほか、上村（一九九四）に負うところが多い。

（7）これらの問題は、コミュニケーションの場——かつて私は、「対座」「座」「会衆」「公衆」を、「ディアローグ」「シンローグ」「モノローグ」「ブロードカースティング」等の発話の分類に対応させて、原理的に区別した（川田、一九九二b〔一九八三〕、九七—一〇三頁）——との関連で、さらに検討されるべきであろう。

（8）肥後の盲僧琵琶については、兵藤裕己氏（学習院大学）に同行して、熊本県玉名郡南関町在住の山鹿良之の語りを聴き、聞き書きをしたとき（一九九二年一月十九日）の知見に主として基づいている。

（9）この点に関連して、私にとって興味深かった体験に、次のようなものがある。一九九三年三月に、NHK教育テレビのために、私はフランスの人類学者クロード・レヴィ＝ストロースに二回に分けてインタビューを行なったが、その第一回ではレヴィ＝ストロースの青年期のブラジルでの調査体験、アメリカでの学問形成、構造主義の諸問題をはじめとする人類学一般の話題をとりあげ、第二回はレヴィ＝ストロースが強い関心をもっている日本文化を話題とした。そのときテレビのディレクターから、一回目では対話の中になるべく固有名詞を用いず、逆に二回目ではなるべく固有名詞を多く用いて話して欲しいという注文を受けた。その結果、一回目では、マルセル・モースは「あるフランスの社会学者」、ローマン・ヤコブソンは「ある言語学者」などのように一般的な意味機能をもつ言葉で表わすように努め、第二回目では、北斎、国芳、隅田川、知覧など、人名地名の固有名詞をなるべく多くまじえて話をすすめた。これは、人類学の専門家という「内輪の人々」にとっては「個」の指示機能と同時に高い意味密度をもっている外国の高名な学者の固有名詞も、日本の一般視聴者にとっては解説なしには意味機能をもたず、従ってコミュニケーションにおける疎外感を与えるおそれがあるからであろう。これに対し、日本については、レヴィ＝ストロースが日本人にとって高い意味密度をもつ人名、地名の固有名詞を口にすることによって、日本人の一般視聴者の彼に対する親しみを増し、外国人であるレヴィ＝ストロースもコミュニケーションにおける「内輪の人々」の中にいると感じる効果を得られるからであろう。

(10) レンブラントについては、Clark (1978)、兼重（一九七八）、Simmel (1916)、Tümpel (1993[1986]) 等を主に参照した。

(11) アシャンティの床几については、Fraser (1972a)、Kyerematen (1969)、Rattray (1923, 1959[1927])、Sarpong (1967, 1971) を主に参照した。また、アシャンティの研究者である阿久津昌三（信州大学）から貴重な教示を受けた。

(12) ダホメーのレカードについては、Adandé (1962)、Le Hérissé (1911) 等を主に参照した。

(13) ここで妊婦の比喩が用いられているのは、このメッセージでとりあげられている、暴君アダンザンが、妊婦の腹を生きながら裂かせて体内の子の性別をしらべたという伝承 (Adandé, 1962: 41) とかかわりがあるのではないかと思われる。

(14) いうまでもなく、言語が図像に比べて意味を伝達する上で、より高度の分節性を具えているということは、図像の表象としての伝達力を一概に低めるものではない。分節性が低いことは、一般にその媒体による伝達の情動喚起力がより大きいことと平行関係にあり、それが図像や音による伝達の力を強めている。ただし、私が図像の中に含めて考えている文字、とくに漢字の分節性はきわめて大きいが（音声言語ではとうてい弁別できない数の記号的単位を、漢字では視覚的に弁別できる）、これはしかしあくまで言語との結びつきによって広義の「図像」に付加された側面である（川田、一九九三）。図像や音よりさらに非分節的で、しかしより生理的レベルに近い生々しい情動に直接働きかけ、つよいイメージの喚起力をもつ伝達の媒体として、私は匂いに関心をもっている。とくにその発信（匂いの生成）の面では、化学的に明確に分析、定性することが可能である一方で、受信（嗅ぐこと）においてはきわめて非分節的でありながら、それゆえにかえって連想を喚起する力がつよい。とくにその受信が、再び分節的な言語表象と結びつけられる日本の聞香、その様式化された香道は、この小論の延長上にある問題として、近い将来とりあげてみたい。

(15)　クバ王国のンドップについては、Cornet (1982)、Olbrechts (1959)、Vansina (1964, 1972) などを主に参照した。またクバ王国の研究者である渡辺公三氏（立命館大学）から、個人的に貴重な教示を受けている。

(16)　旧ベニン王国の多彩な図像は、図像解釈学的研究を刺激してきた。個々の動植物の象徴性や、いくつかの要素の簡単な組み合わせが表わす寓意については、かなりのことが明らかにされたが、より多くの要素が複雑に組み合わされている場合の解釈、とくに歴史表象としての解読は難航している。困難の第一は、十九世紀末のイギリス軍によるベニン王宮の掠奪の結果、研究資料がすべてもとのコンテキストから引きはがされて分散した祭具や装飾品の部分的な寄せ集めの形でしか得られないことにある。だが、同時に、図像の表わしているもの自体が、個別性、一回性をもった過去の出来事の「記録」としての内容をもともっていない可能性も大きい。たとえば、夥しい図像が段になって彫られている、祖先祭壇用の巨大な象牙の図像解釈が、一〇一体の象牙の拓本に基づいて、コンピューターを用いた分析も含めてなされている（Blackmum, 1983）が、そこから出てくる解釈は、比較的単純な寓意の理解の域を出ていない。これらの図像が「歴史性」をもつのは、本文に述べたイケゴボのように、口頭伝承に支えられた、「当事者」にとっての指示機能によるといえるのかも知れない。この点についてのより一般化された検討は今後の私の課題である。

(17)　初代団十郎が『四天王稚立』の公時役で「斧」を持って登場したとする記述は、管見の限りでは、信頼するに足る記載としては伊原青々園（伊原、一九一七、四頁）にあり、他の同様の記述（服部、一九七八、六―七頁、西山、一九八七、二頁）もこれに拠っているようである。しかし伊原は出典を記しておらず、焉馬の『花江都歌舞妓年代記』等の江戸時代資料には「斧」についての言及はない。また、同じ伊原の別の著作（一九五六、一一五頁）や河竹繁俊（一九五九、三二八―三二九頁）にも、焉馬の『年代記』の引用のみで斧のことは記されていない。伊原は『市川団十郎の代々』（一九一七）を執筆するに当たって、市川宗家所蔵の未公刊文書を参照していると思われるので、その文書に基づいているのかもしれない。本稿では伊原（一九一七、四頁)に拠ったが、今後探索を続けたい。

(18) 市川団十郎と不動信仰との結びつき、歌舞伎十八番での鉄の要素の意味については、佐藤深雪(広島市立大学)の示唆に負うところが大きい。なお、団十郎についての本稿の記述は、主として近藤(一九八八[一七二八])、伊原(一九一七)、服部(一九七八)、西山(一九八七)、河竹(一九五二)等に拠った。

(19) 『前太平記』には、主従約盟の盃事のとき、四天王の一人渡辺綱が「公につかふまつるに時を得たり」と祝し、頼光が其名を「酒田公時と名乗るべし」と命名したと述べられている。

参照文献

Adandé, Alexandre, 1962. *Les recades des rois du Dahomey*, Dakar, IFAN.

赤松俊秀、一九五四「親鸞像について」『佛教藝術』二三、五九—六六頁。

網野善彦・大西廣・佐竹昭広(編)、一九九三『鳥獣戯語』(「いまは昔、むかしは今」第三巻)福音館。

Bertrand, Simone, 1966. *La tapisserie de Bayeux et la manière de vivre au onzième siècle*, Bayeux, Zodiaque.

Blackmum, Barbara W., 1983. "Reading a Royal Altar Tusk", *in*, P. Ben-Amos and A. Rubin (eds.) *The Art of Power, The Power of Art : Studies in Benin Iconography*, Los Angeles, Museum of Cultural History, UCLA : 59-70.

Bradbury, Robert Elwyn, 1973. "Ezomo's Ikegobo and the Benin Cult of the Hand", *Benin Studies*, London—New York—Ibadan, Oxford University Press : 251-270.

近松門左衛門(守随憲治・大久保忠国・校注)、一九五九[一七一二]『近松浄瑠璃集・下』(「日本古典文学大系」五〇)岩波書店。

Clark, Kenneth, 1978. *An Introduction to Rembrandt*, London, John Murray. (井田卓訳『レンブラント』木魂社、一九八八)。

Cornet, Joseph, 1982. *Art royal kuba*, Milano, Grafica Sipiel.

Cunnison, Ian, 1951. *History on the Luapula : An Essay on the Historical Notions of a Central African Tribe*, The Rhodes-Livingstone Papers, No. 21, Manchester, Manchester University Press.

Cunnison, Ian, 1957. "History and Geneologies in a Conquest State", *American Anthropologist*, 59 : 20-31.

Cunnison, Ian, 1959. *The Luapula Peoples of Northern Rhodesia : Custom and History in Tribal Politics*, Manchester, Manchester University Press.

江戸子ども文化研究会(編)、一九九三『浮世絵のなかの子どもたち』くもん出版。

Egharevba, Jacob U., 1960[1934]. *A Short History of Benin*, 3rd ed., Ibadan, Ibadan University Press.

Foley, John M. (ed.), 1981. *Oral Traditional Literature : A Festschrift for Albert Bates Lord*, Columbus, Slavica Publishers.

Francastel, Galienne et Pierre, 1969. *Le portrait : 50 siècles d'humanisme en peinture*, Paris, Hachette.

Fraser, Douglas, 1972a. "Symbols of Ashanti Kingship", *in* D. Fraser and H. M. Cole (eds.) *African Art and Leadership*, Madison, The University of Wisconsin Press : 137-152.

Fraser, Douglas, 1972b. "The Fish-Legged Figure in Benin and Yoruba Art", *in* D. Fraser and H. M. Cole (eds.) *African Art and Leadership*, Madison, The University of Wisconsin Press : 261-294.

ガッサー(桑原住雄・下山肇訳)、一九七七『巨匠たちの自画像』新潮社。

『現代のセルフポートレート』一九八五　埼玉県立近代美術館。

ギンズブルグ、カルロ(竹山博英訳)、一九九三「ミクロストリアとはなにか――私の知っている二、三のこと」『思想』八二六、一九九三／四、四―三〇頁。

Gourevitch, Aaron, 1983. "A la recherche d'une personnalité", *Les catégories de la culture mediévale* (traduit du russe par H. Courtin et N. Godneff), Paris, Gallimard : 291-313.

Halpern, Barbara K., 1981. "Genealogy as Oral Genre in a Servian Village", *in* Foley (ed.) (1981) : 301-321.

原　聖、一九九四『ブルターニュの絵解き』(「絵解き研究会」) 明治大学和泉校舎、五月七日、口頭発表。

蓮實重康、一九五四「奈良朝末期の二つの肖像彫刻」『佛教藝術』二三、六七―七〇頁。

服部幸雄、一九七八『市川団十郎』平凡社。

Holas, B., 1975. *Image de la mère dans i'art ivoirien*, Abidjan-Dakar, Les Nouvelles Éditions Africaines.

伊原青々園(坪内逍遥・閲)、一九一七『市川団十郎の代々』上、市川宗家私家本。

伊原敏郎(河竹繁俊・吉田暎二・編集校訂)、一九五六『歌舞伎年表』第一巻、岩波書店。

本田和子、一九八六『少女浮遊』青土社。

井上　正、一九七八「肖像彫刻の一系列――僧侶肖像とその脈流」『日本の肖像』京都国立博物館、二二五―二三四頁。

色川大吉、一九七五『ある昭和史――自分史の試み』中央公論社。

石田英一郎、一九七一〔一九四八〕「桃太郎の母――母子神信仰の比較民族学的研究序説」(一九四八)、『石田英一郎全集』第七巻、筑摩書房、一三一―一九〇頁。

石田英一郎、一九七一〔一九五五〕「穀母と穀神――トウモロコシ儀礼をめぐるメキシコの母子神」(一九五五)、『石田英一郎全集』第七巻、筑摩書房、一九一―二一〇頁。

板垣俊一、一九八八「解題」『前太平記』上(叢書「江戸文庫」三)国書刊行会、四一五―四四一頁。

井沢蟠竜(著)・白石良夫(校訂)、一九八九〔一七一五〕『広益俗説弁』(「東洋文庫」五〇三)平凡社。

金沢　弘、一九七八「日本肖像画の諸問題、その二(頂相)」『日本の肖像』京都国立博物館、二四四―二四九頁。

兼重　護、一九七八「解説」『レンブラント』座右宝刊行会(編)「世界美術全集」一三、八五―一一八頁。

Kantorowicz, Ernst H., 1957. *The King's Two Bodies: A Study in Mediaeval Political Theology*, Princeton, University Press. (小林公訳、『王の二つの身体』平凡社、一九九二)。

川田順造、一九八四「異類の母、山姥、そして童子」、芸団協主催第一〇回公演『変身』(一九八四年三月国立小劇場)プログラム、芸団協国立劇場、六―七頁。

川田順造、一九八八a『聲』筑摩書房、長い補注をつけて、一九九八年「ちくま学芸文庫」として再刊。

川田順造、一九八八b〔一九八二〕『サバンナの音の世界』(レコードアルバム、東芝EMI、一九八二)、解説を増補した同名のカセットブックとして、一九八八年、一九九八年に再刊、白水社。

川田順造、一九八九「図像にこめられた歴史」、川田順造(監修)『ナイジェリア・ベニン王国美術展』西武美術館・朝日新聞社、一一六―一二三頁。

川田順造、一九九二a『西の風・南の風』河出書房新社。

川田順造、一九九二a〔一九八四〕「ブラジルの『紐文学』」『社会史研究』五(一九八四)、川田(一九九二a)、二五八―二六三頁。

川田順造、一九九二b『口頭伝承論』河出書房新社、同じ表題の「平凡社ライブラリー」上・下二冊本として、二〇〇一年に再刊。

川田順造、一九九二b〔一九八三〕「口頭伝承論1」『社会史研究』2(一九八三)、川田(一九九二b)、九―一七二頁。

川田順造、一九九二b〔一九八四〕「呼びかける歴史、物語る歴史――無文字社会における口承史の形成」川田順造・徳丸吉彦(編)『口頭伝承の比較研究I』弘文堂(一九八四)、川田(一九九二b)、三六一―四〇九頁。

川田順造、一九九二b〔一九九二〕「発話における反復と変差」書き下ろし(一九九二)、川田(一九九二b)、一七五―二九四頁。

川田順造、一九九二b〔一九七九〕「音の紋章――無文字社会における権力とコミュニケーション」、原発表。"Le panégyrique royal tambouriné mosi: un instrument de contrôle idéologique", Symposium *État et societe en Afrique Noire*, Paris, Universite de Paris I (1979)、川田(一九九二b)、三四一―三六一頁。

川田順造、一九九二b〔一九九〇a〕「叙事詩と年代記」『口承文藝研究』第一三号、日本口承文藝學會(一九九〇)、川田(一九九二b)、四二七―四四八頁。

川田順造、一九九二b〔一九九〇b〕「無文字社会における歴史の表象――西アフリカ・モシ王国とベニン王国の事例」阿部年晴他(編)『民族の世界』下巻、小学館(一九九〇)、川田(一九九二b)、六七―五〇五頁、『アフリカの声――〈歴史〉への問い直し』二〇〇四年、青土社、に再録。

川田順造、一九九二b〔一九九〇c〕「説話の異文化間比較――叙事詩をめぐって」原発表、説話・伝承学会春季大会(一九九〇年四月、関西外国語大学)シンポジウム『説話の国際比較』で「叙事詩をめぐって」の標題で発表。同じ題で説話・伝承学会(編)『説話の国際比較』(一九九一年、桜楓社)に再録、川田(一九九二b)、四四九―四六六頁。

川田順造、一九九二c『サバンナの王国――ある〝作られた伝統〟のドキュメント』リブロポート。歴史認識についての考察などを補った改訂版は、『サバンナ・ミステリー　真実を知るのは王か人類学者か』としてNTT出版から一九九九年に再刊。

川田順造、一九九三「音声によらない言語伝達の形式における曖昧さをめぐって――西アフリカ・モシ族の太鼓言葉を中心に」『記号学研究』13、「身体と場所の記号論」日本記号学会編、一七―三七頁。

川田順造、二〇〇一〔一九九〇、一九七六〕『無文字社会の歴史』岩波書店。一九九〇年同時代ライブラリー、二〇〇一年岩波現代文庫。

Kawada, J., 1979[1971]. *Genèse et évolution du système politique des Mosi méridionaux*(*Haute Volta*), Study of Languages and Cultures of Asia and Africa Monograph Series, No. 72, Tokyo, ILCAA.

Kawada, J., 1985. *Textes historiques oraux des Mosi méridionaux*(*Burkina-Faso*), Study of Languages and Cultures of Asia and Africa Monograph Series, No. 18, Tokyo, ILCAA.

Kawada, J., 1993. "Histoire orale et imaginaire du passé", *Annales*, 48(4), 1993: 1087-1105.

河竹繁俊、一九五九『日本演劇全史』岩波書店。

河竹繁俊、一九五二「解説」河竹繁俊(校註)『歌舞伎十八番集』(「日本古典全書」)朝日新聞社。

『近代日本の自画像』一九八二　京都市美術館。

小林太市郎、一九五四「高僧崇拝と肖像の藝術」『佛教藝術』二三、三一三六頁。

小林　剛、一九五四「俊乗房重源の肖像について」『佛教藝術』二三、七一一七九頁。

近藤清春、一九八八[一七二八]「金之揮」立教大学近世文学研究会(編)『資料集成・二世市川団十郎』和泉書院、四二一一四六七頁。

小杉一雄、一九三七「肉身像及遺灰像の研究」『東洋學報』二四巻三号、九三一一二四頁。

幸福　輝、一九九一「肖像画背景考――肖像画における物語的含意について」国立西洋美術館(編)『肖像表現の展開――ルーブル美術館特別展』朝日新聞社、二九一三七頁。

倉野憲司、一九五八「解説」「補注」『古事記祝詞』(「日本古典文学大系」1)岩波書店。

黒田日出男、一九九三『王の身体・王の肖像』平凡社。

黒田日出男、一九九三「異界の子ども、近世の子ども――浦島太郎・金太郎・桃太郎」江戸子ども文化研究会(編)(一九九三)、二一六一二三二頁。

桑原住雄、一九六六『日本の自画像』南北社。

Kyerematen, A., 1969. "The Royal Stools of Ashanti", *Africa*, 39(1): 1-10.

LE HÉRISSÉ, A., 1911. *L'ancien royaume du Dahomey*, Paris, Larose.

LUSCHAN, Felix von, 1919. *Die Altertümer von Benin* Berlin, Staatliche Museen zu Berlin.

民俗学研究所、一九五一『民俗学辞典』東京堂。

三田村鳶魚・校訂(作者・刊行年不詳)、一九二八『江戸芝居年代記』米山堂。

宮　次男、一九七九「中世絵画の誕生」「絵巻物」「大画面による説話画」「肖像画」、宮次男(編)『鎌倉の絵画——絵巻と肖像画』(「日本美術全集」第一〇巻)学習研究社、一二六—一九〇頁。

室木彌太郎(校訂)、一九六九『金平浄瑠璃正本集』全三巻、角川書店。

中野三敏・肥田晧三(編)、一九八五『近世子どもの絵本集』上方篇、岩波書店。

中野玄三、一九七八「日本肖像画の諸問題、その一(頂相を除く)」『日本の肖像』京都国立博物館、二三五—二四三頁。

NEUBECKER, Ottfried, 1977. *Le grand livre de l'héraldique* (traduit de l'allemand par R. Harmignies), Bruxelles, Elsevier Sequoia.

西山松之助、一九八七『市川団十郎』吉川弘文館。

NORA, Pierre (ed.), 1987. *Essai d'ego-histoire*, Paris, Gallimard.

大林太良、一九九〇[一九七三]『日本神話の起源』徳間文庫。

大野　晋、一九六八　本居宣長『古事記伝』補説、「本居宣長全集」全九巻、筑摩書房、五一七—五五八頁。

大島建彦、一九七九「山姥と金太郎」濱田義一郎(編)『天明文学——資料と研究』東京堂、三四—五三頁。

大塚民俗学会、一九七二『日本民俗事典』弘文堂。

OLBRECHTS, Frans M., 1959. *Les arts plastiques du Congo belge*, Bruxelles, Éditions Erasme.

折口信夫、一九六〇[一九二八]「翁の発生」(一九二八)『古代研究(民俗学篇1)』(「折口信夫全集」第二巻)中央公論社、三七一—四一五頁。

PALMER, H. R., 1967[1928]. "The Kano Chronicle", *in* PALMER *Sudanese Memoirs*, London, Frank Cass: 92-132.

RATTRAY, R. S., 1923. *Ashanti*, London, Oxford University Press.

RATTRAY, R. S., 1959[1927]. *Religion and Art in Ashanti*, London, Oxford University Press.

RICŒUR, Paul, 1983. *Temps et récit*, tome 1, Paris, Seuil.

ROOSENS, Eugène, 1967. *Images africaines de la mère et l'enfant, Louvain*, Nauwelaerts.

SAHLINS, Marshall, 1985. *Islands of History*, Chicago & London, The University of Chicago Press.(山本真鳥訳『歴史の島々』法政大学出版局、一九九三)。

西郷信綱、一九七五『古事記注釈』第一巻、平凡社。

西郷信綱、一九八八『古事記注釈』第三巻、平凡社。

SARPONG, Peter Kwasi, 1967. "The Sacred Stools of Ashanti", *Anthropos*, 62 : 1-60.

SARPONG, Peter Kwasi, 1971. *The Sacred Stools of the Akan*, Accra-Tema, Ghana Publishing Cooperation.

佐和隆研、一九五四「日本に於ける高僧像の形式」『佛教藝術』二三、三七―四八頁。

SIMMEL, Georg, 1916. *Rembrandt, Ein kunstphilosophischer Versuch*.(高橋義孝訳『レンブラント・芸術哲学的試論』岩波書店、一九七四)。

白畑よし、一九六六『肖像画』(「日本の美術8」) 至文堂。

鈴木重三・木村八重子(編)、一九八五『近世子どもの絵本集』江戸篇、岩波書店。

立川焉馬、(吉田暎二・校訂)、一九二六[一八一一]『花江都歌舞妓年代記』歌舞伎出版部。

高崎正秀、一九七一[一九三七]「金太郎誕生縁起」『金太郎誕生譚』(高崎正秀著作集第七巻) 桜楓社、一二三―四三頁。

高階秀爾、一九九一「肖像芸術」国立西洋美術館(編)『肖像表現の展開――ルーブル美術館　特別展』朝日新聞社、一二一―一二八頁。

田中英道、一九八三『画家と自画像――描かれた西洋の精神』日本経済新聞社。

辻　成史、一九九一「肖像はなにを語るか――古代末期の作品を中心に」国立西洋美術館(編)『肖像表現の展開―ルーブル美術館特別展』朝日新聞社、一五―二〇頁。

坪内逍遥、一九七七[一九二二]「百合若、酒顛童子、金太郎等」(一九二二)『逍遥選集』第一一巻、第一書房、八三四―八四八頁。

鳥居フミ子、一九八四「金太郎の誕生」『日本文学』六二号、東京女子大学、一一一―四六頁。

鳥居フミ子(編)、一九八六『台湾大学所蔵近世芸文集』第五巻、勉誠社(『金時稚立剛士雑』等を含む)。

Tümpel, Christian, 1993[1986]. *Rembrandt*, Antwerp, Fonds Mercator.

上村忠男、一九九四『歴史家と母たち――カルロ・ギンズブルグ論』未来社。

梅津次郎、一九五四「鎌倉時代大和繪肖像畫の系譜」『佛教藝術』二三、四九―五八頁。

Vansina, Jan, 1964. *Le Royaume kuba*, Tervuren, Musée Royal de l'Afrigue Centrale, Annales No. 49.

Vansina, Jan, 1972. "Ndop: Royal Statues among the Kuba", *in* D. Fraser and H. M. Cole (eds.) *African Art and Leadership*, Madison, The University of Wisconsin Press: 41-55.

若尾五雄、一九八五『金属・鬼・人柱その他――物質と技術のフォークロア』堺屋図書。

山本吉左右、一九八四「伝説生成の一形態――鳥羽田龍含寺小栗堂縁起」川田順造・徳丸吉彦(編著)『口頭伝承の比較研究I』弘文堂、三〇―八〇頁。

柳田国男、一九一四『山島民譚集』甲寅叢書。

柳田国男、一九二五『山の人生』(「定本柳田国男集」第四巻) 筑摩書房、五五―一七一頁。

柳田国男、一九二六「山姥奇聞」『妖怪談義』(「定本柳田国男集」第四巻再録) 筑摩書房、三七七―三八〇頁。

柳田国男、一九五九[一九四二]「狼と鍛冶屋の姥」『桃太郎の誕生』(「角川文庫」一九) 角川書店、二六二―三〇七頁。

横道萬里雄、一九六〇「解説」横道萬里雄・表章校注『謡曲集』上(「日本古典文学大系」四〇) 岩波書店、五―一八頁。

追　記

この論文の原形を『アジア・アフリカ言語文化研究』四八・四九合併号(一九九五年)に発表した翌年一九九六年三月、パリ社会科学高等研究院に招かれて三回のゼミを行なった際に、内容を増補発展させ、図版も補って発表した。研究者を中心として約四十名が出席したこのゼミで、マルク・オージェ、フランソワーズ・エリティエ、エマニュエル・テレー、ジャン・バザン、クロード・タルディッツ等、第一線の人類学者から多くの貴重な批判や教示を受けた。その結果あらためてフランス語で書き直したものを、"Le portrait et le nom propre", *Gradhiva: Revue semestrielle d'histoire et d'archives de l'anthropologie*, no. 21, 1997, Paris, Michel Place : 1-37. として発表した。今度本書に収録するに当って、フランス語版も参照して補筆したが、図版の追加など、十分に行なう時間的余裕がなかった。現在進行中の他の図像研究の成果とも併せて、次の機会を期したい。

第七章　歴史の語りにおける時間と空間の表象

一　問題と資料

この論考では、無文字社会における歴史的性格をもつ語りが、時間と空間をどのように表象しているかについて、私が長期間現地調査を行なった旧モシ王国（西アフリカ・現ブルキナファソ）の事例に基づいて考察する。おそらく十五世紀頃から西アフリカ内陸のサバンナに形成され、十九世紀末のフランスによる植民地化までつづいたモシ王国は、植民地時代と一九六〇年の共和国としての独立以後も、遺制として存続を認められ、王の祭儀における王統譜の朗誦は今も続けられている。この王統譜の語りは、王宮付首席楽師（*ben-naaba*）の太鼓の打奏による「太鼓ことば」の「語り」を正本とし、いくつかの重要な祭儀では、太鼓の打奏の一節ずつを下位の楽師の一人が、モシ語に直し、ある様式をもった大声で、臨席する王と会衆の前で朗誦する。

モシ王国は、王の祖先を共通にすると考えられている一群の王朝が、サバンナの各地域に割拠して構成されていたが、この報告では、私が主に調査した南部モシのテンコドゴ王朝の口承史を中心に検討する。テンコドゴ王朝は、モシ諸王朝の中で最も古く成立したとされているものであり、テンコドゴ王朝の口承史を他の王朝の口承史との比較の中で分析することは、口承史の歴史の語りとしての性格を事例研究に基づいて明らかにする上で意味が大きいと考えられる。

この資料によって、歴史の語りにおける時間と空間の表象のあり方を検討するのに、私は次の五つの点を問題としてとりあげたい。

第一は、一次元の音のつらなり、すなわち時間の経過の中で語られる口承史の中に、二次元の空間がどのように表象されているかという点。第二は、言述としての口承の王統譜の構造にみられる時間の表象。第三は、歴史を語るという、過去と現在が対話する行為の中で、過去と現在はどのような関係におかれているかという点。第四に、この口承史の主な内容をなしているのは、現王の先祖である過去の王たちの名、つまり王統譜とでもいうべきものであるが、口承史を直接発話する者と、それを聞く者と、語られている過去の王たちの三者がどのような関係を結んでいるかという点。第五は、そのような形式と内容をもつ発話である口承史のことばは、どのような時制(テンス)と相(アスペクト)で用いられているかという点、である。

二　口承史の構造と空間の表象

テンコドゴの王統譜では、始祖から現王まで三十人ほどの王の名が挙げられている(第1表、第2表参照)。王の数を確定しにくいのは、ある時期以後の王は、一語の固有名詞でなく、普通名詞から成る句の形をした王の即位名の複数のものが、一人の王に対応しているため、補助的伝承の詳細なものが失われてしまっている時代の王については「個」としての王を確定できないこともあるからである。とくに第1表の11、12の王については、一連の句が、この地方の過去のある時期にかつて存在したが、その後勢力をつよめたテンコドゴ王朝のために衰微した一地方王朝の、一群の王を指示していると思われる。衰退した王朝では、王宮付きの楽師が祭儀の場で王統譜を朗誦することも行なわれなくなるため、「正史」として様式化して伝承される王統譜も消滅してしまい、支配的となった王朝の歴史語りの一部に統合されてしまうことが多い。
また、モシの諸王朝も、サハラ以南アフリカの他の多くの王朝と同じく、とくに初期の形成期においては、王都が王の世代をこえて一定したものとして存在しない「遍歴王朝」の性格をもっている。これは王位継承の規則の確定と、キングメーカーをはじめとする宮廷組織の形成と深いかかわりをもっている。王位の継承が、確立された継承規則やその実行を支える宮廷官僚機構によって安定していない状態では、実力で継承が争われることが多く、その結果、王位継承に敗れた王子は、彼の支持者たちとともにもとの王都を去って、新しい土地に自分の王朝を創設するということが頻繁に起りえた。このような分裂によらなくとも、サハラ以南アフリカの多くの王朝と同様、モシ王国でも、たとえ同一地域内に王位継承者がとどまっても、先王の王宮は放棄されて、別の場所に新しい王宮を建てる習わしだった。

このような状況で、過去に遡った王統譜の語りの中で指示される王の空間的位置を、一次元の語りの内容の分析と、補助的な地方伝承(祭儀の場における、王直属の楽師による様式化された王統譜の語りではない、片々たる地方的伝承)の採集・分析・比較から、時間と空間の関係を組みあわせて図示したのが第2表である。

だが、この二つの表を対照しただけでは、王朝の過去の移動・変転の空間と時間が、語りの中にどのように表わされているのかは見えてこない。第2表に示された、テンコドゴに先行した、あるいは分岐した王朝と、テンコドゴに定着してやがて南部モシ社会に強大な支配を及ぼしたテンコドゴ王朝との、政治的な対立や支配・被支配の関係を、関連する地方の伝承を集めて比較検討することが必要となる。その際忘れられてならないのは、この口承史が、王――つまり複数の位階から成る首長制の最高首長――という集権的政治組織の頂点にいる権力者に仕える楽師によって、王の祭儀の場で公に朗誦される、政治性を帯びた「歴史のパフォーマンス」だということである。だがこのような観点から分析する前に、この王統譜が語りとしてどのような形式と構造をもっているかを検討してみたい。

朗誦は、すでに触れたように首席楽師による太鼓ことばの打奏を正本として、それをいくつかの機会に下位の楽師の一人が、一節おくれに言語に直して、ある様式をもった声で朗誦する。この報告で主な分析の資料としたのは、(A)テンコドゴに王宮が定着する直前の直系祖先であるブグム王の墓に現王が赴いていけにえを捧げる年次祭(*bugum yaogē*)でのライブ録音(一九七四年十一月二十九日)と、(B)テンコドゴの王宮に楽師が集って王統譜の朗誦を行なう三週間に一度の大金曜日(*arzumkasēnga*)に、行事のあと録音のためにあらためて、王の臨席のもとに演奏してもらった朗誦の録音(一九七五年二月二十一日)である。[1]

楽師はまず王の祖先の名を呼ぶことの許しを、臨席する現王や、土地の呪物や、さまざまな社会集団に乞う。このかなり長い導入部のために、この王統譜の朗誦はふつう「許し乞い」(*kabsgo*)と呼ばれる。このあと王位の安泰・長久

出来事		小段落句数		大段落句数	
A	B	A	B	A	B
−	−	19	18	49	46
−	−	17	16		
−	−	13	12		
／	−	0	12	38	46
−	−	13	11		
−	−	11	11		
＋	＋	14	12		
−	−	12	12	32	33
−	−	7	7		
−	−	13	14		
−	−	13	13	32	31
−	−	19	18		
?	?	23	26	58	60
−	−	19	18		
−	−	16	16		
＋	＋	32	31	633	489
＋	＋	39	39		
＋	＋	49	49		
−	−	41	41		
−	−	12	10		
−	−	30	28		
−	−	43	41		
−	−	42	45		
＋	＋	56	49		
＋	＋	76	28		
−	−	39	27	213	128
＋	＋	143	78		
−	−	31	23		

第1表

大段落	王朝所在地	小段落	対応する王名	父名		母名		戦名		叙述	
				A	B	A	B	A	B	A	B
I	ザンバールガ(?)	1	ズングラーナ	−	−	−	−	−	−	+	+
		2	ウブリ	+	+	+	+	−	−	+	+
		3	ソアルバ	−	−	+	+	−	−	+	+
II	ウェルゴ	4	キムゴ	／	−	／	−	／	+	／	−
		5	ヴィーレ	−	−	+	+	−	−	+	+
		6	ナブグバ	−	−	+	+	−	−	+	+
		7	ヤンバ	+	+	−	−	−	−	+	+
III	ゼン・ゴーデン	8	ウォブゴ	−	−	+	+	+	+	−	−
		9	ゼンデ	−	−	−	−	+	+	−	−
		10	クグリ	−	−	+	+	−	−	+	+
IV	テノアゲン＝モアーガ	11	ベンドバ，他	−	−	−	−	+	+	−	−
		12	マルカ，他	−	−	−	−	−	−	+	+
V	ゴーデン＝グドゲン	13	ポアーガ	−	−	+	+	+	+	?	?
		14	ブグム	−	−	+	+	+	+	−	−
		15	ビーガ	−	−	−	−	+	+	−	−
VI	テンコドゴ	16	シグリ	−	−	+	+	+	+	−	−
		17	ギグムポレ	−	−	+	+	+	+	+	+
		18	イェムデ	−	−	+	+	+	+	−	−
		19	バオゴ	−	−	+	+	+	+	+	+
		20	リトミードゥ	−	−	−	−	+	+	−	−
		21	サルカ	−	−	−	−	+	+	−	−
		22	サピレム	−	−	−	−	+	+	−	−
		23	ヤムウェオゴ	−	−	+	+	+	+	−	−
		24	サヌム(サルマ)	−	−	+	+	+	+	+	+
		25	カロンゴ	−	−	+	+	+	+	+	+
		26	コーム	−	−	+	+	+	+	−	−
		27	キーバ	+	−	+	+	+	+	+	−
		28	ティグレ	+	+	+	+	+	+	−	−

第 2 表(a)

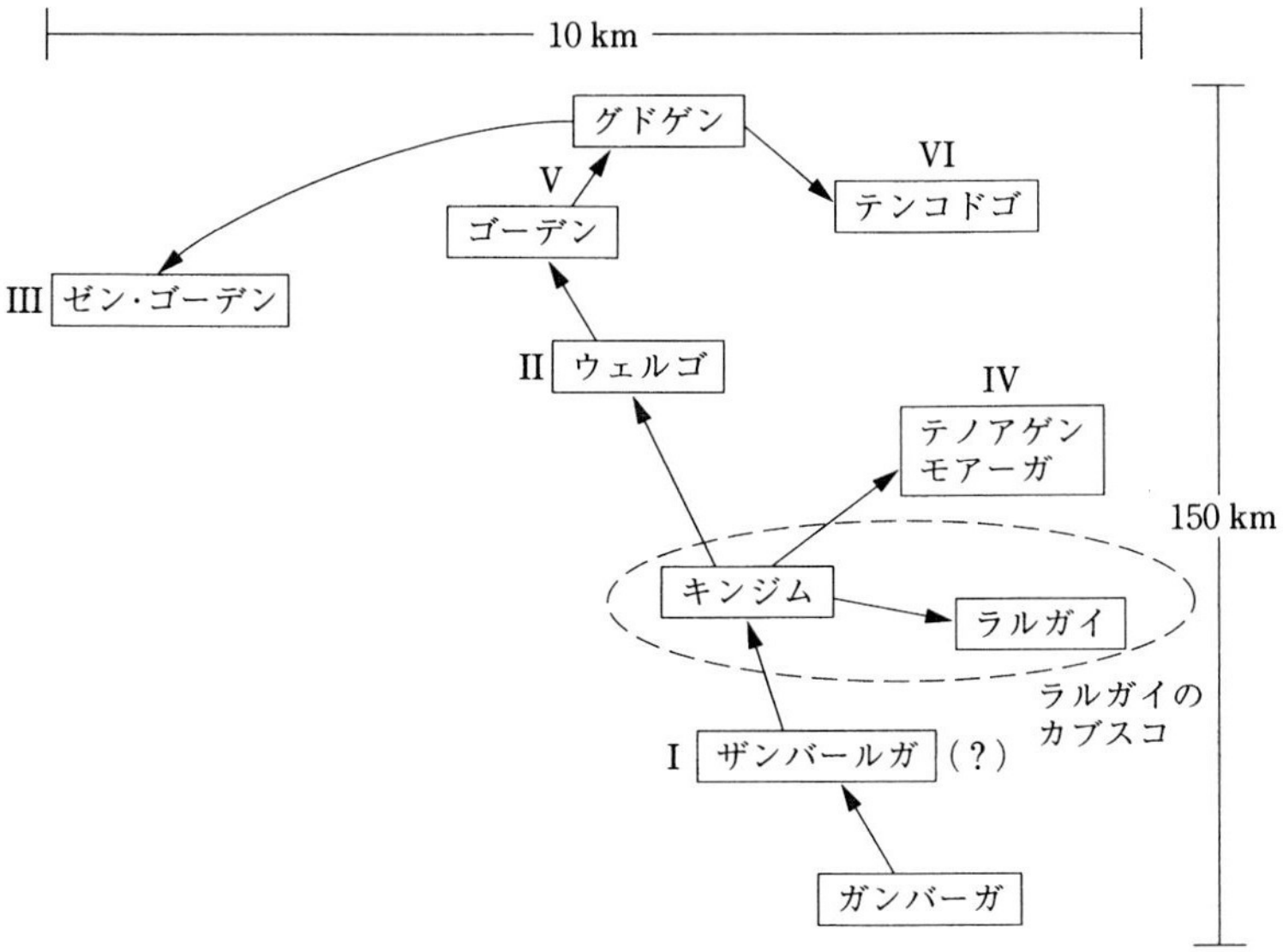
10 km
グドゲン
V
VI
テンコドゴ
ゴーデン
III ゼン・ゴーデン
II ウェルゴ
IV
テノアゲン
モアーガ
150 km
キンジム
ラルガイ
ラルガイの
カブスコ
I ザンバールガ (?)
ガンバーガ

第 2 表(b)

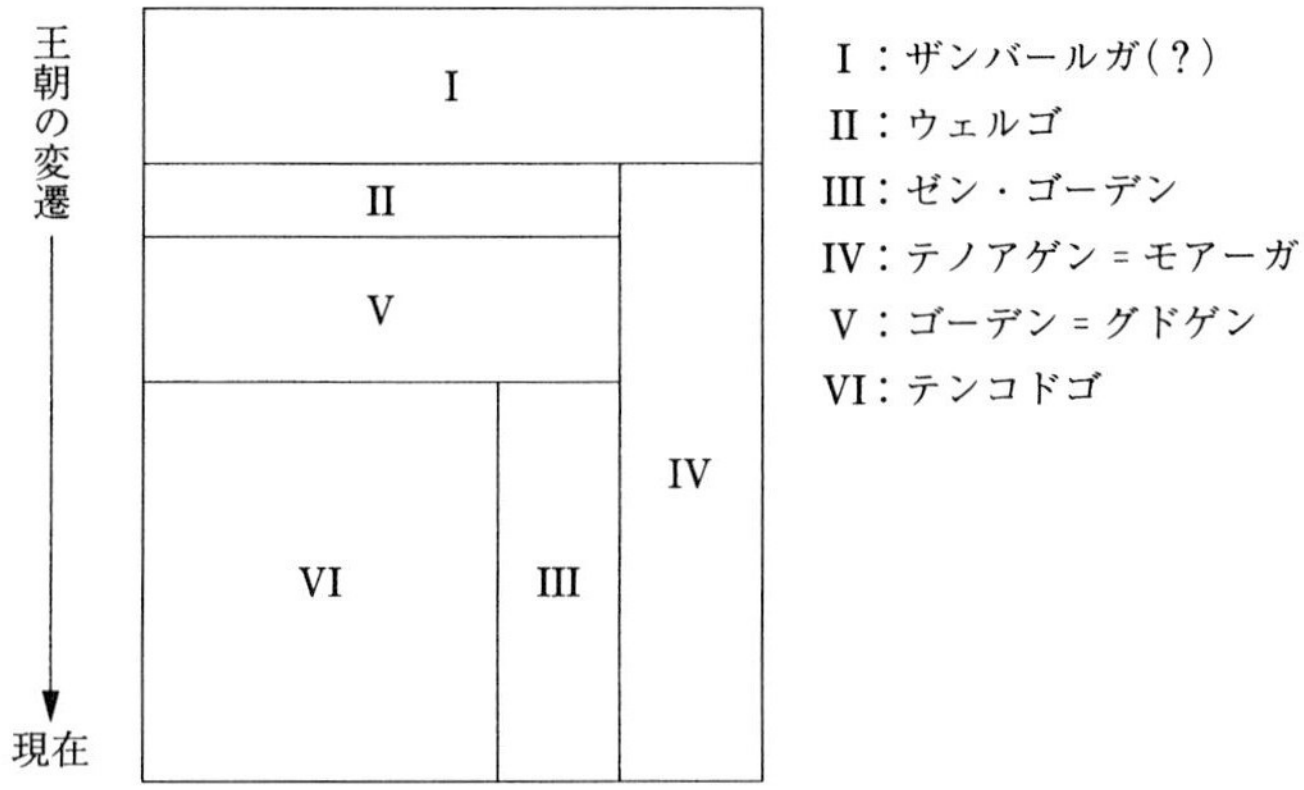
王朝の変遷
現在
I
II
V
VI
III
IV
I：ザンバールガ(?)
II：ウェルゴ
III：ゼン・ゴーデン
IV：テノアゲン＝モアーガ
V：ゴーデン＝グドゲン
VI：テンコドゴ

を祈念し、次の年も良い年であるようにと神(*wēnde* 万物の根源的な力)に祈る寿詞《よごと》の反復句をはさんで、「王よ、あなたの先祖は誰?」と問いかけ、それに自答する形で、先祖の名、多くの場合母の名、場合により父の名を呼び、王についての短い叙述がなされることもあり、さらに場合によって出来事についての注釈が加わる。注釈はとくに王の重臣や臣下たちの王への不忠に対する戒めや警告であることが多い。そして現王の数々の「戦名《いくさな》」(*zab-yuure*)を呼び、民が平穏に暮せるよう王権の長久を祈る句によって九百句余りの王統譜が結ばれる。

これらすべての言述は、過剰なまでの寓意——動植物、天然現象のメタファー——を通して表現されている。王の名も、語法の形式上のカテゴリーとしての人名の固有名詞がないモシ語においては、普通名詞によって表わされるが、その語の前に人称代名詞の三人称単数形と同じ小辞*a*を付けることで、それが人名であることを指示することができる。しかし以下に検討するように、ある時代以後の王名は、一語ではなく句の形をした格言である戦名で、それも一人の王についてしばしば複数の戦名が呼ばれるので、口承史の記述の中で王の「個」としての輪郭は確定できないことがある。また、やはり動植物や天然現象の寓意を多く用いた句の形で語られる叙述や注釈の部分と王の戦名とは、ある句が王の名であることを示す補助的な伝承が存在しない場合には、言表としては区別できなくなることも起る。

戦名は、王が即位したときおよび即位中に、側近が献じたり、王自身が考案してつけたりするもので、王位継承の状況を表わした句や、継承争いにおける顕在的・潜在的な対立者に向けられたメッセージであることが多い。したがって、このような即位名である戦名は、過去の王位継承の状況を示す同時代史料であるともいえるのだが、ステレオタイプ化された寓意によって表現されているので、解釈は多義的にならざるをえない。戦名は一般民男子も成人したときに自分でつけるが、一般民の場合は「耕作名」(*koob-yuure*)とも呼ばれる。この名が楽師によって、かつては戦のとき、またかつてと同じく現在でも共同の農作業や酒宴の場などで太鼓の音による「太鼓ことば」で、あるいは大声の朗誦で人々の前で呼ばれ、呼ばれた者の名を「著《しる》し」、その者の意気を昂揚させるからである。このように名を大声で呼んで称揚することをモシ語で *soese* といい、ある戦名・耕作名の一語が *sondre*(称賛名)として主に父系を通じて継承され、通常はその一語をとった形で「氏の名」のようにして用いられることが多い。口承の王統譜で過去の王の母の名が引かれるときに、母の父系血縁集団(*budu*)の称賛名が呼ばれることもある。

言述としてこのような性格をもった王統譜の、冒頭の「許し乞い」の部分と頻繁にくりかえされる反復句(リフレイン)の部分を除いた、王名やその父母の名や叙述についてみると、第1表のローマ数字で示されたブロックごとに、次のような特徴が認められる。まずⅠとⅡのブロックの三人と四人については、4を除き一語が王名として挙げられるだけで、句の形をした戦名はまったくない。同時に、それぞれの王についての叙述がある。Ⅳについては、王の名と思われる語が断片的に十分な整合性なしに出て来るが、その一部は、この地方(モアーガ、テノアゲン)の伝承にある過去の首長の名と一致する。Ⅲについては、8、9は句としての戦名が呼ばれており、逆に10は句としての名がなく、多義的な短い叙述の句があるだけだ。結局、戦名がはっきりと呼ばれ、同時に大部分の王について母の名も挙げられているのは、ⅤとⅥの王たちだ。朗誦に費やされている句の数からいっても、資料Aでは全八四二句中Ⅵは六三三句で七五・二%、25や27の部分での、祭儀の場でのパフォーマンスに伴う、言表のくりかえしが少ない資料Bでは七〇五句中四八九句で六九・四%、ⅤとⅥを合せたものが占める割合は、Aで八二%、Bで七七・九%である。

全体として、16のシグリ(雨季のはじめ)王がテンコドゴに居を定めてからと、その直前のⅤのブロックの先祖の名の朗誦が主で、それ以前はそれらを位置づけるための装置といってもいい。さらに、私がテンコドゴでの歴史の調査をはじめてまもない一九六六年に、当時まだ存命中だった老楽師長タルウェンパンガからの聞きとりで私が作った現王ティグレ(豊かなみのり)までの、テンコドゴの王の系譜は、同じ楽師長からの聞きとりで先王キーバ(みなし子)の時代の一九五三年に、フランス人宣教師で言語学・民族学の研究者でもあったアンドレ・プロ神父が作成したリスト(Prost, 1953)と、傍系の王二人の名の朗誦における前後の順序が違っている点だけを除いて同一だ。しかしおそらくタルウェンパンガ以前の楽師長を資料提供者としてドイツの民族学者レオ・フロベニウスが一九〇八年、つまりキーバの父のコーム(水)王の時代に作成した王名リスト(Frobenius, 1912)とこの二つのリストを対比すると、フロベニウスのリストには、八人の王の名が欠落していることがわかる。

それらの王は、第1表の6、8、9、10、11、12、13、15であり、遍歴王朝時代のⅡ、Ⅲ、Ⅳ、Ⅴの主として傍系の先祖に当っている(Ⅴのうち、グドゲンに行った14のブグム(火)王だけが、テンコドゴの王朝の始祖となったシグリ王の父として、テンコドゴの王たちの直系の先祖として位置づけられている)。とくにⅢのゼン・ゴーデンの王朝は、テンコドゴの王朝と長く対立関係にあり、分岐点に当る共通の先祖ブグム王の記念祭も、かつては別々に行なっていたといわれる。十九世紀末、テンコドゴの内戦中に侵入してきたフランス軍に支援されて、テンコドゴ王としての地位を安定させたカロンゴ(矢尻)王(在位一八八七—一九〇八年)の子コーム(水)王の時代(一九〇八—三三年)には、すでにフランスの統治下でゼン・ゴーデンは行政上テンコドゴ州の一下部単位となっていたが、ブグム王の墓にいけにえの血をそそぐ半球形のヒョウタンの鉢は別々にしていたという。フロベニウスが王名リストの採録をしたのはこの時代である。コーム王の子でその王位を継いだキーバ王(在位一九三三—五七年)のとき、鉢も一つになり、当時博聞強記のきこえ高かった名楽師長タルウェンパンガが、ゼン・ゴーデンの先祖の王名も、テンコドゴの王統譜にとり入れたのではないかと思われる。

ゼン・ゴーデンの王の子孫は、現在まで地方首長として存続しており、テンコドゴの王統譜に引かれているのは、ゼン・ゴーデンに伝承されているものの一部にすぎない。共通の祖先に対する儀礼が、対立する子孫の二分枝が別々に行なった状態から、優勢になった一方の分枝が二つの儀礼具で行なう状態を経て、優者の儀礼具のみで行なうようになったとき、その儀礼における先祖の名の朗誦(資料Aはこのブグム王の記念祭での録音である)でも、優者が劣者の先祖たちの名を併合したと考えることができるのである。

一方、やはりフロベニウスのリストに記されていないⅣのテノアゲン＝モアーガの王たちは、テンコドゴと共通の祖先であるキンジムの王からの分れとして、フランスによる植民地支配以前にはテンコドゴの王朝に対して独立を保っており、さまざまな儀礼上の慣行でも、テンコドゴからはある畏敬をもって遇されていた。興味深いのは、王の祭儀の場でのこの「カブスゴ」という歴史のパフォーマンスで、楽師が「飲んではならない」とくりかえすときと、「力(王)が飲む、力(王)が飲む」とくりかえすときとがあり、後者の呼びかけに応じて、臨席する現王が、儀礼の長(*balem naaba*)の差しだす半球形のヒョウタンの器でモロコシ酒を飲むことである。テノアゲン＝モアーガの始祖とされるマルカ王が、「パトゥエンニューダ」(*patõe-n-yũuda*＝飲んではならない)という名でも指示されているように、このくだりで一句おきにこのことばが六回くりかえされる。それはこの始祖とその直系の子孫たちへの、緊張をはらんだ畏敬を示していると思われ、このくだり、つまりⅣのブロックの朗誦が終ると、その緊張から王を解放するかのように、楽師は「力(王)が飲む」とくりかえし、それに応じて王も酒を飲むのである。王が飲むのはこのときが最初であるが、このあと、Ⅴの14ブグム王の名を呼び終えたあとにも飲み、Ⅵのブロックに入ってからは、16、17、19、21、そして24から27までは各王の名の終りごとに、「力(王)が飲む」が二度ずつくりかえされる(いうまでもなく、この呼びかけと王が飲む行為は、祭儀の場での採録である資料Aの方にだけある)。王が酒を飲む先祖は、すべて直系の先祖であり、傍系の先祖である18、20、22、23では楽師の呼びかけもなく、王は飲まない。

このようにみてくると、一次元の歴史の語りの中に表象されているのは、単なる地理的空間ではなく、歴史的変化を含んだ社会的・政治的関係としての「トポス」であることがわかる。王統譜の朗誦を聞く限りでは、確立された一系の王の系譜をたどるという印象を受けるのだが、このような分析を経たあとでは、何度もの枝分れと移動と対立や併合の末に、優位を確立した分枝からの、過去のとらえ直しの結果が、太鼓音と声の朗誦によるその「もどき」に、王が酒を飲む、飲まないという行為も含めた、「パフォーマンスとしての歴史」の、一つの形に整合された王統譜だということがわかるのである。[2]

そのとらえ直しによって一次元の語りに整合されたとき、キリスト教暦やイスラム暦のような、支配者の在位を越えた時の参照系がなく、日本の年号のように、各単位の持続年数が記憶され加算されて、一つづきの参照系を形作ってもいない、このモシ王国のような社会では、ここに見たように「歴史」の筋立て（"emplotment" White, 1973 : 7-11 ; "intrigue" Ricœur, 1980 ; *do.* 1983 : 287 *sq.*）は、絶対時間の参照系よりは、社会・政治的関係を含んだトポスの指標によってなされるように思われる。モシは農耕民として、「とし＝稔り」（*yʋʋmde*）の定期的な循環の中で生き、「とし」の良き再来への祈念はこの朗誦でくりかえされる寿詞にも表われている。しかし王の代をこえる「とき」の参照系をもたないところから、ここでの検討で見たように、歴史の表象はトポスに基づく筋立てになるのであろう。「とし」とかかわる度合いが農耕民より少ない、そして農耕民よりはるかにトポスの把握に長けた狩猟採集民や遊牧民で、しかも「歴史」を必要としているモシ王国のように集権化された政治組織をもたない社会では、過去がトポスを指標として参照される度合いはさらに大きいようにみえる。[3]

三　口承史の構造と時間の表象

すでに見たように、テンコドゴの王統譜の語りで、Ⅲから Ⅵまで、つまり８以後の王名が10と12を除いて、すべて句の形をした戦名で呼ばれるのに対し、冒頭のⅠとⅡ、つまり１から７までの王名は資料Ｂでの４を除いて、すべて句ではない一語で指示されている。そしてⅠとⅡについては、これと対応して、一語で指示されている王名には何らかの叙述が伴っていることがわかる。

口承の王統譜にみられる人名の形式と叙述のこのような違いを、私はかつて「呼びかける歴史」と「参照する歴史」という対比で考えてみたことがある(川田一九九二[一九八四])。つまり一語の名が三人称的に指示され、叙述によって「参照される」のに対し、句としての名は二人称的に指示され、「呼びかけられる」からである。これに呼びかける者、呼びかけられる者も加えた口承史の人称的状況については四に述べるが、ここでは言述としての王統譜の構造に、時間がどのように表象されているかについて考えてみたい。

IIのブロックでは、王権の象徴である小刀を兄と奪いあって鞘をとってウェルゴに来た、つまり始源の分岐点での要《かなめ》となる直系の先祖であるキムゴ(強い雑草)が、句の形をした戦名、「恐るべき力を具えた強い雑草が穀物の蔭に身をひそめているのだから、畑の主は早まって鍬の刃を柄からはずさぬがよい」によって資料Bで指示されているが、他の三人については句としての戦名の全体は引かれていない。これは、古い時代の王については、キムゴのように直系の重要な先祖でない者の戦名は、伝えられずに忘れられてしまうという、土地の楽師たちの説明でもある理由も考えられるかも知れない。だが、*singre*(始源)とも呼ばれる神話的部分であるIの三人、およびIIの4の名、すなわちズングラーナ(接見の間をもつ者=大首長、*zingrāana*)、ウブリ(家畜小屋、*ubri*)、ソアルバ(脚の白いウマ、*soarba*)、ヴィーレ(業林の中の空地、*Vīre*)の名は、テンコドゴ王朝だけでなく、中部モシのワガドゥグー王朝の王統譜にも引かれている。このうち、1、2および1の父とされているウェドラオゴ(牡ウマ、*wedraogo*)の名は、様式化された朗誦によって祭儀の場で語られる王統譜ではない、故老の間に語り伝えられている建国伝説の中にも登場する。この伝説は、南部モシに限らず、モシ社会全般にひろく知られており、さまざまな異伝があるが(4)、多くの異伝に共通する内容のあらましを記せば次のようである。

昔、ガンバーガ(現ガーナ北部、テンコドゴの南方約百五十キロの、十八、九世紀に栄えた交易都市)の王に、ニェンネンガ(痩身の女)という名の男まさりの娘があった。王女は戦があるとウマに乗って戦った。王はこの娘を溺愛するあまり、年頃になっても結婚させなかった。ある戦のとき、王女の乗ったウマが走りだして止らず、王女を荒野に連れ去る。

そこで放浪のリアレ（何でもむさぼり食う者）という名の狩人にめぐりあい、結ばれ、男児が生れた。ニェンネンガを連れ去った牡ウマにちなんで、男の子はウェドラオゴ（牡ウマ）と名付けられた。ウェドラオゴが成長すると、ニェンネンガは息子を連れてガンバーガの父王のもとを訪ねた。父王は喜んでウェドラオゴに騎馬の戦士たちをつけてやり、ウェドラオゴは北方の現在のモシの国に赴く。その息子ズングラーナ（接見の間をもつ者）は武勇のきこえ高く、近隣のグルンシの掠奪に悩まされていた北方に住む、集権的政治組織をもたず、軍事的にも弱い農耕民ニョニョンシの長老「土地の主《ぬし》」（土地の精霊の祭祀を司る）が、娘をズングラーナに差し出し、その間に生れた息子をニョニョンシの国を治める王として遣わして欲しいと懇願する。呪術にたけていたニョニョンシの土地の主は、つむじ風を起してズングラーナを家畜小屋に連れ去り、そこに待たせておいたポグトウェンガ（髭の生えた女）という名の娘と交わらせた。生れた男の子は、両親が結ばれた場所にちなんでウブリ（家畜小屋）と名付けられる。土地の主は再び呪術を使ってしるしづけのためウブリを跛行者にした。成人したウブリは強い戦士となり、先住民ニョニョンシを支配して中部モシの王国（後のワガドゥグーを都とする王国）を創始する。あとにのこったズングラーナの子孫が、南部モシの王国（後のテンコドゴを都とする王国）を築いた。

このモシ王国の起源伝説は、モシ社会のほか、この伝説で王女が住んでいたとされる土地ガンバーガを含む現ガーナ北部のマンプルシ社会でも、右に記したものとは人名その他さまざまに異なる形ではあるが、ひろく知られている(5)。

この建国伝説は、モシとマンプルシ社会での私の聞きとり調査の結果でも、伝説の構成要素と構成要素がつくるモチーフの論理的な結合関係が重要で、語りとしての時間的継起関係は二次的な、いわば範列的(paradigmatic)な性格をもった言語メッセージをなしているのだが、そのメッセージがまた、より高次の「伝説群」の中で反復されながら一種のメタ構造を形作っているとみることができるのである。

地方ごとに地名人名の固有性の標章を貼りつけられた構成要素(E)を含む数々の異伝は、それらの要素によって構成されたモチーフ(M)の結合が表わすメッセージにおいては、共通の構造を示している。先に概要を記した伝説群を、次のように整理してみれば、そのことは明らかであろう。

E1 E2　異常な娘(男まさりの戦士であり、痩身という点でも非女性的な王女ニェンネンガE1、土地の主の髭の生えた娘ポグトウェンガE2)

E3 E4　強力な異人(放浪の狩人リアレE3[狩人は野獣を殺し、野獣や荒野の植物の霊能についての知識をもつ超常者であり、同時に野獣を殺すことによって身につく *dewgdo*(穢れ)は、王権に含まれるものとも共通する攻撃的な力であるとみなされている]、武力と権勢をそなえた王ズングラーナE4)

M1　E2の父親である「土地の主」が近隣部族による掠奪からの保護をE4に懇願する

M2 M3　E1 E2とE3 E4がそれぞれ異常な場(荒野E1 E3、家畜小屋E2 E4)で交わる(E1 E3＝M2、E2 E4＝M3)

E5 E6　M2 M3によって生れ、両親の交わりをもたらしたものにちなんで名づけられた息子(ウェドラオゴE5、ウブリE6)

M4 M5　E5 E6がそれぞれ、E1の父親の支援で(M4)、あるいはE2の父親と協力して(M5)[中部モシ王国では、土地の主は儀礼的首長として、政治軍事首長と相互補完的な役割を果した]新しい王国を創始する

これをさらに、ガンバーガを都とするマンプルシの王国の建国以前に遡って伝説群をたどれば、次のようになる。「トハジエ(赤い[北アフリカの住民やフルベ族を含む、黒人ではない人を意味する]狩人)という名の片目の勇猛な狩人が、マレの国に来て、沼に水を汲みに来る住民を殺す一角の野牛を退治してマレの王に感謝される。荒野にもどって一人で

暮していたトハジエは、マレの国が隣国に攻められて苦戦に陥ったときにも王の要請でマレを救い、マレの王は感謝のしるしに多くの娘のうちから一人を妻としてトハジエに選ばせる。トハジエは足萎えで這わなければ歩けない娘を妻に選び、荒野の棲家に帰り、男の子(クポゴヌンボ)が生れる。クポゴヌンボは片腕片脚がなく、一方の目からはたえず血が流れ、世にも恐ろしい形相をした大男に成長する。父の死後、ひとりで西へ旅立ち、グルマの国で呪術を使って一瞬のうちにモロコシを生えさせ、みのらせ、それで酒を醸してみせたので、「土地の主」は娘をクポゴヌンボに妻として与える。クポゴヌンボは土地の主の祭の日に妻に酒を飲ませて土地の主の呪物の秘密を聞きだし、そのあと土地の主を殺してしまう。そして土地の主のしるしである頭巾や衣服を身につけ、自分が土地の主になったことを住民に告げる。グルマの王がクポゴヌンボに戦いを挑むが敗れ、自分の娘を与える。そのあいだに生れたのがのちのグベワ王で、グベワの息子の一人はガンバーガに行ってマンプルシ王国をつくり、他の一人はさらに南へ下ってダゴンバ王国を築いた」。

この伝説のうちに見出される要素と、それが構成するモチーフは、容易に次のようにまとめることができる。

E7　強力な異人(トハジエ)
E8　水汲み場を占拠する怪獣(一角の野牛)
M6　E7がE8を退治して住民に水を解放する
E9　異常な娘(足萎えの娘)
M7　E7とE9が異常な場(荒野)で交わる
E10　M7によって生れた息子クポゴヌンボ＝強力な畸形者
E11　土地の主の娘

M8　E10が呪力によって穀物や酒をもたらす
M9　E10とE11が交わる
M10　E10がE11の父(土地の主)を殺し、呪物を奪って土地の主になる

さらにトハジエの出身地とされる東のハウサの建国伝説は、概略次のようなものだ。「バヤジッタという東方から来た放浪の勇者が、水汲み場にいる大蛇を退治し、水を住民に解放する。その国の女王は感謝のしるしにバヤジッタの妻となり、その間に生れた六人の息子がハウサの六つの国をつくる(他の一国はそれ以前にボルヌーでみごもらせた妻の子が創始)」。

E12　強力な異人(バヤジッタ)
E13　水汲み場を占拠する怪獣(大蛇)
M11　E12がE13を退治して水を住民に解放する
E14　土地の女王
M12　E14がE12の妻となる
E15　M12から生れた息子
M13　E15が新しい国をつくる

このように建国伝説群をみてくると、それぞれの建国伝説ごとに認められるメッセージの構造が、ずれや変差を含みながら重なりあって、一つの〝メタ・メッセージ〟を浮かび上らせていることがわかる。それは、

「強力な異人(E3、E4、E7、E10、E12)が、住民の苦難を救い(M1、M6、M11)または食物をもたらして(M8)、土地の首長の娘あるいは土地の女王を妻とし(M2、M3、M7、M9、M12)、妻の父親の支援を得て(M4、M5)、あるいは妻の父親の力を奪って(M10)、新しい王国をつくる」

と要約できる。このようなメタ・メッセージのかなりの部分は、やはりずれや変差を含みながら、マリ帝国の始祖スンジャータ大王の伝説をはじめ、西アフリカの多くの建国伝説に認められるのである(Frobenius, 1925)。そして、このようなメタ・メッセージが表わしているものは、西アフリカの現実の自然・社会の条件に照らして、「歴史的」事実の叙述ないし反映としても、十分な可能性、妥当性をもって考えられる。このように、口承の王統譜に名を引かれている1、2の王も、それ以前の建国伝説のガンバーガの王女ニェンネンガ(「痩身の女」、ウマに乗って戦う娘＝異常な娘、男性的な女性。モシ社会では他の多くのアフリカ社会でと同様、痩身であることは、非女性的とみなされている)、放浪の狩人、その間に生れた子ウェドラオゴ(「牡ウマ」)、先住民ニョニョンシの土地の主、その娘ポグトゥウェンガ(「髭の生えた女」＝異常な娘、男性的な女性)、ズングラーナ(「接見の間を持つ者」＝大首長)、その間に生れた子ウブリ(「家畜小屋」＝異常な場での性交)と補ってみると(髭の生えた女、ポグトゥウェンガがズングラーナの妻、ウブリの母になることは、王統譜の中にも語られているし、様式化されて朗誦される王統譜としてではないが、伝承としてはガンバーガの王女以後の伝説は、テンコドゴの王宮付楽師も知っている)、これら伝説の登場人物の名は、ただ古い時代なので句としての名が伝承されていないために一語なのではなく、一般的意味をもつ普通名詞でもあるそれぞれの名が、伝説というメッセージの構造の構成要素として、意味を分け担っているとみることができるだろう。これらの意味をもつ人名を、さきに述べた伝説のメタ・メッセージの図式の中に位置づければ、第3表aのようになる。これらの王は、歴史上相互にこのような関係をもって実在したというより、伝説のメッセージの構成要素として、このような名を与えられたとみるべきであろう。同様のことは、日本の『古事記』上巻の神名についても認めることができる(第3表b)。

第3表(a)

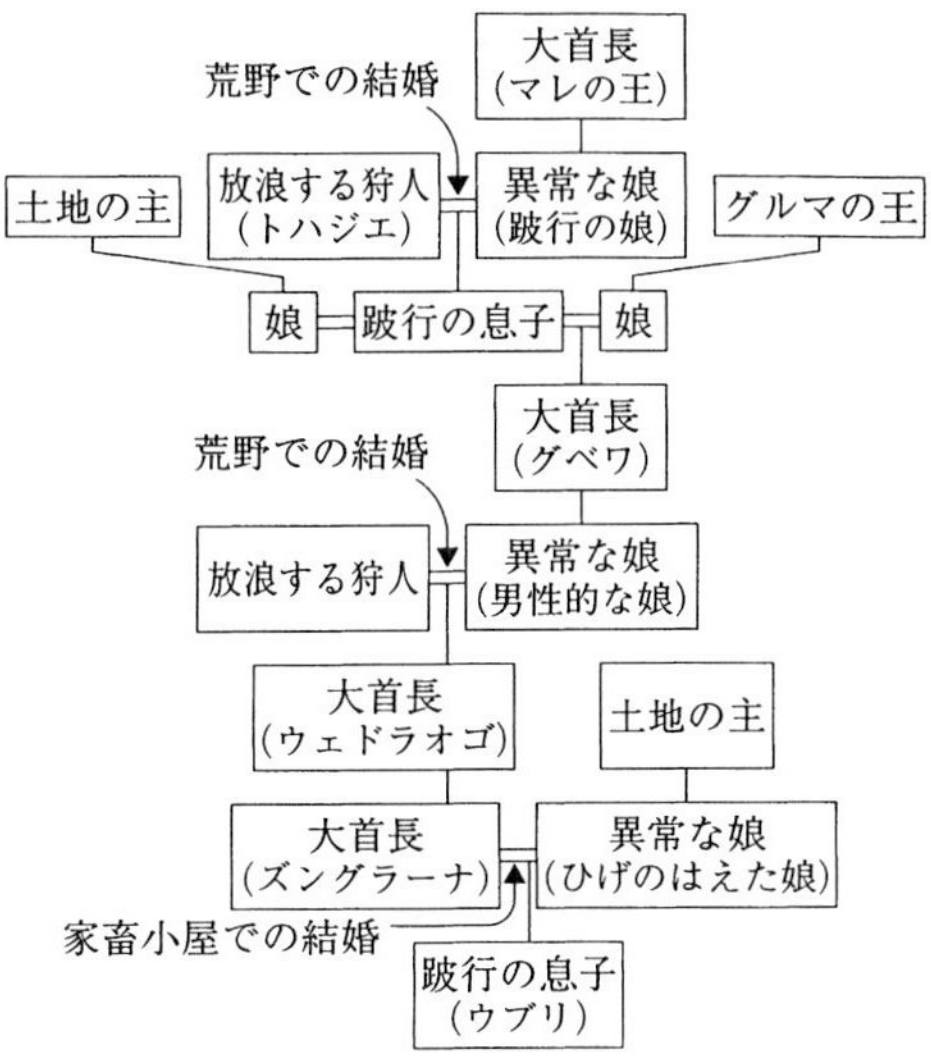

第3表(b)

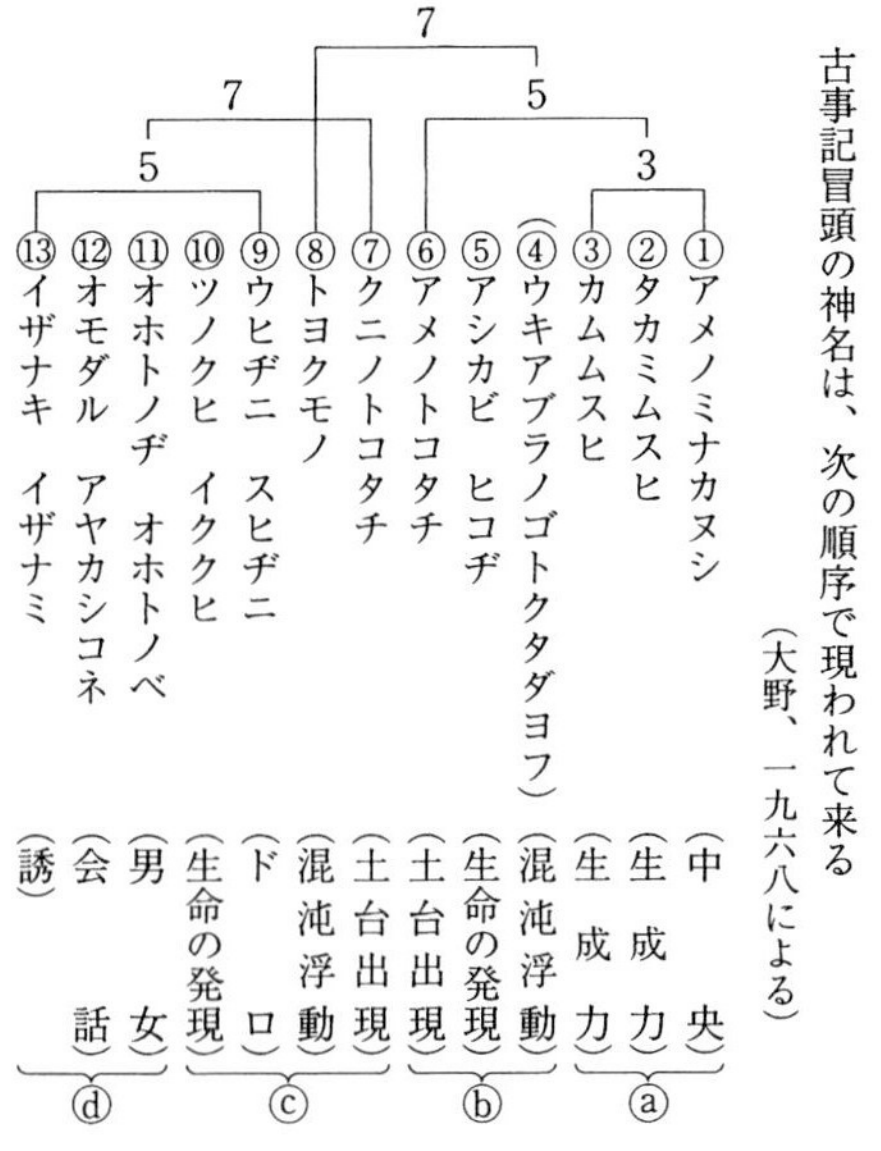

やはり一語から成る3と5については、テンコドゴの王統譜に引かれているそれぞれの母親の名も、中部モシのワガドゥグー王朝の王統譜に引かれているものと一致するのだが、これらの名は右に検討してきた建国伝説のメッセージの構成要素としては位置づけられない。したがって両王朝に共通する先祖として歴史上実在した人物の名とみるべきなのか、上記のものとは別の形での伝説的メッセージの意味を担っているのか、今後の検討にまつほかはない。

『古事記』の登場人物の名が、上巻の神話の構成要素としての意味を担った「神の物語」の時代から、カムヤマトイワレヒコノミコト(神武天皇)にはじまる中巻の歴代のスメラミコトの名、出自、業績、享年、墓所等についての叙述のある「人の物語」の時代に移り(しかしこの時代についての叙述には、神話的要素が混じっていることは、すでに研究者に指摘されている)、下巻の仁徳天皇にはじまる儒教受容以後の「人の物語」としての歴史へとつづく過程は、モシの口承の王統譜の移行過程と対比できる。それは意味の要素が範列的(paradigmatic)に形作る構造がメッセージを伝える神話から、偶発的な出来事が予見できないものとして連鎖的(syntagmatic)に語られる部分への、「神話」から「歴史」への移行であるともいえる。

四　口承史の人称的状況

このような構造をもつ口承史において、それを言述として語る発信者とその受信者、それによって語られる被指示者とは、どのような関係にあるであろうか。すでに述べたように、太鼓音と声によるこの様式化された言述である口承史は、発信者である楽師が、現王と会衆を前にしてまず発信者自身を位置づけ、それから臨席する現王に向って二人称で問いかけ、それに自ら答えて王の先祖の名を一人ずつ挙げてゆくという形式をとっている。この言述の名目的な受信者は現王であっても、実質的な受信者は数百人の会衆であり、彼らに王の祭儀という場で王朝の由緒正しさ、王権の正当性を広報することが、このパフォーマンスの重要な意義なのである。同時に故事伝承に詳しい故老を含む多数の会衆の実質上の受信者としての現前が、この口承史の伝承過程における恣意的な改変への歯止めとなっているともいえる。

前節にもみたように、王統譜のⅠ、Ⅱの王名は、4を除いて固有名詞としての普通名詞一語で指示され、叙述を伴っているのに対し、Ⅲ以後の王名は、普通名詞による叙述句による呼びかけであるといえる。つまり、Ⅰの「神話」時代からⅡ、Ⅲ、Ⅳの中間形態を経てⅤ、Ⅵの「歴史」への移行には、「固有名詞についての叙述」である「叙事」と、「普通名詞による叙述である固有名詞」を用いた「指示・召喚」とのあいだに、一見背理ともみえる移行が起っていることがわかる。祖先を祭儀の場に甦えらせる力をもつといわれる太鼓(*bendre*)の音で王の祖先の名を呼ぶことは、祖先を祭儀に参加させる意味をもっており、この点で、モシの王統譜で祖先王の名を呼ぶ行為は、奈良東大寺の修二会における過去帖読みに比せられるだろう。ただ、この「叙事」から「指示・召喚」への移行は、交錯なしに起っているのではない。たとえば先代のキーバ(みなし子)王にかかわる、叙述と同時に呼びかけとしての戦名の数が最も多い王のくだりでは、「みなし子がゾウに跨ると、敵はくやしがって泣き、味方は喜んで笑う」という、普通名詞のみから成る非特定的叙述は、固有名詞性をもつ呼びかけとして、V、Ⅵの他の王名と共通する。しかしその一方で、句としての叙述から一語を王名としてとりだして作った「「みなし子」」王は銀の火打ち石、打てば輝きを増し、さらに打てば火を発する…」という句は、固有名詞についての叙述である。しかし、1の「ズングラーナ王は、彼を受け入れない家は廃屋になるだろうと言う」や、2の「ズングラーナ王はウブリ王をもうけた、ポグトウェンガとの間にもうけたのだ」といった句は、ズングラーナ(接見の間をもつ者)やウブリ(家畜小屋)という、句としての戦名のない普通名詞から成る固有名詞についての「叙述」であり、Ⅵの大部分の「普通名詞による叙述」である句としての固有名詞による「指示・召喚」と対照をなしている。

発信者である楽師が、語りをはじめるに当って、自分を一人称で受信者に対して位置づけた上で本題に入るというのは、この王統譜の語りだけでなく、黒人アフリカの他の多くの語りもの、うたいものにも共通してみられる。テンコドゴでの王統譜では、資料Aで初めの七四句、Bでは五五句が、前述した「許し乞い」(*kabsgo*)に充てられているが、その中で「私(いくつかの句では鄭重表現である複数形の「私たち」)は、王妃ロゲムイード(当時の在位王ティグレの生母)の子を拝すべく、身じまいを正して近づこうとしている」という句がくりかえされる。

このような発信者の位置づけは、語り手の人称性がまったく表現されていない、たとえば『平家物語』のような語りと対比すると、語りの性格を考える上で注目すべき特徴であるといえる。つまり、このことによって、語るという行為が受信者(聞き手)との関係で一つの「場」(トポス)をもつことになるからである。このような「場」を設定することによって、語りの被指示者である王の祖先の名を、とくに句の形をした戦名＝称賛名で、太鼓の音と大声とで呼び、この「場」に祖先を召喚するという行為が成立する。同時にそれは、語りの受信者である現王を名付け直し、称賛することでもある。

語り手が聞き手の先祖の名を挙げ、その由緒ある系譜を受けつぐ者としての眼前の聞き手を称揚するという語りのあり方は、モシの居住地の西北方のマンデ系社会で内婚的な職能集団を形成している語り手（「ジェリ」*jeli* 通称フランス語の「グリオ」griot）の語りにも認められることである。ジェリの場合も、語り手はまず聞き手との関係で自分を位置づけ、自己紹介を行ない、語り＝称賛の場を設定した上で、先祖の名を呼ぶことで聞き手を「名づけ直す」のである。

五　口承史における過去と現在

これまでに見てきたような口承の王統譜における時間の構造と人称的状況とから、そこでは現在との関係で過去がどのように表象されているかを検討したい。

多少とも様式化されて伝承される、歴史的性格をもった語りにおける、現在と過去の関係を、私はかつて「叙事詩」と「年代記」という極限概念の対比――定まった形態・性質であるよりは「志向性」においてとらえられた対比――で考えようとしたことがある。[6] この二つの志向性の主な特徴を対比すれば、第4表のように表わすことができる。

この二つの極限概念は、西アフリカのニジェール川上流域を中心とするマンデ系社会の内婚集団の語り部「ジェリ」が語る、マリ帝国の伝説的始祖「スンジャータ大王一代記」（叙事詩的志向）と、同じ西アフリカ内陸で、ニジェール川大湾曲部の東南方に当るハウサ諸王国の、『カノ年代記』などを代表例とする歴代王の年代記（年代記的志向）を基

第4表

叙事詩的志向	年代記的志向
口頭的構成法，テキスト不在	語り不変，語りのテキスト性大
顧客としての聴き手，叙事詩的共同体	語り手聴き手ともに当事者として，内容の真実性に関与
讃美，記念，鎮魂(情動的)	叙述，記録(知的)
演戯性重要，語りとしての感興	情報伝達性・行為遂行性大，事実の尊厳
文字化により語りの価値の大半は消滅	文字化しても本質不変，文字と馴染みやすい
語り手の「私」の現前，パフォーマンスの状況依存性大	語り手の「私」の不在，パフォーマンスの状況依存性小
過去を語り手が内在化し，声によって現在に甦らせる(実年代の無化)	現在を語り手が外在化し，過去に送りこむ(実年代重要)

にして精練されたものである。出発点となった事例はいずれも西アフリカのものだが、一方は後の段階で文字化されたものであり、西アフリカという地域的限定をこえて、無文字社会・文字社会を問わず広く妥当する分析概念ではないかと思う。

モシの口承の王統譜は、四に述べたような人称的状況からいえば、太鼓の音や声の力で祖先王に呼びかけ、称え、そのことによって現王を称揚するという意味で、過去を現在に甦らせる「叙事詩的性格」をもっているといえる。しかし喚起される過去が聞き手とのあいだにもつ関係では、著しく「年代記的」な性格を示している。たとえばマンデのジェリはスンジャータ大王の一代記を語り、伝説的過去を現在の人々の心に甦らせるが、しかし聞き手はスンジャータの直接の子孫、つまり「当事者」としてかかわっているわけではなく、スンジャータと聞き手のあいだの系譜的なつながりも語られていないという語りのあり方と比べれば、このことは明らかだ。つまり、モシの口承の王統譜は、これまでに見てきたように何よりもまず、年代記的志向をもつ歴史を必要とする当事者、すなわち王統譜に語られている誉高い祖先の、正統の継承者である現王が、その王権の正当性と権威を民にくりかえし印象づける手段としての、祭儀の場での歴史のパフォーマンスなのである。同時にそこに列席する王の側近・重臣たちも、彼らの生活が現実に王権に直結しているという意味で、やはりそこに語られている歴史に、当事者としてかかわっている。この当事者たちは、語られていることを真実として、厳粛な態度で聞く立場にある。その限りで、このような発信・受信の場で語られる王統譜は、対比させられた二つの志向の、年代記的志向をもたざるをえない。

また、声の朗誦者による自由な口頭的構成法(oral composition)がなく、語りの語句が一定している点で文字化されたテキストにかなり近い点でも、叙事詩的であるよりは年代記的であるといえよう。

第4表に極限概念ないし理念型(Idealtypus)として対比して提出したものは、あくまで志向性であり、それらの一方がマンデ、ハウサその他の社会で十全な形で存在しているわけではない。ここにとりあげたモシの王統譜は、両者の志向性がともにかなり強く混在している例といえるだろう。

六　口承史における語りの時制と相

現在と過去の関係が、このような構造と志向性をもっているモシの口承の王統譜では、語りの時制(テンス)と相(アスペクト)はどのような用いられ方をしているのであろうか。

欧米の言語学で生れたテンスとアスペクトという概念の普遍妥当性を問う論議は当面措いて、この二つの概念をモシ語(*moore*)にあてはめた場合どのようなことがいえるかをまず見よう。モシ語には、動詞の活用形としてのテンスは認められず、アスペクトとして、点括相(punctual)／持続相(durative)、完了相(perfective)／未完了相(imperfective)の二組の対立が存在する。いうまでもなく、助動詞や動詞的小辞(verbal particle)を用い、あるいは他の動詞と組み合わせて、時間的前後関係を表わすことは行なわれている。

言述中の状態・行為の相対的な前後関係を示す助動詞・動詞的小辞としては、(a)先行(anteriority)を示す助動詞 *denge*(まず…する)、*pĩnde*(はじめに…する)、および動詞的小辞 *da, dag* 前後関係により *ra, rag*(かつて…だった、かつて…

していた)があり、他の動詞 *wa*(来る)、*sa*(終える)などと組みあわせて、近過去を示すこともできる。(b)後続(posteriority)を表わす助動詞には *yaule*(次いで…する)があり、*na* は主語の意図を含む近未来を示すのに用いられる小辞動詞である。また系譜・出自関係を示す動詞には *doge*([母親が]…を産む、[父親が]…を子としてもうける)、*sige*(…の子孫である、…からくだっている)があり、名詞では *yaaba*, pl. *yaabrãmba*(先祖)、*yagenga*, pl. *yagense*(子孫)がある。これらすべての語および語法は、ここにとりあげたモシの王統譜に頻繁に用いられている。

いま、これらの相および時の先後関係を示す助動詞・小辞の用いられ方を、第1表に示した小節ごとに資料AとBについてみると、まず全体として点括相の占める割合がきわめて大きく、一般的な真理を述べる機能をもって用いられていることがわかる。それに対して、完了相、未完了相、時の前後関係を示す小辞を伴う動詞の使用、つまり時間の中での前後関係や動きを叙述する語法は、とくに1、2、3、5、12、25、27で顕著だ。

一般に出来事を時間の経過の中で叙述する物語りにおいて、これらの用法の占める割合が大きいことを考えると、この動詞の相の用いられ方にみられる王統譜の部分による違いは、前述した「一語の名について叙述する」部分と、「句としての名によって呼びかける」部分とにほぼ対応していることがわかる。後者では、句としての戦名が一般的真理を表わす格言の形をとっているので、用いられる動詞も点括相が多くなると考えられる。

動詞の相と口承史の語りの内容とのこのような関係を、いくつかのくだりについてより詳しく検討してみよう。

「一語の名についての叙述」の著しい例である2についてのくだりを文字化したものは、資料Aでは下記の通りである(資料Bもこのくだりはまったく A と同じ)。

[098] *naab a zũngrãan doga naab a umbr ye* ズングラーナ(接見の間をもつ者)王はウブリ(家畜小屋)王をもうけた

[099] *a ra bee ne a pugtoɛnga* ズングラーナはポグトウェンガ(髭の生えた女)と一緒にいたのだ(ポグトウェンガとの間にもうけたのだ)

[100]　*naab a unbr nomd kãad ye*　ウブリ王は堅い（頑なな）ものを揉みほぐす（砕く、手なづける）
[101]　*nomd kãad n na n maneg bãmba*　堅いものを砕いて人々の難儀を捌く
[102]　*naab a unbr sigda zuuse*　ウブリ王は「怖れ」を体現している
[103]　*n yawl n wẽend n segd sabalbo*　そして災厄の因《もと》たらんと心に決めている
[104]　*naab a unbr saraog yoore*　ウブリ王こそはあめ（天＝雨）の男根（稲妻）
[105]　*bãmb yãgd goalem woo*　身をうねらせて輝く、おお
[106]　*a sa n kong ned yaa*　そして人間が見つからなければ
[107]　*a na tɩ babl tiiga*　樹をまさぐり
[108]　*t'a yĩng na n maag yaa*　そうやって体の火照りを鎮める

モシ語の語りを文字化したテキストの下線を引いた語が動詞・助動詞あるいは動詞的小辞であるが、相にかかわるその用法を個別に見れば次の通りである。[098] *doga* は、さきにも触れた *doge*「生む、もうける」という意味の、父(母)子関係を示す動詞の完了相であり、過去の一回きりの完結した動作を表わしている。[099] *ra bee* は、言述中の他の動詞に対する先行関係を示す小辞 *ra* (*da*) に *bee*「居る」という動詞の不定形が付いた形で、[098] の *doga*「もうけた」という行為以前の、ズングラーナとポグトウェンガの同居を示している。[100] [101] この二句にわたって出てくる *nomd* は *nome*「揉みほぐす、砕く、手なづける」の未完了相直説法の *nomda* の語尾省略形。*na* は未来や意図を示す動詞的小辞で、*maneg* ＜*manege*「調整する、捌く、解決する」という動詞の不定形に、複数の動詞や助動詞と動詞をつなぐ接続小辞 *n* を付して、*nomda* という前出の動詞に対して時間的後続の位置を与えている。[102] *sigda* は動詞 *sige*「…に由来する」「…の写し(子孫、再現者)である」の未完了相、直説法。[103] *yawl(e)* は、*sigda* に対して、「それにつづいて」「その結果として」という後続を表わす他の動詞を、*n* を付して導く動詞的小辞。*wẽenda* ＜*wẽene*

「心を決める」「誓う」、*segda* ＜*sege*「…と一致する」「…と同化する」という動詞のいずれも未完了相、直説法。[104]動詞なし。[105]*yãgd* ＜*yãge*「輝く」の未完了相はここでは慣習的行為を示す意味で用いられている。[106]*konge*「…を欠く」の点括相。[107]*bable*「まさぐる」の不定形。[108]前の動詞*bable*に対して時間的後続を表わす小辞*na*と接続辞*n*に*maag(e)*「冷える(火照りをさます)」の不定形がつづいている。

この2ウブリのくだり十一行の句の中に、動詞、助動詞、時の小辞は合計十六用いられているが、そのうち点括相一、形の上でこれと区別できない不定法四、完了相一、未完了相六、動詞的小辞四となっている。

これに対し、句としての戦名によって呼びかけられているくだりでは、点括相および不定法の動詞がきわめて多くなる。たとえばテンコドゴに王朝を定めて勢力を伸長する直前の直系の祖先としていまも盛大な年次祭によって記念されているブグム(火)王のはじめの七句は、次のようなものである(資料A、Bとも内容は同じだが、ここでは句の切れ目などがより整っている資料Bに拠る)。

[242]　*paga la a tũ saaga roga naab a tugr zab ne bugum*　(貴方の祖先は)「雨についてゆく」王妃が生んだ「繁みが火に戦いを挑む」王

[243]　*bugum yaa*　「火」[に戦いを挑む]だ

[244]　*komber zĩ ne yuure*　配下の首長たちは気遣いつつ坐して見守る

[245]　*gomtukdg long boko*　老獪なカメレオンは穴を跳び越えるが

[246]　*ti wobg na n lui n tẽre*　ゾウは落ちて骨を折るだろう

[247]　*koom peeg beedo*　水は悪を巻きこんで流れ

[248]　*bãmb kongdeb na n yõng n yũ*　渇いた者たちはそれを掬って飲むだろう

ここではブグム王の戦名が三つ、続けて呼ばれている。[242]*roga*は前出の場合と同じでこの場合は母が子を「産む」という意味での *roge* の完了相で、この王統譜で王の代を多くの場合母から子へ、場合によって前に挙げた例のように父から子へとつなげてゆくときの常套句の動詞だ。*zab*「戦い(争い)を挑む」の点括相。[244] *zĩ* は「坐っている」という状態を表わす動詞で、形では点括相であるが、一時点で一回起る行為を表わしているというより、坐っている状態を一般的に表現しているとみるべきである。[245] *long* も動詞 *longe*「跳び越える」の点括相で、一時点の行為を表現している。[246]未来を示す小辞 *na* に *luu*「落ちる」と *tẽre*「骨を折る」という動詞の不定法の形が付いている。[247] *peeg*「…を巻きこんで流れる」も点括相で、[248]の *na* を先行させた二つの動詞 *yõng*「掬う」と *yũ*「飲む」の否定法がつづいている。

ただ、句の形をした戦名で、一般的な真実を表わして用いられている動詞でも、動詞によっては点括相ではなく未完了相で表現されているものもある。たとえば現王の父に当る27キーバ(みなし子)王の一語の名の由来している句の形をした戦名は、資料Ａ(Ｂも同じ)では、

[804]　*kub zomb wobgo*　みなし子がゾウに跨れば

[805]　*tı beemdãmb kumd sĩur ye*　敵はくやしがって泣き

[806]　*sõmbdãmb laad mogna*　味方は喜んで笑う

この三句で、[804] *zomb(e)*「(ウマに乗るように)跨る」という動詞は点括相で用いられているが、[805]の *kumd* は *kumi*「泣く」という動詞の、[806] *laad* は *la*「笑う」という動詞の、それぞれ未完了相である。この二つの動詞の未完了相は、点括相で表わされた動作がもたらした結果を、現在進行中のような形でいきいきと叙述する役割を果している。この例でもわかるように、点括相や不定法だけでは意味の表出が一般的過ぎて無味乾燥なとき、とくに未完了相は有効である。

また、句としての数々の戦名で呼ばれているキーバ王に関するくだりで、前述したように「キーバ王」という一語

で指示された「固有名詞についての叙述」もある。前に引いた例(資料A、[791]—[793])は、

[791]　*naab a kɩɩb yaa wanzurf bugbãnga*　キーバ(みなし子)王は銀の火打具

[792]　*tẽgd a t'a zẽnd yaa*　彼を打てば彼は力を増し

[793]　*sã n dãmb t'a widgi*　さらに挑みつづければ彼は火を発する

という内容だが、下線を施した動詞の形は、[791]属辞動詞(attributive verb)・欠如動詞の *yaa*「…である」、[792] *tẽgd* (*a*)＜*tẽge*「打ち合わせる」、*zẽnd*(*a*)＜*zẽne*「さらに強くなる」のいずれも未完了相、直説法で、[793] *dãmb*＜*dãmbe*「ゆさぶる」「挑発する」、*widgi*「火を発する」は、いずれも点括相、直説法だ。つまりこのくだりは、三人称で指示された王についての、語り手の立場(実際の語り手である楽師は、無論それを形式的に受けつぐ者でしかないが)からのリアルな形での叙述なのである。

同じキーバ王についての次のような叙述もある(参照番号は資料Aによるが、Bも同じ内容)。

[833]　*samandẽ zĩigẽ soab a ãbga*　[テンコドゴの]サマンデ(王宮の前庭)地区の主、アブガ(ヒョウ)

[834]　*ãbrapoll sor bãgande*　「若いヒョウは繁みに身をひそめる」[アブガの戦名]

[835]　*bãmb da nonga naab a zomb wobg wĩndtoog yaa*　彼は昼間は「ゾウに跨る」王に忠誠を誓っていた

[836]　*n kuud yɩngo*　そして夜は人目をしのんで歩きまわった(王を裏切るようなたくらみをはたらいた)

[837]　*tɩ ned ka na n bãng ye*　誰にもわかりはしないだろうと

[838]　*naab a zomb wobg sẽn wa n bãng yaa*　だが「ゾウに跨る」王がこれを知ってしまうと

[839]　*tɩ lebg yãnde*　彼は恥じ入った

[840]　*sẽn zoet a yãnd pãr tẽng n kẽ yaa*　自分の恥を怖れる者は、地を裂いてその中に身を隠す

このすぐ前に、サマンデの長より上位の、テンコドゴの王宮の二人の重臣の一人ダンポーレ(後衛)の長についても、

これとほぼ同じ内容の叙述がある。これはつまり、テンコドゴ王に仕える二人の重臣(彼らは王の後継者を実質的に選定するキングメーカーでもある)を、実在の二人の戦名を使って批判し、戒めているくだりであるといえる。そしてキーバ王自身も、三人称で指示し、参照されている。

やはり語り手の位置からなされるこのような「叙述」では、用いられている動詞の相も変化に富んでいる。[834] *sor(e)*「身をひそめる」も、[835][838] の *zomb(e)*「跨る」とともに、戦名を構成する動詞で、点括相、直説法で用いられている。これらはこのくだりの叙述の人物の名の一部なので、叙述全体からみれば括弧にくくられた動詞の用法といえる。[835] *da nonga* は先行を示す小辞 *da* に *nonge*「愛する」の完了相。*da* は [836] の *kuud(a)*〈*kuu*「身を低くかがめて、こっそり歩く」(未完了相)に対しての時間的先行を示している。このサマンデの長のくだりの前にあるダンポーレの長に関する同じ内容のくだりの、この句に対応する句では、*n yaul n kuud yungo* となっており、時間的後続「そのあとで」を意味する動詞的小辞 *yaul(e)* が前句の *da* と対になって用いられている。[837] *na n bāng* は、未来を示す動詞的小辞 *na* に、複数の動詞の接続小辞 *n* をはさんで *bānge*「知る」の不定形をつけたもので、未完了相の *kuud(a)* の時からみての未来の予測を示している。それに対して、[838] *wa n bāng* は、*wa*「来る」という動詞を助動詞的に用いた近過去ないし完了を表わす語法で、「キーバ王がそれを知ってしまうと」という意味を、[837] の未来の予測と対比させたものである。そして [839] *lebg(e)*「…の状態に成る」の不定形が来る。これにつづく句の *zoet*〈*zoe*「怖れる」の未完了相は、「自分の恥を怖れる者は」という節を構成し、その従属節では、一般的事実を示すものとして、*pār(e)*「裂く」、*kē*「入りこむ」が点括相で用いられている。

ここでも、キーバ王という一語の「固有名詞についての叙述」が、多様な時を含み、さまざまな動詞の相や時の前後関係を示す動詞、助動詞、小辞によってそれが表現されていることがわかる。一九三三年から一九五七年まで在位した先代のキーバ王は、トラックを用いてガーナとの交易を行ない、テンコドゴに工芸師を定住させて町の繁栄をはかるなど、企業精神に富んだ積極的な人柄だった。そして在位中の事績も人々の記憶にまだ新しいので、「固有名詞についての叙述」も生れやすいのであろう。ただ、時制と相の多様な表現は、二人の重臣の不忠を戒める言述でとくに顕著だ。この点でキーバ王と共通性を示して興味深いのは25のカロンゴ王のくだりである。

カロンゴ(矢尻)王は、一八八七年から一九〇八年まで在位した。父の弟でカロンゴ王の先代の王であったギゲムデ(獅子)王の長男バゲンデ(*Bauhinia thonningii* マメ科ハカマカズラ属の木本。この地方に多く自生し、樹皮が綱として、葉が調味料として用いられる)がカロンゴ王から王位を奪おうとし、内戦になった。カロンゴ王は一時は王都テンコドゴを追われたが、折から侵入してきたフランス軍の支援を得てテンコドゴに戻り(一八九七年)王位を保った。

このように、カロンゴ王は一時は王位を保つことも危うい状況にあったから、臣下の王に対する忠誠も試練に立たされたといえる。しかも三、四十年前までは、当時の出来事を直接体験したか親などから聞いた人も生きていたので、カロンゴ王をめぐる伝承は、テンコドゴの人々のうちにかなり鮮明にのこっている。そのためもあってか、王統譜の朗誦でも、カロンゴ王のくだりは、資料Aのブグム(火)王の記念祭の場でのライブ録音からもわかるように、前述のキーバ王のくだりとともに、朗誦に演戯的性格がつよい。朗誦の正本であるベンドレのソロの太鼓ことばの打奏以外に、砂時計形調べ緒太鼓ルンガや円筒形両面太鼓ガンガオゴ何台もの一斉打奏による勇壮な合の手が入り、朗誦での同一句のくりかえしも多い。

なかでも、王の二人の重臣とそれに従う人たちの、状勢を見ての利己的な変節がはげしい表現で非難されるくだりでは、同じ句が何度も反復され、太鼓の一斉の打奏と、会衆のなかの女性たちの、感きわまったような叫び「キリスゴ」(キリキリと舌をふるわせて叫ぶので、その音を模した擬音語に由来する名称)が混る。

その部分と、それに先立つカロンゴ王の戦名やカロンゴ王についての叙述の部分を、資料Aから次に抜萃する。

[636]　*y yaab la a karõng nong gẽnebo*　貴方の祖先は「矢尻は毒を(塗られるのを)好む」王

——一句略——

[638]　*gelbawdeb lagem koabga*　卵採りが百人集っても

[639]　*tɩ kĩin na n wek n pelg bãogo*　ホロホロチョウは卵をかえして沃野を一面に白くするだろう

[643]　*kosemkond dolle*　恩寵を受けたコセンコンド(*Lophoetus occipitalis*　頭毛が赤く翼の白いワシ)

[644]　*sɩlbãanog roll yaa*　恩寵を受けた痩身のクロトンビ(*Milans negrans parasiticus*)

[645]　*naab a karõng mi n yã zabr n deng laado*　「矢尻」王は戦に臨めば、きまってまず哄笑する

[646]　*parmiug yek m bãogẽ yaa*　鮮血が沃野で私(王)に出逢う

[647]　*zabr pa sa yaa*　戦は果てることがない

[648]　*tɩ naab a karõng pa kuus ye*　「矢尻」王は引き返そうとはしない

[649]　*naab a karõng kʋ par par yaa*　「矢尻」王はすばやく、どしどし殺す

[650]　*pak mumdba*　そして埋葬者を困惑させる

[651]　*kõn pak tãnkũbsẽ soab a karõngo*　だが不動の山、「矢尻」王を困惑させはしない

[652]　*pĩim karõngo nong gẽnebo*　鉄の矢尻は毒を(塗られるのを)好み

[653]　*pĩim karõngo nong gẽnebo*　——くりかえし——

[654]　*tɩ yabog na n ket n soarẽ*　キンリュウカ(*Strophantus hispidus*　アフリカ産キョウチクトウ科の低木。種子と木部が矢毒としてひろく用いられる)は、まだ身を潜めて(待機して)いる

——略——

[663]　*dãmpoorẽ kamba*　ダンポーレ(テンコドゴ王第一の重臣)とそれに従う者たち(は言う)

[664]　*tɩ naab a karõng ka neda*　「矢尻」王は人でなしだ、と

[665] *samandē kamba* サマンデ(テンコドゴ王第二の重臣)とそれに従う者たち(は言う)
[666] *tɩ naab a karõng ka ned yaa* 「矢尻」王は人でなしだ、と
――ここで、ルンガやガンガオゴの一斉打奏――
[667] *sãbs a karõng n leb n wa yũnd yaa* 「矢尻」王を貶《おとし》めておきながら、(王が勝って都に戻ると自分たちも)戻って飲
[668] *sãbs a karõng n leb n wa yũnd yaa* むのだ(生活するのだ)――朗誦くりかえし(一斉打奏さらにはげしくなる)――
[669] *wobg big a sor-yabog bal n yʋda* ゾウの子(力ある者)、「身を潜めて待機するキンリュウカ」だけが制覇するのだ
[670] *zãdg naaba, tɩ naab kẽ yaa* 王を拒んでおきながら、王が戻ってくると(暮す)
[671] *sãbs a karõng n leb n wa yũnd yaa* 王を貶めておきながら、戻って飲むのだ
[672] *komber zãgs n zãms n kul n tɩ yʋndẽ yaa* コンベレ(王に従属する下位の首長)は王に従わず、出陣をただ思い浮べ、戦場を案じているだけだ

下線を施した動詞のうち、未完了相、持続相で用いられているものや、不定形で時の前後関係を示す助動詞や動詞的小辞を伴っているもの、つまり状態や動きを描写、叙述する性格をもっている動詞について、その用いられ方をみよう。

まず、呼ばれる祖先王の代が替るたびにくりかえされる定型句を受けて、潜在的な敵に対する王の優越を誇示する戦名が[639]までつづき、美しく強い鳥にたとえて王を賛美し[643][644]、そのあと、カロンゴ王についての叙述が七句朗誦される。ここでも、「望見する、臨む」(*vẽ*)という動詞の不定形を、ある行為の常習をあらわす助動詞 *mi* が補い、名詞哄笑(*laado*)に先行を示す助動詞 *denge* が付いて、高笑いする行為に叙述的な力動感を与えている。

これにつづく[646][647]の二つの動詞は点括相でカロンゴ王の好戦的で勇猛な性格を示しているが、「鮮血が私

(王)に出逢う」のように、本来三人称にかかるべき動詞を一人称代名詞で受け、臨場感をつよめている。そして次の[648]で「引き返す」(*kuli*)という動詞をここだけ未完了相直説法にして、前後の点括相の動詞で表されている行為の全体を現実に引き戻すような効果を生み出している。なお、このカロンゴ王についての叙述である[643]—[651]の九句は、年次祭儀の場でのライブ・パフォーマンスの録音である資料Aにしかなく、記録用に、現王の臨席のもとに大金曜日に特別に朗誦してもらったときの録音である資料Bには含まれていない。

次の[652]以下、反復句など途中を省略した[672]までは、[672]が資料Aだけのものである以外、すべて資料Bにも、反復なしで含まれている。そして内戦の形勢の推移と王の陣営の有利、不利をみての臣下たちの変節をとがめるこのくだりでは、[663]から[666]までの動詞を含まない四句につづいて、[667][668][671]では、「飲む、生活する」(*vĩ*)という動詞が、すべて未完了相で用いられているのが特徴的だ。単に過ぎ去ったこととして語るのではなく、現在まで有効な臣下への戒めの言葉として、こうした公の場で朗誦されていることがわかる。また資料Bにはない、やはり臣下の不忠を批判する[672]では、「案じる、心配する」(*vule*)という動詞の未完了相を、持続を表わす語尾の母音の鼻音化によって強調している。

臣下の不忠を戒める句は、ダンポーレ・ナーバとサマンデ・ナーバという王を輔佐する重臣を置き、彼らをキングメーカーとして宮廷制度を整えた最初の王といわれる、中興の祖バオゴ(沃野)王のくだりにも、ハイエナ、ライオン、ゾウの寓意を用いて出てくる。

その部分を資料Aから引けば、

[416]　*parkidb kadba*　ハイエナ(そのギクシャクした歩き方の擬態語に由来する呼び名)

[417]　*yẽ n <u>ãb</u> gugemd biiga*　奴はライオンの子を食う

[418]　*katre*　ハイエナ(ハイエナを指す多くの名の一つ。この呼び名も前脚が長く後脚が短いこの四足獣の、不均衡な歩き方の

擬態表現に由来する）

[419]　*yẽ n ãb a yõore*　奴はライオンの子の命を食べる

[420]　*bõnzulenzugo*　まだらの毛皮をまとった奴（ハイエナの別の呼び名）

[421]　*yẽ ra kos wobg tum*　奴はゾウに対して効き目のある薬を欲しがった。

[422]　*ka paam wobg biga*　だがゾウの子は手に入らない

[423]　*n bas n bawd wobg menga*　するとそれは取りやめにして、ゾウそのものを手に入れようとするのだ

王統譜に限らず、モシの言語表現における寓意で、ライオン、ゾウは王を、ハイエナはそれらに従属して食にありつく臣下を表わすことが一般的である。ここでも、ハイエナがおのれの分際をこえて、悪知恵をはたらかせてゾウやライオンを手に入れようとするさまが、テンコドゴの故老の解釈でも、当時の臣下批判として叙述されている。したがってこのくだりも、祖先王の戦名を太鼓ことばと様式化された声の朗誦とで呼び、称賛するだけではなく、比喩的叙述によってある考えを表明しているとみるべきである。

これらの句における動詞（イタリック体にした語）の用いられ方をみると、[421]の、行為の先行を示す動詞的小辞 *ra* を伴った動詞「欲しがる」(*kose*)や、[423]の「やめる、断念する」(*base*)のあとに、「手に入れようとする、探し求める」(*baw*)という動詞の未完了相をつづけて、ハイエナがあれこれと試行錯誤するさまを描出するなど、点括相だけで一般化された形で祖先王の名と事績を断定的に述べているのではない、時間のなかの動きの叙述がなされていることがわかる。

以上に検討したことから明らかなように、歴史の「語り」における時制と相は、語られる内容である現実の時間とは、原理的に別のものであるといえる。このような点で、無文字社会における歴史的性格をもつ語りの時制と相の表現を、すでに研究の蓄積のある文字に記された物語の時制と相の表現と、共通の視野で検討することは、今後の課題

の一つであろう。文字で記された、物語を主とし口頭の語りも一部含めて対象としている、ハラルト・ヴァインリヒの『時制論』(Weinrich, 1971[1964])などは、この点で重要な参考となるものである。ヴァインリヒが提出している「時制は時間に関与せず」という命題は口承史についてのこの小論の検討結果とも一致する。しかし彼のいう二つの時制、「説明の時制」(besprochend Tempus)と「語りの時制」(erzählend Tempus)が、この小論での二分とどのようにかかわるかも、他の口承史の事例との比較検討とともに、より広い視野での今後の課題の一つである。

七　結　語

以上に検討してきたことから、旧モシ王国(テンコドゴ王朝)の口承の王統譜にみられる「歴史の語り」に、時間と空間がどのように表象されているかについて、次のような点を指摘できるだろう。(1)口承史に表わされた時間と空間は、現実に生きられた時間と地理的空間そのものの投影ではなく、「歴史を必要とした」者の立場で、現在の視点から過去を意味のある「とき」の深さと、場としての「トポス」においてとらえなおしたものの再提示――語義通りの re-presentation (表象)――であり、その視点と再提示の方法に規定された構造をもっていること。(2)この口承史に引かれている人名には、範列的な構造をもつメッセージの構成要素としての意味を一語で分け担っている「神話的」時代に属するものと、非可逆的で予測不可能な出来事の連鎖的な継起の中で王位継承の状況などを表わす句で成り立っている、「歴史的」時代に属するものを識別できる。前者は基本的に、一語の固有名詞としての人名についての叙述であるのに対し、後者は公の場で称賛のために呼ばれる戦名＝称賛名そのものであり、前者についての「叙述する歴史」と、後者についての「呼びかける歴史」という二つの異なる性格が見られること。ただ後者のうちには、改革者の王、ないし変動期に生きた王の三人のくだりで、叙述的性格がみられること。(3)このような歴史の性格は、この歴史語りの発信者(語り手)と受信者(二人称で語りが差し向けられている王、および実質的受信者としての語りの場の会衆)および叙述される対象、被指示者である王の祖先たちの三者が、語りのパフォーマンスの場でつくり出す、人称的状況と深くかかわっていること。(4)これらを反映して、この口承史の語りにおける時制と相は、(3)の「叙述する歴史」の部分に多い、発信者の位置からの叙述における多様な時制と相、「呼びかける歴史」の部分に多い、被指示者の戦名＝称賛名という句の中における時制と相(一般的真理を示す点括相が多く、他の動詞はこれとの関係で位置づけられる)に大別できること。一方で遠い「神話的」時代の、神話のメッセージを意味するものとしての固有名で表わされた祖先についての叙述と、他方で逆に近い時代の、記憶がなまなましく喚起されやすい出来事の叙述には、多様な時制と相が用いられていることがわかる。

ここに提起されたような問題は、アフリカの事例についてはこれまで具体的な資料に基づいて検討されたことがなかったが、日本はじめ他の地域の文化の事例とも比較考察されるべきであると思う。

*モシ語の表記で、ギリシャ文字は開母音(ɛ/e, ɩ/i, ʋ/u)を、ティルド(˜)は鼻音化を示す。

注

(1) 資料(B)の太鼓の「語り」とことばの朗誦の録音の全体は、川田(一九九八[一九八二、一九八八])のテープⅡB面の「太鼓がつづる歴史」に収められている。また資料(A)も、参列した女性の舌をふるわせた賛嘆の叫び「キリスゴ」も含めたライブ録音の一部が、テープⅠA面18「王の先祖の名をたたえる」に収録されている。また(A)(B)のことばすべてをローマ字表記のモシ語で転写し、フランス語訳と語義上の注と民族誌・歴史上の注をいずれもフランス語で——当の王をはじめ旧モシ王国の人々が読んで批判できるように、モシの属するブルキナファソの公用語でもあるフランス語で——書いたものは、KAWADA (1985)に、関連する南部モシのラルガイ王統譜の朗誦、中部モシのワガドゥグーの王統譜の朗誦の訳注付きのモシ語の転写とともに、収められている。

（2）モシの王統譜の統合の問題については、川田（一九九〇［一九七六］）の5「系譜の併合」に詳論した。

（3）このような事例としては、南部アフリカの狩猟採集民ブッシュマンの歴史意識についての田中二郎の記述（川田一九八七、一七八—一九六頁）、エチオピアの牧畜民ボディの部族史観についての福井勝義の記述（川田一九八七、二一九—二四九頁）が、問題点を簡明にとらえている。

（4）この異伝とその比較検討については、Kawada (1979[1971]：312-317)を参照。

（5）ガンバーガをはじめとするマンプルシ社会でのこの起源伝説については、川田（一九九九［一九九二］）に詳述した。

（6）川田（一九九二［一九九〇］）「叙事詩と年代記」を参照。第4表もこれによっている。

参照文献

Comrie, Bernard, 1978 [1976]. *Aspect*. Cambridge University Press, London, New York, Melbourne.

Frobenius, Leo, 1912. *Und Afrika sprach...* (3vols.) Vol. 2, Vita, Berlin.

Frobenius, Leo, 1925. *Dichten und Denken im Sudan* (*Atlantis*, Band 5), Eugen Diedrichs, Jena, München.

川田順造（編著）、一九八七『黒人アフリカの歴史世界』「民族の世界史」一二、山川出版社。

川田順造、一九八八［一九八五—八六］『聲』筑摩書房（一九八五—八六年『現代詩手帖』思潮社に同名のエッセイとして連載、一九九八年「ちくま学芸文庫」で補注をつけて再刊）。

川田順造、一九九八［一九八二、一九八八］『サバンナの音の世界』（レコードアルバム、東芝ＥＭＩ、一九八二）、カセットブック、白水社、一九八八年、同改訂版、一九九八年。

川田順造、二〇〇一［一九九〇、一九七六］『無文字社会の歴史』岩波書店。一九九〇年同時代ライブラリー、二〇〇一年岩波現代文庫。

川田順造、一九九二［一九八四］「呼びかける歴史、物語る歴史」『口頭伝承論』河出書房新社、三六二—四〇九頁（二〇〇一年平凡社ライブラリーで再刊）。

川田順造、一九九二〔一九九〇〕「叙事詩と年代記」『口頭伝承論』河出書房新社、四二七—四六六頁。

川田順造、一九九五「肖像と固有名詞、歴史表象としての図像と言語における意味機能と指示機能」東京外国語大学『アジア・アフリカ言語文化研究』四八・四九合併号、四九五—五三七頁（本書第六章）。

川田順造、一九九九〔一九九二〕『サバンナ・ミステリー　真実を知るのは王か人類学者か』ＮＴＴ出版（『サバンナの王国——ある〝作られた伝統〟のドキュメント』リブロポート、一九九二の改訂増補版）。

Kawada, Junzo, 1979 [1971]. *Genèse et évolution du système politique des Mosi méridionaux* (*Haute Volta*), Institute for the Study of Languages and Cultures of Asia and Africa, Tokyo.

Kawada, Junzo, 1981. "Le panégyrique royal tambouriné mosi : un instrument de contrôle idéologique", *Revue Française d'Histoire d'Outre-Mer*, t. 68, no. 251-253, Paris : 131-153.

Kawada, Junzo, 1985. *Textes historiques oraux des Mosi méridionaux* (*Burkina-Faso*). Institute for the Study of Languages and Cultures of Asia and Africa, Tokyo.

Kawada, Junzo, 1993. "Histoire orale et imaginaire du passé : le cas d'un discours ⟨historique⟩ africain", *Annales*, CNRS et EHESS, Paris, 48 (2) : 1087-1105.

Kawada, Junzo, 2002. *Genèse et dynamique de la royauté : Les Mosi méridionaux* (*Burkina Faso*), Paris, L'Harmattan.

Lord, Albert, 1960. *The Singer of Tales*, Harvard University Press, Cambridge, Mass.

大野晋、一九六八「本居宣長『古事記伝』補説」『本居宣長全集』第九巻、筑摩書房、五一七—五五八頁。

Prost, André, 1953. "Notes sur l'origine des Mossi", *Bulletin de l'I. F. A. N.*, 15 (3) : 1333-1338.

Ricœoeur, Paul, (ed.) 1980. *La narrativité*, C. N. R. S., Paris.

Ricœur, P., 1983. *Temps et récit*, tome 1, Seuil, Paris.

Rychner, Jean, 1955. *La chanson de geste : essai sur l'art épique des jongleurs*, Librairie Droz, Lille/Librairie Giard, Genève.

西郷信綱、一九七五『古事記注釈』第一巻、平凡社。

西郷信綱、一九八八『古事記注釈』第三巻、平凡社。

Weinrich, Harald, 1971[1964]. *Tempus. Besprochene und erzählte Welt*, Verlag W. Kohlhammer, Stuttgart, Berlin, Köln, Mainz.（ハラルト・ヴァインリヒ著、脇阪豊他訳『時制論――文学テクストの分析』一九八二、紀伊國屋書店）。

White, Hayden, 1972. “The Structure of Historical Narrative”, *Clio*, Univ. of Wisconsin-Parkside, Kenosha, 1(3) : 5-20.

White, Hayden, 1973. *Metahistory : The Historical Imagination in Nineteenth-Century Europe*, The John Hopkins University Press, Baltimore & London.

Ⅲ

第八章　エギゾティスム再考
――ピエール・ロティの「永遠の郷愁」――

蝶のやうな私の郷愁！……。蝶はいくつか籬《まがき》を越え、午後の街角《まちかど》に海を見る……。私は壁に海を聴く……。「海、遠い海よ！……僕らの使ふ文字では、お前の中に母がゐる。そして母よ、仏蘭西人の言葉では、あなたの中に海がある。」

三好達治『測量船』、散文詩「郷愁」より

惜しまれつつ早世した生物学者三木成夫によると（『胎児の世界』一九八三年、中公新書）、ヒトが生まれるまで飲みつづける胎内の羊水は、古代の海水の成分と同じであるという。おそらく三十五億年前海中に生まれた生命が陸に上がるまでの、三十億年余りの海棲の記憶が母の胎内には保たれていて、すべてのヒトは、十カ月のあいだ、遠い海の思い出に浸って、この世に生まれ出るまでの自己形成の時を過ごすのだ。生まれてからも、血潮は、海の味がする。

だが海は、子が母を離れて異郷へ旅立つ媒体でもある。私がフランス留学中はじめてロンドンに行き、素人下宿で暮らしたある日、下宿の小母さんに、とれた服のボタン付けを頼み、"Man is so unskillful..."（男は不器用だから……）と言いかけると、英海軍軍人未亡人だった彼女はすかさず、"But man sails."（でも、男は海へ出るのよ）と言った。

海が連れ去る異国が触発する女体の誘惑と、母胎回帰への憧憬の両極性《アンビヴァレンツ》。十七世紀のスイス人の医師が、傭兵に多発する Heimweh（懐郷病）を名付けたのが初めとされる、ギリシャ語 *nostos*（回帰、帰還）と *algos*（病）を組み合わせた

nostalgia ノスタルジアは、だが、特定の土地や物への郷愁を超えて、アンドレイ・タルコフスキーの映画 *Nostalghia*（一九八三年、イタリア）が、観る者の心の底に呼び醒ます、「闇の夜に鳴かぬ鳥の声聞けば、生まれぬさきの親ぞ恋しき」の一休宗純の歌にも通じる、あるいは万葉人柿本人麻呂の「淡海《あふみ》の海夕浪千鳥汝《な》が鳴けば心もしのに古《いにし》へおもほゆ」の心とも響き合う、人間の深層に渦巻く、無限定のものに向かっての激しい思慕を表わすこともあるのかも知れない……。

一八五〇年、フランス大西洋岸、ルイ十四世以来の海軍工廠《こうしょう》の町ロシュフォールに生まれ、海のかなたの異郷に憧れて海軍士官となったピエール・ロティ、ことジュリアン・ヴィオー。トルコ、セネガル、タヒティ、ニッポン……行く先々の異郷の女性と契りをむすび、鋭利な感受性で異郷の風光と、その中の女性を描いて人気作家となる。数多く遺されている気取ったポーズの自分の写真、とりわけさまざまな異国の扮装に身を包んだポートレートを見ても、並はずれた自己愛、自己顕示欲（ロティの肉体は小柄で、むしろ貧弱だったといえる）、それと結び合わされた自己異化、変身願望の持ち主だったことが分かる。史上最年少という四十二歳でアカデミー・フランセーズ会員に選ばれ、多くのベストセラーを書き、一九二三年の死はフランスの国葬によって悼まれるなど、世俗の栄誉に包まれて一生を終えた。

一八八五年、清と戦ってベトナムをフランスの植民地にする作戦を支援する任務を帯びて、装甲艦《クイラツセ》「トリオンファント」号の艦長として南シナ海に出撃、艦の修理と乗組員の休養のため一カ月碇泊した長崎で、男に接するのは初めての〝mousmé〟（ムスメ）お兼《かね》と、家を借り、登記された「結婚」生活を送る。このときの体験と観察は、『お菊さん』（一八八七年『フィガロ』紙に連載を始めるが中断。一八九三年に完成し、単行本として上梓）に書かれ、さらにロティの文名を高める。

数々の異郷の女性との「結婚」のあと、一八八六年、母の選んだボルドーの旧家の令嬢と「分別ある結婚《マリアージュ・ド・レゾン》」をして一男をもうけるが、七年後の一八九三年には漆黒の髪と瞳の、生気に輝く二十六歳のバスク女クルシータと恋に落ちる。翌一八九四年には、「分別ある結婚」生活を続ける家と同じロシュフォールの町はずれにクルシータと愛の巣を構え、三人の息子が生まれる。

海を越えて異郷をめぐり、憑かれたようにエキゾティックな女性を求めたロティは、その一方で母への激しい思慕を終生抱きつづけた。自伝小説『おさな物語』(一八九〇年)、死後日記から抜粋して編まれた『母《かあ》さんの死』(一八八九年)などにも、母や姉に甘やかされて育ったロティの、母への変わることのない幼児のような愛着と、死を前にした母との交情が、綿々と綴られている。生まれた町ロシュフォールと、沖の小島、先祖代々の家があって幼時を過ごし、自分の遺体もそこに埋葬させたオレロン島への懐郷の想いも、自己愛と母への愛に重ね合わされているのであろう。

一八九四年、海軍の部下で心を許した友、レオ・テメーズを伴って、エルサレム、ナザレなどを旅し、帰途、イスタンブールに立ち寄り、十八年前の愛人ハティジェの墓を探し求める。レオは五月十七日にイスタンブールを発ってフランスに戻るが、ロティは、フランス大使に同行してブルサなどへ行き、六月二日にトルコを離れて、マルセイユ経由で八日にロシュフォールに帰る。レオが発った五日後の日記(一九九七年に、一八七八年から一九一一年の厖大な日記が、編集・刊行された)に、ロティはこう書きつけている。

「五月二十二日、火曜日。コンスタンチノープル。昨日、あと八日間ここに留まる決定をしてしまったことへの悔恨に苛《さいな》まれて目覚める。だが、この失われた八日というのは、母《かあ》さんと私たちの家に薔薇が咲くのを眺め、レオと空中を雨燕《あまつばめ》が啼きながら飛び交うのを聴く、おそらく最後の美しい六月の八日間なのだ。なのに、ここでは両足が私を焼き焦がし、私がそこに不在であるというあの永遠のノスタルジーが、そして私の人生の大いなる懊悩《おうのう》である、いつも短すぎる夏への果てしない想いが、私を苦しめる」。

実際、この二年後に、ロティの母ナディーヌは世を去る。右の引用文中、傍点を付けた語句は、原文ではイタリックで、“cette éternelle nostalgie *d'où je ne suis pas*”という、フランス語としてやや破格な、語感は強いが意味のとりにくい言葉づかいになっている。フランス語に詳しいフランス人の友二人に訊ねたところ、二人とも逡巡のすえ、これは母のいるロシュフォールといった特定の土地にかかわるノスタルジーではなく、放浪する「私」が身を置いていない、そのときどきで変わる「私がそこに不在である」、すべての「他の場所」へのノスタルジーと解すべきではないかと言ってくれた。私も、ロティの私なりの読みと、エギゾティスムとノスタルジーの背中合わせへの私の関心とから、「私が不在である場への永遠の郷愁」という解釈に心を惹かれるし、このやや風変わりな文章の、漠として鋭利な喚起力を素晴らしいと思う。

生身の「私」が生きるということは、生きる瞬間ごとに一つの選択をし、他の可能性を棄てつづけることにほかならないが、選択されなかった無数のものたちは、深い山あいの霧のように蠢《うごめ》きつづけていて、そのものたちへのノスタルジーが、ときとして激しい悔恨に姿を変え「私」に襲いかかる。私の抱くそんな妄想が、ロティの「永遠の郷愁」への意識下の親和力として働いているのかも知れない。

ロティの生まれ故郷ロシュフォールに初めて行ったのは、もう二十年以上前、一九八一年の晩秋、パリ大学高等研究院での講義に招かれて、何度目かのフランス滞在をしたときのことだ。ノルマンディーからブルターニュを経てビスケイ湾に至る大西洋岸の港町、ディエップ、サン・マロ、ナント、ラ・ロシェル、ロシュフォール、ボルドー……を訪ね歩くという、海をへだてた世界とのかかわりでフランスを考えようとした、その後何年もかけた私の旅の初めの頃だった。

十五世紀、コロンブス以前にアメリカ大陸に到達していたという伝説の船乗りたちの町ディエップ(当時の貴重な資料は、十七世紀にイギリス艦の砲撃による火災で永久に失われた)。ここは第二次大戦中の一九四二年八月、失敗に終わった連合軍の奇襲上陸作戦の激戦地でもあり、その主力だったカナダ兵の夥しい戦死者の墓地もあって、三世紀半を隔てたノルマンディーとアメリカ大陸とのつながりの業《ごう》の深さを知らされる。そのカナダを十六世紀に探検したジャック・カルティエを生んだサン・マロは、王室の御用海賊船の基地としても有名だ。十八世紀末、青年時代北アメリカに渡り、先住民の物語『アタラ』などの作品でエギゾティスム文学の先駆けとなったフランソワ＝ルネ・ド・シャトーブリアンは、この町の船主貴族の息子だ。

ナント、ラ・ロシェルは、ボルドーなどと並んで、十八世紀を頂点とする、ヨーロッパ・アフリカ・アメリカを結ぶ大西洋三角交易――ヨーロッパのガラス玉や、鉄砲、火酒などと引き替えに、西アフリカ海岸で現地の首長から奴隷を仕入れ、大西洋を横断してアメリカで奴隷を売り、アメリカの産品(綿花、砂糖、タバコ、バニラなど)を満載してヨーロッパの母港に帰る――で栄えた港町だ。ナントは『海底二万里』『八十日間世界一周』などで知られた海洋冒険物語の作者ジュール・ヴェルヌの生地であり、ラ・ロシェルは、北アフリカとサハラで暮らし、その風物を描いた画家で小説家のウジェーヌ・フロマンタンの故郷だ。

海の彼方の世界に向かって開かれたこの地方の、軍港として古い歴史をもつロシュフォールに、シャトーブリアンより一世紀あと、ヴェルヌやフロマンタンよりほぼ一世代あとに生まれたロティ。フランス帝国形成期の、海外軍事進出の一端を担う海軍士官として、だが軍務とは一切無関係な場で綴った、女性の色香を濃く宿した新しいエギゾティスム文学の旗手に、ロティは、なるべくしてなったとも思える。ロティの父方の先祖には海軍軍人も多く、家に保存されていた先祖の航海日誌を読んだり、海軍の軍医でタヒティへ赴き、土地の女に二児を生ませた兄ギュスターヴの感化(ロティ自身後にタヒティで、兄が遺した男の子の一人、八歳のターマリに会う)もあって、海への憧れ、南国への夢を早くから抱いたようだ。この兄は、ロティが十五歳のとき、後にロティも航行することになるベンガル湾上で病死する。

ロティは、一八七六年から翌年にかけて、軍艦に乗り組んでトルコを訪問し、奴隷あがりの十八歳のハレムの女ハティジェ(一八七九年匿名で発表した作品『アジャデ』のモデル)との、ハティジェの主人の目を盗んでの熱烈な情交のあと、帰仏してロシュフォールの自宅の一部をトルコ風に改装する。一八八五年、長崎での、結局軽蔑しか抱かなかったお兼との一カ月の「結婚」のあと長崎を去り、南シナ海で短期間軍務に就いたあと再び日本に戻り、神戸と横浜に碇泊して、京都見物をし、東京では鹿鳴館の舞踏会でニッポンヌ(日本女性たち)と踊ったり、皇后の観菊会に招かれてその高貴な姿に感動したり、日光見物の帰途、田舎町でめぐり逢った、潑剌として健康な茶屋のムスメに惹かれたりした『秋の日本』(一八八九年刊)から戻って、自宅に日本風の仏塔をこしらえたというが、これは遺っていない。一九八一年と一九九六年の二度、私はロシュフォールと、二度目にはロティの墓と先祖代々の家のあるオレロン島も訪ねたが、ロシュフォールでロティが住んでいた家は、家全体がロティの異郷放浪の「思い出《スーヴニール》」で過剰なまでに飾り立てられた、極彩色のパノラマになっている。自己の肉体の拡大である住居の、扮装欲、変身願望の具現というべきか。内装と展示物の大部分はトルコが占めており、ロティがいかにトルコにいかれていたかが解る。

二度目のときは、「ロティの家」は博物館として整備されていて、入館者も多く、時刻を決めたガイドのおしゃべりもあって、私はやや興醒めの思いをしたのだが、その十五年前に初めて訪ねたときには、入館者は私一人で、ロティが生きていた頃からのロシュフォルテーズ(ロシュフォールっ子)だという、酒臭い息を吐く老婆が独り、晩秋の午後の仄暗く冷えた館内で、ひっそりと番をしているだけだった。老婆は私が日本から来たことを知ると、収蔵庫から「お菊さんの枕」だといって、小さな枕を出してくれた。項《うなじ》を乗せる部分は、両端が反り上がった、細長い革張りのクッションで、それを低い木の台が支えている。この地方で発行されている定期刊行物(*Nos Deux-Charentes*, No. 47)のロティ特集号に、「お菊さん」一人の肖像写真(ちょっとおでこで、大きな目と丸くふくらんだ頬がまだあどけない、そして厚い唇の口元が愛らしい)と、「お菊さん」がこの枕をして寝ている様子を描いた、ロティのデッサン(図参照)が載っている。

百年近くを経て、革張りの部分がかなり傷んだその枕を手にとって、私は、実物が発散する喚起力の激しさにたじろいだ。長崎に上陸早々、飽くなき女性遍歴をつづける三十五歳の艦長ロティに、十八歳の生娘《きむすめ》だというので「結婚」相手に選ばれたお兼が、「カングルーが私にあてがった、肉体も思考も幼弱で、曲芸をする犬のように、滑稽な慰みもの」(第四十二章)と軽蔑されながら夜ごと弄《もてあそ》ばれ、それでも忠実に男に寄り添って眠ったのであろう、幼気《いたいけ》な頭をのせた枕。

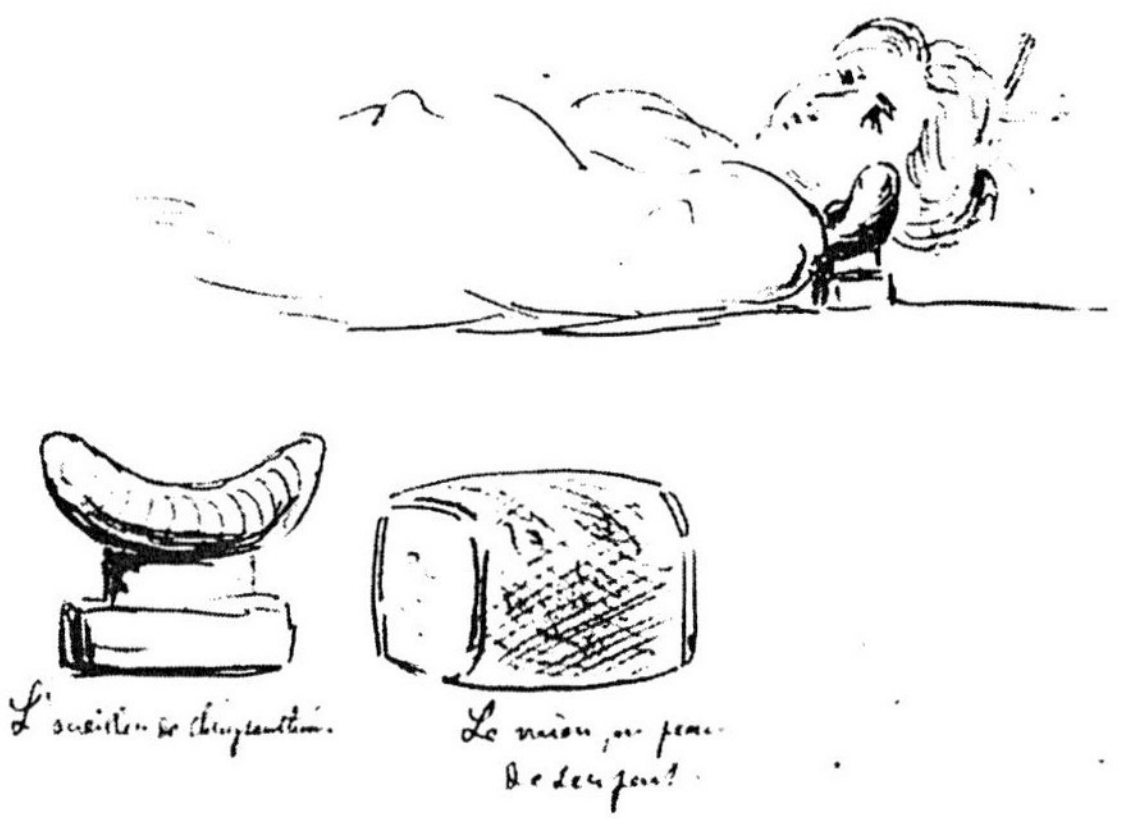

ロティのデッサン

『お菊さん』第三十四章に、ロティがお菊の枕にまつわる逸話《エピソード》を書いているところがある。イヴ(長崎で行動を共にした腹心の部下、ピエール・ル＝コールの作中名)が、ロティとお菊の家に来て泊まったとき、二人の蚊帳の外に寝ていたイヴが蚊に攻められるので、イヴを蚊帳に入れ、並んで寝かせることにする。ロティは、お菊の枕をわざと二人の男のあいだに置く。彼女がどうするか見るために。お菊は無言で自分の枕を取って、そのあとに蛇の皮を貼った角筒形のロティの枕を置き、その外側に自分の枕を置いた。「おお！　つまるところ、これはなかなかよろしい。お菊は、たいそう品行のよい人間だ」。自分の品行は棚に上げ、見くだしきったこの傲慢な西洋人に対しても精一杯つくそうとした、私が手にしている半月形の小さな枕で百年前、毎夜この男の傍で眠った、日本ムスメのけなげさを、私は思ってしまう。

私は、フランスで当時ベストセラーになり、今もポケットブックその他で広く読まれ続けている『お菊さん』(日本語版は、一九三七年に野上豊一郎訳が岩波書店から刊行されたが絶版になり、現在邦訳はどこからも出ていない)の、ロティが長崎に上陸するとすぐ、イヴと連れ立って、周旋人の口利きで仮りそめの「結婚」相手を選びに行った座敷の、奴隷市場さながらの情景描写を思い出す。周旋人のカングルー(と、ロティは彼の名を記している)がすすめる、「四つん這いになってお辞儀をする」(『お菊さん』第四章から引用、以下同じ)若い娘たちを、「だめだ！　こいつは、俺は欲しくない、絶対にだ！」と、ロティは不機嫌に断りつづけ、カングルーは困り果てる。「あの小さい娘《こ》、あれは、どうしてお気に召さないんですか？」「成る程あの娘《こ》は若いさ！」とロティは言う。「だが、あんまり白いや。あの娘《こ》は俺たちのフランス女みたいだ。俺は変化をつけたいんだから、黄色いのが欲しいんだ」。「ですが旦那、白いのは塗っているお白粉《しろい》のせいですぜ！　請け合いますが、あれを剝がせば、あの娘《こ》は黄色いんです」。イヴがロティの耳元でささやく。「兄貴、あの隅に、一番向こうの襖《ふすま》にもたれて坐っている、あの娘《こ》はどうです？」「これはしたり、俺としたことが、苛立ちにまぎれてあいつに気付かなかった」。

ロティはそのムスメを、こんな風に描写している。「逆光のなかに地味な身なりで、人目に付かないようにして坐っている。……睫毛の長い、いくぶん切れ長の目……丸っこい頰は銅色を帯びている。鼻筋が通り、形の良いやや肉厚の口の端が、たいそう愛らしい。……十八くらいだろうが、もうすっかり女だ。大して面白くもない、こんなうんざりする場に来合わせたことを後悔するかのように、そしてちょっぴり蔑むように、不機嫌に口をとがらせている」。「カングルーさん、あそこにいる、地味な青の着物を着た、あの小さいのはどうかね？」「あの娘《こ》でございますか？　あの娘《こ》は、お菊といって、ほかの娘《こ》たちについて、見物に来ただけですよ。お気に召しましたか？」

「しくじった取引をつぐなう好機とみたカングルーは、作法もそっちのけで娘の手をつかんで立ち上がらせ、夕陽に向かった位置でよく見えるように連れて来た。娘は我々(ロティとイヴ)の視線から、身に降りかかろうとしていることを察知して、頭を垂れ、困惑して、さっきよりもっと口をとがらせていたが、それが可愛くもあった。なかば無愛想に、なかばほほえみながら、後ずさりしようとしている。カングルーは、「見物に来ていた娘《こ》だって構いません。何とかうまくやりますよ。それに、この娘《こ》はまだ男を知らないんですぜ、旦那!!」生娘《きむすめ》だって！　そうならそうで、なぜカングルーは初めからこの娘《こ》を勧めなかったんだ、この間抜けめ！」……それから、長々と値段の交渉が始まる……。

時は明治十八年、新生日本では太政官制度が廃止され、伊藤博文を初代総理大臣として内閣制度が発足した年だ。憲法はまだ発布されておらず、対外関係でも治外法権を認めた不平等条約のままだ。西南戦争後の財政難を救う強引な松方財政のもと、民衆は貧窮し、長崎でも外人船乗り相手の、行政上も公認の一時妻として、近辺の村の娘たちが僅かの金で身売りしていた。ロティの『お菊さん』の影響下に、だが長崎での別の話を素材に作られたアメリカ人弁護士の素人小説が戯曲化され、やがてプッチーニのオペラ『蝶々夫人』にもなったのだが、それについては、第九章に述べよう。

だが同棲してみて、お菊にロティは失望し、不快を募らせる。「日本女は、長い着物と大仰に結んだ幅広の帯を取り去れば、ねじくれた脚と、洋梨形の貧弱な乳房のついた、ちっぽけな黄色いものでしかない」(第三十八章)。「屋根で鳴く蟬のようにうるさい」(第九章)お菊を始め、長崎で接する日本人を、ロティは何度、猿や鼠や曲芸犬にたとえていることか。作中では、出発の前日の昼下がり、お菊に別れを言いに家を訪ねると、お菊は独りで陽気な声で歌を歌いながら、一カ月の「結婚」の代金としてロティが支払った山のような銀貨を、指で触れてみたり、槌で叩いたりして、贋金が混じっていないか確かめているところだった。「私の結婚の最後の場面は、私が思い描けたかも知れない以上に日本式だったのだ！」ロティは失望を深め、同時に彼女と別れることに対して、気が楽になる。

『お菊さん』第五十二章のこのくだりは、ロティの作り話だと思われる。出発前の二日間についてはとくに詳しく書かれている、死後に刊行された『日記』によると、突然の出港命令を前日の昼少し過ぎに艦で受けてそれを告げに行くと、お兼は昼寝をしていた。イヴも来てその夜は一緒に長崎の町を散歩し、真夜中のロティの当直に間に合うように、皆して大急ぎで「記念品」の荷造りをし、二台の人力車に積んで艦に運ぶ。その晩はロティは艦で徹夜をし、翌日の昼過ぎ、悲しそうに待っていたお兼に約束通り別れをしにゆき、五時に出港している。代金はこの間にお兼に手渡したか、前もって周旋人を通じて支払いを済ませていたのではないか。お兼が銀貨を調べていたことについては、一言の叙述もメモも、日記にはない。

長崎を去るロティを、お兼は小舟に乗って、艦の舷側まで見送りに行きたいと言うが、ロティは断る。お兼は、一緒に暮らした家の門までロティを見送り、門の敷居に平身低頭し、地面に額をつけて礼をする。

ロティは、出発の感想を次のように記している。「出発の時が来ても、私は、群れ蠢《うごめ》くこのちっぽけな国民、恭《うやうや》しく、あくせくと働き、小手先が器用で、稼ぐことに汲々とし、ひ弱な体格と、先祖から受け継いだ粗悪品と、癒しがたい猿真似とに損なわれた人々に対する、軽い嘲《あざけ》りの微笑だけしか私の内に見出すことができない」(第五十三章)。

「ロティの家」の老婆は、私への心遣いからであろう、ロティが日本人に対してあまり良い評価をしていなかったこと、持ち帰った思い出の品も少ないことを、しきりに残念がってくれた。ただ、あれほど軽蔑を顕《あら》わにしながら夜を共にしていたお菊の枕も、他の山のような「記念品」とともに、慌ただしい別れしなに、日記にもしるされているように、「作品」を書く資料として持ち帰る醒めた心を、そして大急ぎで部屋の見取り図を描き、調度などをスケッチする、記録作家としての職業意識を、ロティはもちつづけていたのだ。とはいえ、ロティの異国遍歴は、自分の意志による放浪ではない。フランス海軍の軍務によって、行く先を指定された異国を対象とするものだ。そのようにして遍歴した異国から、女体の記憶と物体としての「思い出《スーヴニール》」を持ち帰り、その異国風に、母が帰りを待つ故郷の「我が家」を飾り立てる、それは倦むことのない女陰遍歴の衝動／胎内回帰願望の背中合わせと、対になったものなのであろう。

遍歴(旅立ち)の媒体としての海と、回帰(ふるさと)の象徴としての母、そして女陰と母胎という、二重の対を描いてみるとき、私はロティの対極にではなく、むしろ同じ側の反対点に位置する存在として、永井荷風を思わずにいられない。荷風は生を享けた場としての「ふるさと」を嫌悪して異郷へ船出し、異国でも執拗なまでに女体遍歴はしたが、母に対してはロティのような甘えではなく、節度ある敬愛で接していたように見える。弟威三郎との確執があったとはいえ、知らせを受けながら母の危篤にも臨終にも駆けつけず、その前後、玉の井、吉原、浅草を放浪した。そして自己同定の拠り所としての贋《にせ》のふるさとを、江戸＝東京下町文化という幻想の世界に構築しようとした。

荷風は、一世代先行するエギゾティスム文学の作家ロティを尊敬し、『お菊さん』を愛読していた。ロティが『秋の日本』でこきおろしたように、荷風も『新帰朝者日記』(一九〇九年)などで、日本の浅薄な、猿真似近代を嫌悪し続けた。二人は、フランスの視点から日本近代を批判する点で共通する。ロティはフランス人として、荷風は日本人として。ただ、ロティが日本語を片言しか知らず、日本文化についての教養を欠いていたのに対して、荷風はフランスに着いたときから、十分なフランス語の会話力と読解力をもち、フランスの歴史、文学、芸術全般についても、深い知識をもっていた。日本の人と文化についてのロティの観察と描写が、鋭く、明晰で、しかもおそらく日本をまったく知らないフランス人の読者にも解りやすいのは、彼が日本についての文献などから得た知識によらず、自分の感性と主観だけに頼って、外側からしか異郷とそこに生きる人々を観察・描写していないからだ。

ロティはとりわけ聴覚が鋭敏で、比喩を多用した音の描写が豊かだ。ただそれは、まったく「内側からの理解」を欠いた、あるいは欠くがゆえの、「鋭敏な感知」に過ぎない。お菊との「結婚」生活を営む十善寺郷の夏の夜明け。『お菊さん』第二十七章の冒頭から、少し長いが引用してみよう。「鶏鳴、近所で雨戸を開ける音、この高台の住宅地まで早朝から果物［？　川田］を売り歩く奇妙な叫び、そして、この光の祭典の再来に勢いづいたかのような蟬たちの歌。だがとりわけ、［階下に住む家主夫人である］お梅さんの長々しいお祈りがある。それは、階下から床板を突き抜けて聞こえてくる。夢遊病者の歌声のように単調で、泉の水音のように規則正しく、心をゆする。少なくとも四十五分はつづく。高く、速く、鼻に掛かる声で、たっぷりと朗誦がつづく。時折、放置された精霊が朗誦に耳を傾けなくなると、朗誦は手を打つ著しく乾いた音か、マンダラゲ樹の有毒な根で作った、二枚の円盤状の拍子木を叩く霰《あられ》のような音を伴う。こうして、お祈りは中断されることなく、延々とつづくのだ。涸れ尽きることなく、錯乱状態の年老いた牝山羊のいななきのように、朗誦の声は啼きつづける」。

こういう外側だけからの微細な描写は、異国情緒を求めるフランス人の読者には、快く作用するにちがいない。事実、ロティにとってお菊がうるさい蟬であるように、お梅は錯乱した牝山羊以上のものではない。ロティは、日本人は我々フランス人とはまったく別の種だと、言葉を替え、くりかえし述べている。日本人のなかでは、ロティが最も深く接したはずのお菊についても、「神や死についてお菊がどんな考えをもっているか、誰が解き明かせるだろう？だいたい、彼女には魂があるのだろうか？」（第四十三章）と自問する。お菊と家主の娘のお雪が、一緒に三味線唄の稽古をしているのを傍で聴いていて、ロティは、「この人形の下に隠されている魂は、私の魂とは金輪際別の種類のものだと、私には思われる。私の思考は、彼女らの思考からは、一羽の鳥の気紛れな思いつきや、一匹の猿の夢想からと同じくらい、距たっているのを感じる。私と彼女らのあいだには、不思議な、身の毛がよだつような深淵を感じる」（第五十章）と思う。

「跳び亀タンプル」（前後から推測して、長崎の皓台寺と八坂神社を一緒にして、ロティはこの奇妙な名を拵えている）の祭りをお菊やイヴと見物したあとでも、「この人たちの祭礼の享楽のうちにある、神秘にみちた裏面を窺うことは、我々には不可能だ。どこで享楽が終わり、どこから神秘な怖ろしさが始まるのか、我々には言うことができない。これらの習俗、象徴物、像、その他伝統や遺伝が、日本人の脳ミソに詰め込んできたものの一切は、我々にとっては奥深い暗黒の由来をもっており、最古の書物でも、うわべの不十分な理解しか我々にもたらしてはくれないだろう。なぜなら、我々はこの人たちとは同類(*les pareils*)ではないのだから」(第三十四章)と、ロティは記している。傍点をつけた語句は、原文ではイタリックで強調されている。

同趣旨の文は『お菊さん』のいたる所にあり、引用しきれない。つまり、ロティは、日本人を相互理解不可能な、別種の存在と見て、内側からの理解や共感は断念したうえで、ロティの主観だけによる外側からの記述を、それなりの克明さで行なっているのだと言える。

エギゾティスムという、「私」の同類とは「異なるもの」への関心から出発している他者認識のあり方は、フランス人にとっては十六世紀のフランソワ・ラブレー、ミッシェル・ド・モンテーニュなどから始まって、先にフランス大西洋岸の港町とのつながりで名を引いた人たち、そして十九世紀末から二十世紀初めにかけての、植民地主義の時代へと展開し、ロティとほぼ同時代のイギリス人作家では、『ジャングル・ブック』(一八九四年)のラドヤード・キップリング(一八六五―一九三六年)が、ロティと双璧をなしている。キップリングも、ロティ同様、英仏植民地帝国の消滅した現在まで、国民的人気がきわめて高い作家で、一九〇七年ノーベル文学賞を受けるなど、世俗的栄誉に彩られている点も共通している。ロティの四年後、キップリングは二十四歳のジャーナリストとして長崎に上陸、日清戦争前の日本を体験し、だがロティとはまったく異なる、爽やかな日本滞在記を書いている(*Kipling's Japan: Collected Writings*, edited by Hugh Cortazzi and George Webb, London, The Athlone Press, 1988)。

十六―十八世紀の西欧社会の知識人にとって、己を映す鏡でもあり得たかつての「高貴な野蛮人」。そのうち、とくに、アジア、アフリカ、オセアニアの人々は、十九世紀後半、欧米の植民地拡張時代に軍事力で征服され、もはや畏怖に値いせず、エギゾティックな好奇と鑑賞の対象になった。そうした人と社会を素材にして、仏英はじめ西洋の大衆向け文芸作品が、ロティ、キップリング等によって書かれたあと、他者認識の方法として自覚されたエギゾティスム、デカルトの「方法的懐疑」にならって「方法的エギゾティスム」とでも呼べるかも知れない考え方が、生まれたと見ることができよう。

ロティより二十八年後に生まれて、タヒティ、中国を訪れ、ロティより四年早く世を去った、フランスのなかの異郷ブルターニュ生まれの文人ヴィクトール・セガレンは、ロティを強く念頭に置いて否定しつつ、そのような「方法的エギゾティスム」を模索した一人だったといえるだろう。

異郷彷徨の手段として、強度の近視のため海軍軍人を諦めて海軍軍医になったセガレンは、タヒティでの約一年の滞在の後に、『記憶の彼方の人々』を書き、費用は自分持ちで、一九〇七年、パリのメルキュール・ド・フランス社から出版する。これは、十八世紀末以来、フランス、そしてイギリスのキリスト教布教活動の場となり、十九世紀半ば以後は、フランスの保護領ついで植民地となったこの島での、キリスト教の白人に支配されたマオリ族の神話・歴史伝承を、マオリの伝承師が語る形式をとり、よそ者の側からその伝承師を位置づける記述と併せたものだ。だが、肝心のマオリの伝承や習俗について、セガレン自身の体験知の厚みがなく、したがって他者とその語りそのものについての批判的検討も不十分なままで、他者をまるごと神聖視してキリスト教文明を批判するような記述になっている。その意味では、この過剰な方法意識と文学趣味に彩られた、他者の語りそのものと、セガレン自身の主観によるフィクションも交えた記述とが区別できないこの「作品」でも、ロティと程度の差はあれ、他者は不透明なままなのである。異文化の他者を通して自己の文明を批判する方法は、モンテーニュ(『エセー』第一巻「食人種について」)やモンテスキュー(『ペルシャ人の手紙』)以来のフランス文人の伝統でもあるが、他者のなかに十分に踏み込んで、他者の視点とその基盤自体も批判的に検討することがなければ、二十世紀の知的環境で、方法的エギゾティスムを追究したことにはならないだろう。

フランス人意識を自己異化し、方法的エギゾティスムによって、他者を創出して行くこと。タヒティや、中国や、生まれ故郷のブルターニュが、セガレンにとって、その対象になる。その際取り得る唯一の態度は、「絶対の主観主義」(le subjectivisme absolu)であるという(Victor Segalen "Essai sur l'exotisme", *in Œuvres complètes*, 1, 1995, Paris, Robert Laffont : p. 747)。これに続いてセガレンは、エギゾティックな他者に、浸透し、襲いかかり、それを揺り起こし、撹乱する者としての「エギゾート」(exote)という概念も提唱する。だが、セガレン自身が早世したためもあって、思いつきのメモは断片でしかなく、説得力のある方法的エギゾティスムの成果を遺していないために、こうした議論も観念過剰の空論の様相を呈してしまうのは残念だ。

本書の序論「「私」と人類のあいだ」にも引いた、「エギゾティックなもの」は、それを生きる人たちと一緒に内側から生きてみれば、それを生きる人たちにとって「日常的なもの」であることが分かるという、精緻な民族誌に裏打ちされたジョルジュ・コンドミナスの議論の前では、多くの方法的エギゾティスム論は色褪せるだろう。ただギリシャ人、フランス人、中国人などの混血で「ユーラシア人」を自称する人類学者コンドミナスのように、ベトナムに生まれ、ハノイで学士号を取得し、フランスで人類学の教育を受けた後、三年間ベトナム村落社会で住み込み調査という、どの人類学者にも恵まれるわけではない条件にコンドミナス個人の多方面の才能が加わらなければ、このような異文化理解の過程を直接たどることはむずかしいに違いない。

方法的エギゾティスムとしては、クロード・レヴィ＝ストロースの、人類学者の研究対象としての、かつての「未開」社会を、ある研究者にとっての「エギゾティックな」社会と見なすことによって、より適切に位置づけられるとする立場も挙げられるだろう。ここでも構造分析という、方法上の装置として研ぎ澄まされた主観の果たす役割が、その主観を適用した結果の妥当性をめぐっての、対象社会との往復運動も場合によって含みながら、重要になる。この点については、以下の第九章、第十章でも、具体例について検討する。

セガレンは、エキゾティスムへの対し方においてロティを批判しつづけたが、タヒティについて先行する叙述『ロティの結婚』(一八八〇年)を読み返すことによって、セガレン自身ポリネシアで過ごした日々の幸せを、最もいきいきと呼びさますことができたという(Henry BOUILLIER "Introduction aux Immémoriaux", *in Œuvres complètes*, 1, 1995, Paris, Robert Laffont : p. 102)。セガレンも、主観の研ぎ澄ましによってエキゾティックな対象と関わることを提唱しているわけだが、徹底して主観のみに頼って異なる社会を描いたロティの文章に、単なる大衆受け以上の、「文化の叙述」における力が具わっていたとすれば、それは何なのかが、私にとっても、今後探求すべき課題になるだろう。ロティの日本および日本人に対する偏見に辟易する人でも、彼の日本についての記述が、当時の日本と、日本人に対する外人の意識を知る資料として価値が高いという点は、私もそうだが一致して認めるのも、おそらくそのためだ。

かつて私は、ロティもその会員だったアカデミー・フランセーズからフランス語圏大勲章を受けた記念講演で、日仏の相互理解の可能性について語り、ロティの日本文化理解は、彼の感性と主観に頼ったものではあるが、偏見やそういう偏見をもつロティの言動が、客観性をもった表現で犀利に記述されているので、「客観性をもって記述された主観」として評価できると述べたことがある。偏見にとらわれた自分自身の醜さもさらけだしたロティのニヒリストとも見える側面、それが彼の文章に、特異な吸引力を与えているのではないかと思うこともある。東京日仏会館(一九九二年九月十日)で行なったこのときの講演が雑誌に掲載(J. KAWADA "L'expérience francophone d'un Japonais", *Nichifutsu Bunka : Revue de Collaboration culturelle franco-japonaise*, No. 58, 1994 : pp. 13-34)される前の草稿を、日本に強い愛着をもつフランスの文化人類学者クロード・レヴィ＝ストロース教授に送ったとき、教授から、あなたはロティに対して寛大すぎるという、便箋一枚裏表に万年筆で手書きした熱意こもる反論の手紙(一九九二年十一月十七日付)を受け取ったことがある。ロティの異文化叙述に関わる部分を次に訳出する。「人類学者が自分に課する客観性の規則を、あなたは拡張し過ぎているように、私には思われます。客観的に見て、ロティの態度には弁護の余地がありません。なぜなら、『お菊さん』や『秋の日本』が書かれたのは、フランスの芸術家や批評家たちが、日本に夢中になってから少なくとも二十年は経ってからのことで、こうした動きを知らなかったとロティが言う権利はないはずです。彼が、良きにつけ悪しきにつけ、いきいきとした感受性をもっていたにせよ、彼の日本に対する反応は、何よりもまず、教養の欠如を露呈しています。いま私は、ペンの進むにまかせてこれらの考察をあなたに宛てて書き綴っていますが、それは、どんなに強い関心で、私があなたの書いたものを読んだかの証拠です」。

ロティの『お菊さん』を通して私は、異文化の理解には正解も誤解もあり得ないことを学んだ。理解の客観性を標榜するのは、誤っているだけでなく、危険だ。ある理解は、一つの主観に基づいたものでしかありえない。そのことを、ある主観性を浮き出させ、相対化する別の二つの参照点からの検討によって明らかにする方法として、私は「文化の三角測量」を模索するようになった。

「私が不在である場への永遠の郷愁」は、それについて語りながらロティ自身なし得なかった、母胎回帰願望の克服によって、意図して手に入れるべきものなのではないだろうか。

第九章　黄色いニッポン・ムスメの悲劇
——『蝶々夫人』が提起するもの——

敗戦の翌年昭和二十一年四月、私は十一歳で小学校六年生になったばかりだったが、重病で死期が近いと自覚した三浦環が、『蝶々夫人』の「ある晴れた日に」と最後のシーンで自決する前の「かわいい坊や」の二つのアリアを歌ったのを、その頃の旧式なラジオで聴いた。瀕死のバタフライの、ありったけの力をふりしぼった弱々しい絶唱で、ヨーロッパとアメリカの大歌劇場の脚光を浴びて、両大戦間の足掛け二十二年間に自称二千回、その頃の呼び名では『お蝶夫人』を歌ったという輝ける日々への愛惜、執心が、醜さ、痛ましさを突き抜けた、死を前にした人間の生《なま》でひたむきな欲求として発散し、子ども心の胸に迫ったのをありありと覚えている。

入院先から放送局に車で直行し、かつてニューヨークのメトロポリタン歌劇場で歌ったときの振袖を着て、鬘《かつら》は間に合わないので日本髷《まげ》の感じが少しは出るように髪を直し、病院の花壇に咲いていた紫、ピンク、白のヒヤシンスを挿して歌ったという。スタジオの客席を埋めた聴衆を前にしての、プリングスハイム指揮の管弦楽、蝶々さんがピンカートンの帰りを夜明けまで待つシーンで使われるあのハミングコーラスも付いた演奏で、歌の合間に、プッチーニの山荘に招待された時の思い出などを話した。あとで読んだところでは、力を入れて歌うと大便をもらしそうになるので思うように声が出せず、自分の歌の不出来に、録音が終わった瞬間泣き崩れたという。テスト三十分本番三十分のあいだに三回、付き人におぶさって舞台裾の屏風の蔭に行き、用意した便器に座り込むという状態だったのだ。三浦環は、この放送(録音四月九日、放送十三日)のひと月余り後の五月二十六日、東大病院で、新しく研究し始めたドビュッシーの歌曲を声に出しながら、腹部腫瘍のため満六十二歳で永眠した(1)。

この放送を子どもの頃聴いて受けた、ちょっと他に類のない感銘が、大学院生のときパリに留学し、日本でよりは遥かに頻繁にオペラやコンサートに行くようになってから、むしろ私の中で意味をもって思い出されるようになった。その意味というのは、当時まだほかにいなかった、アジア人としてフランスでアフリカの研究をし、フランスが人類学を生んだ土壌について学ぶということをめぐっての、私の自意識とも関連していただろう。一九六二年から一九六五年のことで、日本が戦後の廃墟から、朝鮮戦争、ベトナム戦争の特需をカンフル注射として、つまりアジアの隣人たちへのアメリカの軍事攻撃の後方支援をバネにして手に入れた、高度成長・所得倍増という虚ろな繁栄に向かっていた頃のことだ。ディエンビエンフーでフランス軍を破って独立を勝ち取り、意気盛んだったベトナム人留学生とアジアの中の日本について議論し、フランス人の友人とは、その頃も盛んに言われていた、西洋の物真似をする日本人《ジャポネ》という見方をめぐって——これはフランスで人類学を勉強する私自身の問題でもあったが——互いにむきになって言い争ったりしていた精神状態でのことだ。

三浦環は、発声は自己流だったというが、日本で西洋式音楽教育を受けた第一世代として、両大戦間にヨーロッパとアメリカで蝶々さんを演じて好評を博した——といっても日本を舞台にした『イリス』や『お菊さん』も含め、可憐なニッポン・ムスメ役としてだけ起用されたのだ。ヨーロッパでもしっかりと声楽を学び、ヨーロッパ人と結婚し、蝶々さん以外のタイトル・ロールも歌う、最近の林康子、渡辺葉子などの欧米での活躍とは意味が違う。だが、私はむしろそのことに、時代の子としての三浦環の全力をふりしぼった生き方に、感動するし、考えさせられるのだ。

二十年余りの海外での演奏活動を終えて帰国後、五十二歳の三浦環は昭和十一年に東京歌舞伎座でイタリア語で『お蝶夫人』を歌う。それ以前オペラとしての『お蝶夫人』は、ロシアやイタリアの歌劇団の招聘公演を別にすれば、日本人による初演は大正十一年浅草金龍館での根岸歌劇団の公演(徳永政太郎訳詞、安藤文子主演)、ついで昭和五年東京劇場で、山田耕筰の演出・指揮、松平里子の蝶々さんで、英語・日本語その他の言語の入り混じったものが上演されただけだった。そのため三浦環は、東京公演の翌年大阪で再演するに当たって、自分自身で、彼女の言葉によると一晩徹夜をして、イタリア語を訳して日本語の台本を書いた。その台本に付けた「蝶々さんの誕生」という文章に、「佛蘭西の小説から發して米國で芝居になり、伊太利人に依ってオペラとなった日本の物語を日本人の私が世界各國で歌ふと云ふ、このオペラは何處までも國際的な運命を持ったものなのでした(2)」と書いているように、この役が欧米人によって拵《こしら》えられたニッポン・ムスメであり、それにのった正真のニッポン・ムスメの歌手として欧米で売り出したことを、彼女自身自覚してもいたのであろう。

日本人の「国際性」のこうしたあり方に対するわだかまり、というより反発は、先に述べたような私のパリ生活の中で、子どもの頃ラジオで聴いた三浦環の痛々しい絶唱の記憶によって、さらに増幅された。『蝶々夫人』というオペラ自体、欧米人の異国趣味、とくに十九世紀後半から二十世紀はじめにかけての、ジャポニスム、ピエール・ロティの造語でいう「ジャポニズリ」(物珍しさの対象としての日本の風物)への興味と、近代西洋人の視点からの愛の悲劇の音楽による表現という、二つの動機の結合から生まれたものだ。だが愛の悲劇としての性格が、単なる異国趣味を超えた生命をこのオペラに与えているのは、ジャコモ・プッチーニの彫りの深い抒情に溢れた音楽の力によるものであることは確かだ。そのことは、同じジャポニスム・オペラでも、アンドレ・メサジェが作曲したロティ原作の『お菊さん』(原作が一八八七年から日刊紙『フィガロ』に連載され、一八九三年単行本として刊行された年にオペラとしてパリで上演)が、今では全く忘れられた作品になっていることと対比してみれば明らかだ。プッチーニは初め、ロティの『お菊さん』を読んでオペラにしたいと思ったが、フランス音楽界の大御所だったメサジェに先を越されてしまい、ほかに素材を探しているとき、偶々『トスカ』初演で訪れたロンドンで評判をとっていた芝居『マダム・バタフライ』を観て、英語は解らなかったが感激し、終演後すぐ、作者で演出もしていたデイヴィッド・ベラスコを楽屋に訪ね、オペラにする許可を求めたのだという。

だから『蝶々夫人』というオペラには、日本人観客を辟易させるような、現実の日本とは別の、十九世紀の異国趣味の西洋人が思い描いたニッポン(原作者ジョン・ルーサー・ロングも、芝居にしたベラスコも、オペラ台本を書いた、ルイージ・イリルカとジュゼッペ・ジャコーザも、作曲者プッチーニも、一度も日本へ来たことはない)、いかがわしいにせよ、ともかく「ニッポンらしさ」を貼り付けられた側面と、より大きな普遍性を装った、だがこれも近代西洋風の愛の悲劇という二つの側面が、切り離し難く混在している。そしてこの西洋人が貼り付けた「ニッポンらしさ」が引き起こすニッポン・ムスメの自己犠牲が、やはりどうしても日本人に違和感ないし反発を抱かせるのだ。

それゆえ「ニッポン」の方に重点を置けば、「真珠湾攻撃は蝶々夫人の死への復讐戦であった」[3]といった発言や、戦争中日本政府が国辱もののこの「敵性」オペラを禁止したり、米英撃滅の聖戦に歌手として協力した藤原義江が、敗戦直後アメリカ占領軍や帝劇からの上演依頼を断り、一九五二年にはニューヨークで「あまりに無国籍な」上演を観て憤激し、「アメリカ人にお蝶さんの悲しみを見せてやる」と、藤原歌劇団による「純日本的蝶々夫人」のモデルを作って一九五〇年代に三度も、資金を算段して渡米公演を行なったなどの[4]、感情に走ったとらえ方が、とくに日本人の側にありうる。このオペラを「日本人にとって気恥ずかしい作品だという気がしていた」という吉田喜重が演出して一九九〇年一月リヨンのオペラ座で上演されたものは、第一幕と第二幕を原爆投下の前と後の長崎という設定にし、被爆後発狂した蝶々さん(人工衛星のような髪型の中丸三千繪)を、黒を基調にしたシンボリックな装置(磯崎新)の中で神話風に描いた試みだが[5]、これも日米関係を軸にした、日本人からの『蝶々夫人』とらえ直しの一つのあり方であろう。ボンゾなどという奇怪な人物も登場する、日本風俗の表現としてはお粗末きわまりないこのジャポニスム・オペラを、映画というリアルな表現手段で、十分な考証の裏付けと批判なしに描けば、一九九五年にフランスで封切られて評判になったフレデリック・ミッテラン監督の『マダム・バタフライ』[6](蝶々さんは中国人歌手で、日本人は一人も出ていない)のような、蝶々さんの父親が切腹する回想シーンで、背後に琵琶法師が登場したりする、私の目にはグロテスクとしか思えない、時代錯誤ジャポニスムの盛り合わせのような代物も出来上がるのだ。

近代西洋風の愛のドラマという観点からは、日本らしさは重要ではなく、イタリア人演出家ロレンツォ・マリアーニのように、「日本を誠実に本物のように表現することなど必要ではないのだ」[7]という立場がある。さらに、日本で二度、ミラノ初演版の演出をしたイギリス人デイヴィッド・パウントニーは、「このオペラそのものは、あまり日本とは関係がない」「たとえば、『カルメン』が明らかにスペインだというほどには『マダム・バタフライ』は日本ではない……『バタフライ』は日本が舞台である、それだけのことだ。そこに読み取るべきことは、植民地主義の時代における、習慣や異文化をあたかも玩具のようにもてあそぶ人間、単にエキゾティシズムを楽しむことへの風刺である[8]」と言い切っている。

だが、このオペラにもやや変形されて描かれているような、外人船乗りを顧客にした「結婚式」付きの、ある期間の契約売春、しかも外人顧客は自分の都合でいつでも破棄してサヨナラできるという、まさに不平等条約を庶民の生活レベルで行くような制度が、明治初期までの長崎には公に存在した。そのための周旋人がいて役場の登記もあり、ロティの『お菊さん』第四章にも描写されている。[9]お客の選り取り見取りの「市場」が、ごく当たり前の営業行為としてあったのだ。[10]蝶々さんのような、周旋人を通して短期間の契約結婚に合意した女性が、「本当の結婚」と思い込んだ(実際には考えにくいことだ)ために生じた痛ましい事件、ゲイシャに身を落としたサムライのムスメの、父の形見のハラキリ刀による自決という、ジャポニスム好みの要素をそろえた筋立ても、ある時代の長崎という土地を抜きにしては、そもそもありえない。この極めて特殊な状況の中で、誤った思い込みを改めない蝶々さんの一途《いちず》な胸の内への観客の同情が、プッチーニの心にしみる音楽の力で、真実めかした、拵えものの「可哀想なお芝居」を成り立たせているのであって、シェイクスピアの『ロミオとジュリエット』や『オセロー』が内包する、土地と時代を超えた愛の悲劇の普遍性は、『蝶々夫人』には元来求むべくもないのである。

それ故、日本通の音楽学者アーサー・グルースがいう、オペラ『蝶々夫人』は、音楽学の用語だけで論じるべきではなく、むしろ文化人類学や知性の歴史の領域の研究対象だとする見方[11]や、蝶々さんのモデルの詮索をはじめ、当時の長崎の生活背景を考証する試み[12]は妥当なものだと私は思う。やはり日本文化に詳しい音楽学者ヘレン・グリーンワルトも、舞台装置、とくに日本家屋の造り、障子、日本人の一生《ライフサイクル》の基盤である家庭《ホーム》のイメージなどが、このドラマの展開にとって不可欠のものであることを説いているが[13]、私も同感だ。

ドラマの背景を重視するこのような見方を前にしては、先に挙げたような「日本を忠実に再現することは、このオペラにとって重要でない」とする西洋人演出家の見解は、日本を理解しようとする努力の放棄、ないしは安易な居直りととられなくもない。日本の時代背景を十分に理解しなくても、愛の悲劇の普遍性がテーマなのだから済むという釈明は、十九世紀西洋のジャポニスムの視点に逆戻りして、百年後の今、もう一度「普遍性」のレッテルを貼り直すというだけの、西洋中心主義の再確認にほかならない。

かといって、当時の日本の現実を十分に検討した上で「真実主義《ヴェリズモ》」に徹すれば、もともとジャポニスムの怪しげな日本理解から出発しているこのオペラは根底から崩壊してしまう。『蝶々夫人』は、十九世紀西洋のエギゾティスム、東洋趣味の一部としてのジャポニスムの物語としてまずあり、後にその対象とされた日本人の側からも捉え返されるという、異文化間の相互理解をめぐる、幾重にも屈折した歴史を生きて来たのだ。その過程では三浦環のように、真正のニッポン・ムスメであることを売り物に、西洋のジャポニスムに進んではまりこむことによって、西洋社会がつくる「国際性」を手に入れ、その「国際性」を今度は日本で売り物にするといった、明治以後現在まで続く、まだ私たちにとっても決して終わっていない、西洋と日本の関係を象徴する人生もあったのだ。

一九九五年四月と一九九六年五月と二年続けて、東京のＢｕｎｋａｍｕｒａオペラ劇場の企画で、『蝶々夫人』の一九〇四年ミラノ初演版が、同じスタッフ（指揮　若杉弘、演出　デイヴィッド・パウントニー、美術／衣裳　ラルフ・コルタイ）、ほぼ同じキャスト（蝶々さん　陳素娥／岩井理花・（二年目）島崎智子、ピンカートン　福井敬／持木弘）で上演された。周知のように、プッチーニが出来映えに自信をもって、有名歌手をそろえて臨んだ、一九〇四年二月十七日ミラノ・スカラ座での初演は、オペラ史上稀にみる大失敗に終わり、公演は一日で打ち切られた。失敗はプッチーニのライバルが画策した妨害によるともいわれているが、当時のイタリア・オペラの一つの風潮でプッチーニもその推進者だったヴェリズモ、つまり真実味尊重主義が、この初演版ではとくに著しく、旧来のオペラの、絵空事の約束に慣れ親しんだ聴衆には、なじめなかったからだともいわれている。プッチーニが初演版に大幅に手を入れた後の、同年五月二十八日の、ロンバルディアの中世都市ブレッシアのテアトロ・グランデでの再演は大成功で、批評家にも好評だった。その後何度かの手直しの後、一九〇六年十月パリ、オペラ・コミック座での上演に当たって、同劇場監督アルベール・カレ（カレの妻がタイトル・ロール蝶々さんを歌った）の注文を容れてさらに大幅な削除・改訂が行なわれ、その翌年出版された楽譜が、ほぼ現行版として定着している。

ミラノ初演以後、何がどのように改訂され、何が問題だったのか。初演から僅か足掛け三年のあいだに、これだけ作者が手を加え、大失敗から大好評へと揺れ動いたオペラ、その後も演出上、とくに西洋と日本とでこれだけ意見の分かれるオペラも、他にあまり例がないのではないか。そのことに私は興味をそそられるが、これは何よりも、先に見たように、西洋のエギゾティスムを日本に貼り付けて西洋好みの愛の悲劇を拵えようとした、骨格をなす物語自体の不自然、不安定に由来していると私は思う。異文化理解に正解も誤解もないというのは私の立場だが、理解以前の自己中心の想像の産物を、特定の異文化――この場合日本文化――に、真実らしく貼り付けて物語を構築しようとした無理に由来する、これは物語自身の内部破綻なのだ。

生活基盤や価値観を異にする男女の、一方または両方の死で終わる恋の、文学や演劇における表象としては、シェイクスピアの『タイタス・アンドロニカス』やヴェルディがオペラにもした『オセロー』、ヴェルディの『アイーダ』、メリメ＝ビゼーの『カルメン』がまず思い浮かぶ。これに続くロング＝プッチーニの『蝶々夫人』に先行していた他のフランス・オペラとして、プッチーニ研究者として知られるモスコ・カーナーは、ジャコモ・マイヤーベーアの『アフリカ女』(一八六五年、作曲者の死後初演)、レオ・ドリーブの『ラクメ』(一八八三年初演)を挙げている。[14] この二作品を私は知らなかったが、それぞれアフリカとインドの女性が、自分の社会の掟に背いて白人男性に恋し、男性は女性を棄てて帰国してしまい、女性は自殺するという、『蝶々夫人』に似た筋立てのオペラであるらしい。他に、『蝶々夫人』に先行した、日本を舞台にしたオペラとしては、カミーユ・サン＝サーンスの『黄色い王女』(一八七二年)、ウィリアム・ギルバートとアーサー・サリヴァンのコミック・オペラ『ミカド』(一八八五年)、アンドレ・メサジェ『マダム・クリザンテーム(お菊さん)』(一八九三年)、シドニー・ジョーンズのオペレッタ『ザ・ゲイシャ』(一八九六年)、ピエトロ・マスカーニの『イリス』(一八九八年)等が挙げられ、十九世紀後半はジャポニスム・オペラの花盛りだったことが分かる。

『蝶々夫人』のミラノ初演版を私が二年続けて観て、現行版との比較で感じたことを、ロングの原作、[15] ベラスコの戯曲、[16] 原作にも戯曲にもオペラ(台本、イリルカとジャコーザ)にも影響を与えたとされるロティの『お菊さん』[17] などとの関係を考えながら、述べてみよう。全体の印象として、初演版の方が、野卑で、骨太で、さしさわりが多い。とくに冒頭の、アメリカ海軍士官ピンカートンが、日本人や、日本の住居、食べ物などに対してあからさまに示す軽蔑、嫌悪。冒頭で周旋人のゴローが、料理人や下男の名前を言って紹介するのを、ピンカートンは「ふざけて冗談めいた名前だな。奴らを畜生面《づら》(musi 獣の「はなづら」の意)とでも呼ぶか！　(指し示しながら)畜生面一号、二号、三号だな」[18]

と言ったり、これに続く結婚式の場で、「おい、三匹の畜生面よ、運んで来い。砂糖漬けの蜘蛛と蝿」[19]と、架空の日本の食物を軽蔑をこめて指したりする。このくだりは、結婚式に押し掛けてピンカートンを辟易させる蝶々さんの親戚たちとのやりとりを含む、まがいものニッポン風俗の描写などとともに、改訂版ではカットされている。ロングの原作では、大勢の人が結婚式に来てピンカートンをうんざりさせたことが、手短に述べられているに過ぎないし、オペラでは第二幕に当たる、蝶々さんがピンカートンを待ちわびるシーンから始まるベラスコの一幕物の戯曲には、結婚式の場はまったくない。オペラで新しく付け加えられたこのくだりは、ピンカートンの日本蔑視と身勝手を強調しているのであろうが、その背景になっている日本の風俗が、粗雑なジャポニスムの想像の産物でしかないので、一向に迫力がない。それに、ピンカートンを傲慢で粗野だけの男に仕立てたのでは、蝶々さんが惹かれるのが解らなくなる。この点、ロングの原作は、自己中心でいい加減な男ながら、天真爛漫で愛嬌のある、ちょっと淋しがりやで、女性の扱いもうまいプレイボーイを簡潔なタッチで描き出している。

ロティの『お菊さん』は、ロング、ベラスコ、オペラの台本作者イリルカとジャコーザ、作曲者プッチーニがすべて、フランス語または英訳で読んでいた。ロングは、本業は弁護士だったが作家志望で、メソディスト聖公会の鎮西学院校長アーヴィン・コレル夫人として一八九二年三月から一八九七年七月までまる五年、長崎の東山手に滞在した姉のジェニーの影響もあって、日本に強い関心を抱いていた。『蝶々夫人』以前にも、姉からの手紙を素材に『トウキョウのサクラさん』という小説を上梓しており、この中にピンカートンという人物が登場し、三年後の中編小説『蝶々夫人』の冒頭で話題になる「ピンク・ゲイシャ」も作中の物語として出てくる。[20]他にも、『蝶々夫人』と一緒に「アメリカ短編小説シリーズ」第二十五巻には「日本の紳士と淑女」など、日本を題材にした四つの短編が収められている。[21]ロングは、ロティの『お菊さん』を読んではいたが、植民地主義に彩られているとして批判していたようだ。[22]フィラデルフィアの自宅で、一八九七年秋に、日本滞在から戻った姉から聞いた、長崎での話に刺激されて、その晩から明け方までかかって一気に『蝶々夫人』の原型になる物語を、「なかば実話、なかばフィクション」[23]として書き、翌年一月に大衆文化雑誌『世紀《センチュリー》』に発表する。

ベラスコの戯曲でロティの影響がはっきり読みとれるのは、長崎に戻ってきたピンカートンが、シャープレスに向かって「あの女はすぐ僕のことなんぞ忘れて、今頃は僕のやった金貨を本物かどうか調べているんだ、そう自分でひとり言したんだ。君だって知っているように、日本のこうした階級の女は……」と言うくだりであろう。ロティの『お菊さん』第五十二章（九月十八日）、長崎出港の前日の昼下がり、ロティは最後のお別れに来てと言われたので、約束通りお菊さんを訪ねて行くと、お菊さんは楽しそうに唄をうたいながら、きのうロティが彼女に支払ったピアストル銀貨を床一面に拡げ、「老獪な両替商の熟練した手つきで」、一枚一枚、指で触ったり、ひっくり返したり、そのために作られた槌で叩いて耳元で音を聞いたりしている。ロティは「私の結婚の最後の場面は、私が思い描けたかも知れない以上に日本式だったのだ！」と、前日の彼女の言葉に別離の悲しみを感じていた自分のおめでたさに笑い出しそうになるのを押さえて、後ろからしのびよって声をかける。

お菊さんは困惑して耳の付け根まで真っ赤になるのだが、前にも指摘したように（本書第八章三〇九頁）、死後発表された日記と照合しても、この銀貨を調べるところは、ロティの稚拙なこしらえものだと思われる。日記は最後の二日間（実際は八月十一日と十二日）についてはとくに詳しく記されているのだが、このことについて、一言のメモもない。昼間のうちにと約束してロティが訪ねて来ることが分かっているのに、座敷一面に銀貨を拡げて調べているなどということを、誰がするだろうか。第一、両替屋なら意味があるこういう作業を、ロティの出発間際にして、何になるだろうか。ロティは冷笑気味に、このちっぽけな脳ミソ（ロティは日本人については、解剖上の名称である「脳」“cerveau”という語を用いず、“cervelle”という、料理用の羊や牛の脳を指す語、ないしは卑語としての「脳ミソ」に当たる語を用いている）、ちっぽけな心の中で起こっているのは、この程度のことなのだと書いている。日本人に対する軽蔑を拡大して見せようとして、かえって自分の卑小さをさらけ出すことにも気付かない、ロティのちっぽけな脳ミソとちっぽけな心こそ、哀れむに値しよう。

日清戦争以前の国際港長崎で当たり前のこととしてあった、西洋人海軍士官とその一時妻という状況設定では酷似している『お菊さん』と『蝶々夫人』は、男女二人の関係のあり方、とくに『蝶々夫人』の悲劇性によって著しく距たっている。『アイーダ』、『カルメン』など、広い意味でのオリエンタリズムに彩られた悲恋オペラに惹かれていたというプッチーニが、ローマの大山日本公使夫人を通じて日本音楽に接し、むしろジャポニスムに傾斜したことはよく知られている。『お菊さん』が『フィガロ』紙に連載され始めてまもなく、アオスタ公の死を悼んで作曲した、重い悲しみを湛えた弦楽四重奏曲を『クリザンテミ(菊)』と名付けたのは偶然だろうか。ヨーロッパで、秋の万霊節に死者に供える花でもある菊。プッチーニにとっては、「死」のモチーフが、何よりも大切だったのではないか。死を含まないロティの『お菊さん』がメサジェにオペラ化された後、死によって終わるベラスコの『蝶々夫人』に文字通り飛びついたのは、必然だったといえるかも知れない。

ベラスコの戯曲では、蝶々さんの口から米国領事シャープレスに向かって、ピンカートンとのなれそめを説明するくだりがある。仲人(売春周旋人)が三カ月ばかり妻になってくれる人を探していて、蝶々さんを推薦したが、蝶々さんは相手が「野蛮なアメリカ・ジン」だと聞いて気が進まなかった。しかし周囲が「お金持ちだから」と奨めるので、ほんの暫くの間なら辛抱できるだろうと思って承知した(傍点　川田)。ピンカートンに会って、初めて両手をとって接吻されてから、彼が好きになり、本当に結婚したのだと勝手に思い込んでしまう。その思い込みは、まもなくピンカートンがアメリカへ帰ってしまってからも続き、シャープレスが、彼とのは本当の結婚ではないのだと言い聞かせても信じない。こういう無理なストーリー展開の挙げ句に、蝶々さんは自殺するのだ。そこには、プッチーニが求めていた、死があり、ニッポンがあった。

最後のシーンの、原作から戯曲、オペラの初演版、改訂版にいたる変化も、当時のエギゾティスムのあり方を示していて興味深い。原作では、蝶々さんは短刀で喉を突き血が流れるが、「罪を悔いるように、神棚の方に手を伸ばして泣き、おお、慈悲深い観音様！」（傍点 川田）と叫ぶ。スズキが子どもを部屋に入れ、つねって泣かせ、蝶々さんの傷をくるむ。そして「ピンカートン夫人が翌日東山手の小さな家を訪れたとき、そこにはもう誰もいなかった」という簡潔で含みのある言葉で、この中編小説は結ばれている。つまり、蝶々さんは死んだとは書かれていない。子ども、召使いと一緒に行方をくらまして、子どもを奪いに来る、虫のいいピンカートン夫人を出し抜いているのだ。

蝶々さんが自殺するのは、ベラスコの芝居からである。蝶々さんはスズキと赤ん坊を部屋から出し、「神棚の前に新しく香を焚き、父の形見の剣を取りおろして銘を読む」（傍点 川田）。いまわの際にケイトとピンカートンが入ってきて、ピンカートンが蝶々さんの名を呼びながら、子どもと一緒に抱き締め、蝶々さんはピンカートンの腕の中で息絶える。

他に一観客として印象深いのは、初演版ではピンカートンがアメリカから連れて来た妻ケイトと蝶々さんのやりとりが長く、最後の段階でもケイトの役割が大きいことだ。この点は、ロングの原作では、領事館に相談に行った蝶々さんに、神戸にいるピンカートンに電報を打ちに来たケイトが偶然出逢い、「マア可愛いこと！ キッスして頂戴。きれいなオモチャさん！（You pretty plaything!）」と言うなど、アメリカ人の優越をひけらかして、蝶々さんと交渉をもつ場面が、全編の中でかなり大きな位置を占めているのと照合する。オペラでも初演版では、最後のシーンでケイトが直接蝶々さんと話し合う場面が重要であるだけでなく、私が二年続けて観た東京公演では、最後に「バタフライ！ バタフライ！」と叫びながら瀕死の蝶々さんの方に駆け寄るピンカートンに、すぐ後から来たケイトが平手打ちを食わせる演出（パウントニー）になっている。

先にも触れたが、このオペラにとって「日本」は重要でないとするパウントニーの演出では、「お金が介在したにしても、恋する少女から一人の女性へ、そして母へと成長していく女性のドラマ」[24]として蝶々さんを描こうとしている。そして一年目の陳素娥の蝶々さんは、確かにはっきりした自己をもった蝶々さんという感じだ。二年目の、ダブル・キャストのもう一人島崎智子は、自我のはっきりしない日本女性だったし、これは現行版の、だがやはり「日本らしさ」は必要ないとするマリアーニ演出でだが、パリっ子のソプラノ歌手シルヴィ・ヴァレルの蝶々さんは、パリジェンヌらしい、明るく、のびのびとした自我を感じさせる女性で、とても自殺という自己否定に自分を追いつめそうもない。

オペラが、拵えものの蝶々さんを絶対化し過ぎているのは、誰の目にも明らかだろう。たとえ元は武士の娘であれ、長崎で芸者をしていて、外人船乗りとの短期契約「結婚」の実態を知らないか、知っていながら、つまり彼が戻ることをあてにせず、アメリカで結婚することも承知の上で、なおかつ彼を思い続けるというのであれば、それなりに相対化された、もっと愚かしく、人間味のある蝶々さんという女の哀れを描くこともできただろう。「純愛悲劇」になり得ているのは、ひとえにプッチーニの音楽の力だが、もっと襞と陰翳のある、硬直していない蝶々夫人――それはパロディということになるのだろうが――が作れたらそれも楽しいだろう、とつい私は夢想してしまう。

今年は『蝶々夫人』初演百周年だが、百年前といえば、私はこの極東の、青い目の軍人を上得意としていた港町の臨時妻物語のオペラ初演が、日露戦争の一年目でもあったことに興味をひかれる。ロシア極東軍総司令官だったアレクセイ・クロパトキンも、開戦直前まで、寸暇を見つけて長崎に来ては、丸山芸者の愛人と睦み合っていたというが、戦争が始まったために敵方になり、奉天の大会戦に敗れて解任された。海軍となると、長崎での愛の営みはアジア海域での作戦行動と切り離せない。ロティが初めて日本に来てお菊さんと一カ月(小説では二カ月になっている)「結婚」したのは、一八八五年、フランスが越南(ベトナム)を植民地化する目的で、清と越南の戦争に介入し、台湾、寧波を海上封鎖する作戦に参加した、装甲艦《クィラッセ》の艦長としてだった。艦内で疫病が発生し、艦も修理が必要になったので、一カ月長崎に碇泊して乗組員も休養させた。この頃、東南アジアではイギリスがビルマ(ミャンマー)への軍事侵略を進めていた。

一方、ピンカートンの乗り組んだ軍艦が二度目に長崎を訪れるのは、ロングの小説では、アメリカが清と開戦するかもしれない警戒態勢のときで、もしこれが日清戦争のときであれば、ロティの一回目より九年か十年後の一八九四、五年ということになる。そしてロティは二度目、一九〇〇年末から一九〇一年初めにかけて、北京での義和団事件(北清事変)での、日、仏を含む八カ国連合軍出兵への海上援護のために軍艦「ルドゥタープル(怖るべき者)」の艦長として極東海域に来て、長崎も訪れる。このときの紀行は『お梅夫人の三度目の青春』(一九〇五年)と題した作品にまとめられている。十五年後の長崎で、お菊さんは提灯屋に嫁いで、少し離れた土地に暮らしていることを知るが、会いには行かない。前に暮らしたときの鄙びた長崎と異なり、日清戦争を経て富国強兵の歩みを進めた日本社会には、ロシアとの戦争への緊迫感がみなぎっている。戦争は、明日起こるかも知れない……というくらい、一人一人の「ちっぽけな黄色い脳ミソの中で決意されている」。「取るにたらぬ荷担ぎ人足までが、もう始まっているかのように道端で戦《いくさ》のことを話し、身の程知らずにも、勝つことを当てにしている」。長崎郊外で、ロティは従軍看護婦学校の生徒の一団が、隊列を組んで歩いて来るのに出逢う。「このニッポン・ムスメたちは、滑稽な高い帽子の下の平べったい顔に」「真剣な、決意をこめた表情で、まったく笑わず」歩行訓練をしている。ロティはそこに、「巨大な黄禍がはじまる徴候」を見るのである。(25)

黄禍、つまり黄色人種が世界に禍いをもたらすという考えは、ドイツ皇帝ヴィルヘルム二世が唱えはじめ、義和団事件で北京駐在のドイツ公使が殺害されてからは、ヨーロッパで一層声高に語られるようになった。日本では森鷗外が、かつて留学し愛したドイツの、二代後の皇帝の口から、このような公然たる人種差別の言説が吐かれるのに耐えられなかったのであろう、『人種哲学梗概』(一九〇三年)、『黄禍論梗概』(一九〇四年)と、大学での講演をもとに、立て続けに本を出し、軍医として日露戦争従軍中に詠んだ「黄禍」と題した歌にも、「勝たば黄禍　負けば野蠻／白人ばらの　えせ批判」と、鷗外にしてはめずらしく、感情をあらわにして反論している。

白人の男に捨てられて自決する黄色人種の女を描いたオペラ『蝶々夫人』が、ミラノのスカラ座で初演されたのは、日本がロシアに宣戦布告した七日後のことだ。日露戦争では、極東でのロシアの南下を警戒していた米英が日本を支持し、とくにイギリスとは日英同盟があったが、フランスは一八九一年ロシアと同盟条約を結び、二年後にはドイツを牽制するために軍事協定も締結していた。日露戦争の模様は、ヨーロッパで広く報道され大衆の関心をひいたが、論調の大部分は、「日本人は子どもの国民ばかりだ。彼らは、分別の足りない、円熟していない人たちだから、彼らが持っている玩具のような巨大な軍艦を用いることを自制できない」(フランスの大衆紙『ル・シエクル』一九〇四年二月八日付)といったたぐいの、日本を侮蔑したものだった。[26] この戦争で、日本は国際舞台に登場したといえるのだが、それはニッポン・ムスメ蝶々さんの国際舞台への登場と同時だったのである。

周知のように、日清の下関講和条約締結の七日後、ロシア、フランス、ドイツは日本政府に対し、この条約で日本に割譲された遼東半島の清への返還を迫る、いわゆる「三国干渉」を行ない、やむなく日本はこれを受諾する。徳富蘇峰らの言う「臥薪嘗胆」の始まりである。その三年後、ロシアは遼東半島の不凍港旅順を清から租借して軍港として強化し、日露の緊張は高まる。こうした状況下で、黄禍論が、先に引いたロティも含めて、ヨーロッパの論調の主流をなしていたとき、当時ヨーロッパでも日本でも知識人のあいだに影響力のあった文人アナトール・フランスは、この年にジャン・ジョレスが創刊したフランス社会党機関紙『ユマニテ』に創刊以来連載していた一種の教養小説『白い石の上で』(一九〇四年五月四日付)で、登場人物の一人に、「黄禍」について、こう語らせている。

アジア人が白禍を蒙るようになって、もう何年になるでしょう。圓明園の占拠、北京での虐殺、ブラゴヴェチェンスクでの溺殺、中国のむしり取り等、中国人にとっての不安の種は、このようなところにあったのではないでしょうか？　そして日本人は、旅順に軍事基地を作られて、どうして安らかにしていられるでしょう？　我々が白禍を生み出し、白禍が黄禍を生み出したのです。(27)

同時代のフランスの文人でも、殊更に日本人の「ちっぽけな黄色い脳ミソ」を蔑んでみせるロティに比べて、何という視点の高さ、そしてまだ始まったばかりで帰趨不明の日露戦争のさなかに、何という勇気ある発言だろうか。だが、これにつづく「つい最近あれほど中国人や朝鮮人に対して残酷だった日本、中国におけるヨーロッパ人の犯罪への、まだ清算済みでない加担者である日本が、ヨーロッパに対する中国の復讐者となり、黄色人種の希望となるのを見る、云々」という、一部適切であるが、同時にその後の日本がたどった歩みに照らして、〈黄色人種の希望となる〉などという妄想の怖ろしさを思う。「人種」「民族」という、有境の実体としての存在は現在の人類学・民族学で否定されていても、差別の烙印、あるいは被差別に抗する旗印としては意味を持ち続けている代物が、時代遅れの国民国家への忠誠と結び合わされて凶暴化する怖ろしさを思う。感性の次元でのエギゾティスムは、罪がない外見はしているが、人種、民族のアイデンティティと重なって禍々《まがまが》しいはたらきもすることがあり得るのは、『蝶々夫人』をめぐって眺めた通りだ。

清から奪った遼東半島を、「三国干渉」で取り上げられた五年後、日本はその三国を含む欧米七カ国（独、仏、露、英、米、伊、墺）に仲間入りして、義和団という、清が外国勢力に蚕食されるのを憂える「テロ集団」鎮圧のために北京に共同出兵し（その十字軍じみた性格は当時も森鷗外が指摘しているが、人間の愚かさは百年後の今もそっくりそのまま、変わっていないことを思い知らされる）、さらに四年後には英米の支持を得て露と戦い、やがて中国を侵略して独、伊と結び、英、米、露と戦って、原爆を投下されて降伏する。こうした敵味方の入れ替わる日本をめぐる国際関係の中で、中国や朝鮮はこれまで「負の存在」というより、「不在」でしかなかった。『蝶々夫人』という、十九世紀欧米人のエギゾティスムのなかで、当時は欧米人にとって「不在」であった日本を素材に、むりやり拵えられたお話の、だが音楽だけは無類に美しいこのオペラが、チョン・ミョンフンの指揮や、陳素娥の蝶々さんで演じられたとき、なぜか私は最も深く感動した。思うに、かつての欧米人が「不在」を勝手にこねあげて作ったこのオペラを、これからは「不在」の者たちで勝手に演じて、なるようにならせる以外、自決した蝶々さんが浮かばれる道はないのではないだろうか。

注

（1）この部分の記述には、吉本明光（編）『お蝶夫人（伝記・三浦環）』一九九六年、大空社。吉本明光（編）『三浦環「お蝶夫人」』一九九七年、日本図書センター、を主に参照した。
（2）三浦環『歌劇お蝶夫人』一九三七年、音楽世界社、一三三—一三四頁。
（3）永竹由幸「プッチーニ蝶々夫人」『藤原歌劇団創立六十周年記念公演（一九九四年二—三月、東京文化会館）プログラム』二二頁。このことは同じ筆者の「［蝶々夫人］作品解説」永竹由幸（監修）『プッチーニ　蝶々夫人』新潮オペラＣＤブック10、一九九六年、新潮社、一六—二一頁にも述べられている。
（4）永竹由幸「プッチーニ蝶々夫人」同、二二頁。佐川吉男「〈蝶々夫人〉版と上演史」『藤原歌劇団創立六十周年記念公演（一九九四年二—三月、東京文化会館）プログラム』三五—三六頁。斎藤憐『ピンカートンの息子たち』二〇〇一年、岩波書店、二五三—二五四、二六〇頁。
（5）映画 Olivier Horn *Kiju Yoshida rencontre Madame Butterfly*, Sépia production, Paris, 1993.
（6）Film-opéra de Frédéric Mitterand *Madame Butterfly*, avec Ying Huan (Butterfly) et Richard Troxell (Pinkerton), Production Erato Films/Idéale Audience, 1995.
（7）ロレンツォ・マリアーニ「『マダム・バタフライ』演出ノート」『藤原歌劇団・韓国オペラ団公演、蝶々夫人（二〇〇二年七月、新国立劇場オペラ劇場)プログラム』一二頁。

(8) デイヴィッド・パウントニー「一人の女性が成長していくドラマとして」『Ｂｕｎｋａｍｕｒａオペラ劇場'95、マダム・バタフライ、一九〇四年ミラノ初演版による上演(一九九五年四月、オーチャードホール)プログラム』一九頁。

(9) 本書第八章三〇八頁。

(10) ロティが長崎に来た明治十八年(一八八五)より二十五年前の万延元年(一八六〇)、香港から横浜に来たジョージ・スミス主教は、条約港で日本人妻をもつ外国人が多いのに怒った。港の日本人税関吏が周旋もしたという。長崎はこの種の商売でとくに有名だった。外国人と「結婚」する日本人女性が多かったことで、その取り扱いに頭を痛めた長崎県令内海忠勝が、明治十四年、外務卿井上馨にお伺いをたてている。外務卿代理からの回答は、「外国人と結婚した日本婦人は、一時的にも里方に寝泊まりしてはならない」というたてまえの確認でしかなかったが、ロティやピンカートンのように、「里方」でない新居で一時の「結婚」生活を営ませることは、公然と行なわれていたようだ(深潟久『長崎女人伝』下、一九八〇年、西日本出版社、五四—五五頁)。

(11) Arthur Groos "Return of the native: Japan in *Madama Butteffy*/*Madama Butterfly* in Japan", *Cambridge Opera Journal*, 1(2), July, 1989: pp. 167-194.

(12) *do.* "Madame Butterfly: The story", *Cambridge Opera Journal*, 3(2), July, 1991: pp. 125-158.

(13) Helen M. Greenwald "Picturing Cio-Cio-San: House, screen, and ceremony in Puccini's *Madama Butterfly*". *Cambridge Opera Journal*, 12(3), Nov. 2000: pp. 237-259.

(14) Mosco Carner *Puccini: A critical biography*, third edition, 1992[1958], Gerald Duckworth, London: p. 409.

(15) John Luther Long *Madame Butterfly, Purple Eyes, etc.*, The American Short Story Series, 1968, Garret Press, New York〔originally published in 1898, by The Century Co〕. 古崎博訳『蝶々夫人』(訳者による「終曲　後日物語」「附録　蝶々夫人のモデルについて」を含む)一九八一年、諫早市鎮西学院・長崎ウェスレヤン短期大学発行。

(16) David Belasco *Madama Butterfly* 一九〇〇年、ニューヨークとロンドンで上演、北村喜八訳『蝶々夫人』永竹由幸(監修)『プッチーニ　蝶々夫人』新潮オペラＣＤブック10、一九九六年、新潮社、九七—一一四頁。

(17) Pierre Loti *Madame Chrysanthème*, 1973[1893], Calmann-Lévy, Paris.

(18) 『プッチーニ　蝶々夫人』新潮オペラCDブック10、一九九六年、新潮社、の永竹由幸訳による。一二八頁の対訳台本では「ご面相1号、二号、三号」となっているが、原語のニュアンスでは「畜生づら」の方が近いという(同書、二四頁)ので、ここではそちらを採り、それに伴ってその前の言葉づかいも変えた。

(19) 同書、一三九頁。

(20) Arthur Groos (12) : p. 133.

(21) John Luther Long (15).

(22) Arthur Groos (12) : p. 126, Note 3.

(23) John Luther Long "Preface", *Madame Butterfly*, Special Holiday Edition, Century Company, 1903 : pp. xii-xiii, quoted from : Arthur Groos (12) : p. 135.

(24) デイヴィッド・パウントニー(8)の引用文献、三〇頁。

(25) Pierre Loti *La troisième jeunesse de Madame Prune*, Paris, 1905.

(26) パトリック・ベイヴェール「二〇世紀初頭の日本、フランス社会主義者の視点——特に日露戦争を巡る日本社会と日本人のイメージ」『日本文化研究所研究報告』第三二集、一九九六年三月、一六九頁による。

(27) Anatole France *Sur la pierre blanche*, IV, "Œuvres" III, Bibliothèque de la Pléiade, Paris, Gallimard, 1991 : p. 1087.

右に挙げたものの他、全体にわたって参照した主な文献

満谷マーガレット、一九九四「ムスメたちの系譜——西洋人の見た日本女性」川本浩嗣編『美女の図像学』思文閣、一七七—二〇八頁。

森栗茂一、一九九五『夜這いと近代買春』明石書店。

野田平之助(野田和子改訂)、一九九四『グラバー夫人——歴史のヒダに光る真実』長崎市新波書房。

楠戸義昭・野田和子、一九九七『もうひとりの蝶々夫人』毎日新聞社。

船岡末利編訳、一九七九『ロチのニッポン日記――お菊さんとの奇妙な生活』有隣堂。

志賀直哉、一九四七「三浦環の死」『天平』創刊号、『志賀直哉全集』第七巻、一九七四年、岩波書店、三四四―三四七頁に収録。

KAWADA, Junzo, 2002. "《Est contre Ouest》. Au-delà de la dichotomie et pour une prises de conscience des différences", *Diogène : Revue Internationale des Sciences Humaines*. No. 200, D'EST EN OUEST-CIVILISATIONS EN MIROIR, octobre-décembre 2002, Paris, Presses Universitaires de France : 117-128.

【謝辞】　本文中に書く場を失ったが、『蝶々夫人』と『お菊さん』への関心から、私は一九九五年十二月と一九九六年七月に長崎に旅して、それぞれ数日を過ごし、長崎歴史文化協会理事長越中哲也さんはじめ、郷土史家の方々にお会いしてお話を伺ったり、土地に残る資料や、古い新聞などを見せていただいた。二つの話にゆかりのある場所も訪ねたが、これらはみな、長年の友人である長崎在住の福島邦夫さん(現在長崎大学環境科学部教授)と夫人のスーザンさん(現在長崎純心大学人文学部助教授)の、至れり尽くせりのご案内のおかげで実現した。また、オペラ『蝶々夫人』に関する資料では、新国立劇場副理事長で義兄の海老澤敏、音楽学者で元国立音楽大学学長秘書の渡辺千栄子さんに、多年にわたってお世話になった。記して感謝の微意を表したい。

第十章　旅人の目がとらえるもの
――柳田国男「清光館哀史」を問い直す――

かつて陸中と呼ばれた岩手県北部の、太平洋に面した半農半漁の小さな集落、といっても、それがどこにあり、そのムラにとりたててどんな意味があるのか、ごく限られた人以外誰も知らないだろう――今年の一月八日、東北旅行の途中、八戸線の陸中八木駅で降りてそこに行ってみるまで、私はそう思っていた。第一、小子内《おこない》に行っても、私が物好きにもわざわざ訪ねて行った理由が、小子内の人たちにさえ分からないのでないか。

昭和三十二年に種市町に合併されてからは、日本分県地図の索引で調べても、かつての小子内村という名では載っていない。岩手県の観光案内地図にもない。最寄りの鉄道の駅が陸中八木駅だということは分かったので、駅の電話番号を調べて掛けてみたが、誰も出ない。時刻表を見て、駅員が詰めていそうな、日に上り下り九本ずつの列車の通過時刻の前後に、何度か電話をしてようやく、その日に当番だった佐々木駅長とお話しできた。佐々木さんは八木より少し南の遠野出身で、去年から陸中八木駅にお勤めとのこと。私が小子内に行きたいのは、大正九年と十五年の二回、民俗学者柳田国男が小子内を訪ねて、興味深い紀行文を書いているからだ、と説明すると、『遠野物語』の語り手として柳田国男とゆかりの深い、佐々木喜善と同郷同姓の佐々木寛駅長は、そういえばそんな話をどこかで読んだことがあるという。

佐々木喜善は、大正九年八月、柳田が初めて小子内を訪れたときも釜石から同行している。前年末貴族院書記官長を辞任した柳田が、三年間は自由に旅行させてくれるという条件で、朝日新聞の客員となってすぐの夏の、東北旅行のときだった。七月末から佐々木を訪ねて遠野に行っていた若い松本信広は、遠野から柳田に同行して気仙沼まで一旦南下した後、崎浜から船で釜石に行って、そこで待っていた佐々木と合流し、一行は三人になった。松本はその春慶応大学を出たばかりだったが、学生時代、山岳部での山の民俗の講演を依頼に行った縁で柳田と接触があり、柳田のすすめで、民俗探訪の勉強にということで同行させてもらったのだ。後に東洋史学者、民族学者として大成し、私も生前、日本民族学会でも、フランス留学の後輩としても接触のあった松本信広先生(一九八一年没)にとっても、この時遠野から小子内を経て八戸まで十五日間、柳田と共にした旅の印象は強烈だったようだ。(1)

まだ陸中海岸を南北に走る鉄道はなく、一行は前夜の宿泊地野田から北へ向って、八月二十七日、残暑の厳しい中を二十五キロ余り、この地方特有の上り下りのはげしい準平原《ペネプレーン》の道を草鞋《わらじ》履きで歩いて、夕暮れに小子内まで来た。(2)柳田のこの東北旅行の跡をたどってみても、野田＝小子内間が、一日の行程としては格段に長い。朝日新聞に「豆手帖から」と題して連載された紀行文の最終回が「濱の月夜」なのだが、その書き出しにも、「あんまり草臥れた、もう泊まらうでは無いかと、小子内の漁村に只一軒有る宿屋の、清光館と稱しながら西の丘に面して、僅かに四枚の障子を立てた二階に上がり込むと、果たして古く且つ黒い家だつたが、若い亭主と母と女房の、親切は豫想以上であつた」とある。

その後、通算して二年になる二度の滞欧ののち、大正十五年七月末、柳田は、今度は鉄道で北から、前年十一月に開通したばかりの八戸線の終点駅だった陸中八木まで下って小子内を再訪している。遠野で七月三十日、前年に亡くなった、柳田にとっても旧知の間柄だった民族学者・郷土学者伊能嘉矩追悼の会があり、それに参列して記念講演(3)を行なう途上の、足掛け六日の東北旅行のときだ。十七歳の長女三穂と十四歳の次女千枝、猪苗代湖での夏期学校を済ませて合流した十一歳の長男為正を伴っての四人連れで、秋田、青森を旅した後、八戸から小子内まで足を伸ばしたのだ。(4) 六年前に泊まった宿を連れの子たちに見せようとして、主《あるじ》の海難死で清光館がなくなっていたことを知る。その顛末を「清光館哀史」という紀行文に書いて、『文藝春秋』の同年十月号に発表した。

「清光館哀史」の書き出しはこうだ。「おとうさん。今まで旅行のうちで、一番わるかつた宿屋はどこ。さうさな。別に悪いといふわけでも無いが、九戸の小子内の清光館などは、可なり小さくて黒かつたね。斯んな何でも無い問答をしながら、うかうかと三、四日、汽車の旅を續けて居るうちに……」。

二つの紀行文で繰り返されている「黒い」という形容は、私は初め「きたない」という言葉を避けた、文人柳田らしい雅《みや》びな表現だと思っていた。今度小子内を訪ねて私なりの聞き取りをした結果では、大正九年柳田一行が清光館に泊まったとき、その前年に脳卒中で亡くなっていた船乗りの菅原連次郎、つまり柳田の文中で「母」として指示されている女性の夫が、ある時この浜に押し寄せた鰹を使って鰹節を作ろうと思い立ち、囲炉裏で松の木をもくもくと焚いて鰹をいぶしたために、家中黒く煤けたのだそうだ。だから、「きたない」のではなく、文字通り真っ黒だったのだ。三陸沖でとれる鰹は、土佐沖のものと違って脂がのっているために、鰹節には向かない。第一、鰹はその後ぱったり来なくなってしまい、鰹節で起死回生を計った菅原家は、ますます困窮する。

「今夜は初めて還る佛様も有るらしいのに」と「濱の月夜」に柳田が書いている、その仏様だった連次郎は、何代か前に大阪から久慈に来た舟運業の家の出で、八戸に近い鮫の港に出入りする船に乗り組んでいた。連次郎は、鮫港の漁師や船乗り相手の常磐家という女郎屋で馴染みだったハツを身請けして小子内に所帯をもち、船乗りを続けたが、はかばかしくない。鰹節も失敗した。窮余の一策で、連次郎とひとまわり年が違い四十代の女盛りだった水商売あがりのハツが、柳田の一行が来る二年前に、船乗り相手の飲み屋を始めた。連次郎夫婦の家は、二人がここに所帯をもったとき久慈の連次郎の実家が建ててくれた、小子内浜では珍しい二階屋だった。「旅人宿清光館」と書いた看板も出したが、泊まり客など滅多になかったのではないか。連次郎とハツの間には子がなく、連次郎の実家の分家高木から養子をもらったが病死し、同じ家から来た、船乗りだった次の養子喜三郎と、やはり久慈からもらったその嫁が、柳田が泊まったとき出逢った人たちだ。

客の相手は専らハツがしていたようだ。「清光館哀史」で柳田は、「それよりも一言も物を言はずに別れたが、何だか人のよさゝうな女であつた婆さまはどうしたか」と書いているが、主に柳田一行をもてなしたのは、当時四十八歳だった、この「婆さま」ハツだったと思われる。ハツが美人で、身ごしらえも垢抜けしていたとは、今でも小子内の人の口から聞くことができる。急の三人の泊まり客で慌てたハツは、貧窮して米もなかったために、近くの呉服・小間物・駄菓子を商う店の跡取り養女だった、懇意の中村サキ(明治二十一年生まれ、当時三十三歳、昭和七年没)のところに米を借りに来たという。サキの家は当時小子内でただ一軒『朝日新聞』をとっていたが、文学好きだったサキが、九月二十二日の『朝日新聞』に掲載された柳田の「濱の月夜」を読んでこの時のことを思い出し、ハツにも話し、後まで記憶していたのだという。

中村サキの家は、その後商売をやめて建て替え、サキの息子の嫁にあたる人は、いまは九十歳過ぎの高齢で、その長男夫婦在住の盛岡市の養老院に入り、小子内の家には、亡くなった次男の嫁(七十三歳)が、雲丹《うに》、鮑《あわび》取りなどしている息子と、久慈の学校に勤めている嫁と三人で住んでいる。サキの妹は、その後八木の駅前にできた工藤旅館に嫁いだが、大正十五年に柳田が二度目に小子内を訪れ、「清光館哀史」を書いたときに一泊したのは、この工藤旅館だ。

私がなぜ、柳田の、六年の間をおいた二度の小子内訪問と、磨き抜かれた文体の、いかにも美しい二編の紀行文、とりわけ二度目の小子内体験を綴った「清光館哀史」にこだわるのか。それは生若い学生だった頃の私の、柳田への傾倒に根をもっている。青白い哲学少年、文学少年だった私は、紙と文字と思弁に浸りきって、自分一人の感性や思考に頼って、ものを考えたり表現したりするのに嫌悪を感じるようになり、高校に行かずに山村の他人の中で一年暮らした「日本の中の異文化体験」の衝撃もあって、自分と他者とに共通の確かな「もの」から出発して、考え、表現したいと思うようになった。そして、子どものときからの生きもの好きもあって、生物学を勉強して、それを通じて人間のことを考えたいと思った。

大学の前半では理科二類という、生物系自然科学の基礎課程で勉強したが、人間にとっての価値や意味の問題に行き着くのには、あまりに迂遠な道程であると思うようになり、悩んでいたときに読んだのが、その年文芸雑誌『群像』に連載され、まもなく単行本としても刊行された、山本健吉の『古典と現代文学』だった。個人の恣意性を越えた共同体の考え方、この名著の議論の下敷きになっている、折口信夫、T・S・エリオットや、更にその底にあるフレーザーをはじめとする民俗学、人類学の考え方に惹かれた。私と他者に共通の確かな「もの」の手応えが、これらの学問にはあるように思えたからだ。「フィールドワーク」という言葉が発する爽やかな魅力。現地調査で、私とは別の生を生きている人たちとじかに話して、そこから学んだことに基づいて、人間の問題を考えて行くことには、しびれるような歓びがあるのではないかと思った。

後期課程で、東京大学教養学科に新設されたばかりの文化人類学分科に進学すると、柳田国男の遠縁にも当たり、比較民族学の面で柳田国男の研究を継承・発展させた主任教授の石田英一郎先生が、私の日本民俗学への関心をきいて、早速、後で思えば解散半年前だった柳田先生の民俗学研究所に連れて行って下さった。その後何度か柳田先生のお宅へ伺って、一対一でお話しする機会もあり、ユーモアに富んだ先生の、聞き上手、話し上手の魅力に感銘を受けた。晩年はお暇だったのだろう、ご無沙汰していると、宗匠頭巾をかぶった先生の顔写真が左下に印刷された葉書に、「暫く見えませんが其の後如何、また話しに來給へ」と達筆で書かれたお便りをいただいて、恐縮したこともある。伺うたびに文庫版の先生の著書もいただいたが、その前から愛読していた『山島民譚集』『山の人生』『日本の祭』

『民謡覚書』等々には、まさに私の渇仰していた他者の手応え、他者への共感が、見事に捉えられ、表現されていると思った。

なかでも、『雪国の春』に収められていた「濱の月夜」、「清光館哀史」の二編は、勉強に行きづまり弱っていたときに読み返して、心に恩を受けた文章で、暗記してしまうくらい繰り返し読んだ。清光館哀史体験といってもよかった。清々《すがすが》しく温かい読後感は、この文章を読んだ多くの人々が共通して抱くのではないかと思う。紀行文の極致というべき絶妙の構成と表現力だ。とくに、七つ設けてある段落の最後の六、七には、この浜辺の小村で、災厄や不幸に脅かされつつ生きる人々への、柳田の共感が凝縮して籠められていて、読む者の心をうつ。

六年前月夜の浜辺で見た盆踊りで、踊り手たちが繰り返し歌っていた言葉を聞き取れなかったのだが、「なにヤとやーれ、なにヤとなされのう」という文句だったということが、二度目に訪れた小子内で、昼の浜辺に寝ころんでいる娘たちが鼻唄のように歌ってくれたために分かる。

ここで柳田は、一挙に想念をほとばしらせる。「あゝやつぱり私の想像して居た如く、古くから傳はつて居るあの歌を、此濱でも盆の月夜になる毎に、歌ひつゝ踊って居たのであつた」。「要するに何なりともせよかし、どうなりとなさるがよいと、男に向つて呼びかけた戀の歌である。……但し大昔も筑波山のかがひを見て、旅の文人などが想像したやうに、此の日に限つて羞や批判の煩はしい世間から、遁れて快樂すべしといふだけの、淺はかな歡喜ばかりでもなかつた。忘れても忘れきれない常の日のさまざまの實験、遣瀬無い生存の痛苦、どんなに働いてもなほ迫つて來る災厄、如何に愛しても忽ち催す別離、斯ういふ數限りも無い明朝の不安があればこそ、はアどしょぞいな、と謂つて見ても、あア何でもせい、と歌つて見ても、依然として踊りの歌の調は悲しいのであつた」。

そして次のような名文句で、この紀行文は締めくくられる。「痛みがあればこそバルサムは世に存在する。だからあの清光館のおとなしい細君なども、色々として我々が尋ねて見たけれども、黙つて笑ふばかりでどうしても此歌を教へてはくれなかつたのだ。通りすがりの一夜の旅の者には、假令話して聴かせても此心持は解らぬといふことを、知つて居たのでは無いまでも感じて居たのである」。

文章として、この文章の限りでは、何という美しい作品であろう。事実、感激しやすく涙もろかった若年の私も、柳田国男という、経世済民の志を抱く誇り高きエリートでありながら、常民の苦しみ悲しみに参入しようと努めた文人の、学問と詩の渾然と溶けあったこの名文に心を動かされ、繰り返し味読したのだった。

だが——と、これは後になって、私がアフリカの僻地で、ほんものの他者の手応えの手ごわさ、不透明さにヘトヘトになり、何度も絶望しかけ、その度に複数の「私」のそれぞれが抱いている主観相互の働きかけの大切さと、同時に危うさも噛みしめながら、口頭伝承のうちに「歴史」の姿を探る努力、この人たちの話してくれることは、もしかすると全部嘘かも知れないが、嘘なら嘘が伝承されて来たことに意味があるはずだという、暗中の模索を何年も続けたあとで、学生時代心に恩を受けたこの柳田の文章を読み直して感じたことだが——ここに描かれているのは、「通りすがりの一夜の」「旅の文人」の、あまりに優しい思い込みによる、感情移入であり断定ではないのか。私の日本の町や村での、同じ土地での何年にもわたる調査体験、アフリカ、フランスの町や村での、それぞれ延べ八年になる聞き取り調査と異文化体験の中で、第一印象というものが、新鮮さのゆえに大切ではあっても、その後の長いつきあいの中でしばしば修正され、ときには覆されるということを私は学んだ。

「おとなしい細君」という柳田による性格づけも、家や村の生活のさまざまな局面で、その細君がどのように振舞うかを知った上でのものではなく、ましてこの歌を教えてくれなかったのは、柳田が断定したような理由からだったのかどうか、その理由を探ることにこそ、「他者の手応え」から出発すべき民俗学、人類学の長期の(人類学の場合、少なくとも二年間は同じ土地での)住み込み調査の意義もあるのだ。長く一緒に暮らしてみれば、この細君も含めて村人の生き方、生活意識は、繊細な抒情詩人柳田の思い入れを超えた、もっとおおらかで、たくましく、あっけらかんとしたものであったかも知れないのだ。第一、柳田が意味を断定したような文句の歌を、なぜ精霊を迎え送る盆に踊りながら歌うのか、歌の文句とその意味は、村人にとっても柳田がかなり敷衍して推測したものと、同じだったのだろうか、疑問は果てしなく拡がる……(5)。

一月八日の小子内に戻ろう。柳田国男の足跡を尋ねてわざわざこの小さな漁村にやってきた私など、いぶかしがられるのではないかと危惧していたのは、それこそ私の勝手な思いこみに過ぎないということが、小子内に着くとすぐに分かった。

猛吹雪の八戸を昼少し過ぎに発って、晴れていたが風の冷たい陸中八木駅で、ここまで来ると乗客もまばらな二輛連結のディーゼル車から、土地の人らしい若い女性と私が降りたのは、定刻より少し遅れて午後一時四十分。前以て電話でお話ししておいた佐々木駅長から、駅前の『岩手日報』販売店のご主人根城正さんが詳しいからと教えていただき、立ち話ながら、駅前の工藤旅館は、やめてもう十年くらいになるが、今のところへ移る前、もう少し北の方にあって、一度目の大正九年にはなかったが、柳田国男が二度目、大正十五年に来て泊まったのはその工藤旅館だったこと、このあたりの水産加工も外国産に押されて苦しく、半農で温床のほうれん草作りなどしているが、若い人が減り続けていることなど、町の様子を聞かせてもらう。

清光館のことなら駅にチラシが置いてありますというので、駅の小さな待合室に戻ってみると、観光案内のビラに混って、「八戸線陸中八木駅、柳田国男と清光館」という見出しで、JRが出した「旅もよう」というA4判一枚のチラシがあった。「濱の月夜」「清光館哀史」が書かれた背景の簡単な説明とそれぞれの一節、「哀史」は先に私も引いた最後の部分が転写され、右下に清光館跡に立てられた石の記念碑のカラー写真が載っている。記念碑まである……何がなし索然とした気持ちで、とにかく清光館跡へ向う。

雪の凍りついたゆるい登り道を五、六分。わかりやすそうだとは思ったが、土地の人の反応も知りたくて、大きな店構えの一軒の前で車を洗っていた年輩の男性に、清光館跡はどこですかと尋ねた。坂を降りた直ぐそこの左手です、まあ入って休んで下さい、とすすめてくれたが、明るいうちに写真も撮っておきたかったので、帰りに寄らせていただきますと言って、とにかく清光館跡に行き、道路脇に立っていた小さな合成プレートの記念板を見る。

記念板は、平成二年三月に種市町教育委員会が立てたもので、「日本民俗学の祖といわれている柳田国男が貴族院書記官長の職を辞任し、東北の旅に出たのが大正九年(一九二〇)の夏であった」という書き出しで、「この小子内浜に一軒しかなかった宿屋の清光館に泊まったのが、盆踊りのあった旧暦の七月十五日〔柳田は「清光館哀史」には、盆の十五日と書いているが、大正九年小子内に泊まったのは、実際は八月二十七日、旧暦の盆の十四日だった——川田〕であった」「その後八戸まで来た柳田国男が、清光館を訪ねてみようと小子内浜の入口に立ったのが、八戸線が八木まで開通した大正十四年(一九二五)〔鉄道の開通は大正十四年十一月、柳田が再度小子内浜を訪れたのは、翌大正十五年七月二十七日——川田〕であった」「來て御覧、あの家がさうだよと言つて、指をさして見せようと思ふと、もう清光館はそこには無かつた」「あまりの哀しみに、人生の無情を感じた柳田国男は〔「が」の誤りか——川田〕、その哀しみの真情を書いたのが「清光館哀史」である」。

町の教育委員会がわざわざ立てたにしては、重要な年の誤りもあり、もう少し丁寧に作って欲しかったと思うが、少し奥の実際の清光館跡地には、昭和五十九年八月に「柳田国男先生と清光館を偲ぶ会」が建てた花崗岩の石碑があり、あとで聞くと、これができたので、六年後に、目に付きやすい道路脇に、教育委員会がプレートを立てたのだという。石碑に寄り添うように、「清光館哀史」に出てくるハマナス(土地の言葉でハイダマ、柳田は「ヘエダマ」と書いているが、小子内で私は何人もの人から「ヘエダマ」ではなく「ハイダマ」だと聞いた)が植えてある。もとは海辺に多く自生し、赤い実を子どもがとって食べたというが、いまでは稀になった。

石碑の道路に向いた面には、「清光館哀史」の一節、「其家がもう影も形も無く、石垣ばかりになつて居るのである。……何をして居るのか不審して、村の人がそちこちから、何氣無い様子をして吟味にやつて來る。浦島の子の昔の心持ちの、至つて小さいやうなものが、腹の底から込上げて來て、一人ならば泣きたいやうであつた」のくだりが彫られ、海岸に向いた小山の側には、「日本民俗学の祖として世界にその名を知られた柳田国男先生が、……その夜小子内の浜辺の盆踊りを見られて「浜の月夜」と題して小子内を日本中に紹介されました。岩手県の北海岸の小さな一集落が、社会に知られるようになったのがこのときからであります。……柳田先生の遺徳を偲び今は無き「清光館」の面影を抱いて訪れる人々の為に、又後生の目標となるものを建立して、「小子内浜」を世にあらわした先生の恩義に報いたいと思います」とある。

この「偲ぶ会」の石碑は、小子内出身の郷土史家中村英二さんの発意によって建てられたものだ。中村さんは、はじめ町の事業として提案したが、発起人の問題で八木出身の当時の町長と意見が合わず、結局中村さんに賛同した小子内浜の人たちからの八十万円余りの寄付金で青森の石屋に作らせたという。中村英二さんは『柳田國男と小子内浜――「濱の月夜」と「清光館哀史」の背景』(一九八七年、八戸市淵沢秀岳発行)という小冊子の著者であるが、この本の後半をなす「南部の盆踊り「なにやどやら」私考」では、この踊りは時宗系の踊り念仏に由来しているのではないかという卓見を提示していて、歌の文句についても、「なにヤとやーれ、なにヤとなされのう」という、女が男に呼びかけた恋の歌だという柳田の解釈には賛同していない。中村さんは、「清光館哀史」を「柳田民俗学」ではなく、「柳田文学」と見ており、その限りで小子内浜を世に知らしめたこの文学作品を顕彰しようと、ひと月も募金に奔走して記念碑を建てたのである。

「清光館哀史」は、紀行文の名作としてさまざまな文学集に収められているだけでなく、筑摩書房発行の高校国語教科書にも載り、その影響で学校の先生や生徒が訪れるようになった。テレビや新聞も何度も取材に来た。要するに、

「清光館哀史」で柳田が出している盆踊り唄の解釈が妥当かどうかを越えて、この作品のために小子内浜が世に知られたという事実だけが、住民の感謝の気持ちと共に、独り歩きしているのである。

碑文を読んでいると、さっき私が道を尋ねた人が様子を見に来て、「帰りに寄って下さい」と、声を掛けてくれる。この川崎石雄さんは昭和六年生まれ、中華料理用の干し鮑など水産物加工の会社川崎食品を、亡くなった息子のお嫁さんとやっている、矍鑠《かくしゃく》として好奇心も旺盛な、三代目の小子内人だ。川崎さんのお店に伺う前に、柳田が訪れた頃とはすっかり様変わりしてしまったが、かつて盆踊りをしたというあたりに行ってみる。もと二つあった共同井戸の前の空き地で踊ったらしい。「濱の月夜」にも井戸のことが二度出てくる。今ではその井戸の一つの、井形の枠が残っているだけだ。

井戸のすぐ南側は、昭和六十年に着工してまだ完成していない、津波除けの海岸陸閘門工事のため、立入禁止の鉄柵で遮られ、北側には、壁に「補促整備事業　のり・かき等処理加工施設」、「山林地域農林漁業特別対策事業　小子内食用菊乾燥施設」と書いた大きな加工施設が二棟ある。このあたりは、食用菊の産地でもあるのだ。高さ四メートル余りの頑丈な防潮壁の上に登ると、土地の人の記憶に生々しい昭和八年の大津波まで、多くの人家人命を奪った津波が何度も襲ったのが嘘のような、明るい砂浜がゆるやかに湾曲しながら、晴れた空の下を南に向かって伸びている。土地の言葉で「マカタ」という北西の冷たい烈風で、帽子もコートも吹き飛ばされそうだ。濃紺の海も沖まで一面に白波が立ち、それが長い列になって次々と海岸に近づくにつれてうねりとうなりを増し、岩に当って砕ける。水平線上に巨大タンカーが一隻、北を指して進んで行くのが見える。海岸沿いに少し北に行った八木港の防波堤のあたりに、この辺りではカモメと呼ぶという海猫《うみねこ》が群れ、騒々しく啼きながら、海面に降りたり舞い上がったりしている。

今のように頑丈な防潮壁が築かれる前の、浜の風景を描いた作者不詳の油絵が掛けてある川崎食品の事務所で、熱いコーヒーをご馳走になって、冷えた身体も暖まりつい話しこむうち、今夜満月が太平洋から昇る十七時五分を過ぎているのに気づいた。岩手では月の出は標準より早いから、挨拶もそこそこに、また砂浜に引き返す。

水平線にはかなりの高さまで、峰に凹凸のある厚い雲が立ちはだかったまま、強い北風に押されて南へ南へと移動している。日没後、風が土地の言葉でいう「マキタ」に変わったのだろう。月は昇っているはずだが、雲にさえぎられて見えない。闇の中に海鳴りだけが聞こえる……そうして五、六分経ったろうか、月が高くなったのと、北風で雲の凹凸が南に動いたのとで、いきなり銀白に輝く満月が上半分を現わした。その瞬間、水平線から波打ち際まで、波立つ海が一面、まばゆく光った。南北にのびて沖から寄せて来る波のうねりが、煌《きら》めきながら何条にもなって浜に突進し、青白い光の飛沫をあげて崩れる。消滅した清光館の霊気《アニマ》が、八十年を経たいま、名の通りの清い光になって、海に降り注いでいると思えた。

翌朝、三沢の小川原湖民俗博物館での仕事があるので、その夜はまた、ひと気の少ないディーゼル車で八戸まで行き、夜遅く三沢の宿に着く。小子内浜から八木の駅に戻る凍《い》てついた夜道を歩いていると、すれ違う人が「おやすみ」と声を掛ける。私も「おやすみ」と答えたが、初めてきく挨拶言葉だ。ぬくもりがあって、風の冷たさを忘れた。駅では長い外套を着た佐々木駅長が、腕木信号機と、タブレット方式の単線運転列車の入れ替えが全国で八戸線のこの辺りにだけ残っているので、鉄道マニアが写真を撮りに来ますと、昔ながらの輪形タブレットを運転手に渡し、運転手からも受けとって駅の柱に掛け、腕木信号機切り替えの操作をしながら、車両に乗り込む私に説明してくれた。

翌日午後、時間の都合をつけて、去年から八戸の高齢者施設に入っている九十四歳の中村英二さんにお会いしてお話を伺い、著書『柳田國男と小子内――「濱の月夜」と「清光館哀史」の背景』も頂戴した。この著書には書かれていないが、謎にみちた歌の文句「なにやどやら」は、「南無とやら、南無となされの、南無とやら」の変形したものではないかという説も聞かせていただいた。このお考えは中村さんの執念なのでもあろう、自筆で大きく「南無とやら……」の三行を書いて、朴念仁と署名した紙が、お部屋の壁に貼ってある。

帰宅してからも、中村さんや小子内の何人かの方と電話でお話しした。昭和六十年に、昔ながらの小子内の盆踊り「なにやどやら」を歌って踊れる老人クラブの女性七人に、公民館で実演してもらって録画した貴重なビデオを、小子内地区駐在員の川崎義郎さんから送っていただいて、見ることもできた。

そのとき踊っていた、小砂子ちよさん(大正七年生まれ)、坂下ツネさん(大正十年生まれ)、その時は踊っていないが、小子内での盆踊りの移り変わりなどについて、詳しく知っている老人クラブ婦人部長高見キヌエさん(昭和四年生まれ)も、それぞれ八十六歳、八十三歳、七十五歳という高齢ながら、声もしっかりしてお元気で、電話口で好い声で歌いだしてしまうくらい、身を入れてお話をして下さった。

どうしても、また小子内に行きたくなって、ひと月以上経った週末に当る二月十四、十五の二日間小子内に行き、川崎義郎さんが手筈を整えておいて下さったお陰で、一日目は「なにやどやら」の歌と踊りに詳しい、いまお名前を挙げた女性高齢者三人にお会いして直接歌も録音して踊りの写真も撮り、二日目は男性高齢者、小子内浜漁協組合長鹿糠石蔵さん(大正十一年生まれ、八十二歳)、小子内地区会長中井福太郎さん(昭和六年生まれ、七十三歳)、老人クラブ会長長根山嘉之さん(大正十五年生まれ、七十八歳)にお話を伺うことができた。

坂下ツネさんは、私がハイダマを焼酎に浸した果実酒を昔作ったかと質問したので、ハイダマでは作らないが、トコロ(ヤマノイモ科)の根や、干し柿を浸した酒は作るといって、お手作りのこの二種のお酒を小瓶に入れておみやげに下さった。高見キヌエさんは、お盆に必ず作るお供え物は何ですかと私がお聞きしたのに、浜で採れるテングサからこしらえる円い「カガミ(鏡)」と、仏さまがお供え物をたくさん背負って帰れるように、小麦粉を練って作る「背中あて」だと教えて下さったのに関連して、ここではご馳走にうどんをこしらえるという話から、翌日の昼食に、お手作りのうどんに、いま浜で採れるマツモ(松藻)をたっぷり入れた温い丼をご馳走して下さった。小子内の人たちの、通り一遍でないおもてなしの心、長寿でお元気、あけひろげで親切なのに、感動する。

浜の小山の上の、黒松の防風林に囲まれた鹽竈神社の脇に祀られている、通称龍神様、龍道大龍王尊と戒道大龍女尊の夫婦神、福田荼枳尼天《だきにてん》(狐の精とされ、稲荷大明神と同視)が合祀されている小さな赤塗りの社も、川崎義郎さんに案内していただいてお参りし、奇妙な縁《えにし》につらなるよそ者として、お賽銭をあげた。旧九月二十九日の戒道大龍女尊の祭日に、漁協主催で三神一緒に行なう海上安全祈願には、久慈市から曹洞宗長泉寺の和尚さんが来て、お経を上げるのだそうだ。

すぐ南の黒松林の中に立っている、二〇〇三年十月二十四日に、やはり長泉寺から住職を招いて行なった海難者供養のときに立てた、高さ四メートルほどの白木の供養塔も見る。清光館の主も犠牲になった海難について、鹿糠石蔵さんに伺ったことだが、戦後間もなく烏賊《いか》釣りに三人乗りで沖に出た船が、強い「ニシ」(西風)に変わって戻れなくなり、若い一人は泳ぎ切って助かったが、年取った二人の一人は翌日、もう一人は二週間以上経ってから、死体になって発見された。そのときここに供養塔を立て、後を絶たない海難者の供養を、五年ごとにしているという。

海で亡くなった清光館の喜三郎は、先に述べた菅原連次郎の実家だった、久慈の古い回船業の分家から来た二度目の養子で、もともと漁師ではなく、櫓船の運搬業も不慣れだった。しかし養父の連次郎が急死したため仕事をせざるを得ず、陸上輸送がほとんどなかった当時、八戸の方との間で頼まれた荷を運ぶ、海の便利屋のような仕事をしていて、海上で行方不明になったらしい。荷の積み方が悪く、途中で降りた人は命拾いをしたという話も聞いたが、詳しいことは分からずじまいのようだ。連次郎が脳卒中で亡くなった翌々年、養子の喜三郎も海難死したわけで、ハツと嫁、二人いた子どもは連次郎の実家を頼って久慈に行った。結局、清光館が小子内浜にあったのは三年間くらいということになる。
柳田が「東はやゝ高みに草屋があって海を遮り、南も小さな砂山で、月などゝは丸で縁も無いのに、何で又清光館といふやうな、氣樂な名を付けてもらつたのかと、松本佐々木の二人の同行者と、笑つて顔を見合わせた」と書いているが、九州大分の方から流れて来た新七という、小子内に来たときもうかなりの年輩で、利発で書も上手だった人が、「旅人宿清光館」と名付け、看板も書いたという話を今度聞いた。川崎義郎さんの奥さん多禧恵さんが、姑、つまり義郎さんの母親で、本家の川崎石雄さんの父浩吉さんの姉に当たる千代さんから、そのことを千代さんの生前に聞いたという。

この藤延新七という謎めいた人は、夏井夏という年上の内縁の妻と、二人の間にできた娘の三人連れで小子内に来たのだが、まともな仕事の人ではなかったようだ。ただ、口が達者で機転が利き計数にも明るかったので、回船業で雑穀や材木の商いもしていた川崎本家の浩吉さんの父富蔵さんの手伝いもして、富蔵さんに重宝がられたらしい。その後、新七さんは小子内で居酒屋を始めたが、間もなく亡くなり、一人娘は近くの侍浜に嫁ぎ、病死した。残された夏さんは年を取って痴呆症のようになり、身体中に虱をつけたまま外をさまよい歩いたりした。富蔵さんは、分家の川崎を継いだ千代さんと婿養子の夫婦に、夏さんの面倒を見させただけでなく、引き取り手のない夏さんが小子内浜で亡くなった後は、新七さんと一緒に、遺骨を久慈の曹洞宗長泉寺にある、川崎分家の墓に納めさせた。川崎家の過去帳によると、新七の亡くなったのが大正九年六月九日で、享年六十四歳、夏が昭和三年八月二十三日、享年八十一歳だった。これから生年を逆算すると、新七は安政三年生まれ、夏は弘化四年生まれで新七より九つ年上だったことになる。

この藤延新七という不思議な人物が九州から小子内に流れて来なければ、「旅人宿清光館」の看板もなく、新七の死後三カ月も経たない夏の日の夕暮れ、小子内浜を通りかかった柳田国男が看板を見て清光館に泊まることもなく、

「清光館哀史」も書かれなかっただろう。

私にとって二度目の小子内浜の初めの日は、ところどころの残雪だけが冬を思い出させる、晴れて暖かい日だったが、あくる日は薄陽が射すかと思うと急に吹雪いたりする、不安定な空模様だった。

それにしても、と、柳田の二度の滞在より短い、小子内に正味一日ほどいただけの「通りすがりの旅人」である私は、八戸に向かうディーゼルカーに揺られながら、考えるともなしに、思った。柳田は、はじめて清光館の二階に上がり込んだとき、「果たして古くかつ黒い家だつたが」とその印象を「濱の月夜」に書いているが、燻され て真っ黒だったのは確かだったろうが、それほど古くはなかったはずだ。久慈出身の回漕業者の菅原連次郎が、一戸の桶屋の娘で八戸の女郎だったハツを身請けして、小子内にはじめて世帯をもったのは明治二十七年だった。だが、翌々年の津波で被害を受け、久慈の大きな回漕業者だった連次郎の父親が援助して、当時小子内浜ではじめてだったという二階家を新築してくれたのだ。建てたのは柳田の一行が泊まる十年ほど前だったはずだ。二階へ通され、一家で拭き掃除をしてくれているあいだ、この家はまだそれほど古くないようですが、こんなに黒いのはどうしてですかと、民俗学者としては、さりげなく話題にしてもよかったのではないのか。

連次郎が鰹節作りにも失敗し、窮余の策で水商売上がりのハツが飲み屋兼宿屋を始めたが、連次郎が脳卒中で急死、その翌年柳田が泊まって、そのまた翌年に、養子の喜三郎も海難死し、清光館が僅か三年で消滅して、もともとよそ者の集まりだった菅原の一家が離散して四年後に、柳田が再来して「哀史」を書いたのだ。主《あるじ》が亡くなってすぐ、新築して十年余りのしかも二階家が、柳田が二度目に来たときもう取り壊されて跡形もなかったということを、柳田はなぜ不審に思わなかったのだろう。久慈の金持ちの息子と身請けされた女郎が、このつつましい漁村に二階家を建て、流れ者の藤延新七が看板を書いて宿屋を始めた、ところが三年のあいだに二代続いて主が死んだという状況に、村人の反応は冷ややかで、遺族もここでは暮らせなくなったし、まだそれほど古くない家も早々に壊されてしまった、という村人の気持ちとことの成りゆきを、民俗学者である前に農政学者だった柳田は、どうしてつかめなかったのか。跡にたたずんで感慨に耽る柳田親子四人を「何をしているのか不審して、村の人がそちこちから、なにげない様子をして吟味にやつて来る」のは当然だし、私が聞いたところでは、村の人たちは清光館とは言わず、菅原と呼んでいたその一家のことを柳田が訊ねても、「何を聞いてみてもただていねいなばかりで、少しも問ふことの答えのようではなかつた」のも、村人があまり同情をこめて話題にしたがらなかったからだという風には、柳田は感じとっていなかったのかどうか。第一、海難死した喜三郎も、柳田は村人と同じ漁師の仲間だったと思っていたらしいことが、「清光館哀史」の筆致からは窺える。第三章の地域論でも述べたが、村という地域も単一の文化をもった等質の人々の集まりと見ず、そのなかの非等質性や動態に注目することの大切さは、この頃の柳田の村を見る目には、含まれていなかったのだろうか。

記念碑を建てるために募金をした中村英二さんの話では、村の人たちは「何で菅原のためにそんなものを」と、賛成しなかったが、文学者として小子内を世に知らせた柳田先生を記念するのだといって、納得してもらったという。

ところで、「清光館哀史」での柳田国男の思い入れの鍵になった「なにやどやら」について、おぼつかない手探りながら、これまで私にも分かったことを整理してみよう。

この歌と踊りは、小子内だけでなく岩手県北から青森の南にかけての旧根城《ねじょう》南部領で歌い踊られてきたもので、それ以外の地域では知られていないようだ。町田嘉章・浅野建二編『日本民謡集』(岩波書店、一九六〇年)には、「南部の猫唄」とも呼ばれる「ナニャドヤラ」は、「旧南部領一円即ち現在の青森県上北・三戸、岩手県二戸・九戸・岩手の諸郡に遺存する極めて古風な異色のある盆踊唄で、元歌は一種の呪文的な盲詞を主とする」が、「この唄の起源及び歌意に関しては諸説(土語・梵語・ヘブライ語)あるが未詳」と記されている。「猫唄」と呼ばれるのは、南部氏の出身地である甲州南部の「ニャー言葉」にこの歌が由来するという説[6]に関係があるかも知れないが、小子内浜では、「猫唄」ではなく「猫踊り」と呼んでいる。胸の前で両手を手首のところで返しながら踊る様子が、球にじゃれる猫のように見えるからだというが、ビデオに撮ったものや、お話を聞いた坂下ツネさん、小砂子ちよさんなどが、実際に踊って下さったのを見ても、確かにそんな感じがする、手足の大きな動きのない、盆踊りにしては一風変わった踊りだ。

小子内で、いろいろな人に歌い踊ってもらい、発音を注意深く聞いてカナ表記すると、ほぼ一致して、「ナニャドヤラ（場合によって、ナニャドヤラヨー）、ナニャドナサレノ、ナニャドヤラ」となる。言葉の意味が分かる人は一人もいなかった。小子内という地名がアイヌ語起源とされているところから、アイヌ語ではないかとか、ヘブライ語だとか、根拠の定かでない風説を挙げて笑うくらいのものだ。

ヘブライ語説は、八戸の西の新郷村に、「キリストの墓」といわれるものがあるところから来ている。行方不明とされている若い頃の十一年間日本で修行したキリストが、身代わりに十字架についた弟を後にのこし、シベリヤ、アラスカ経由で八戸に上陸し、戸来《へらい》（ヘブライ？）村でユミ子という日本女性を娶《めと》り、三女をもうけ、新郷村で没したというのだ。毎年六月一日にキリストの霊を慰めて、墓のまわりを「ナニャドヤラー、ナニャドナサレノ、ナニャドヤラー」と歌いながら地元の女性が輪になって踊るという。新郷村役場企画商工観光課が発行している「キリストの里」についての小冊子によると、「村には古くから伝わる盆踊り・唄がある。お盆とそして続いて訪れる鎮守のお祭りには、この唄がうたわれ踊られる」として、この「ナニャドヤラー、……」の文句を紹介した後、「まったく日本語らしからぬ歌詞であるが、米国シアトルに住む神学博士川守田英二氏（岩手県二戸市出身）は日本に帰った折りこれを伝え聞き、次のように翻訳している。お前の聖名をほめ讃えん／お前に毛人を掃討して／お前に聖名をほめ讃えん」と結んでいる。

この神学博士の解釈は、注6に挙げた鷹嘴洋一も引いているが(鷹嘴は、川守田を一戸町出身としている)、ヘブライ音楽研究の第一人者である友人の水野信男さんに、この歌詞にヘブライ語でそのような意味がありそうか伺ったところ、綴りが分からないとはっきりしたことは言えないが、そういう意味には対応しないのではないかと言われた。伊庭孝『日本音楽史』(一九五〇年、音楽之友社、音楽文庫版[一九三四年初刊行])を参照するよう勧められ、早速読んでみたが、小谷部という人の日本人のユダヤ人起源説への言及や、日本人の形成には「アジアの東端からユダヤ系の民族が西進して来たものも若干加わっている」(一〇頁)という、私には理解できないくだりがあるだけだった。

言葉そのものの意味はともかく、盆にこの歌をうたって踊る意味については、私がお会いした小子内の人は、一致して仏の供養だという。お盆に戻ってきた仏が、生きている人たちが元気に踊っているのを見て安心するからという人もあり、盆の十六日の晩にとくに夜遅くまで、本来は夜明けまで踊るのは、仏を無事に送り出すためで、鬼が踊りを見ているうちに、仏さまがお供え物を鬼に取られずに背負って帰るのだという人もある。いっときの性の解放に生活の憂さを忘れようと、女が男に向かって呼びかけた言葉だという、柳田が推測し断定したような意味を挙げた人は、一人もいなかった。私が話し相手にまず自由に答えてもらって、右のような仏の供養という答えが返ってきたあと、私から敢えて、女が男に向かって呼びかけた言葉ではないのかと訊ね、相手が「清光館哀史」にまつわる話を知っている場合には、柳田先生はこう言っておられるがと水を向けても、分からないと言うか、せいぜい「さあ、そういうこともあんのがもしれねな」と答えるくらいのところだ。

先に引いた町田・浅野の解説には、「この唄の起源及び歌意に関しては諸説あるが未詳」とした上で、「単に「何が何した」と踊りの準備のために歌われたものか。或はナニャドヤレ・ナニャドナサレの意で、祭の夜や盆の夜の自由放恣を示すか。元歌の反復だけでは単調なところから、元歌の詞型五七五に合わせて種々の替え歌を作り、更に曲折を敷衍して七七七五形の歌詞を添えて歌うようになった」(三七―三八頁)とあり、柳田風の解釈も一つの可能性として挙げているが、これは「清光館哀史」の影響ではないかと思われる。

柳田の解釈は、彼自身「清光館哀史」に書いているように、江戸時代から流行し、幕末には踊り唄になり、明治・大正に盆踊りに取り入れられたションガエ節からの、飛躍した類推に拠っている。小子内で盆踊りを見た四カ月後の大正九年十二月から翌年二月まで、柳田は沖縄を訪れ、西端の与那国島で聞いたションガネ節の「淋しい島の女の無始の昔からの哀愁」から、東北の「さんさ時雨」へと連想を馳せている。(7) この時の強い印象が、与那国島の五年後に再び訪れた小子内浜で、「ナニャドヤラ、ナニャドナサレノ」を、「なにヤとやーれ、なにヤとなされのう」と聞きとり、「あゝやつぱり私の想像して居た如く、古くから傳はつて居るあの歌を、此濱でも盆の月夜になる毎に、歌ひつゝ踊つて居たのであつた」という、思い込みに近い断定へと誘ったのではなかったか。

さきの町田・浅野の解説にもあるように、「ナニャドヤラ」には、この五七五に合わせた、土地によってまちまちな文句がついている。小子内で私が採録したもの(七七五も混じる)から、いくつか拾うと、

〽盆の十六日じゃ闇の夜でけだら[けだら＝あれば]／嫁も姑も出て踊れ
〽踊り踊らば今日ばかりに／あすは山々萩刈りだ
〽踊り踊らば三十は前だ／三十こげれば子が踊る
〽月と一緒に出てきたわたし／月は山端にわしゃここに
〽いまの若い衆かぼちゃの性《しょ》だな／ひとの軒下《のぎした》這いまわる
〽身上《しんしょ》見込みでくれたもの／心変われば樽戻す

八十嫗《おうな》とは思えない快活さで、好い声で歌ううちに、つい立って踊り出してしまう。どれもあっけらかんとしたユ

ーモラスな歌ばかりだ。昔はほかに楽しみがなかったから、盆の七日から二十日くらいまで毎晩踊っただけでなく、何かにつけて「ナニャドヤラ」を踊ったし、歌は山で馬の冬場の飼葉にする萩を刈りながらも大きな声で歌った。「ナニャドヤラ」の他に、歌も踊りもなかったのだ。山のあちこちから、「ナニャドヤラ」を歌う声が聞こえてきたものだ。男も山で厩の敷藁にする草を刈ったり束ねたりしながら大声で歌ったし、盆には男も一緒に踊った。

いずれにせよ、現在の時点で知り得た限り、柳田が土地の人に歌の文句や意味を訊ねても答えてくれなかったのは、柳田が抒情詩人の優しい思い込みから推しはかったように、「だからあの清光館のおとなしい細君なども、色々として我々が尋ねて見たけれども、黙つて笑ふばかりでどうしても此歌を教へてはくれなかつたのだ。通りすがりの一夜の旅の者には、假令話して聴かせても此心持は解らぬといふことを、知つて居たのでは無いまでも感じて居た」のではなく、土地の人にも分からなかったから教えられなかったとみるのが妥当であろう。小子内で歌い踊ってくれた人たちに、「清光館哀史」のこのくだりの話をして改めて訊ねても、「知らなかったけえ、答えなかったんだべ」といって笑う。私の印象でも、これだけあけひろげで人付きのよい人たちが、聞き上手の柳田の問いに誰も答えなかったのは、事実知らなかったからと考えるのが、一番納得がゆく。

この踊りと歌の由来と意味についての、興味深い解釈の一つとして、先にも触れた念仏踊り説がある。お名前と著書を引いた、郷土史家中村英二さんの「南部の盆踊り「なにゃどやら」私考」に、その論拠が詳しく述べられている。中村さん以前にも、念仏踊り起源ではなかろうかという示唆が、八戸の郷土史家中里進氏によって『概説八戸の歴史』上の二に書かれているのを、中村さんに教えていただき、その本を手に入れて読んだ。[8] 二つの念仏踊り説に共通の前提は、根城南部氏の先祖がおそらく明徳年間、甲斐の南部郷からこの地に移るとき、踊り念仏の一遍を開祖とする時宗の寺(西沢山神郷寺、のちに海浄山仏浜寺、次いで金円山成福寺と改名)も伴って来たことの指摘だ。

南部での踊り念仏について知るために、私は時宗の総本山である神奈川県藤澤山《とうたくさん》清浄光寺《しょうじょうこうじ》、通称遊行寺《ゆぎょうじ》に行ってみた。たまたま昨年八月、この寺で催された遊行フォーラム緑陰講座に私が講師として招かれ、「宗教にとって踊ることとは」という題で講演をした縁で、同寺の宝物館で所蔵文書の研究をしている、『時宗教団史』(二〇〇三年、岩田書院)という著書もある高野修さんに紹介していただいた。清浄光寺は永正十年(一五一三)兵火で焼かれたため、寺備えつけの過去帳も失われ、慶長十二年(一六〇七)再築されるまで、約百年空白がある。幸い代々の遊行上人が持ち歩いた永禄六年(一五六三)までの過去帳はあり、いま国の重要文化財に指定され修復されているが、高野さんのお陰でそれも見ることができた。

八戸の根城南部氏の勢力が傾き、寛永四年(一六二七)盛岡南部氏の指示で遠野に国替えになったとき、成福寺も遠野に移って常福寺と改名され現在まで続いている。中村英二さんが遠野の常福寺で八戸成福寺の過去帳を調べたところ、丁度応仁の乱の頃から秀吉の刀狩りの頃までに当たる六代目の住職が欠けており、この僧が遊行に出たまま帰らなかったのではないか、この僧が念仏踊りを根城南部領に広めたのではないかと中村さんは推測している。藤沢の総本山の遊行上人が持ち歩いた過去帳には、残念ながら南部の末寺についての記載はなかったが、高野さんのお話では、時衆(「時宗」となったのは、徳川時代の初めという)の僧は、遊行が本来の姿であり、晩年に寺の住職になるに過ぎないし、南部地方では、民衆の信仰は踊り念仏のような直接体得する方法によるものが有力だったから、寺の過去帳に住職の名が記されているいないに関わらず、時衆の踊り念仏が、寛永年間以前にすでに根城南部に広まっていた可能性は十分にあるという。

先の中里氏の論考でも、関連して私が読んだ及川大渓氏の論文「奥州中世の念仏門の宣布」(『岩手史学研究』三三号、一九六〇年、二九―三九頁)でも、浄土宗、一向宗の念仏と並んで、時宗(時衆)の念仏踊りも一遍以来奥州に大きな力をもっていたことが述べられている。中里氏の論文にも、根城南部領で、念仏供養の踊りの文句が、何のことか分からない呪文に変形されて庶民のあいだに広まっていること、寺は宗を伝えるのではなく、その住職によって宗派が変えられたことなど、興味深い指摘がある。

踊り念仏に詳しい高野さんに、昭和六十年に小子内浜の昔ながらの「ナニャドヤラ」をお年寄りが踊った記録ビデオをお見せしたところ、一遍聖絵に描かれた、鉦を手に持たない最初の踊り念仏を彷彿させる、「猫踊り」の手の仕草は、歓びの表現と思われるし、蹴るような足の動きは元来の躍動の名残ではないかという、興味深いコメントをいただいた。日本の民俗舞踊、とくに盆踊りに造詣の深い吉川周平さんには、有名な「ボンアシ(盆足)」説がある。つまり元来精霊送りのために、夜を徹して踊った盆踊りでは、長時間踊るために、足を高く上げず、摺るようにして同じ足を二度ずつ、軽く蹴るように前に出すというのだ。この「ナニャドヤラ」の踊りの足の動きも正にこの「ボンアシ」で、それが高野さんの感想では、原初の躍動を抑えた形になっているのではないかというのだ。吉川さんと電話でお話しした限りでは、念仏踊りが盆踊りになるというのは考えにくいというご意見だったが、この「ナニャドヤラ」が極めて特異なもので、既知の前例だけでは割り切れないものを多く含んでいることも、吉川さんは無論よくご存じだし、そもそも盆踊りの起源も明らかではないと吉川さんはいう。

念仏踊りが盆に踊られる例としては、徳島県美馬郡貞光町端山地区の、貞光川をはさんだ木屋《こや》と川見で、もとは旧暦の盆、いまは新暦の八月の月遅れ盆に踊る二種の踊り念仏がある。木屋で踊るのは、新仏があった年(かつては三年間)で、盆の十三日夜に、川見では毎年盆の十四日の夜に踊る。木屋では堂の床の上で、男女が反時計回りに後ずさりしながら、鉦に合わせて「ナムアミドーヤ」「カネタイコドーヤ」と唱え、だんだん声も大きく、後ずさりのテンポも早くなる。川見の念仏踊りは女人禁制で、先達と、鉦、拍子木を打つ者とが堂のなかにいて、踊る人は堂を囲んで円陣を作り、円の内側に向かって「ナムアミドーヤ」と三回唱えながら右に三回跳び、次に「ナモーデ」と唱えながら左に大きく一回跳ぶ。空也上人、一遍上人に由来するとされ、元来は踊る者が浄土を求めたのだが、いつか仏を慰める性格のものになった。まったく娯楽や人に見せる要素のない、地元民だけの踊りとして伝承されてきた(同町広報課資料による)。

一方、根城南部氏が、甲斐から時衆の僧を連れて行って南部領に念仏踊りが広まったとすると、注6で触れた「ニャー言葉」もある甲州南部には、なぜ同じように「ナニャドヤラ」がないのか、これは東北の一部の特殊な条件が産み出したものなのか、謎は深まるばかりだ。念仏踊りが、地方での布教の段階でどのように行なわれ、一般の信者たちがどのように参加し、実践したのかもよく分かっていない。

高野さんのご教示によると、弘安二年(一二七九)信州佐久の野沢城主の屋形で、一遍上人が最初の踊り念仏を行ない、僧、尼、民衆数百人が踊り回った、その踊り念仏をいまに伝えているとされるものに、長野県の無形民俗文化財にも指定された「跡部の踊り念仏」がある。これは、地元の有志による復活後は浄土宗の西方寺境内で観世音の縁日である四月十七日に行なわれているが、かつて藤沢の遊行寺で民衆が庭踊りとして伝えていた踊り念仏と、和讃を異にする以外はほとんど同じ踊りであることが故老たちによって証明されたという。藤沢の庭踊りは、関東大震災以後絶えていたが、「跡部の踊り念仏」に倣って昭和五十年に再興され、高野修さんを会長とする在家の人々の保存会によって、春の開山忌などに踊られている。

これとは別に、遊行寺の修行僧、修行尼によって継承されてきた踊り念仏である踊躍《ゆやく》念仏があり、これは毎年死者の霊を弔って九月半ばに行なわれる薄《すすき》念仏(一遍上人が、祖父河野通信の霊を弔って江刺で行なったのに由来するという)に際して行なう。小子内の「ナニャドヤラ」は、ビデオをご覧になっての高野さんの印象では、踊躍念仏を想わせるという。

また、小子内の「ナニャドヤラ」が、山の萩刈りなどの作業歌としても歌われていたという点については、一遍を継いだ二代目の真教上人の時に由来するとされる、北陸の網引き作業歌にもなった「ダ張り念仏」が、後に時宗の声明に取り入れられた例があるということを、高野さんから教えていただいた。

結局、状況証拠のようなものによる推論だけで、核心はつかめないまま「猫踊り」のまわりを回るようなことしか、いまの私にはできない。これから先、探求を進めて行ったとしても、すべてが明快になるとはとても思えない。そんなことが、日本のある地方の大勢の人々によって、もしかすると六百年位のあいだ、歌い踊りして受け継がれてきたという事実の不思議な重みを、「ナニャドヤラ」という民俗は感じさせる。

だが一方で、私がお話を聞き、ビデオで踊っていたような方々にとっての「ナニャドヤラ」が、旧暦の満月の盆踊りや山の萩刈りなどと共に小子内で実際に生きていたのは、昭和十六、七年位までだという。戦争末期と戦後の混乱期に盆踊りは一時途絶えたが、昭和二十二、三年頃から、月齢とは無関係な新暦八月の月遅れ盆の十六日に、昔ながらの踊りを知っている有志が指導して、浜の方でなく小学校校庭で、「ナニャドヤラ」を踊るようになった。十年ほど前からは、「北奥羽ナニャドヤラ盆踊り大会」が、毎年八月十七日に、小子内より少し内陸に入った大野村であり、二十カ所位が参加、種市町だけでも四カ所から出る。コンテスト式の大会で、審査員長は八戸の人だという。小子内は四年位前、三位に入賞したことがある。大会で優勝するのは、昔ながらの地味な「猫踊り」ではない、振りの大きい派手な動きの踊りだという。一昨年、秋田のわらび座の人たちが「猫踊り」を見に来て、いまの若い人向きの、活発な振付けの「新盆踊り」を考えてくれた。十七、八年前から種市町が毎年八月に催している海浜の観光行事、マリン・フェスタでやるのも、「猫踊り」に加えて、この「新盆踊り」だ。富山や秋田の方からも若い人が来て、それぞれのおくにの盆踊りをする。まず町内を流し、その後海岸で踊る。これもコンテスト方式だが、小子内は昔ながらの「猫踊り」を守っていて、五年連続最優秀賞を受けたというが、柳田国男先生がご覧になった踊りを、そのまま伝えていることが評価されたのではないかと、踊りの指導に当たっていた高見キヌエさんは言う。

こうして現代を特徴づけている旅と観光の隆盛と共に、「黙って生きられる文化」から、「自ら表象し、よそ者に見せる文化」へ、文化そのものが変質しつつある。小子内で昔ながらの猫踊り「ナニャドヤラ」を継承してきた小学校校庭の盆踊りも、「柳田国男先生を偲ぶ盆踊り大会」として、小子内の婦人会主催、地区会後援で行なうことが去年春の小子内地区会の総会で決まり、去年はその第一回で、「柳田国男先生を偲ぶ……」という横断幕を張ってやり、参加者には景品を出した。小学生も加わって盛況で、初めての去年は百四十人位集まったという。ここでも、柳田の「ナニャドヤラ」をめぐる判断の当否からは独立の、柳田現象とでもいうべきものが、伝統を再創造する力になっている。

小子内の人たちにとっては、本来どうでも良いことなのかも知れない、柳田の他者理解のあり方は、だが、人類学者である私のような他者理解を仕事にしている者にとっては、そしておそらく旅する者一般にとっても、大切な問題を含んでいる。まず、「通りすがりの一夜の旅の者には、假令話して聴かせても此心持は解らぬといふことを、知つて居たのでは無いまでも感じて居た」という、他者理解の否定にも通じる、文化の本質主義の考えが柳田の根底にはある。それでいて、「通りすがりの一夜の旅の者」であることを自ら認めながら、「あゝやつぱり私の想像して居た如く、古くから傳はつて居るあの歌を、此濱でも盆の月夜になる毎に、歌ひつゝ踊つて居たのであつた」以下、よそ者の側からの断定をためらいなく正当化するのも、文化の本質主義、他者理解の否定の一つの裏返しと見るべきであろう。見る者の側からの論理の整合性や、柳田の場合とくに柳田の美意識が、他者の手応え、見られる者の論理との対立や葛藤に優越しているように思われる。

そのような立場からの推論、断定は、あまり長期に他者と深くかかわらず、「通りすがりの一夜の旅の者」の目と心で行なう方が、容易であり、文章表現としてもすっきりする。柳田国男の民俗探訪の特徴は、すべてが、「通りすがりの一夜の旅の者」の目と心でなされていることである。民俗学の古典とされている一地方の詳細な伝承録『遠野物語』は、当時二十代なかばだった遠野出身の青年佐々木喜善からの、それも東京の柳田邸での聞き書きであり、柳田自身は遠野を『遠野物語』刊行前にはただ一度、すでに草稿は完成していた刊行前年の明治四十二年、八月二十三日から二十六日までの足掛け四日、東北旅行の途上で馬上などから訪れただけで、住み込み調査などはしていない。(9) 柳田の著作のうちでも、一地域社会の総合民俗誌の性格を最も強くもっている『北小浦民俗誌』(一九四九年、三省堂)も、柳田の忠実な弟子の一人だった倉田一郎が遺した調査記録を、柳田の問題意識に即して再構成した柳田の作品で、柳田自身は佐渡の北小浦に、ただの一度も足を踏み入れていない。(10)

長期に対象社会に住み込み、そこの人たちと生活を共にしていれば、大部分は修正されたり否定されたりする旅の第一印象を、文献に基づく博大な参考知識と、何よりも詩人としての感情移入の見事さによって、それなりの整合性をもった紀行文の形で表現してしまうとき、見る側の表現と、もっとどろどろした、あるいはあっけらかんとした、対象社会の現実とのあいだに口を開けているはずの深淵は、放置されたままになる。

「清光館哀史」が、高校の国語教科書に初めて載ったのは、昭和四十一―四十三年度(一九六五―六八年度)使用の筑摩書房の『現代国語3』で、「浜の月夜」も採録されている。編集委員の一人だった益田勝実の推薦といわれる。その後昭和五十二年度使用のものまで連続して『現代国語3』に載ったが、その後、改訂版では昭和五十七年度まで掲載されず、昭和五十八―平成六年度の『国語Ⅱ』では、「清光館哀史」だけが復活し、「濱の月夜」は割愛されている。いま私の手元にある、同じ筑摩書房の『国語Ⅱ』平成七―十年度(一九九五―九八年度)使用の版には、「浜の月夜」も併載されている。この版には私の『曠野から』(一九七三年)の一章「夜」も、樋口一葉や梶井基次郎の文章と並んで載っていて、「清光館哀史」との不思議な因縁を感じる。最近送られてきた、平成十六年度から高校国語教科書として使用される筑摩書房の『精選現代文』には、私の「記録すること、表現すること」(初出、角川書店『国語科通信』五六号、一九八四年)は採録されているが、柳田の文章はない。筑摩書房の教科書担当の人に聞くと、来年度からの教科書には、「清光館哀史」が再び載るのだそうだ。

このことをわざわざ書くのは、土地の人に聞いても「清光館哀史」が国語の教科書に載ったということが、小子内の人々にとっての柳田現象の発端になったからであり、同時に、先にも触れたように「清光館哀史」に心の恩を受けて人類学研究を志した私の、最初期の調査体験を綴った小文が、「清光館哀史」と同じ教科書に載ったこと、しかも『曠野から』に書いたことは、まさしくこれまでに述べた「清光館哀史」批判、というよりそれに基づく自己批判に照合するからだ。いろいろな拙文は、かなり多くの国語教科書に採録されているが、偶々同じ筑摩書房の教科書に載った「記録すること、表現すること」も、異文化の認識とその記述の問題を述べた文章で、「清光館哀史」批判に通じる。

『曠野から』の「声」という章で、私は、サバンナの村の女が薄暗い小屋の中で汗を流しながら、前後に押したり引いたりする石の摺り臼で、夕食用のもろこしの穀粒を粉に挽きながら歌っている声を聞いたことを、夜、鼠の出没する村人の小屋の筵に寝ていて思い起こし、こんな風に書いている。「それは、三種類くらいの、おだやかで明るい単調なふしが、交互に追いかけっこをしながらつながってゆくような歌だった。黒人女に特有の、幼児の声のようななまなましさのある、いかにも屈託のないその歌声は、暑い長い一日のあとにようやくおとずれる貧しい夕食と、灯りひとつないこのくらがりにこもった熱気を思うと、不思議な、そして何かしら尊いものに、私には思われた。その声の明るさには、私の小さな「理解」をこえるものがあった。私は一瞬「テープレコーダーをもっているとよかった」と思い、次の瞬間、そんな風にとっさにうごいた私の気持ちをはずかしく思った」。

何と「清光館哀史」とよく似ていることか。私は長期滞在調査の初めで、私がまだ清光館哀史体験のほとぼりをひきずっていた頃であり、私の感傷を勝手に村人に投入している。加えて、独りよがりな倫理感。その後の住み込み調査で私は、この粉挽き歌が実に痛快であっけらかんとした、わざと夫に聞こえるように歌う、即興の悪口の発露であり、しかも夫は聞いていても、怒ってはいけないという味な土地の掟があることも知った。家の片隅に一年間居候させてもらっていて、こっそり録音をしても、あとで歌った当人も笑いながらその歌の意味を私に説明してくれるような親密な人間関係の中で、私は粉挽き歌以外にもいろいろある女性の「当てこすり歌」(土地の言葉で「イー・シルガ」、「カーブした(曲がった)歌」という意味だ)をたくさん録音し、その分析から、土地の人の生活感覚についての、私のちっぽけな倫理感や感傷を超えた貴重な理解を得ることができた。[11] このサバンナの社会で、これら一連の女たちの「当てこすり歌」が形づくる領域を、私は「声のアジール」と名付けて分析した。[12]

比較文学の平川祐弘さんは、柳田の「濱の月夜」「清光館哀史」を、ピエール・ロティ『アフリカ騎兵』(*Le Roman d'un Spahi*, 1881)のバンバラ族の輪舞の克明な描写、ラフカディオ・ハーン『知られぬ日本の面影』(一八九四年)の第六章「盆踊り」での伯耆の国でハーンが来日後初めて見た盆踊りの記述、と対比し、ロティ、ハーン、柳田という影響関係もたどりつつ、興味深い分析を行なっている。[13] この極めてユニークな着眼の論考が、初め『アステイオン』誌(第一五号、一九九〇年)に発表され、平川さんから贈られたとき、私は柳田の思い入れについての、かねてからの疑問を電話でお伝えした。論集『オリエンタルな夢』に再録された文章で平川さんは、「土地の人の心をよくつかんでいるようでいながら、それでいて地方の人を他人と見てその人と自分との間に一番距離を置いているのも、ひょっとしてロティやハーン以上にこの柳田国男ではないか、という気がしないでもない。川田順造さんとも話したことだが、抒情詩人柳田には主観的な思い入れがやはりどこか強すぎて、柳田の感受性を対象におしつけてしまう傾きがありはしないか。もっと向こう側の、向こう側の中だけでの、生活や感情や思考の組みたてを探ることも大切なのではないだろうか」(六七―六八頁)と述べているが、まったく同感である。平川さんは同時に、よそ者の目と感受性が、土地の人には当たり前と思われている事柄を、好奇の心で克明に観察し記述することを可能にすることも強調しており、このまさに人類学者の目の意味についての指摘にも、私は賛成だ。

よそ者の目の大切さ、だがそこに不可避に生まれる、見る側と見られる側の、感覚と論理の乖離と交錯、「清光館哀史」が投げかけるこの問いかけについて考えるとき、この世に生を享けて私がめぐり逢えたことの幸せを思うもう一人の偉大な先達、クロード・レヴィ＝ストロース先生のことを、私は思わずにいられない。レヴィ＝ストロースの巨大な学問業績を支えている資料のほとんどすべては、文献の博捜、その鋭い読み込みによって得られている。博士論文でもあった大著『親族の基本構造』(一九四九年)、『今日のトーテミスム』(一九六二年)、『野生の思考』(一九六二年)などで重要な資料源となっているオーストラリア先住民社会は、訪れたことさえない。『神話論理』四巻をはじめとする晩年の労作の主な舞台は、レヴィ＝ストロースも直接知っているアメリカ大陸だが、資料のほとんどは文献から得ている。大部分の人類学者が、若い頃に長期の住み込み調査によって、思考も感性も根底からゆさぶられ、変質させられるような最低二年の異文化体験——その社会について何を聞かれても答えられるような体験——をして得た資料に基づいて、学問を創って行くのに反して、レヴィ＝ストロースの若い日の足掛け四年間のブラジル滞在中の、先住民社会との接触は、自伝文学の名作『悲しき熱帯』(14)を注意深く読めば分かるように、一社会それぞれについての知見は「旅の見聞」に近い。ブラジルという、都市生活も含めてそれ自体人類学の研究にとって興味深い異文化体験は、文化を構成要素間の関係とその変換によって解読するという、構造主義の方法を醸成する上で、そして他の研究者の記述を読み込む上で、むしろ重要な意味をもったのではないかと思われる。

ブラジルでの先住民社会の調査は、サンパウロ大学講師としての初めの一年間に、大学の休暇を利用して短期間カデュヴェオ、ボロロなど、近くの先住民集落を訪れて行なった他は、最後の年の六カ月間の、ブラジルを南東から西北へ横切る、フランスの博物館の資料蒐集のための広域探検旅行だった。この広域旅行のときは、ブラジルからの帰国後離婚した最初の夫人、リオデジャネイロの博物館員、フランス人の医者という三人の同行者と、トラック一台、荷物や蒐集資料を運ぶ騾馬十五頭、牛約三十頭、牛追い人約十五人という大編成の一行で、いつも全員一緒の行動ではなかったにせよ、長期間ひっそりと対象社会に入り込んでの調査などは、初めから不可能な状況だった。ブラジル滞在中も、何度となくブラジルとフランスの間を、一回十日以上はかけて船で往復しており、その間、インディオ社会で蒐集した品のパリでの展覧会、インディオについての講演、執筆、次の広域探検旅行を実現するための資金調達をはじめとする準備などでも、かなり長くパリに滞在している。

広域探検のあいだに最も長く留まったと思われるナンビクワラの居住地域でさえ、記述を丁寧に読むと、接触の期間は長く見積って三週間だ。この点については、レヴィ＝ストロース先生にも直接伺って確かめたことがある。私もレヴィ＝ストロースの五十年後にナンビクワラ社会を訪ねているが、⑮一九三八年のブラジル奥地の状況では、独りで長期間住み込み調査をするのは、不可能ではないまでも、きわめてむずかしかったことは確かだ。短期間の調査がすべて無意味だというのではない。事実、『悲しき熱帯』のインディオ社会の、それぞれに素晴らしい記述の中でもひときわ精彩のあるナンビクワラの部分を読むと、レヴィ＝ストロースの観察眼の鋭さ、かすかな徴候でも感じ取って隠れた意味を解明してゆく、その感受性と水際だった解析力は、賛嘆するほかはない。加えて、それに適切な表現を与える見事な修辞。異文化に対するこのような洞察力、文章力は、柳田国男を彷彿させる。

『悲しき熱帯』でナンビクワラの記述に充てられている第七部の、27「家族生活」の末尾の部分を読もう。『悲しき熱帯』の原著が書かれた一九五四―五五年の少し前に刊行された、アメリカの文化人類学者オバーグの、ナンビクワラに対する嫌悪をあらわにした記述に反感を示して、レヴィ＝ストロースは書く。

「白人がもたらした数々の病気が、すでにナンビクワラ族の多くの者を殺してはいたが、それにも関わらず、ロンドン〔この地帯の奥地まで電信線を架設し、先住民を守りながらブラジル社会に適応させようとする事業に挺身した、夢想家肌のブラジルの軍人――川田〕の常に人間的であった試み以後は、誰ひとり彼らを服従させようとは考えなかった時代にナンビクワラたちを知った私としては、この胸を抉《えぐ》る記述を忘れてしまいたい。そして或る夜、懐中電灯の光で私がメモ帖に走り書きしたものから書き写した、次のような情景以外、私の記憶の中に留めて置きたくない。

暗い草原の中に幾つもの宿営の火が輝いている。人々の上に降りて来ようとしている寒さから身を守る唯一の手立てである焚火の周りで、風や雨が吹き付けるかもしれない側に、間に合わせに椰子の葉や木の枝を地面に突き立てただけの壊れやすい仮小屋の蔭で、そして、この世の富のすべてである、貧しい物が一杯詰まった負い籠を脇に置き、彼らと同じように敵を意識し、不安に満ちた他の群れが散らばる大地に直かに横たわって、夫婦はしっかりと抱き合い、互いが互いにとって、日々の労苦や、時としてナンビクワラの心に忍び込む夢のような侘《わび》しさに対する支えであり、慰めであり、掛け替えのない救いであることを感じ取るのである。初めてインディオと共に荒野で野営する外来者は、これほどすべてを奪われた人間の有様を前にして、苦悩と憐れみに捉えられるのを感じる。この人間たちは、何か恐ろしい大変動によって、敵意をもった大地の上に圧し潰されたようである。覚束なく燃えている火の傍で、裸で震えているのだ。外来者は手探りで茂みの中を歩き回る。焚火を熱っぽく反映しているのでそれと見分けられる手や、腕や、胴にぶつからないようにしながら。しかしこの惨めさにも、囁《ささや》きや笑いが生気を与えている。夫婦は、過ぎて行った結合の思い出に浸るかのように、抱き締め合う。愛撫は、外来者が通りかかっても中断されはしない。彼らみんなのうちに、限りない優しさ、深い無頓着、素朴で愛らしい、満たされた生き物の心があるのを、人は感じ取る。そして、これら様々な感情を合わせてみる時、人間の優しさの、最も感動的で最も真実な表現である何かを、人はそこに感じ取るのである」。

人類学者の、対象社会への思いやりにみちた叙述だ。NHK教育テレビで一九九三年四月に二回に分けて放映された、『インタービュー　クロード・レヴィ＝ストロース』(16)の、第一回の冒頭でも、聞き手だった私の希望で、いま引用した部分の後半を、先生の生の声で読んでいただいた。一九三八年に書いたというこの現地でのメモを、十六、七年後に執筆中の著作に挿入したのは、アメリカのスミソニアン研究所社会人類学研究室から刊行された、高名な南米研究者の記述に対して、レヴィ＝ストロースの記憶にあるナンビクワラの人たちを弁護したいという当為感が強くはたらいていたからに違いない。だが、メモそのものは、それ以前の、ナンビクワラ族との出逢いのときに書かれたものであり、短期間の接触がよそ者の観察者の心に生みだす、理想化され抽象化された優しい思い入れ、それもレヴィ＝ストロースにしてはやや過度の感傷を籠めた思い入れが記され、きわめて美しい叙述になっている。だがこの人たちが、実際にそのような感情で生きているのか、「向こう側」の生活感覚と論理が十分に捉えられた上での叙述ではない。その限りで、「清光館哀史」における柳田の思い入れと多分に共通するものを、私は感じてしまうのだ。

柳田の「清光館哀史」に集約される、見る者と見られる者の関係は、すべての旅人の内なる「清光館哀史」、異文化理解を仕事とする人類学者である私の内なる「清光館哀史」として、その意味を考えるべきなのかも知れない。

だがその一方で、先にも平川さんの言葉を引いて述べたように、新鮮な好奇心と豊かな感性をもった旅人が、土地の人には見えないもの、当たり前のこととしてわざわざ書き留めたりしないようなことを、顕在化させ、記述するという面があることも確かで、そこにこそ、まさに対象からの隔たり、というよりむしろ意図された離脱、ディタッチメントを方法化した人類学の特色もあるといえるのだ。演劇におけるブレヒトの「異化効果」、フランス語でいみじくも「ディスタンシアシオン」、「距離を置くこと」と呼ぶものとも通じる精神だ。レヴィ＝ストロース先生も好きでご自分の著作の題にもした、世阿弥の「離見」[17]は、人類学の根底をなす「旅人の目と心」をよく表わしている。

だが、よそ者の思い入れを、他者の中にもそのままあるものと思い誤ることの危険も、「清光館哀史」をめぐって、すでに指摘した通りだ。自己と他者それぞれの複数の主観の対話を通じて、他者の内なるものをそれ自体の論理によって理解すること、それは異文化理解の方法として、構造主義によっても標榜されているものではあるが、その際に当てはめられるモデルとしての構造が、見る側の主観だけに基づいたものになる危険もあるといえる。

例を挙げよう。以下に述べるのは、大作家、大思想家をとりあげ、その業績や思想を徹底して論じる「エルヌ叢書」の一巻として、間もなくフランスで刊行される論集『レヴィ＝ストロース』に寄稿を求められて書いたことで、勿論レヴィ＝ストロース先生の目にも触れるものだ。[18]先にも引いた『インタービュー　クロード・レヴィ＝ストロース』第二部「日本への眼差し」の中で、一九七七年の初めての日本訪問の第一印象は何だったか、それは以後四回の日本での体験と日本についての知見の積み重ねの後にも、妥当なものと考えているかという私の質問に対して、レヴィ＝ストロースは、ブラジルの第一印象が「自然」だったのに対して、日本の最も強い第一印象は「人間」だったと言い、それも、旧世界の度重なる革命や戦争で疲弊し、消耗しきった人間ではなく、「社会の中での自分の位置がどれほど約《つま》しいものであっても、社会全体のために必要な自分の役割を果たす用意が、それも寛《くつろ》いだ平常心で、いつもできている、そういう人たち」を見出したことだったと述べている。そしてレヴィ＝ストロースも関心をもっている江戸中期以来の石田梅岩の心学が、そのような道徳を強調したのではないかと言う。

これに続いてレヴィ＝ストロースは、フランス人が「ウィ」というところを、日本人は「ハイ」と言うが、「ハイ」の中には、「ウィ」以上のものが含まれている。「ウィ」がいわば受け身の同意であるのに対して、「ハイ」には相手への生き生きとした働きかけの気持ちが籠められているように思う、と述べている。ただ、十分に確かめられていないことについては常にきわめて慎重なレヴィ＝ストロースらしく、この印象は裏返された「ロティ風」の浅薄なもので、全く誤っているかも知れないが、と付け加えることを忘れていない。

梅岩の心学が、それまで士農工商の社会秩序の中で不当に卑しめられていた商人に、商人道を守ることを条件に存在理由を与えた点で新風をもたらしたことは確かであっても、幕末にかけて多くの私塾を通じて広汎な影響力をもった心学は、いずれにせよ封建社会の身分制に基づく道徳を説いたのであり、ルース・ベネディクトが『菊と刀――日本文化の型』で、「各々其ノ所ヲ得」という一章を設けて論じた、日本人の行動パターン一般にも、根強くしみ込んでいたものなのだ。

だが、私がレヴィ＝ストロース先生の留保付きの意見に、「土地の人間」としての考えを述べたのは、フランス語で「ウィ」が発話者の意思を示す副詞であるのに対して、日本語の「ハイ」は相手の発話を受ける間投詞であって、否定疑問に対する答え方で明瞭になるように、両者は文法上も対応しないという、おそらくレヴィ＝ストロース先生もご存じの事実についてではない。私が問題にしたのは、「ハイ」という、長上の言に服従する意志を明確に示すような間投詞が、学校教育で一律に教えられ一般に普及したのは、明治維新後の薩長主導の、神格化された天皇の下での超国家主義、軍国主義体制になってからだという点である。日本帝国陸軍の言葉遣いには、大村益次郎、山県有朋、乃木希典以来、陸軍を創設・主導してきた長州のおくにことばの影響が顕著だったといわれるが、おくにことばでとくに「ハイ」を重んじたのは薩摩だ。薩摩藩は、東郷平八郎、山本権兵衛、西郷従道などが輩出して帝国海軍を掌握しただけでなく、陸軍の実力者大山巌も生み、明治の警察にも力をもっていた。橋口満『鹿児島県方言辞典』(一九八七年、桜楓社、六四八頁)によると、「ハイ」は「昔日、薩摩では応答するときの音調を重んじていた。殊に士分の家庭では、ことばに抑揚を欠く男は男らしくないと軽蔑された。ハイにもイに力を入れて発音しなければならなかった」という。方言問題に深く関わってきた井上ひさしの戯曲『國語元年』で、さまざまなおくに言葉の人たちが「文明開化語」をめぐって議論する中でも、鹿児島の人だけが「ハイ」と言っている。

薩摩と並んで尚武の伝統のあった肥後をはじめとする九州各地や、土佐など四国でも、「ハイ」があったらしいが、また江戸時代の草双紙類にも、宿屋や店の使用人などが客との応接に、アイ、ヘエに混じってハイと言っている例はあるが、他の大部分の日本のおくにことばでは、東北のア、アー、ウン、ンナ、ンダ、関東のウン、ヘエ、アイ、新潟、富山、石川のヘアー、エー、アイ、中国のヘー、ヘア、ウン、沖縄、池間のオー等々、明治以後の軍国日本向きには、自由で柔らか過ぎる受け答えの間投詞が多く使われていたようだ。昭和三年の小豆島を舞台にした壺井栄『二十四の瞳』のはじめの方に、新任の大石先生が生徒の名を一人一人呼んで、呼ばれたらハイと返事をするように指導するところがある。女生徒の一人が「ヘイ」と答え、先生が「ヘイは、すこしおかしいわ。ハイっていいましょうね」と諭すのだが、木下恵介監督の映画では、そう言われた女生徒が、また「ヘイ」と答えるのが可笑しい。

レヴィ＝ストロースが、ハイに感じ取る「社会全体のために必要な自分の役割を果たす用意が、いつもできている」というときの「社会全体のため」とは何に奉仕するためなのか。満鉄経営、日独伊三国同盟（これも、松岡洋右、その親戚の岸信介など、長州出身者の主導によるものだ）から、神風特攻、東京の皆殺し大空襲、広島長崎の原爆、沖縄戦の惨劇に至った、明治以後の神がかり軍国主義にこりごりしている私たち「土地の者」（少なくとも私）としては、全体主義教育で教えこまれた「ハイ」が、進んで社会全体に奉仕する気持ちがこもったうるわしい言葉であるとは、どうしても考えられないのだ。

これに関連して、『悲しき熱帯』の中公クラシックス版（二〇〇一年）に寄せた、レヴィ＝ストロースの日本の読者へのメッセージで、日本が伝統と革新のあいだにある種の均衡を見出すことに成功したのは、多分、何よりも日本が近代に入ったのが「復古」によってであり、例えばフランスのように「革命」によってではなかったという事実に負っているのであろう、そのために伝統的諸価値は破壊を免れたのだ、と述べている。先にとりあげた第一印象についても、レヴィ＝ストロースが、ブラジルの「自然」に対して日本では「人間」だったと述べているように、対立する有意な二項を設定し、それぞれの特質を際立たせて対象を解明するのは構造分析の常套手段だが、ここでも、「復古」を「革命」と対置して、「伝統」と「近代」という他の二項と関わらせている。

だがここでも、この二項対置はあまりに表面の形式にこだわり過ぎるのではないか、フランス史の時代区分における「近代」の始まりが、一般には一四五三年の百年戦争の終わり、東ローマ帝国の滅亡以後と、きわめて古く設定されていることは措いても、フランスは「革命」によって近代に入ったといえるのか、近代化が進められたのは、むしろ「革命」を否定した二人のナポレオンによる長い帝政期ではなかったか、と問いたくなるが、何よりも日本の明治維新は、本当に「伝統」への「復古」だったのかという疑問が生まれる。天皇親政自体は形式上、建武中興以来の「復古」かもしれないが、この二年半の中断をはさんで、鎌倉幕府から六六〇年続いた武家政治とその下で生まれた、日本仏教、能、茶道、光琳派や狩野派の絵、歌舞伎、俳諧、浮世絵等々、徳川体制が維新で瓦解し否定されるまで継承・洗練した文化は、「伝統」ではないのか。明治政府による、天皇を現人神としていただく神道の国教化、廃仏毀釈、教育勅語に基づく国家主義教育、下級武士が天皇と直結して天皇親政を実現した明治維新を建武中興になぞらえて、楠木正成を極度に称揚した教育などは、伝統に名を借りた、薩長体制の下での、西洋の諸制度も取り入れた新しい天皇制軍国主義の「創出」に他ならない。長州に従属した佐賀藩出身の大隈重信、京都の公家で維新に勲功のあった軍人西園寺公望以外、一九一八年に岩手出身の平民宰相原敬が最初の政党内閣をつくるまで、半世紀の間、伊藤博文以来首相はすべて長州と薩摩出身者で占められ、陸海軍も薩長が掌握していた。これほど極端な一地域出身者の国家支配は、世界の国民国家に類例がないし、現代のアジア・アフリカの新興国家でこんなことが起これば、たちまち部族主義の非難を浴びるだろう。

外からの異文化の解明に適した構造分析の汎時性、パンクロニックな性格は、それの適用される文化の内側で生きている人間の視点にとってかけがえのない歴史の側面、つまり通時性、ダイアクロニックな側面を捨象してしまう危険を孕んでいる。そのことが、この例のように、見られる側からの、内側の視点に立つと、まじまじと分かる。また一般に、文化認識の遠近法とでも言おうか、見る者から空間上隔たった文化については、見る者の文化からのへだたりは、歴史の相において生まれたものとしてよりは、地理上のいわば共時性、シンクロニックな性格の差異として認識されやすい。

だが、構造主義の方法の重要な特徴の一つは、分析の手段としてあてはめられた構造が、必ずしもその文化を担う当事者によって意識されていないという点にある。日本文化についてのレヴィ＝ストロースの考察から、そのような例を挙げよう。

十六世紀の日本で三十四年間生き、日本で生涯を終えたポルトガル人宣教師ルイス・フロイスの『日欧文化比較』

のフランス語の新版(一九九八年)に、レヴィ＝ストロースはチェンバレンも引きながら、内容の濃い序文を寄せている。この序文や、来日したときの講演録『構造・神話・労働』(大橋保夫訳、一九七九年、みすず書房)、先の『インタビュー　クロード・レヴィ＝ストロース』第二部「日本への眼差し」などで、日本文化の深層をなす特質としてレヴィ＝ストロースが挙げているものに、西洋の「遠心性」に対置された「求心性」がある。

日本語では、「ちょっとタバコを買いに行って来る」と言い、フランス語でのように「タバコを買いに行く」とは言わない。「行って来る」というときの「行って」は、ヨーロッパ語の文法概念でのジェロンディフ(動名詞)にあたり、主動詞の「来る」に添えられたものだ。天麩羅も、それ以前からの京の「つけ揚げ」などにしても、フランス語でのように油の中に落として「ひたす」ことよりも、日本語では「あげる」ことに重点がある。大陸渡来の鋸や鉋も、西洋まで続くユーラシア大陸でのように押すのではなく、日本では引いて使うように変えた、等々。これに啓発されて私も、レヴィ＝ストロース先生のお宅などでお話ししているときに、手紙の宛名も、西洋では個人名から始めて家族名、番地、町名、国名とだんだん拡がって行くのに、日本では逆であること、柔道、剣道などの武芸における身体の使い方でも、西洋のフェンシングやボクシングの「遠心性」に比べれば「求心性」が強いと思われることなどを思いつくままに述べたことがある。ただ、鋸を引いて使うことについては、私はむしろ、尻を床面につけた低座位の作業姿勢、杉、檜など木質の軟らかい針葉樹を多く使うこと等の理由を考えていたので、日本の職人に強い関心をおもちのレヴィ＝ストロース先生のように、道具を自分に引き寄せるという、道具との親密さの表われとする見方は、観念の勝ちすぎた解釈だと思っていた。

だが二〇〇三年以来、江戸東京博物館での「江戸のものつくり」のシンポジウム(七月)、金沢ルネッサンス冬まつりでの「テクノロジーと日本人のこころ」のフォーラム(二〇〇四年二月)で、神戸の竹中大工道具館の主席研究員、渡邉晶さんとめぐり逢ってから、私の考え方にも変化が起こった。私がかつてよくお話ししてご教示をいただいていた同大工道具館の鋸の研究家嘉来國夫さんは古代の鋸が専門だったが、渡邉さんはむしろ近世の職人仕事の変遷の中での鋸など大工道具とその使い方の変化を、精緻な文献の探索で研究しておられる。私のかねてからの疑問だった、日本で室町時代に大陸から縦挽き用に二人で使う大型枠付鋸が導入されていながら、まもなく一人で使う枠のない前挽きが縦挽きの主力になること、その後も、西洋や中国では現在まで、大型も小型も一人で使う横挽きも含めて、軽便な木枠の枠付鋸が広く使われているのに、日本では用いられなかったことの理由について、渡邉さんの論文やお話から、私は貴重な示唆をいただいた。

それは、私も尊敬している故村松禎次郎が渡邉さんの恩師であり、村松さんから学んだことを出発点とする、渡邉さんご自身の研究の結果なのだが、枠付きでは、木にはたらく鋸の歯から手までの感覚が間接で疎遠になるので、日本の職人は嫌ったのではないかという理由づけだった。フランスの樽作り、車大工、指物師など木工の職人でも、作業台に万力などで加工する木を固定して、普通は両手で押して使う鋸や刃物を、細かい仕事の時は(ある指物師の場合、日本人の女婿がくれたという日本製の鋸を)引いて使うのを私も見て知っているが、仕事のこまやかさとも、鋸や鉋を引くことは関係があるのかも知れない。

私は渡邉さんからのご教示で、長年の疑問を解く糸口が得られたような気がして、それが、かつては観念過剰だと思っていたレヴィ=ストロースの「求心性」の仮説にも、結びつくように思った。だが、なぜ特に日本の職人が、対象や道具との親密な関係に執着するのか、これからの私の宿題だが、よそ者の鋭い「離見」が、当事者にも意識されていなかったものに、光を当てることがあるのを、私は実感したように思った。

小子内の盆踊りをめぐる問題については、柳田国男やレヴィ=ストロースと同様、よそ者の観察を仕事にしている私も、通りすがりの旅人に過ぎない。二度小子内へ行ったとはいえ、一度目は午後二時頃から八時頃までの半日、二度目はすぐ南の久慈に一泊したが、小子内で過ごした時間は、一日目の午後半日と、二日目午後一時頃までの半日で、正味まる一日に過ぎない。二度、合計してやはり正味一日半くらいを過ごしたはずの柳田国男と、ほとんど変わらない。ただ私はこのほかに八戸で二時間くらい中村英二さんにお話を伺い、帰宅してからも、小子内の何人かの方とは電話でお話ししてご教示をいただいている。だからこの小文で私が書いたことも、私の小子内の人たちとのお付き合いが深まれば、訂正しなければならないことが次々と出てくるかも知れない。大切なのは、これで私が小子内の人たちの生活やその中で受け継がれてきた盆踊りについて、分かったなどと思い上がらないことであろう。

ただ、小子内から戻ったいまも私の心にわだかまりつづけているのは、ナニャドヤラをめぐる、マス・メディアのあり方に対する疑問だ。柳田の「清光館哀史」を通じて有名になったために、テレビもNHK、民放とも何度も取材に来たそうだが、ある地方テレビの取材班は、盆踊りを撮るというのに、何と十一月三日の夜、寒風の吹きすさぶ鹽竃神社の下の浜辺で、半月の晩だったがライトを煌々とつけて撮影したというので、いまも小子内の人たちの語り草になっている。昔ながらのナニャドヤラを踊れる婦人会のお年寄り十五、六人と、太鼓を叩く若い女性一人が動員され、浴衣に素足で踊ってもらい撮影した。あまり寒いので焚き火をして、そのまわりで踊った。「清光館哀史」には、真夏の昼の浜に筵《むしろ》を敷いて小魚が干してあり、その筵の端に十五、六人の娘が寝ころんでいて、そこに柳田が近づいて盆踊りの文句を聞き出すというくだりがある。その状況もテレビは再現したかったのか、どこかで手に入れてきた筵と干し魚を夜の浜に並べ、そこに娘ならぬ高齢者のご婦人方に浴衣姿で寝ころんでもらってカメラに収めたのだという。取材のお世話をした当時の婦人会長は、ディレクターは、細かく指示を出す、やかましい人だったという。そのとき撮影されたものは、地方局で放映したのか、小子内出身で東京にいる人から「小子内が写っていた」という電話はもらったが、ここの人たちは誰も見ていなくて、とにかく寒い盆踊りだったという思い出だけが、ボールペンか何か記念品をもらって出演させられた高齢者の方々の心に残っているようだ。

私が疑問に思っているもう一つの例は、昨年九月十六日付の、ある岩手の地方新聞に写真入りで紙面一頁を使って大きく載っていた「××が歩く　まち・村の遺産」六回目の、「南部もぐりと「清光館哀史」種市町」という記事だ。筆者××さんの略歴も紹介されている、現地取材レポートの体裁のもので、潜水漁法の紹介のあと、「不思議な踊り」という小見出しで、次のように書かれている。「その夜、小子内の浜では不思議な盆踊りがあった。「ナニャドヤラ、ナニャドナサレノー」。踊るおばあさんに聞くと「その昔、陸で何もとれん、海でも採れん、ハア、どうしたらいいべという女の嘆きの歌だのス」小子内には柳田国男の名作「清光館哀史」の碑がある。大正六年に訪れた柳田も、またこの不思議な盆踊りに興味を持った。……」

いきなり「その夜」と書かれているが、このルポのどこを見ても取材の日が書いてない。この新聞を私に見せてくれた小子内の人は、この人が来たのはお盆前だという。この記事をのせた新聞社に電話で問い合わせたところ、××さんが取材に行ったのは八月八日だとのこと。小子内の盆踊りは、八月十六日に、「小子内の浜」ではなく小学校の校庭でやるのだ。それをいかにも直接見たように書き、しかも柳田が初めてここを訪れた大正九年と、二度目に訪れて「清光館哀史」を書いた大正十五年を、大正六年と誤って書いている。見てもいないものを、自分が見たように、しかも場所も誤って書き、書いたことの背景を調べもせずに新聞に出す執筆者も問題だが、取材がお盆前だったことも知っていながら、こんなルポ(?)を掲載するこの地方紙も、ジャーナリズムの社会に対する責任の自覚をもたない新聞なのだろう。

郷土の文化をゆがめて伝える記事でも、それが新聞という形で大量にばら撒かれることの忌まわしい力というものはあって、そのために小子内の人たちもこの記事をとっておいて、私にも見せてくれたのだ。

見せる文化、ある場合はいかがわしくさえある拵えものの文化がどぎつく生産され、メディアの暴力によってウイルスのように増殖し続ける中で、旅人——人類学者も旅人だ——の確かな目と謙虚な心が、いまほど問われている時もないと改めて思うのである。

付記

本稿を『風の旅人』第七号に「心の風景への旅」④として発表したあとで、筑摩書房『柳田國男全集』編集担当の高木昭さんから、初めに柳田が、当時菊池寛が編集長をしていた月刊誌『文藝春秋』(大正十五年十月号)に発表したときの「清光館哀史」のコピーを送っていただいた。全体の構成、述べられている大意は変わらないが、文章の洗練という点では、学生時代から私も読んでいた、現在広く流布されている「清光館哀史」とはかなり違う、素朴なものであることを知った。

初出から足掛け三年後の昭和三年、岡書院から『雪国の春』に収めて出すとき大幅に加筆したのだが、その後は柳田は一切改稿していない。しめくくりの「痛みがあればこそバルサムは世に存在する」の名文句は初出にはなく、決定稿では「通りすがりの一夜の旅の者には、假令話して聴かせても此心持は解らぬといふことを、知つて居たのでは無いまでも感じて居たのである」と書き改められた最後の一句も、初出では「通りすがりの一夜の旅人などには、假令話してきかせても此心持は解らなかつたことを、多分よく知つて居たのであらう」と、同趣旨ながらより直截な表現になっている。

単行本で発表するにあたって、これだけ推敲しているというのは、この一文に対する柳田の思い入れの強さを示すものであろう。そこにこめられているメッセージに柳田が執着しているだけになお、おそらく柳田自身は自覚していないであろう、このメッセージがはらむ他者理解の根本にかかわる「大いなる矛盾」に、私は惹かれるのだ。本稿でもさまざまに角度を変えながら論じてきたこの矛盾を、決定稿はすでに引用したので、初出の表現を借りてもう一度記しておこう。

「あゝやつぱり私が想像して居た如く、古くから傳はつてゐた　なにゃとやれ　なにゃとなされの　を此濱でも、盆毎に踊つて居たのであつた」「たゞ大昔も筑波山の「かがひ」を見て、旅の文人などが想像したやうに、……此に限つて羞や批判の煩はしい世間から、遁れて快樂すといふだけの淺はかな歡喜でも無かつた」「他には心を慰める方法も無い故に、相誘うて戀に命を忘れようとしたのであつた」「通りすがりの一夜の旅人などには、假令話してきかせても此心持は解らなかつたことを、多分よく知つて居た」。同一の短文に含まれているこの四句が表わしている、「一夜の旅の文人による想像一般の否定」と、「一夜の旅の文人である柳田による断定の、無前提、無制約な肯定」の矛盾した交錯が、初出でも改稿後にも繰り返されていることがわかる。

この矛盾した自己肯定のメッセージを、美文調で彫琢することに情熱を燃やした柳田の抒情詩人としての他者への対し方、それは本書で角度を変えてくりかえし検討してきた、「私」と人類のあいだへの切れ目の入れ方、「私」およびその同類と、非同類の境のつけ方にかかわるものだ。抒情とは、対象に「私の感情」を投影し、「私の心」を感情移入することだ。対象を内側から理解しようなどとして逡巡し感情の主体が分裂してしまっては、「私」の情を高らかにうたいあげることができない。抒情、ないしは審美的鑑賞の対象として、内部への浸透の努力は放棄した非同類として設定された他者の、鋭い感性による叙述、それは第八章、第九章でもとりあげたように、エギゾティスムの美学で対象を彩ることにほかならない。そして、繰り返すが、それは対象を直接知らない読者には、きわめて分かりやすく、美しく感じられるのである。

この意味で、この章でも取り上げた、平川祐弘さんの、ロティ、ハーン、柳田の、「人々」が踊るのを見つめる視線の比較は、示唆に富んでいる。踊る「人々」とは、ロティにとっては西アフリカのバンバラ族であり、ハーンにとっては初めて見る踊る日本人であり、柳田にとっては、同類でも非同類でもある、小子内の人たちだ。この章の前半の終わりでも私の疑問として述べたように、あの思い出深い「清光館」が消滅してしまった悲しみがすべてに先立っていた柳田にとって、「月日不詳の大暴風雨の日に、村から沖に出ていて歸らなかつた船がある。それに、この宿の小作りな亭主も乘つてゐたのである」という、自分の感情中心の事実誤認にもとづく断定(亭主の喜三郎は漁師ではなく、海の便利屋のような舟運の仕事を、未経験で、だが収入を得るためにおぼつかなくやっていたこと、おそらく荷の積み方が悪かったせいで船が転覆し行方不明になったので、少なくとも暴風雨による、他の漁師と一緒の海難ではなかったことを、柳田は土地の人から聞きだそうとさえしていない)、よそ者、それも遊び人の船乗りと身請けされた女郎が、二階家を親に建ててもらって住みついた菅原家が、小子内浜の地元住民に必ずしも好感をもたれてはいなかったこと、土地の人が、進んで菅原家のことを話してくれなかったのはなぜかなどへの配慮は一切欠いた、一方的思い入れだ。抒情詩人柳田の感情移入のために拵えられた「仮構の同類」、だが実際には共感の浸透しない「非同類」への抒情を、対象の抵抗感は一切なしに迸《ほとばし》らせるための文章表現の推敲に、柳田の努力は注がれたのだといえる。

　これは、旅の文人柳田の、土地の生活者への対し方や理解と叙述のあり方の、過去にあったことの批判として終わりになる問題ではない。現代の世界で、現実に日々私たちの身の回りに起こり、あるいは否応なしに押し寄せてくるもの、最小の「私」が最大の「人類」、いや他の生き物たちにまで拡大された存在とのあいだに、結んだり切ったりし続けているしがらみに直接かかわってくることだ。「叙述」とは、文人の文章表現に限られたものではないだろう。日々のことばによる「私」以外のものとの対話は、その原初の凝縮されたありようであるだろう。それによって、同じ気持を、「私」は地球上の誰とどの程度分有できるのか。その模索を方法として、現代のメタ・サイエンスとして鍛えるところに、人類学的認識論の存在理由もあるといえるのかも知れない。

注

（1）松本信広「東北の旅」『定本柳田國男集』（新装版）第二巻「月報」一九六八年、筑摩書房、二―四頁。
（2）このときの旅程などについては、高柳俊郎『柳田國男の遠野紀行』二〇〇三年、三弥井書店、第二章「豆手帖から」（『雪国の春』）の三陸海岸の旅、を参照した。
（3）「東北研究者に望む」と題したこのときの講演は、当時の『岩手日報』の講演録によって、『柳田國男全集』第二十七巻、二〇〇一年、筑摩書房、一一三―一一九頁に採録されている。
（4）このときの旅の詳細については、高柳俊郎、前掲書、第三章　伊能嘉矩追悼講演の旅、および、柳田為正『父　柳田國男を想う』一九九六年、筑摩書房、「市ヶ谷時代」四四―五三頁を参照した。
（5）こうした疑問は、川田「わたしが影響を受けたエスノグラフィー　柳田國男「清光館哀史」「濱の月夜」から考える」松田素二・川田牧人編著『エスノグラフィー・ガイドブック　現代世界を複眼でみる』二〇〇二年、嵯峨野書院、一三一―一三三頁にも述べたことがある。
（6）鷹觜洋一「岩手県・風土と芸能――盆踊り系のもの」雄山閣版『日本民謡全集』第二巻「北海道・東北編」一九七八年、八五頁には、照井壮助（元岩手県二戸市福岡高校校長）の説として、この意味不明の歌詞の、甲州南部地方の「ニャー言葉」由来説が引かれているが、「ニャー言葉」を「猫唄」という呼称の起こりとしているわけではない。
（7）「與那國の女たち」原題「與那國噺」、初出大正十年（一九二一）四月、『太陽』二七巻四号、『定本柳田國男集』（新装版）第一巻、一九六八年、筑摩書房、とくに二九七―二九八頁。
（8）中里進「念仏門と土俗信仰――浄土宗と時宗、えんぶりとおしらさま」八戸市社会経済史研究会編纂『概説八戸の歴史』上の二、一九六一年、八戸市ほんの虫書店内北方春秋社発行、六九―八三頁、とくに七三―七四頁。
（9）石井正己『柳田國男と遠野物語』二〇〇三年、三弥井書店、とくに一六―一九頁「柳田の遠野旅行と喜善の協力」。
（10）福田アジオ編著『柳田國男の世界　北小浦民俗誌を読む』二〇〇一年、吉川弘文館。
（11）そのライヴ録音と歌詞などについての解説は、川田順造『サバンナの音の世界』（カセットブック）、一九八九年［一九八二年、レコードアルバム、東芝EMI］、白水社、テープI、B面、バンド1、に収められている。

(12) 川田『聲』、一九九八年増補改訂版〔一九八八年〕、ちくま学芸文庫、8「名を呼ぶ」、9「うたう、あてこする」、川田『口頭伝承論』上、二〇〇一年〔一九九二年〕、平凡社ライブラリー、とくに「声のアジール」六〇―六八頁、など。

(13) 平川祐弘「祭りの踊り――ロティ・ハーン・柳田國男」『オリエンタルな夢――小泉八雲と霊の世界』一九九六年、筑摩書房、四一―六九頁、初出は同じ題名で『アステイオン』一五号、一九九〇年。

(14) 川田順造訳、中公クラシックス(W3、W5)、二〇〇一年〔全訳の初版は、一九七七年、中央公論社〕。

(15) 川田順造『ブラジルの記憶』一九九六年、NTT出版。

(16) NHKビデオ『インタービュー クロード・レヴィ＝ストロース』(聞き手、川田順造)、一九九四年、NHKソフトウェア発行、発売白水社(フランス語、日本語の二重音声、解説＋フランス語完全スクリプト小冊子付き)。

(17) 原題は *Le Regard éloigné*(1983, Paris, Plon)で、著者は世阿弥の「離見」のフランス語訳ということを明言しているにもかかわらず、現在までにある唯一の和訳は、『はるかなる視線』という、内容からしても、フランス語の理解としても初歩的な誤りに基づく表題で刊行されている。

(18) Junzo Kawada "Face au ⟨vert paradis des amours enfantines⟩", *in* M. Izard (éd.) *Claude Lévi-Strauss*, 2004, Paris, Éditions de l'Herne.

【謝辞】 この小文を書くに当たって、小子内の人たちや文中にお名前を挙げた方々は勿論だが、その他にも全般にわたって、民俗学者の畏友、伊藤幹治さん、野村純一さんにご相談にのっていただき、また注1、2、3に挙げた文献については、筑摩書房『柳田國男全集』編集担当の高木昭さんに便宜を計っていただいた。多くの方々のお世話になってできた文章であるが、書かれたことについては、私一人に責任があることは言うまでもない。川田順造

あとがき

この本が企画されて、何年経ったろうか。そのはじめから、何度も目次案を書き直して辛抱強く付き合って下さった、岩波書店の樋口良澄さんの適切な助言と厳しい鞭撻のお陰で、ようやく世に出ることになった。

初めとは構成もずいぶん変わったが、Ⅲで、エギゾティスムを一つの切り口として、他者の認識と叙述について考察した三つの文章を入れることができたのは、今年まで出版が遅れた怪我の功名といえるかも知れない。この三編を今年書くことができたのは、『風の旅人』というユニークな隔月刊誌の編集長、佐伯剛さんのお陰だ。昨年四月に創刊されて一年あまりだが、佐伯さんは「心の風景への旅」という連載を書く場を与えて下さり、ときには本書第十章のように、熱を入れて書くうちつい予定の分量を大幅に越えてしまっても、快く全文を掲載し、誠心誠意の対応で、書く意欲を燃え立たせて下さった。

荒削り、未完成ながら、一群の試論をこのような構成で発表するのは、細分化専門化する知識に頼って人類が近代以後を模索するいま、人類学という学問が、一種のメタ・サイエンスとして、世界認識にどのような役割を果たしうるかという問いを、私なりの願いをこめて、そして私自身に向かっても、投げかけたいからである。

二〇〇四年七月二十三日

川田順造

初出一覧

序　人類学的認識論のために　書下ろし

Ⅰ

第一章　ヒト中心主義を問い直す　『岩波講座 開発と文化』第三巻「反開発の思想」(一九九七)所収「人間中心主義のゆくえ」、「人は肉食をやめられるか──文化人類学の立場から」ヒトと動物の関係学会第八回学術大会シンポジウム(二〇〇二年三月、東京大学)での基調報告、同学会誌第七巻第一号、二〇〇三年、などに大幅に加筆

第二章　民族と政治社会　川田順造・福井勝義編『民族とは何か』岩波書店、一九八八年

第三章　「地域」とは何か　『地域の世界史』(山川出版社)、一「地域史とは何か」(一九九七)所収の「文化と地域──歴史研究の新しい視座を求めて」、四「生態の地域史」(二〇〇〇)所収「生態がつくる地域・地域間交渉がつくる地域」、いくつかの学会発表、「地域の概念をめぐって」(日本民族学会第二八回研究大会、一九九四年六月、東北大学)、「民俗研究にとっての地域」(日本民俗学会第四八回年会、一九九六年、島根県立国際短期大学)、「地域を問い直す」(地域文化学会第四回研究大会、二〇〇一年六月、中央大学記念館での記念講演草稿)などを大幅に加筆改稿し、書下ろし

Ⅱ

第四章　「しるす」ことの諸形式　「音声によらない言語伝達の形式における曖昧さをめぐって」『記号学研究』13「身体と場所の記号論1──曖昧の記号論」、一九九三年、日本記号学会、この元になった日本記号学会シンポジウム「曖昧の記号論」(一九九二年五月、東京)の後、大幅に改訂して、「「しるす」ことの諸形式」として口頭発表(一九九二年十月、東京外国語大学アジア・アフリカ言語文化研究所、所内研究会、および、一九九二年十月、中国武漢市湖北大学、東亜符号学会)した原稿をもとに書下ろし

第五章　イスラーム音文化の地域的展開　「音文化の地域的展開を探る──イスラームを手がかりに」「マンデ音文化とハウサ音文

化——イスラーム音文化の地域的展開」(いずれも『民族学研究』第六五巻一号、二〇〇〇年六月)を改稿
第六章　肖像と固有名詞　『アジア・アフリカ言語文化研究』四八・四九合併号、東京外国語大学アジア・アフリカ言語文化研究所、一九九五年
第七章　歴史の語りにおける時間と空間の表象　国立民族学博物館国際シンポジウム *Time, Language and Cognition*(一九九七)での口頭発表、および J. Kawada "Representation of Time and Space in Oral History : Focusing on Oral History of the Ancient Mosi Kingdom" *in* Y. Nagano (ed.) Time, Language and Cognition, Senri Ethnological Studies 45, National Museum of Ethnology, Osaka, 1998 : 281-312. 長野泰彦編『時間・ことば・認識』ひつじ書房、一九九九年を改稿

Ⅲ

第八章　エキゾティスム再考　「心の風景への旅」⑤『風の旅人』八号、二〇〇四年六月、ユーラシア旅行社に大幅に加筆
第九章　黄色いニッポン・ムスメの悲劇　「心の風景への旅」⑥『風の旅人』九号、二〇〇四年八月、ユーラシア旅行社
第十章　旅人の目がとらえるもの　「心の風景への旅」④『風の旅人』七号、二〇〇四年四月、ユーラシア旅行社に加筆

■岩波オンデマンドブックス■

人類学的認識論のために

2004年 8月25日 第1刷発行
2004年11月15日 第2刷発行
2015年 9月10日 オンデマンド版発行

著　者　川田《かわだ》 順造《じゅんぞう》

発行者　岡本　厚

発行所　株式会社 岩波書店
〒101-8002 東京都千代田区一ツ橋2-5-5
電話案内 03-5210-4000
http://www.iwanami.co.jp/

印刷／製本・法令印刷

© Junzo Kawada 2015
ISBN 978-4-00-730268-8　Printed in Japan